KB129662

개정 2판

지역사회복지론

이론 · 기술 · 현장

나남
nanam

나남신서 1111

개정 2판

지역사회복지론
이론 · 기술 · 현장

2005년 10월 25일 초판 발행
2008년 9월 5일 초판 5쇄
2009년 4월 25일 개정판 발행
2014년 7월 15일 개정판 7쇄
2015년 3월 5일 개정 2판 발행
2019년 3월 5일 개정 2판 2쇄

저자 백종만 · 감정기 · 김찬우
발행자 趙相浩
발행처 (주) 나남
주소 10881 경기도 파주시 회동길 193
전화 (031) 955-4601 (代)
FAX (031) 955-4555
등록 제 1-71호(1979. 5. 12)
홈페이지 www.nanam.net
전자우편 post@nanam.net

ISBN 978-89-300-8111-5
ISBN 978-89-300-8001-9 (세트)

책값은 뒤표지에 있습니다.

나남신서 1111

개정 2판

지역사회복지론

이론 · 기술 · 현장

백종만 · 감정기 · 김찬우

나남
nanam

Theories, Skills and Fields for Community Welfare Practice

by

Jong-Man Paik
Jeong-Ki Kam
Chan-Woo Kim

nanam

개정 2판 서 문

지역사회복지의 제도적 환경이 빠른 속도로 변하고 있다. 지난 1차 개정판 이후 대략 5년 사이에 일어난 제도의 변화 가운데 몇 가지만 꼽아보아도 이런 사실을 확인할 수 있다. 새로 제정된 관련 법률만 해도 〈사회서비스 이용 및 이용권 관리에 관한 법률〉, 〈협동조합기본법〉, 〈도시재생 활성화 및 지원에 관한 특별법〉, 〈지역개발 및 지원에 관한 법률〉, 〈사회보장급여의 이용제공 및 수급권자 발굴에 관한 법률〉 등이 있다. 그런가 하면, 〈사회보장기본법〉, 〈사회복지사업법〉, 〈국민기초생활보장법〉, 〈지방자치법〉, 〈지방재정법〉, 〈지방교부세법〉, 〈사회적기업 육성법〉 등의 개정을 통하여 지역사회복지의 추진과 관련된 새로운 규정들이 그야말로 '쏟아져 나오게' 되었다 할 만하다.

이런 사정 때문에 지역사회복지를 다루는 교재들은 한두 해가 지나면 '고서'가 되고 만다. 그럼에도 우리가 이 책의 개정을 게을리한 점은 주된 독자층인 학생들에게 도리가 아니었음을 자인하지 않을 수 없다. 이제 늦게나마 2차 개정판을 내게 된 점을 다행스럽게 여긴다. 의욕만큼 다 담아내지는 못했으나, 그동안 강의를 하면서 아쉽게 여기거나 어색하다고 생각하였던 부분들을 보완하고, 바뀐 상황을 반영하여 첨삭하는 작업을 한 결과물이다.

제 1부에서 제 3부까지의 내용을 구성하는 지역사회복지의 개념과 역사, 지역사회복지실천 관련 관점과 이론, 모델과 과정, 그리고 기술 등에 대해서는 전반적인 틀은 유지하되 세부 서술내용의 상당부분을 손질하였다. 일부 서술의 위치를 바꾸기도 하였다. 집중적으로 보완을 한 부분은 지역사회복지 현장을 다룬 제 4부이다. 앞서 언급한 바와 같이 제도적 환경이 크게 바뀐 관계로 제 10장 지방분권 관련 내용을 대폭 개정하였고, 직접적 서비스 부문을 다룬 제 11장에는 사회복지관 사업의 일부로 전환된 재가복지봉사센터를 빼고 지역사회서비스 투자사업과 지역자활센터를 추가하였다. 제 12장에서는 사회복지공동모금회에 관련된 바뀐 규정들을 반영하는 데 주력하였고, 제 13장에서는 사회복지시설에 관한 규정의 변동을 담았다. 지역사회복지의 운동적 접근을 다룬 제 14장도 크게 손질한 부분 가운데 하나이다. '사회적 경제'를 새로운 주제로 삼아 관련 내용을 추가하였고, 도시재생과 같은 관련 영역의 동향도 지역사회복지 관련 함의가 있다고 보아 삽입했다. 마지막 제 15장에서도 그동안 바뀐 상황을 반영하여 논점을 보완하여 제시했다.

미흡하나마 밀린 과제물을 제출하는 마음으로 이렇게 두 번째 개정판을 내놓는다. 애정 어린 질책과 조언으로 보다 나은 책을 내는 데에 자극이 되고 힘이 되어주신 동료 교수님들과 후학들에게 감사의 뜻을 표한다.

2015년 2월

집필자 일동

개정판 서 문

지역사회복지가 혼란 중에 있다. 바쁘게 돌아가는 우리의 삶 자체가 그렇게 만드는가 하면, 시시각각 변모하는 관련제도와 전달체계의 상황도 거기에 한몫을 하고 있고, 기본적인 개념들에 대한 이해에 혼선이 해소되지 않고 있는 학계의 현실도 그 이유의 일부가 되고 있다. 사회과학 영역에서 개념들에 대한 이해에 편차가 존재하는 것은 극히 자연스러운 일이 아니냐 하겠지만, '지역사회복지'나 '지역사회복지실천'과 같은 기본개념에서 그런 일이 있다면 경우가 다르다. 의사소통의 왜곡이 가져올 부작용이 그만큼 클 것이기 때문이다. 이런 문제의 극복은 특정인의 노력만으로는 해소될 수 없다. 학회와 같은 학문공동체에서 다루어야 할 일임을 짚어두고자 한다.

초판본이 빛을 본 지 불과 몇 년 사이에 그것은 이미 옛날 것이 되어버렸다. 이론 부분이야 크게 달라질 것이 없겠지만, 우리 사회의 현장에 관한 부분은 손을 보지 않을 수 없게 된 것이다. 아울러 초판이 나간 이후 받은 많은 분들의 고마운 질책과 조언들을 서둘러 반영할 필요를 느껴 개정판을 내놓게 되었다. 이 책이 어지러운 현실을 감지하는 안목을 기르는 데에 조금이나마 보탬이 되기를 바라는 마음이다.

제 1부에서는 지역사회복지 관련개념의 일부를 수정 · 보완했고, 가치와 역사 부분을 다소 덧붙였다. 특히 영미의 역사 부분을 중점적

으로 보완했다. 제 2부에서는 지역사회복지실천의 모델에 관한 논의에 새로운 견해를 삽입하였고, 제 3부의 실천기술을 포함하여 전반적으로 거칠거나 어색한 표현들을 다듬어 독자의 이해를 돕고자 노력했다. 우리나라 지역사회복지 현장에 관한 마지막 제 4부의 내용을 가장 큰 폭으로 수정하였다. 공공부문으로는 지역사회복지실천에 큰 영향을 미치는 정책적 · 제도적 환경 가운데 특히 지방자치단체의 역할 강화와 재정분권 문제에 초점을 맞추어 다루었다. 민간부문 가운데 직접적 서비스기관 영역에는 지역사회 정신보건시설과 재가장기요양기관에 관한 내용을 새로이 추가하였다. 민간부문의 협의 · 조정 · 지원기관 중에서 자원봉사기관에 관한 내용은 자원봉사센터와 자원봉사협의회를 구분하여 서술하였고, 사회복지시설에 관한 내용에서는 시설운영에 관한 정부의 지침을 사회화 문제와 함께 다루었다. 미신고시설 문제는 표면적으로 정리되어가고 있다고 보아 삭제했다. 지역사회복지운동 부분도 큰 폭으로 손질했다. 필요한 정도를 넘어서 장황하게 기술되었다고 생각되는 내용은 과감하게 삭제하였다. 서술체계 일부도 바꾸었다. 그러나 한 가지 손대지 않고 유지한 것은 현장에 관한 서술의 형식이다. 독자들에게 질문을 던지면서 스스로 답을 구하도록 하는 틀을 그대로 지키고자 한 것이다.

대개 그러하듯이 이번 개정판 작업의 결과 역시 당초에 의도했던 바에 크게 미치지 못한 채 끝나고 만 듯하다. 부끄러운 모습으로 다시 한 번 독자들의 따가운 질책을 기다릴 따름이다.

2009년 봄

집필자 일동

초판 서문

지역사회복지가 시쳇말로 '뜨고' 있는 듯하다. 이른바 지방화와 분권화의 움직임 속에 사회복지 추진의 단위로서 지역사회 혹은 지방의 역할이 부각되고, 교육 및 실천의 현장에서 누구든 지역사회복지의 중요성을 내세우는 데에 별반 주저함이 없다. 이 점을 반영이라도 하듯 관련 연구서와 교재들도 크게 늘어나고 있다. 이에 반해 지역사회복지의 실체에 대한 이해는 아직 중구난방이다. 교수는 가르치기 힘들고, 학생은 혼란스러우며, 현장에서는 이렇다 할 실천의 전범을 보여주지 못하고 있는 것이 실상이다. 말과 글은 무성하나 딱히 따를 만한 게 없다. 이 책은 이런 현실을 고민하는 가운데 구상되었다.

무엇보다 우선 이 영역 내에서 사용되는 용어들과 그것들이 담고 있는 의미의 혼란스러움부터 정리될 필요가 있다. 사회과학의 영역에서 개념의 상대성이야 의당 존재하는 것이지만, 학문 및 실천의 공동체 내에서 공유되는 최소한의 뭔가는 있어야 하지 않겠는가. 지역사회복지 담론을 구성하는 각종 핵심적 용어들의 의미부터 좀더 명확하게 정립하는 것이 급선무이다. 우리는 이 일을 이 책이 감당해야 한다고 생각했다.

지역사회의 존재양태가 변하고 있고, 그 속에서 구성원들 사이에 이루어지는 관계의 양상이 변화되고 있다. 사회복지의 성격을 규정할 거시적 환경과 패러다임이 변하고 있고, 그 가운데 사회복지의 구체적 면모들도 변하고 있다. 지역사회복지라고 예외일 수는 없다. 그런가 하면 지역사회복지실천을 뒷받침하는 지식체계도 변하고 있다. 우리는 이러한 변화를 이 책이 담아야 한다고 생각했다.

교과서가 수험서처럼 구성되어서는 안 될 것이다. 숲을 보여주되 나무를 묘사함에도 소홀함이 없어야 한다. 독특한 색깔이나 메시지도 필요하다. 그래서 비록 강의교재의 성격을 벗어나기 힘들더라도 가급적 다른 책들과 내용이 중복되지 않는 것이 좋다고 본다. 이 책은 되도록 그렇게 하려고 애썼으며, 그래서 지역사회복지실천의 과정에서 활용될 실질적인 기술의 영역에 좀더 비중을 크게 두려고 했다.

책에서 최소한의 기본적 지식과 정보는 다루도록 하되, 그 속에서 저자들의 견해를 일방적으로 주입하려고 시도하는 것은 적절하지 않다고 본다. 답을 제시하기보다 사유의 실마리를 제공하는 편이 더 낫다고 생각하는 것이다. 그래서 이 책은 특히 우리 사회의 지역사회복지 현실을 다루는 장에서는 방향을 제시하기보다는 독자들에게 질문을 던지는 방식으로 다루고자 했다.

이 책의 집필에 참여한 저자들은 나름대로 각자의 강점을 중심으로 역할을 분담하였다. 국내에서 공부하고 활동하면서 가르쳐온 백종만 교수와 감정기 교수는 개념적 기초를 정립하고 우리나라 지역사회복지의 전반적 흐름을 정리하면서 각자 관심 깊게 관여해온 국내의 구체적 상황을 중심으로 집필을 맡았다. 미국에서 최근에 관련분야를 연구한 바 있는 김찬우 교수는 지역사회복지실천의 가닥을 잡고 실천가에게 필요한 지적 자원을 제공하는 일을 주로 담당했다. 책 전체를 아우르는 기본 시각과 용어의 문제 등을 두고는 오랜 토론과 조율의 시간을 갖기도 했다.

이 책은 크게 네 부분으로 구성된다. 제1부는 이 책의 중심 개념인 지역사회, 지역사회복지, 지역사회복지실천 등의 개념에 대해 다루었다. 각각의 개념을 정의하고 유관개념을 함께 소개한 후, 우리나라를 포함한 4개국의 역사를 간략히 다루었다. 지역사회 개념에 대한 이해는 연구목적이나 실천관점에 따라 상이하게 접근될 수 있음을 아울러 지적했다.

제2부는 지역사회복지실천의 기초가 되는 이론과 실천의 모델 및 과정 등을 다루었다. 특히 모델을 다룬 4장에서는 상이한 논의의 흐름을 제시하면서 비교 설명하였고, 이어서 모델 선택시에 고려할 바들을 제시하였다. 과정을 다룬 5장에서는 가장 일반적 단계구분의 시각을 채택하되, 모델들과의 연관성 속에서 이해할 수 있도록 하였다.

제3부는 지역사회복지실천에 필요한 기술을 실천과정과 연계시키면서 다루었다. 특히 문제와 욕구의 사정이 중요하다고 보아 여기에 역점을 두었으며, 지역사회의 권력구조를 분석하고 이에 대응하는 기술도 비중 있게 다루었다. 임파워먼트를 실천의 중심 관점으로 삼는 이 책의 특성을 반영하고 있다. 같은 맥락에서 주민동원 및 조직화의 기술과 옹호의 기술을 각각 독립된 장으로 다루었다.

마지막 제4부는 우리나라 지역사회복지의 현장을 다루고 있다. 원래 이 부분은 아주 간단하게 다루려 했으나, 최소한의 정보와 논점을 제공하는 것이 바람직하다고 보아 집필방침을 다소 수정하였다. 지역사회복지에서 분권화의 문제가 중요한 비중을 차지한다고 보아 크게 다루었고, 이어서 지역사회복지와 관련된 구체적 기관이나 활동들을 몇 개의 영역으로 구분하여 간략히 다루었다. 대개 학교 수업에서 이 내용들은 학생들이 연구발표를 하는 방식으로 다루는 경향이 많음을 감안하여, 거기에 도움이 될 수 있도록 내용과 형식을 구성하였다. 마지막 장에서는 지역사회복지의 동향과 과제를 다루면서, 함께 고민해봄 직한 질문들을 제기함으로써 마무리지었다.

나름대로 특성을 살리고 충실을 기하고자 노력했다는 점에서 애써 자위하려 하지만, 막상 집필을 끝내고 보니 의도와 의욕에 크게 미치지 못함을 부인하기 힘들다. 이는 순전히 집필자들의 역량부족 탓이다. 곳곳에 오류와 흠결이 많으리라 생각하며, 독자들의 질타를 거름삼아 앞으로 좀더 나은 책을 만들도록 노력하고자 한다. 늦어진 집필에도 불구하고 인내로 기다리고 받아주신 서울대학교 사회과학연구소장님과 나남출판 사장님께 송구스러움과 감사함의 뜻을 함께 전한다. 끝으로 이 책이 마무리되기까지 애써주신 김은지 연구원에게 고마움을 표한다.

2005년 가을

집필자 일동

나남신서 · 1111

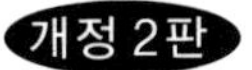

지역사회복지론

이론 · 기술 · 현장

차 례

제 2 부 지역사회복지실천의 이론과 과정

제 3 부 지역사회복지실천 기술

제4부 한국 지역사회복지 현장

제 1 부

지역사회복지의 기초개념

개념정의는 일반적으로 학술적 논의의 출발점이 되는 것이기에 중요하며, 특히 어떤 책에서 개념정의를 내리는 일은 저자와 독자 사이에 바른 의사소통을 하기 위해 거치는 일종의 확인절차와 같은 것이다.

사회복지 관련 용어들 전반이 그러하듯이, 지역사회복지와 관련된 용어들의 개념에 대한 이해는 다루는 이의 시각에 따라 편차가 매우 크다. 여기서 시도하는 개념정의는 이러한 편차를 줄여보고자 하는 의도를 담고 있다. 핵심이 되는 용어부터 건드리는 것이 옳다고 판단하여, 제 1 장에서 먼저 넓은 의미의 지역사회복지와 그 전문적 접근영역인 지역사회복지실천의 개념을 다루고, 이어서 제 2 장에서 지역사회 개념을 다루도록 순서를 잡았다. 몇몇 관련개념을 함께 소개함으로써 개념의 비교고찰을 돕고자 하였다.

또한 제 1 장에서는 지역사회복지실천의 가치와 윤리를 개관함으로써 개념이해의 폭을 넓히도록 하였고, 몇몇 나라 지역사회복지의 역사를 간략히 기술함으로써 관련 제도와 실천 활동의 흐름을 통찰하는 거시적 안목을 가질 수 있도록 하였다.

제 1 장

지역사회복지와 지역사회복지실천

이 장에서는 이 책의 중심이 되는 두 가지 용어인 '지역사회복지'와 '지역사회복지실천'의 개념을 정의하고, 유관개념을 함께 제시하여 의미상의 차이를 발견하게 한다. 특히, 아직 용어사용에 혼선을 빚고 있는 국내 실정을 염두에 두면서 두 용어의 의미를 일반적인 용례를 참조해서 나름대로 정립해보려는 데에 역점을 두므로 주의 깊게 읽기를 권한다. 개념정의에 이어 영국과 미국의 지역사회복지 동향을 간략히 제시하고, 우리나라의 전통적 인보상조 관행과 해방 후의 지역사회복지 흐름을 소개한다.

1. 지역사회복지

1) 개념의 정의

'지역사회복지'(*community welfare*)라는 용어가 최근 들어 관련 학문영역에서는 물론이고, 정치권을 넘어 일상적인 생활영역에 이르기까지 널리 회자되고 있다. 그만큼 지역사회복지가 우리의 삶에 대해 갖는 의미가 커졌음을 말해준다. 문제는 이 용어의 개념에 대한 이해의 편차이다. 같은 용어를 서로 다른 의미로 사용함으로써 자칫 의사소통에 왜곡이 있을 수 있다는 것이다. 여기서 시도하려는 개념정립의 작업은 이러한 문제를 해소하는 데에 기여하기 위한 노력의 일환이다.

일반적으로는 특정 용어의 뜻을 규정하기 위해서 다양한 용례와 상이한 개념정의들을 비교 분석하는 가운데 귀납적으로 개념을 도출해 가는 담론형식을 취하는 경향이 있지만, 여기서는 이러한 방법을 지양하려 한다. 그보다는 저자들 스스로 연구하고 가르치는 과정에서 체득한 바를 기초로 하여 토론을 통해 수렴한 내용을 제시하는 데에서부터 시작해보고자 한다. 우리는 다음과 같이 지역사회복지 개념을 규정한다.

지역사회복지란 지역사회를 접근단위로 한 사회복지이다.

이런 정도의 짧고 추상적 개념규정으로는 그 의미를 분명하게 드러낼 수 없다. 따라서 의미의 명료화를 위해서는 몇 가지 부연설명이 필요하다. 우선 필요한 것은 말할 것도 없이 지역사회복지 개념이해의 전제가 되는 '사회복지' 개념에 대한 이해이다. 여기서 사회복지 개념을 운위한다는 것은 새삼스러운 일 같아 보일 수도 있겠으나, 이것을 설명하지 않고 지역사회복지의 의미를 분명히 할 수는 없다. 사회복지의 개념은 다음과 같이 규정함이 무난하다.

사회복지란 사회구성원의 복지실현을 위한 사회적 노력이다.

이러한 개념정의 역시 매우 추상적이어서 독자의 궁금증을 해소하기에는 불충분하다. 개념을 구성하고 있는 하위요소들이 가리키는 바를 좀더 구체적으로 따져볼 필요가 있다. 이 개념정의에서 우리가 주목할 필요가 있는 하위요소들로서는 '사회구성원'과 '복지의 실현' 및 '사회적 노력' 등이 있다. 이 세 가지 표현이 가리키는 바를 간략히 살펴보자.

먼저, '사회구성원'은 사회복지의 대상을 가리키는 표현이다. 사회복지의 대상은 구체적 프로그램에 따라 설정되는 다양한 인구학적 혹은 사회경제적 조건에 부합하는 사람들이 되지만, 기본적으로 사회구성원 모두를 포괄한다고 봄이 적절하다.

다음으로, '복지의 실현'이란 사회복지의 목적을 가리키는 표현이다. 여기서 복지를 실현한다 함은 사회구성원들이 부딪히는 사회문제와 사회적 위험에서 비롯되는 사회적 욕구를 해결함으로써 인간다운 삶을 실현한다는 것을 가리킨다. 사회복지의 대상이 모든 사회구성원을 포괄하는 것처럼, 그것을 통해서 다루는 사회적 문제, 위험, 혹은 욕구의 범주 역시 넓어지는 것이 오늘날의 일반적 경향이다.

마지막으로 '사회적 노력'은 '사회적' 성격이 의미하는 바와 '노력'의 다양한 주체 및 형태를 검토해야 하는 관계로 다소 긴 논의가 필요한 부분이나, 요약해서 설명해 두고자 한다. 사회복지가 사회적 성격을 지닌다 함은 시장외적(*non-market*) 욕구충족의 원리를 중심으로 하면서 개별적 책임이나 접근이 아닌 집합적(*collective*) 책임과 접근을 강조한다는 의미로 보는 것이 적절하다. '노력'의 주체로서는 공공부문과 함께 다양한 민간부문(비공식, 시장, 전문적 영역을 포괄하는)이 망라된다. 사회복지의 '형태'는 거시적 차원의 공적 제도에서부터 미시적 차원의 실천에 이르기까지 다양한 모습을 띤다.

사회복지 개념이 대상, 목적, 성격, 주체, 형태 등을 포괄적이고 다양하게 설정하고 있다면 지역사회복지도 이 점에서 마찬가지이다.

따라서 사회복지의 핵심적 이념이나 가치를 지역사회복지도 당연히 공유한다. 다만 앞서 언급한 바와 같이 그것이 이루어지는 사회적 단위가 지역사회라는 구체적 실체로 한정됨에 따라 공동체로서의 의미가 좀더 강조될 따름이다. 이 말은 추상적 차원에서는 광의의 사회복지와 의미를 공유하되, 구체적 차원에서 사회복지의 대상과 주체 따위를 일정한 지역사회의 구성원으로 설정함으로써 개별 지역사회의 상황적 특수성이 반영될 수 있음을 시사한다.

여기서 다시 문제가 되는 것은 '지역사회'(*community*)의 의미이다. 이에 대해서는 뒤에서 자세히 다룰 것인데, 일단 사회복지접근의 단위로 설정되는 지역사회는 공간중심의 지역사회뿐 아니라 사회관계중심의 지역사회를 모두 포함한다고 봄이 적절하다. 그렇지만 통상적으로는 전자의 의미로 한정해서 이해하는 경향이 있는 것도 사실이다. 이처럼 공간중심의 개념으로 한정하는 경향을 좀더 분명하게 드러내는 표현이 바로 '지역복지'라는 용어이다. 그런데 우리나라에서는 일부 예외가 있긴 하지만 학술적으로나 법률상으로 '지역사회복지'라는 용어가 일반화되어 있으므로 이 용어로 통용하는 것이 바람직하다.

개념 이해에서 또 한 가지 혼란을 가져올 수 있는 점은 사회복지시설 생활자를 지역사회복지의 대상 범주에 포함시킬 것인가 하는 문제이다. 지역사회복지의 관심사에서 사회복지 거주시설(혹은 생활시설) 및 그 거주인들을 지역사회복지의 대상에서 제외시키는 시각도 없지 않기 때문이다. 이런 시각은 '시설보호'의 대안으로 발전한 '지역사회보호'(*community care*)를 지역사회복지와 동일시하거나 그 핵심적 구성요소로 파악하는 데에서 비롯된다. 영국의 지역사회보호 개념이 발전한 역사적 배경에서 이러한 경향을 발견할 수 있으며, 일본의 지역복지 개념이 등장한 배경에서도 비슷한 양상을 보인다. 그러나 그러한 시설을 지역사회로부터 격리된 존재로 파악하는 것을 지양하는 오늘날의 상황에 비춰볼 때, 이들 시설 역시 지역사회를 구성하는 일부로 파악하는 것이 타당하다. 말하자면 거주시설의 문제까지도 지역사회복지의 관심영역에 포함시키는 것이 타당하다는 것이다. 지금까지 설명한 바를 종합적으로 고려하면서 위의 두 개념정의를 결합하여 지역사회복지의 개념을 다음과 같이 다시 표현해볼 수 있겠다.

지역사회복지란 지역사회를 접근단위로 하여
그 구성원들의 복지를 실현하려는 사회적 노력이다.

지역사회복지를 이처럼 광의의 개념으로 이해할 경우, 이것은 다양한 주체, 다양한 접근방법, 다양한 대상 문제와 인구층 등을 포괄하는 개념이라고 볼 수 있다. 따라서 기능적 지역사회를 배제하면서 지리적 지역사회만을 염두에 두고 이 개념을 규정하거나, 사회복지실천부문의 전문적 역할에 주목한 나머지 비전문적 영역이나 다른 전문영역이 관여할 여지를 배제하고 개념을 규정하는 것은 적합하지 않다고 봐야 한다.

그리고 지역사회복지를 '지역사회보호'와 같은 수준의 개념인 것으로 오인하도록 설명하는 것도 옳지 않으며, 전문적 사회복지실천의 한 방법인 '지역사회조직'(*community organization*) 혹은 '지역사회복지실천'과 동일하거나 그 연장선상에 위치하는 개념처럼 규정하는 것도 적합하지 않다. 뿐만 아니라 지역사회복지를 '지역사회의 복지', 곧 구성원들의 복지욕구가 적절히 충족되는 지역사회의 상태를 타나내는 의미로 사용하는 것도 적절하지 않다.

요컨대, 지역사회복지는 지리적 및 기능적 지역사회를 접근의 단위로 삼아 그 구성원들의 복지를 실현하기 위해 행하는 제반 사회적 노력을 포괄하는 개념으로서, 이러한 노력은 제도적 혹은 공적 접근과 제도외적 혹은 사적 접근을 아우르며, 전문적인 접근과 비전문적인 접근을 아우르는가 하면, 지리적 및 기능적 지역사회를 포함하는 다양한 사회집단을 대상으로 삼는 것으로 이해하는 것이 적절하다.

2) 지역사회복지론 부상의 배경

국내외를 막론하고 지역사회복지가 사회복지에서 주목받으면서 강조되고 있는바, 이렇게 지역사회복지 및 그것에 관한 논의가 부상하게 된 배경을 몇 가지로 정리하면 다음과 같다.

첫째, 재가복지 및 지역사회보호를 시설보호(*institutional or residential care*)의 대안으로 강조하게 된 일반적 경향과 관련을 맺는다. 시설보호가 안고 있는 비효율성과 각종 부작용 등의 문제에 착안하게 되면서 지역사회를 서비스 제공의 공간, 또는 주체로서 중요하게 여기게 됐음을 말한다.

둘째, 공공부문 사회복지의 책임을 제한하면서 민간부문의 참여를 강조하는 경향으로부터 비롯된 측면도 있다. 지역사회가 사회복지의 주요한 담당자로서 역할을 하는 일본식 사회복지 모형의 실현을 염두에 둔 용어로 쓰인 일본의 '지역복지'나, 요보호자에 대한 보호의 책임을 민간부문이 좀더 크게 분담할 것을 겨냥하면서 쓰게 된 영국 등의 '지역사회보호'란 용어가 이러한 배경과 관련된다.

셋째, 지방자치제가 부활하여 정착하게 된 우리나라의 상황이 특히 우리나라에서 지역사회복지가 부상한 배경이 된다. 지역사회가 사회복지의 주요한 단위가 된다는 것은 지역사회가 곧 서비스 전달의 행정적 단위가 되며, 지역사회의 특수한 상황들이 서비스 내용이나 방향에 주요하게 반영되고, 지역사회 구성요소들이 책임을 공유하게 됨을 뜻한다. 지방자치제도는 일차적으로 공공행정의 영역에서 지역사회가 사회복지 전달의 주요 단위로 받아들여지게 하는 제도적 조건이 되며, 이것은 사회구성원들이 소속 지역사회에 대해 공동체적 정체성을 강화하도록 하는 조건이 되기도 한다.

넷째, NGO 또는 NPO로 불리는 시민사회의 조직적 활동 혹은 운동이 갖는 사회적 영향력에 대한 착안도 지역사회복지의 발전과 무관하지 않다. 시민사회운동이 비단 지역사회 단위로만 이루어지는 것은 아니지만, 문제의식을 공유하면서 조직적 노력의 성과를 경험할 수 있는 범주로서 지역사회가 받아들여짐으로써 사실상 많은 시민사회운동들이 지역사회를 단위로 조직·전개되고 있음을 볼 수 있다.

다섯째, 이른바 세계화라는 범지구적 추세 속에 국제정치·경제환경이 개별 국가 및 그 국민들의 삶을 압박하는 20세기 종반 이후의 상황도 지역사회 단위의 대응을 확대시킨 배경이 되었다. 어떤 의미에서 이러한 대응은 지역사회의 자기방어적 기제의 하나로 볼 수 있기도 하다. 특히 각종 무역개방 압력 앞에 취약성을 드러낼 수밖에 없어 생존에 위협을 느껴야만 하는 농어민의 저항이나 자구노력과 같은 것이 그 좋은 예가 된다. 지역화폐운동과 같이 지역사회 단위의 상호부조적 교환활동이 확산된 이면에도 이러한 국제환경으로부터 느끼는 현실적 위협이 작용하고 있다고 볼 수 있다.

이상과 같이 지역사회는 규모가 너무 작아서 문제대응 능력이 부족한 개인이나 가족에 비해 집합적(*collective*) 대응의 효과가 뚜렷하고, 반대로 규모가 너무 커서 공동체적 정체성을 갖기에 부적절한 전체사회와 달리 그런 것이 어느 정도 가능한 규모라는 점에서 사회복지의 접근단위로서 중요성과 유용성이 부각될 수 있었던 것으로 보인다. 이러한 양상은 점차 더 뚜렷해질 것으로 보여 지역사회복지가 총체적 사회복지에서 차지하는 의미도 더욱 커질 수 있을 것이다.

3) 지역사회복지 접근방법

지역사회복지는 다양한 방법으로 접근될 수 있다. 목적, 주체, 활동의 성격 등에 따라 다음과 같은 다섯 가지로 대별할 수 있다. 이들 각각의 특성을 간략히 설명하고 적용의 예를 들어보면 다음과 같다.

첫째는 정책적 및 제도적 접근(*policy and institution-based approach*)이다. 가장 거시적 접근에 해당하는 것으로서, 공공부조 및 사회복지 서비스 관련제도 및 그것들이 지방자치단체의 사회복지 전달체계를 통해서 집행되는 구조와 절차를 가리킨다. 제도의 내용은 물론, 중앙정부와 지방자치단체의 기능분담, 지방자치행정의 체계, 지방자치단체와 지방 민간부문 간의 기능분담 및 역학관계 등이 주요 관심사가 된다. 지방자치와 지역사회복지에 대해서는 뒤에서 따로 다루기로 한다.

둘째는 전문적 접근(*professional approach*)이다. 사회복지실천(*social work*)을 비롯한 유관 전문직들이 지역사회복지의 일반적 목적 실현을 위해 지역사회를 단위로 하여 행하는 접근으로서, 이러한 접근을 '지역사회복지실천'이라 칭할 수 있다. 여기에는 전통적인 지역사회조직(*community organization*)이 중심이 되며, 이 밖에도 몇몇 유관활동들이 이 개념에 포괄될 수 있는데, 이에 대한 보다 상세한 논의는 뒤의 개념정의 부분에서 하도록 한다.

셋째는 사회운동적 접근(*social movement approach*)이다. 통상 사회운동이라 함은 사회변화 또는 사회문제의 해결을 위해 사회구성원들의 참여로써 이루어지는 집합적이고 지속적인 행동을 가리킨다. 이것은 사회문제에 대해 지역사회 구성원들이 집합적으로 대응하는 과정에서 이루어지며, 그 구체적 형태와 성격은 사회문제와 운동주체에 따라 다양하다. 종종 주민운동이나 지역운동 등으로 불리기도 한다.

넷째는 상조적 접근(*mutual help approach*)이다. 지역사회 구성원들이 활동의 주체가 된다는 점에서는 사회운동적 접근과 겹치는 점이 있으나, 목적을 추구하는 방법으로 구성원 상호 간의 자조 혹은 상부상조 활동을 활용한다는 점에서 차이가 있다. 우리 사회의 전통적인 두레, 계, 품앗이 등이 이 유형에 속한다. 해외에서 시작되어 국내에까지 전파되고 있는 레츠(LETS, *Local Exchange and Trading System*)도 이 유형에 속한다. LETS에 대해서는 뒤에서 따로 상세히 다루고자 한다.

다섯째는 지지적 접근(*supportive approach*)이다. 위의 접근들을 보조·지원하거나 이들과 연계하는 성격을 갖는 접근으로, 사회봉사활동 및 모금 등을 조직하거나 이에 참여하는 활동과 협의회 또는 연합회 결성을 통한 활동이 여기에 속한다. 사회봉사단체, 공동모금회, 사회복지협의회, 사회복지서비스 영역별 협의기구 등을 통한 활동을 예로 들 수 있다.

2. 지역사회복지실천

1) 개념정의

지역사회복지실천이란 용어가 우리나라에서 공식적으로 사용된 지 그리 오래지 않아 명료하고 납득할 만한 개념규정을 찾기 힘들다. 외래용어의 번역어가 아니어서 이에 대응하는 영어용어를 제시하는 것도 마땅치 않고, 준거로 삼을 만한 개념정의가 딱히 있는 것도 아니다. 앞에서 다룬 지역사회복지 못지않게 용어 이해에 편차가 발견되는 것도 이러한 현실과 무관하지 않다. 이 용어의 뜻을 설명하려면 우선 사회복지실천이란 용어의 뜻부터 설명해둘 필요가 있겠다.

우리나라에서 '사회복지실천'이란 용어가 지칭하는 의미와 그것이 포괄하는 범주를 명쾌하게 설명하기도 쉽지 않다. 이 역시 개념이 분명하지 않을 뿐 아니라, 일관된 의미로 사용되고 있지도 않기 때문이다. 이 용어에 대해 혼란스러움을 느낄 만한 이유를 몇 가지 들어보자. 우선, 사회복지실천 관련 교재들은 이 용어에 해당되는 영어표현으로 social work practice를 쓰고 있다. 종전까지 '사회사업실천'이라고 옮겨 쓰던 것을 '사회복지실천'으로 바꾸어 쓰게 되었음을 보여준다. 이것은 영어 social worker를 '사회사업가'에서 '사회복지사'로 바꿔 쓰게 된 것과 같은 맥락에서 일단 이해할 수 있다. 말하자면 '사회사업'이란 번역어를 피하고 이를 '사회복지'로 대체한 셈인데, 일부 교재(조흥식 외, 2000: 15~17)는 사회복지실천의 개념을 설명하면서 사회사업이란 표현까지 함께 사용함으로써 독자들을 혼란스럽게 하기도 한다.

그럼에도 대체로 이 개념이 전통적으로 접근의 단위를 개인·소집단·지역사회 등으로 구분하여 방법을 나누어왔던 방식에서 탈피하여 사회단위의 크기나 종류를 구분하지 않고 하나의 가치·지식·목적·기술체계로 통합하여 접근하는 대안적 방법을 지칭하는 것으로 파악한다는 점에서 일치하는 듯하다. 문제는 교육현장에서 사용되는 교과목 명칭에서는 이와 같은 의미로 용어가 사용되지 않는다는 데 있다. 지역사회를 단위로 한 접근을 따로 분리시키면서, 개인이나 집단과 같은 작은 규모의 사회단위를 대상으로 한 접근에 국한시킨 의미로 사회복지실천이란 용어를 사용하고 있는 것이다(엄명용 외, 2000).

'지역사회복지실천'은 이처럼 교과목 명칭으로서의 사회복지실천에서 제외된 지역사회 단위의 사회복지실천을 가리키는 용어로 이해함이 적절하겠다. '사회복지실천'이란 용어가 일찍 채택되어 사용되고 있는 중에도 지역사회를 단위로 한 실천방법인 community organization은 '지역사회조직'이란 번역어로 계속 쓰였다. 광의의 '지역사회복지'를 구성하는 중요한 일부로서 사회복지실천의 원리와 방법 등을 적용한 전문적 개입을 가리키는 용어로 사용되어 왔던 것이다. 그런 가운데 한국사회복지교육협의회는 2000년 교과목지침서에서부터 종전에 '지역사회조직', '지역사회조직 실천' 혹은 '지역사회복지의 실천' 등으로 칭하던 것을 '지역사회복지실천'으로 정하여 발표하기에 이르렀다. 지역사회를 단위로 한 전문적 사회복지실천의 방법으로서 공식적으로 '지역사회복지실천'이란 용어가 사용된 것은 이 시기 이후라고 볼 수 있다. 실제로는 광의의 개념과 그 하위개념으로 관계설정이 돼야 타당한 '사회복지실천'과 '지역사회복지실천'이란 용어가 미시적 실천과 거시적 실천을 각각 가리키는 용어처럼 교육현장에서 사용되기에 이르렀던 것이다. 용어가 조성되고 채택된 맥락을 이와 같이 이해한다면 '지역사회복지실천'은 일단 종전의 '지역사회조직'을 대체하는 용어로 보아도 무리가 없겠다는 것이 저자들의 판단이다. 이런 시각에서 '지역사회복지실천'의 개념을 규정하자면, "지역사회를 단위로 한 전문적 사회복지실천의 방법"이라고 정의할 수 있다. 이런 지역사회복지실천 개념의 의미를 개념 구성요소를 중심으로 분석적으로 살펴보면 다음과 같다.

첫째, 접근의 단위는 지역사회이다. 이 경우의 지역사회란 지리적 의미의 지역사회와 기능적 의미의 지역사회가 모두 포함된다.

둘째, 구체적인 관심의 대상이 되는 사회단위는 하나의 지역사회 전체가 될 수도 있고, 그것을 구성하는 내부의 개인, 집단, 조직, 제도 등이 될 수도 있다.

셋째, 개입의 목표는 한마디로 '지역사회 구성원들이 당면하고 있는 문제와 욕구를 해결하기 위한 지역사회의 변화'라고 표현할 수 있다. 이러한 목표는 지역사회의 상황이나 문제의 성격 혹은 개입하는 전문가의 관점이나 시각 등에 따라 다양하게 설정될 수 있는데, 이들을 과업목표(*task goals*), 과정목표(*process goals*), 관계목표(*relationship goals*) 등으로 구분하여 설명하는 관점이 참고할 만하다.[1)]

그런데, 우리는 여기서 '지역사회복지실천'이란 용어를 종래의 '지역사회조직'이라는 번역어를 대체하는 용어로만 이해하여도 충분한지 여부를 검토해볼 필요가 있다. 국내 학계나 교육계에서 이에 대한 본격적인 논의가 따로 없었던 관계로 아직 단정적으로 말하기는 이르나, 이 책의 저자들은 '지역사회복지실천'이 차츰 '지역사회조직'의 대체어 수준을 넘어 보다 확대된 의미를 지니는 용어로서 사용될 여지가 있다고 본다. '지역사회조직'(*community organization*)이라는 개념과 방법을 태동시킨 미국에서 이미 이 용어가 좀더 넓은 의미의 다른 용어들에 자리를 내어주고 있는 상황도 이러한 인식과 무관하지 않다. 같은 영어권인 영국에서 빚어지고 있는 상황도 비슷한 양상인 것

---

1) 최일섭·류진석(2001)은 던햄(Dunham, 1970)과 로스만(Rothman, 1974)의 주장을 각각 인용하면서 이러한 목표 유형들을 소개하고 있다. 해묵은 개념이지만 현장에서 목표설정을 할 때 사회복지사에게 유용한 안목을 제공할 수 있다. 묶어서 요약하면 대략 다음과 같다. 과업목표는 지역사회의 구체적 문제나 욕구의 해결을 겨냥하는 것으로서, 환경개선, 소득향상, 서비스 개발, 복지정책의 발전, 법령의 제정이나 개정 등을 예로 들 수 있다. 과정목표는 지역사회 구성원들의 역량, 태도, 의식 등의 개발과 관련되는 것으로, 지역사회복지실천의 추진과정에서 달성하려는 것이란 점에서 과업목표에 대해 수단적 성격을 갖는다. 주민의 민주적 의사결정 및 문제해결 등에 관한 관심과 능력 개발, 참여·자조·협동 등의 의식 혹은 태도 개발, 토착적 지도력 개발 등이 그 예이다. 관계목표는 지역사회 구성원들 사이의 관계 변화를 통해 권력분배의 구조를 바꾸려는 것이다. 관계목표를 과정목표의 일부로 분류하기도 한다.

으로 보인다. 우리말로 옮기기가 마땅치 않은 community work, community practice, macro practice 등이 이들 나라에서 새롭게 쓰이고 있는 용어들의 예이다.[2] 요컨대, 아직은 '지역사회복지실천'을 사회복지실천(*social work*)의 한 영역으로 보면서 지역사회조직을 주로 지칭하는 용어로 보아도 무방하겠지만, 차츰 사회복지실천뿐만 아니라 상담, 정신의료, 보건, 케어 등과 같이 직접적 서비스에 관여할 수 있는 다양한 전문직들을 통해 이루어지는 실천활동들까지 이 개념 속에 포괄하는 방향으로 나아가게 될 것이라 내다보는 것이다. 그래야 '지역사회복지실천'이 다양한 범주의 노력을 포괄하는 '지역사회복지'와 의미상 조화를 이룰 수 있을 것이기 때문이다.

2) 지역사회복지실천의 가치와 윤리

사회복지실천의 윤리(*ethics*)는 이보다 추상적 개념인 가치(*value*)로부터 나오는 것으로서, 사회복지사의 행위를 인도하는 규율이 된다. 가치가 무엇이 좋고(*good*) 바람직한가(*desirable*)를 가리는 것이라면, 윤리는 무엇이 정당하고(*right*) 바른(*correct*) 것인지를 가리는 지침이 된다(Hardcastle et al., 1997: 21; Hardina, 2002: 18). 사회복지사 윤리강령은 윤리적 기준을 명문화한 대표적인 예이다. 대개 이 윤리강령은 모든 사회복지사들에게 보편적으로 적용될 수 있다고 보는 반면(Kirst-Ashman and Hull, Jr., 2001; Netting et al., 1993; Hardcastle et al., 1997), 일각에서는 지역사회복지실천의 윤리적 기준은 임상적 실천의 그것과 차이가 있다고 보아 구분해서 다루기도 한다(Hardina, 2002).

---

2) 이 용어들에 대해서는 이 장의 뒷부분에서 따로 간략히 설명하고자 한다.

여기서는 이처럼 다른 사회복지실천 영역의 윤리와 구분되는 지역사회복지실천의 독특한 윤리적 측면에 주목하면서 이를 중심으로 살피고자 한다. 앞서 개념정의에서 밝힌 바와 같이 여기서 일컫는 지역사회복지실천이란 지역사회조직 및 관련 전문적 접근을 포괄하는 개념이라고 이해하면 된다. 하디나는 지역사회복지실천에 적용되는 윤리적 실천(*ethical practice*)이 임상적 사회복지실천의 그것과 다른 이유를 다음 몇 가지로 설명한다(Hardina, 2002: 18).

첫째, 사회의 변환(*transformation*)이 개입의 일차적 목표이다.

둘째, 사회복지사는 억압받는 집단들을 주변화(*marginalization*)하는 데 기여하는 사회적 및 경제적 조건들에 대해 비판의식을 발전시켜야 한다.

셋째, 대상자 집단(*constituency group*)[3]의 구성원들에게 비판의식을 키우도록 하는 것 역시 윤리적 실천이 추구하는 또 하나의 목표이다.

넷째, 클라이언트들이란 주로 대상자 집단의 구성원, 표적이 되는 지역사회의 주민, 억압받는 인구집단의 구성원 등이기 때문에, 많은 경우 사회복지사들은 이러한 클라이언트 집단의 모든 구성원들과 직접 접촉하지 않는다.

다섯째, 대개 개입이 대상자 집단의 구성원들과 제휴하는 가운데 이루어지는 관계로, 경우에 따라서는 대상자 집단이 사회복지사를 고용하기도 한다.

---

3) 하디나(Hardina, 2002)는 구성원(*members*)과 수혜자(*beneficiaries*), 그리고 이 밖의 조직적 노력의 과정에 참여하는 사람들을 총칭해서 "constituents"라고 표현하고 있는데, 지역사회복지실천의 맥락에서 쓸 만한 적절한 우리말 표현이 없다고 보아 여기서는 "대상자"로 옮겨 쓰고자 한다. 이하 하디나의 글을 인용한 부분은 모두 마찬가지이다.

여섯째, 실천활동의 목적이 주변화한 집단들의 역량을 증대시키는 데 있기 때문에, 지역사회복지실천이 억압적 체제를 유지하는 데에 이용되어서는 안 된다.

일곱째, 지역사회복지실천의 일차적 목적이 임파워먼트(*empowerment*)에 있기 때문에, 사람들은 정부 및 민간기관의 의사결정에 관여하는 가운데 환경을 지배한다는 인식이 증대되고 자아개념이 개선되는 등의 긍정적 효과를 맛볼 수 있다는 사실을 알고 있다.

여덟째, 사람들이 역량을 획득하도록 하기 위해서는 권력을 지닌 집단을 표적으로 삼아 직면(*confrontation*)의 전술을 활용하여야 하는데, 이런 일은 표적집단의 심기를 건드리거나 대상자 집단에게 위험부담을 안기게 되기도 한다.

아홉째, 윤리적 실천은 지역사회복지실천가로 하여금 적절한 전술의 구사에 관한 결정에 앞서 상황의 심각성, 접근가능성, 표적집단이 처할 위기요인 등을 점검할 것을 요구한다는 점에서 종종 상황의존적 일로 간주된다.

이상과 같은 배경 위에 지역사회복지실천을 특징짓는 기본가치들로서 다음과 같은 것들이 제시된다. 즉, ① 다양성 및 문화적 식견(*cultural understanding*), ② 자기결정과 임파워먼트, ③ 비판의식의 개발, ④ 상호학습(*mutual learning*), ⑤ 사회정의와 균등한 자원배분에 대한 헌신 등이 그것이다. 다소 장황한 감은 있겠으나 실천가들에게 유용한 지침이 되리라 보아 이들 각각에 대한 설명을 요약하여 부연하고자 한다(Hardina, 2002: 19~27).

첫째, 다양성과 문화적 식견이란 실천가가 문화를 이해하고, 그것이 인간의 행동과 사회에 대해 행하는 기능을 파악하는 일과 관련을 맺는다. 이러한 가치는 미국과 같은 다문화사회에 어울리는 것이겠으나, 그 기본적 관념은 우리나라에도 적용될 수 있을 것이다.

둘째, 자기결정과 임파워먼트 가운데 자기결정이란 클라이언트가 전문가의 개입여부를 결정하고, 개입의 방법과 그것이 가져올 결과 등에 대해서도 선택할 수 있도록 하는 것을 말한다. 임파워먼트란 대상자집단의 의사결정 참여를 대단히 소중한(*paramount*) 것으로 여기는 것을 말한다. 임파워먼트는 대상자집단의 주체의식을 키우고 부정적 자아상을 불식시킴으로써 일종의 치료효과를 가져오는 것으로서 의미를 지닌다는 것이 그 이유이다.

셋째, 비판의식의 개발이란 지역사회복지실천가가 억압을 조장하는 사회의 메커니즘을 인식할 뿐 아니라, 그러한 사회의 구조 및 의사결정 과정을 주시하고 이해하는 것을 가리키는데, 한 발 더 나아가 이를 서비스 대상자들과 공유함으로써 그들의 비판의식을 제고하는 것까지 기대한다.

넷째, 상호학습이란 지역사회복지실천가가 조직화의 과정에서 파트너인 대상자 집단의 문화적 배경에 대해 배우고자 하는 적극적 학습자가 되어야 함을 말한다. 이것은 대상자 집단으로 하여금 클라이언트로서의 역할을 뛰어넘어 교육자이자 파트너로서의 역할을 맡을 수 있도록 고무할 수 있어야 함을 가리킨다. 이는 실천가와 대상자 집단이 사회변화의 과정에서 동등한 파트너라는 점을 시사하고 있다.

다섯째, 사회정의와 균등한 자원배분에 대한 헌신이란 억압적이거나 정의롭지 못한 사회현실을 바꿀 책임을 지역사회복지실천가가 포기하지 말 것을 이른다. 물론 사회정의의 의미는 매우 상대적이지만, 대개 사회복지사들이 공유하는 개념이 있다고 가정한다. 공정성, 개인의 복지에 대한 집합적(*collective*) 책임의식, 이타심, 균등한 자원·기회·권리·혜택의 배분 등이 그 예가 될 수 있다.

한편, 영국의 '지역사회사업[4) 훈련단 연합회'(Federation of Community Work Training Groups)가 제시하고 있는 지역사회사업의 가치와 원칙도 참고할 만하다. 이에 따르면, 지역사회사업이 이루어지는 상황, 다루는 문제, 관여하는 사람의 스타일, 접근방법 등은 다양할 지라도 이들이 공통으로 지켜야 할 기본 원칙들이 있는데, 그 내용은 다음과 같다.

첫째, 다음과 같은 방법으로 지역사회의 협동(*co-operation*)을 고무하고 참여 민주주의의 과정을 독려한다. ① 지역사회 내의 기존 및 신생 집단으로 하여금 공통의 관심사를 다룰 수 있도록 지원한다. ② 다양성과 상이성은 존중하되, 지역사회의 개인과 집단들이 상호 존중하는 자세를 바탕으로 삼아 공통의 관심사를 중심으로 상호 연계(*link*) 하고 소통(*liaison*) 할 수 있도록 돕는다. ③ 지역사회 모든 구성원들의 독특한 경험과 기여한 바를 인정함으로써, 이들이 자신이 속한 사회를 일궈 나가는 데에 더 큰 역할을 담당할 수 있도록 고무한다. ④ 사람들로 하여금 공동의 목표를 달성하고 의사결정자들에게 적절한 영향력을 행사하기 위해 함께 고민하고 행동하도록 지지한다. ⑤ 집단들로 하여금 목적달성을 위해 다양한 접근방법들을 활용할 수 있도록 지지한다. 이러한 접근방법의 예로는 자조집단, 압력집단, 지역사회 행동, 연대, 파트너십 등을 들 수 있다.

둘째, 다음과 같은 방법으로 지역사회의 자기결정을 독려한다. ① 지역사회의 개인과 집단들이 자신들의 목표를 규정할 수 있도록 돕는다. ② 개인과 집단들이 프로젝트를 자율적이며 공동관리의 방식으로 운용할 수 있도록 지원한다. ③ 자기결정을 지속적으로 해나갈 수 있는 조직형태를 개발한다.

셋째, 다음과 같은 방법으로 지역사회가 지식을 개발하고 공유할 수 있도록 뒷받침한다. ① 사회적·경제적·정치적 변화를 이루기 위

4) 이 번역어가 좋은 번역어는 아니나, 다른 번역어들과 구분하기 위해 일단 이렇게 번역해 쓰고자 한다. 이 용어의 의미에 대해서는 뒤에서 따로 다룬다.

한 노력을 통하여, 사안(*issues*)과 관점(*perspectives*)에 대한 인식과 안목을 개발한다. ② 사람들로 하여금 자신들의 목표를 확대시켜 나가는 데에 필요한 역량과 기술을 발전시킬 수 있도록 돕는다. ③ 사람들로 하여금 자신들이 활동하는 방법에 영향을 미치는 가치들에 대해 인식하게 되도록 돕는다.

넷째, 다음과 같은 방법으로 지역 민주주의를 장려하고, 불평등을 견제하며, 사회정의를 증진함으로써, 권력균형 및 권력구조를 변화시킨다. ① 불평등한 권력배분은 개인적 문제일 뿐 아니라 정치적 문제임을 인식하며, 지역사회사업은 개인의 역량을 강화하는 개별학습과 지역사회의 역량을 강화하는 집단적인 학습 및 변화활동을 연계시킬 책임이 있음을 인식한다. ② 사회 내에 존재하는 억압을 인식함으로써, 우리 내면과 사회 내에 존재하는 모든 종류의 억압에 맞설(*confront*) 필요가 있음을 인식한다. ③ 특정한 개인이나 집단을 차별하고 무력화시키는 개인·집단·제도의 태도와 행동에 맞서는 데에 앞장선다. ④ 위와 같은 일들을 추진함에 있어서 확고한 반차별적 실행원리를 채택하고 증진시킨다(Harris, 2001).

이밖에 김범수(2003: 31~35)는 지역사회복지실천의 가치와 구별되는 지역사회복지의 가치라는 개념 아래 지역사회, 조직과 단체, 지역사회 주민 등의 맥락을 구분하고 이들 각각에서 견지해야 할 세부가치들을 제시하고 있어 참고할 만하다.

3. 관련 용어

'지역사회복지' 및 '지역사회복지실천' 개념과 관련이 있거나 유사한 의미를 가진 용어들이 있어, 그 몇 가지를 소개하고자 한다. 이들 가운데 '재가복지'를 제외한 대부분이 우리나라에서는 통용되지 않는 용어들이라 그 개념에 대해 깊이 있게 다룰 상황은 아닌 듯하다. 다만, 미국과 영국의 문헌이나 웹사이트들을 통해서 설명되고 있는 각 용어들의 뜻을 간략히 살펴봄으로써, 이들이 '지역사회복지'나 '지역사회복지실천'이란 용어들과 어떤 관계를 가지며 어떻게 다른지를 생각해 보고자 한다.

1) 재가복지

일반적으로 '재가복지'란 사회복지서비스 이용자들이 자신의 집에서 일상적 생활을 하는 가운데 그들에게 서비스를 제공하는 방식을 가리킨다. 재택복지(在宅福祉)라는 일본식 표현을 사용하는 예도 드물게 발견되나, 이미 법률상으로도 정착되어 있는 재가복지라는 용어로 통일해서 쓰는 것이 좋다. 이 용어가 부각된 것은 요보호자를 지역사회 내에서 보호한다는 의미의 지역사회보호와 맥을 함께한다고 볼 수 있다. 가정에 머무르는 상태는 곧 시설에 입소하지 않는 상태를 가리키기 때문이다.

영미에서는 대개 1950~60년대에 시설보호 중심의 사회복지를 극복하려는 움직임 속에서 이런 서비스가 자리를 잡기 시작했고, 일본에서는 1970년대 이후에, 그리고 우리나라에서는 1980년대 이후에 이 용어와 관련제도가 등장한 것으로 알려져 있다. 재가복지서비스의 유형은 크게 두 가지로 구별된다. 그 하나는 '재가서비스'라 불리는 것으로서, 주로 거동이 불편한 요보호자들의 가정을 방문하여 제공하는 각종 서비스를 가리킨다. 방문간호, 가정봉사원 파견을 포함한 가사지원(*home help*), 식사배달(*meals-on-wheels*), 심부름, 외출동행, 주택개조 서비스 등이 그 예가 된다. 다른 하나는 '이용시설 서비스'라 불리는 것으로서, 서비스 대상자들로 하여금 이용시설을 방문하여 필요한 서비스를 받도록 하는 방식을 가리킨다. 단기보호(*short stay*)와 주간보호(*day care*)가 그 대표적 예이다.

2) 지역사회보호

영국 등에서 일찍이 그 용례를 찾아볼 수 있는 '지역사회보호'(*community care*)라는 용어는 아동·노인·장애인 등의 요보호 집단을 주로 대상으로 삼는 서비스로서 대개 다음과 같은 두 가지 의미로 사용되어 왔다(Morris, 1993: ch. 1). 그 하나는 "지역사회 내에서 실시하는 보호"(*care in the community*)라는 의미이다. 이때 '지역사회'는 '시설'(*institution*)과 대비되는 말로 이해하는 것이 적절하다. 요컨대 이때의 지역사회보호란 요보호자를 지역사회로부터 격리된 시설에서 보호하던 종래의 방식을 탈피하여 일상적 생활공간인 지역사회 내에서 살아갈 수 있도록 보호서비스를 제공하는 것을 말한다. 탈시설화(*de-institutionalization*)나 정상화(*normalization*)의 원리가 이와 잘 어울린다.

지역사회보호의 두 번째 의미는 "지역사회에 의한 보호"(*care by the community*)로 해석된다. 말하자면 보호의 주체가 지역사회라는 것인데, 이때의 '지역사회'는 공공부문이 아닌 민간부문이란 뜻으로 이해하는 것이 적절하다. 주로 복지국가 위기 이후의 상황에서 일종의 정치적 수사로서 많이 사용된 이 용어는, 사회복지에 대한 책임을 공공부문에 집중시키는 것이 아니라 지역사회(즉, 다양한 민간부문)가 나누어 담당하게 되는 것을 가리킨다. 복지 다원주의(*welfare pluralism*)나 복지혼합(*welfare mix*)의 원리가 이와 잘 어울린다.

용어 사용자에 따라 이 두 가지 가운데 어느 한 쪽을 선택적으로 강조하는 경향도 없지 않으나, 대체로 두 가지 의미를 포괄하고 있는 것으로 보아도 무리가 없다. 말하자면 생활시설이 아닌 지역사회 내에서 보호 서비스를 제공하되, 공공부문뿐 아니라 다양한 민간부문이 서비스 전달의 업무를 나누어 담당하는 방식을 일컫는다고 보면 무난하다는 것이다. 다만, 오늘날의 이러한 보호는 기본적으로 사회적 성격을 지닌다고 보는 것이 옳다. 서비스의 전달자가 누구이든 보호의 궁극적 책임은 전체사회가 공유하는 것이어서, 사회정책의 대상이 됨이 마땅하다는 것이다. 영국에서는 1990년의 '국민보건서비스 및 지역사회보호법 *National Health Service and Community Care Act*'(약칭 NHS&CC법)이 지역사회보호의 법적 근거가 되고 있다. 지역사회보호는 주로 건강문제에 관한 서비스가 큰 비중을 차지하며, 이 일에는 사회복지사와 간호사 및 물리치료사 등이 관여한다(Sharkey, 2007).

3) 지역사회서비스

'지역사회서비스'(*community service*) 라는 이름의 활동이 이루어지는 예는 미국에서 주로 찾아볼 수 있는데, 민간부문을 통해서 이루어지는 조직적 사회봉사 활동을 가리키는 용어이다. 사람들에게 이웃을 위해 봉사할 수 있는 기회를 제공함으로써 그들로 하여금 시민으로서의 참여와 책임의식을 키우도록 하려는 거국적 시도로 이루어진다. 참여활동의 범위를 국내 전역으로 확장시키면서 서비스의 대상을 모든 국민으로 넓힐 수 있다는 점에서 국민서비스(*national service*)로 불리기도 한다. 정부로부터 독립된 조직의 주선으로 이뤄지며, 대개 비영리 자선단체와의 연계를 통해 노숙자·빈민·실업자 등의 문제에 관여하면서 전개되는 이 활동은 서비스 활동 참여자들에게 교육비 지원이나 현금보상 등을 제공하기도 한다. 대공황기 이후 2차대전기까지 지속된 시민보국단(CCC, Civilian Conservation Corps)과 '빈곤퇴치 사업'(the War on Poverty)의 일환으로 전개된 1960년대 중반 이후의 VISTA (Volunteers in Service to America)가 이와 같은 단체 활동의 좋은 예이다(Christensen and Levinson, 2003: 955~956).

4) 기타 지역사회복지실천 관련 용어들

앞에서 다룬 '지역사회복지실천'과 개념상 밀접한 관련을 갖는 용어들이 몇 가지 있다. community work, community practice, macro practice 등이 그 대표적인 예이다. 영어권에서 사용되는 이 용어들은 우리말로 옮기기가 용이하지 않을 뿐 아니라 같은 용어라도 쓰이는 맥락에 따라 의미가 달라지기도 한다. 적절한 번역어는 아니나 이 책에서 용어들을 서로 구별할 수 있도록 하기 위해 앞으로는 이들을 각각 '지역사회사업', '지역사회실천', '거시적 실천'으로 옮겨 쓰고자 한다, 각각의 의미를 간략히 살펴보면 다음과 같다.

① 지역사회사업(*community work*): 여기서는 영국에서 주로 쓰이는 용례를 중심으로 이 용어의 개념을 살펴본다. 이것의 특성을 지역사회복지의 뿌리라 할 만한 COS 및 인보운동과 결부시켜 설명하자면 전자보다는 후자 쪽에 가까운 활동에 속한다(Sharkey, 2000). COS의 맥을 이은 활동이 지역차원에서 좀더 접근성이 크고 효과적인 서비스를 개발하고 서비스 이용자들의 욕구충족을 위한 방안을 모

색하는 데에 비중을 둔다면, 인보운동의 맥을 이은 지역사회사업은 집합적 행동(*collective action*)을 통해서 불의(*injustice*)와 불평등을 해소하고 지방차원의 정책을 개선시키려는 데에 역점을 둔다(Stepney and Ford, 2000).

이와 같은 지역사회사업의 주된 목적은 불이익을 경험하고 있는 지역사회들과 함께 활동하면서, 이들이 자신들의 욕구와 권리를 규명하고, 목표를 명확히 하며, 민주적 원리 안에서 그것을 성취하기 위한 행동을 취하도록 돕는 데에 있으며(Harris, 2001), 이러한 도움을 제공하는 유급의 담당자(*community workers*)로는 사회복지사 외에도 보건의료인이나 공무원 등과 같은 다양한 분야의 인력들이 포함될 수 있는 것으로 이해한다(Twelvetrees, 2002). COS의 맥을 이은 쪽을 통상 사회복지실천(*social work*)이라고 이름 붙이면서, 지역사회사업을 이것과 구별하는 것이 오늘날의 일반적인 경향이지만, 1968년의 씨봄 보고서(Seebohm Report)가 그랬던 것처럼 지역사회사업을 사회복지실천의 한 부분으로 파악하는 경우도 있다.

② 지역사회실천(*community practice*): 이 용어의 개념은 미국의 용례를 중심으로 간략히 살펴보고자 한다. 이것은 지역사회 내의 집단, 조직, 제도 등의 행동양태를 바꾸거나, 이들과 사람들 사이의 관계 및 상호작용 방식을 바꾸기 위해 사회복지실천 기술을 적용하는 것을 말한다. 이것은 다음에 설명할 거시적 실천(*macro practice*)의 일부로 파악되기도 하나, 반드시 거시 지향적(*macro-oriented*) 실천가들에 의해서만 이루어지는 것은 아니다. 개개 클라이언트들의 기능수행 능력과 삶을 향상시키려거나 이들이 자원을 좀더 잘 활용할 수 있도록 도우려는 경우처럼 미시적 수준의 직접적 실천을 행하는 경우에도 사회복지사는 이 활동에 관여하게 된다는 것이다. 다만 거시적 접근을 취하는 실천가는 지역사회의 변화가 그 구성원에 영향을 미칠 수 있

는 조건이 된다고 가정하여 지역사회에 일차적 초점을 둠에 반해서, 직접적 서비스 중심의 실천가는 클라이언트를 위한 지지적 자원으로서 지역사회를 이해하면서 지역사회의 변화를 클라이언트 삶의 질 향상을 위한 수단으로 본다는 점에서 차이가 있다(Hardcastle, David A. et al., 1997: 1~2).

③ 거시적 실천(*macro practice*): 미국의 용례를 중심으로 간략히 살펴보면, 네팅 등(Netting et al., 1993)은 거시적 실천을 "조직체와 지역사회 내에서 계획적 변화를 실현하기 위해 설계된 전문적이며 의도적 개입"으로 정의한다. 거시적 실천을 이와 같은 전문적 접근이란 측면에서만 파악하지 않고, 사회복지정책과 행정을 포괄하는 개념으로 보는 견해도 있다(Hardcastle et al., 1997).

지금까지 세 가지 용어를 설명하였지만 각각의 활동이 포괄하는 영역의 범위와 경계가 분명하지 않을 뿐 아니라, 그 의미들도 모호하다. 한 가지 분명한 점은 이들이 모두 지역사회를 접근의 단위로 한 전문적인 개입활동으로서의 성격을 지니며, 지역사회 구성원들의 복지실현을 직간접적으로 겨냥하고 있다는 점이다. 이러한 개입활동에서 사회복지실천(*social work*)의 기술은 기본적으로 적용되거나(*community practice*), 부분적으로 활용된다(*community work, macro practice*). 앞에서 언급한 바와 같이 '지역사회복지실천'의 의미를 확장시켜 이해할 경우, 이것은 전통적인 지역사회조직(*community organization*) 외에 여기서 다룬 세 가지 형태의 활동을 포괄하는 개념으로 보아도 무난하리라 본다.

4. 지역사회복지의 역사

여기서는 제도의 영역을 포함하는 포괄적 의미의 지역사회복지와 전문적 영역인 지역사회복지실천을 묶어서 이들이 대두하고 발전해온 역사적 배경과 그 과정을 영국과 미국, 그리고 우리나라를 중심으로 간략히 기술하고자 한다. 시대구분을 포함해서 각 나라의 역사적 전개과정을 상세히 기술하는 일은 지역사회복지의 실제적 영역에 역점을 두려는 이 책의 의도를 넘어서는 일이므로, 전반적 흐름을 개관하면서 주요한 사건의 개요와 의미를 짚는 데 역점을 두고자 한다.

1) 영 국

영국의 지역사회복지 관련 역사에서 우리가 주목할 만한 부분이라면 19세기 후반에 시작되어 자원봉사의 한 흐름을 형성하고, 미국으로 전파되어 전문적 사회복지실천(*social work*)의 등장과 발전에 한 단초가 되었던 자선조직화운동(Charity Organization Movement)과 인보운동(Settlement Movement)이 있다. 이 밖에 지역사회보호(*community care*)와 지역사회사업(*community work*)의 등장과 변모 등을 포함시켜 대략의 흐름을 살펴보고자 한다.

(1) 자선조직화운동

자선조직화운동(Charity Organization Movement; COM)은 19세기 후반 당시 성행하였던 부유층들의 자선활동들을 지역사회 단위로 조직화함으로써 보다 체계적이고 효율적으로 자선활동이 이루어지도록 하려는 움직임이었다. 소규모의 자선단체들이 난립하였을 뿐 아니라, 그 활동에 보편적이거나 지속적인 원칙이 결여되어 있었다는 사실이 이 운동을 시작하게 된 중요한 이유였다. 그래서 자선단체들의 막대한 보유자원들을 조정하고 집적함으로써 그것을 가장 잘 활용할 수 있는 사람들에게 분명한 원칙에 따라 체계적으로 배분해줄 수 있도록 하려는 것이었다.

이러한 목적에서 이 운동이 강조한 두 가지는 조직화와 체계적인 조사였다. 전자는 무분별한 자선활동들을 조정하여 자선이 중복적으로 제공되지 않고 자원이 효율적으로 운용되도록 하려는 것이었으며, 후자는 빈곤의 원인을 파악하여 도움을 받을 자격이 있는 빈민에게만 지원하는 가운데 빈민의 '의존문화'(*dependency culture*)를 불식하고 자조의 가치를 진작시키려는 것이었다.

그래서 빈민에 대한 조사를 통해서 나태나 주벽 등과 같은 개인의 도덕적 결함으로 인해 빈곤해진 사람들은 도움 받을 자격이 없는 빈민(*undeserving poor*)으로 분류하였고, 질병·사고·장애·고령 등과 같은 개인의 도덕적 결함과 무관한 조건에 의해 빈곤해진 사람들을 도움 받을 자격이 있는 빈민(*deserving poor*)으로 분류하여 이들에 한해서 구제를 하였던 것이다.

이처럼 빈곤의 원인을 파악하거나 빈민을 교화하여 자립의 길로 이끄는 등의 활동을 담당했던 인력은 주로 여성으로 이루어진 자원봉사자였던 우호방문원(*friendly visitors*)이었다. 이들이 후일 체계적 교육 훈련과정을 거쳐 개별사회복지실천가(*caseworker*)로 발전하게 된다. 그리고 이 자선조직화운동을 추진한 지역 단위의 조직체가 자선조직협회(Charity Organization Society, COS)였는데, 영국 최초의 COS로는 1869년 헬렌 보잔케트(Helen Bosanquet)와 옥타비아 힐(Octavia Hill)에 의해 세워진 런던 COS를 꼽을 수 있다.

이러한 자선조직화운동이 미국으로 전파되어 영향을 끼쳤으며, 지역사회 단위의 조직화와 전문적 사회복지사의 출현을 가져오게 한 씨

앗으로 작용하였다는 점에서 역사적 의미를 평가받고 있다.

(2) 인보운동

인보운동(隣保運動; *Settlement Movement*)은 대학을 졸업하였거나 재학 중인 젊은 남녀를 빈민지역에 투입하여 다양한 활동을 통해 그들을 돕게 하는 가운데, 빈곤의 사회적 원인과 빈부격차의 메커니즘 등을 깨닫게 하여 사회개혁 운동에 참여하도록 하려는 운동이었다. 빈민들이 이런 젊은이들로부터 배울 바가 있는 한편, 젊은이들도 빈민들로부터 배울 바가 있다고 보았던 것이다. 이렇게 하여 개혁 지향적 성격을 띠었던 인보운동 참여자들은 빈민들을 조직화하고, 그들에게 교육과 상담 등의 서비스를 제공하였으며, 사회입법 운동도 전개하였다. 이러한 일들이 후일 영국의 사회정책 발전과 미국의 전문적 사회복지실천의 발전에 중요한 영향을 미쳤다.

최초의 인보관은 바네트(Samuel Barnett)가 1884년 런던에 세운 토인비 홀(Toynbee Hall)이었다. 이렇게 이름을 붙인 것은 그와 함께 헌신적으로 활동하다 젊은 나이에 요절한 개혁적 경제학자 토인비를 기념하기 위한 것이었다. 이 토인비 홀은 젊은 대학 졸업자들이 기거하는 주거형 인보관(*residential settlement*)으로 설계되었다. 이 젊은이들이란 계급 간 상호이해와 존중의 실현을 목표로 빈민들 가운데에서 일하면서, 여가시간을 활용하여 물질적인 지원과 조언뿐 아니라 미술, 음악, 학습지도 등을 행하고자 하는 자들이었다. 19세기 말까지 토인비 홀을 모델로 하여 30개의 인보관이 세워졌다(Thane, 1996). 바네트는 옥스퍼드와 케임브리지대학 소속 혹은 출신의 봉사자들과 함께 거기서 활동했다. 토인비 홀은 설립 후 개혁적 인사들의 활동거점이 되기도 했다. 페이비언협회(Fabian Society) 멤버들이 그 일부이다. 그런가 하면 런던시 빈곤실태 조사를 실시한 찰스 부스(Charles

Booth)가 질녀 비어트리스 포터(Beatrice Potter, 후일 Sidney Webb의 부인이 됨)와 함께 조사활동의 거점으로 삼았던 곳이기도 하다. 이후 많은 젊은이들이 방문하여 감명을 받아 후일 사회개혁적 활동을 하도록 하는 데에 영향을 미치기도 했다. 젊어서 처음 방문한 이래 지속적으로 관계를 유지한 인물들로서 유명한 사람으로 후일 수상이 된 클레멘트 애틀리(Clement Attlee), 베버리지 보고서의 책임자 윌리엄 베버리지(William Beveridge) 등이 있다. 이곳을 방문한 후 감명을 받고 미국으로 돌아가 시카고에 헐 하우스(Hull House)를 세운 제인 아담스(Jane Addams)도 빼놓을 수 없다.

(3) **지역사회사업의 등장과 변모**[5)]

영국에서 지역사회사업(*community work*)이 대두한 역사는 길지 않지만 급속한 속도로 종사자 수가 늘어나면서 자리를 잡아가고 있다. 1950년대 말과 60년대 초에 이르러서는 실천과 이론의 영역에서 지역사회사업가들(*community workers*)을 별개의 직업인으로 이해하기 시작했다. 그 전까지는 공통의 직업적 정체성을 지녔다고 보기 힘든 다양한 직업배경을 가진 사람들이 이 일을 맡았던 터였다.

하나의 중대한 전환점이 되었던 것은 사회복지실천에 관한 영허즈번드 보고서(Younghusband Report, 1959)였다. 이 보고서가 특히 주목했던 것은 북미권의 사회복지실천이 개별사회복지실천(*casework*), 집단사회복지실천(*group work*), 지역사회복지실천(*community organization*) 등으로 구분된다는 점이었다. 거기서 지역사회복지실천이 특정 지역 사람들로 하여금 사회적 욕구를 확인하고 이를 충족시킬 가장 효과적인 방법을 찾아내어 그것을 이행하도록 돕는 데 일차적 목

---

5) 이 부분은 영국의 비영리 인터넷교육매체라 할 'Infed'의 홈페이지(http://www.infed.org/)에 게시된 내용을 요약한 것이다.

표가 있는 것임을 보여준 것이다.

그런데 영국에서는 이 지역사회복지실천이란 용어 대신 지역사회개발과 지역사회사업이란 용어가 더 대중화하는가 하면 이 둘이 결합하는 경향도 보였다. 그래서 영국에서는 지역주민들로 하여금 스스로 욕구를 확인하여 이를 충족시키도록 돕는 활동을 지역사회개발로 칭하는 경향이 생겨났다. 이즈음의 상황은 두 가지 사실을 통해 파악할 수 있다. 하나는 영국 지역사회사업의 성격과 미래를 연구할 굴벤키안이 1966년에 설립되었다는 것이고, 다른 하나는 빈곤퇴치 전략의 일환으로 내무성이 지역사회개발 프로젝트(Community Development Projects, 이하 CDP)를 추진하게 되었다는 것이다.

굴벤키안 보고서는 애초에 훈련영역에 초점을 두고 연구를 진행하였으나 불가피하게 그 영역을 넓힐 수밖에 없었다. 앞서 개념정의에서 언급한 바와 같이 지역사회사업의 영역은 넓고 참여하는 전문인력도 다양하다. 한때 이것을 교육영역의 일환으로 보아야 한다는 주장이 교육전문가들로부터 제기되기도 했으나, 점점 그것은 교육의 범주를 벗어나 사회복지실천의 역할이 보다 부각되는 방향으로 변모했다.

지역사회개발 프로젝트 대두경위는 다음과 같다. 1960년대 종반과 70년대 초반에 걸쳐 빈곤문제의 심각성에 대한 인식이 점차 확대됐다. 동시에 정부활동의 다양한 영역에 걸쳐 국민이 참여하는 것이 갖는 중요성에 관한 심도 있는 일련의 논쟁이 계속되기도 했다. 미국 민주당 정부가 시도한 '빈곤과의 전쟁'을 모방해 영국에서도 비슷하되 비용이 적게 드는 프로그램을 모색했다. 자조와 주민참여가 도심상황을 개선시킬 수 있는 것으로 기대했던 것이다. 이러한 배경 아래 CDP 프로그램이 출범했다. 이것은 정부가 재정부담을 하는 행동조사(*action-research*) 프로젝트로서는 가장 큰 것이었다. 이 프로그램의 공식적 의도는 기존의 사회정책과 서비스의 효과에 관한 정보를 수집하여 혁신과 협조를 장려하려는 데 있었다.

이 프로젝트는 조사연구에 초점을 둔 것으로서, 사회행동(*social action*)이 보다 책임성 있는 지역서비스를 창출하고 자조를 독려하는 수단임을 강조했다. 당초에는 12개 사회적 박탈영역에 기초를 두고 연구를 시작했다. 이처럼 연구에 초점을 둠으로써 지역사회사업의 성격에 대해서는 물론이고, 관심분야별로 사회적·정치적·경제적 상황이 어떠한지에 대해서도 방대한 분량의 중요한 자료를 만들어낼 수 있었다.

그런데 몇몇 프로젝트들의 종사자들이 당초의 프로젝트 실행계획에 포함된 분석과 전략을 거부하기 시작했다. 지역사회조직을 중심으로 지방 차원의 관심에 치우치기보다는 불평등과 같은 거시적 문제를 중심으로 조직하며 연구하고자 했던 것이다. 그래서 갈등상황에 있는 산업현장이나 지역들 사이의 연대를 강화하려는 시도라든가 지방이나 전국 차원에서 보다 많은 영향력을 행사할 수 있도록 집단 간 연대를 이루는 방법을 개발하려는 시도들이 제법 등장하게 되었다.

1960년대 종반과 70년대 초반에 지역사회사업에 진출한 실천가들 중에는 전통적 교육모델을 거부하는 이들이 많았다. 과정을 중시하고 주민의 조직화에 힘쓰면서 저항적 행위를 불사하는 모습을 보였던 것이다. 급기야는 1974년에 이르러 내무성은 CDP 프로젝트를 포기하기 시작했고 1976년에는 완전히 손을 뗐다.

어떤 의미에서는 1960년대 종반과 70년대 초반까지의 지역사회사업과 참여중심의 접근이 견지하고 있던 낙관론과 열정은 지역 수준의 접근이 한계에 부딪힐 수밖에 없음을 체득하게 되면서 소멸했다고 볼 수 있다. 1974년의 오일 쇼크 이후의 광범위한 공공지출 삭감이 이러한 생각을 더욱 부채질했다. 1970년대 중반에서 종반에 이르는 기간에는 지역사회사업 종사자들의 정치의식이 눈에 띄게 성장했다. 이른바 사회복지실천 또는 지역사회개발의 전통과 정치행동적 전통 사이에 빚어진 대립은 정치의식의 성장을 반영하는 좋은 예이다. 전자를 따르는 사람들은 지역사회를 사회적 단위나 유기체로 보고 사회해체와 같은 '가벼운'(*soft*) 문제와 네트워크 및 자원의 확충에 관심을 가졌던 반면, 후자를 추종하는 사람들은 지역사회를 정치적 단위로 보고 억압이나 권력박탈과 같은 '어려운'(*hard*) 문제에 관심을 가졌던 것이다. 양자가 각각 다른 조직화의 방법을 취하였음은 물론이다.

앞의 개념정의에서 설명한 바와 같이, 1980년대 초의 지역사회사업은 지역사회행동, 지역사회개발, 사회계획, 지역사회조직화, 서비스 확장 등의 영역을 포괄하는 성격으로 발전한다. 이러한 가운데 이 시기의 사회복지사들, 특히 바클레이 보고서(Barclay Report, 1982)에 따라 지역사회보호(*community care*)를 중요하게 여긴 사회복지사들은 '지역사회에 기반한'(*community-based*) 접근의 잠재력 탐구에 관심을 갖기 시작했다.

1990년대 초에 이르러 지역사회개발은 다소 침체해지게 되고 그 활동도 감소되었다. 공공지출의 감축, 지방 행정당국의 활동 감소, 지속적으로 높은 실업률과 빈곤율, 지역사회보호로의 전환 등이 지역사회사업의 외양을 변화시킨 요소가 되었던 것이다. 오늘날의 지역사회사업 접근법들이 점차 지역사회보호와 같은 중앙집권적 계획에 의해 주도됨에 따라, 지역사회조직이나 지역사회개발 등에 대한 전통적 관심분야는 점차 여기서 제외되는 경향을 보인다. 설사 그런 분야에 대한 관심을 유지하는 경우라 하더라도 민주주의의 진작보다는 기업에 유리한 조건을 제공하는 따위에 더 역점을 둔다. 조직화란 관점에서 지역사회사업을 바라보기보다는 지역사회실천(*community practice*)에 더 관심이 많아 보인다. 다시 말해, '지역사회'를 내세워 공공 및 사회정책을 대체할 방안을 찾는 일에 경도되도록 한다는 것이다. 1990년대 중반 들어 지역사회개발에서 비롯되고 있는 수사상의 변화라면 '역량구축'(*capacity building*) 개념의 등장을 들 수 있다.

(4) 지역사회보호 정책의 변화[6)]

영국 지역사회보호 정책의 발전과정은 대략 네 단계로 구분하여 살펴볼 수 있다.

첫째, 19세기 말까지의 시설보호 단계(*institutional phase*)이다. 산업혁명 이후에 발생한 사회문제들에 대한 초기 대응책으로 빈민을 겨냥한 작업장(*workhouse*) 외에도 정신장애인과 지적장애인을 위한 생활시설이 크게 늘어났었는데, 이러한 시설들을 활용한 보호(*care*)가 중심이 되었던 시기로서, 사실상 지역사회보호의 전사(前史)에 해당된다.

이 시기는 욕구해결을 시장원리가 지배하던 때였던 한편, 구빈법체계에 따라 요보호자 소득보장과 보호의 책임을 지방정부가 지고 있었던 때이기도 했다. 그런데 점차 문제의 규모가 확대되면서 비용부담이 커지게 되고 시장보다는 정부에 의존하는 경향이 강해지면서, 지방정부가 보호의 책임을 감당하는 것이 어려워지게 되었다. 지역사회보호와 같은 대안적인 보호의 필요성에 대한 착안은 이런 문제의식에서 비롯된 것이었다. 한편, 당시에 작업장에 종사했던 인력들이 후일 전문 사회복지사로 발전했는가 하면, 19세기 말에서 20세기 초에 걸쳐 병원 환자들의 사회적 욕구 해결에 큰 역할을 했던 구호 담당자들(*almoners*)이 의료사회복지사의 전신이 되었다는 점에서 긍정적인 측면도 있었던 시기였다.

둘째, 20세기 초반의 전환모색의 단계(*commitment phase*)이다. 아직 정책에 명시되지는 않았지만 요보호자의 사회적 욕구에 대응할 장

---

6) 이 내용은 페인(Payne, 1995)의 글 중에 해당되는 부분을 요약한 것이다.

소이자 수단으로서 지역사회에 눈을 돌리기 시작한 시기였다. 몇몇 정신의료 영역의 입법들이 시설 밖 치료의 길을 트기 시작하였고, 정신의료 사회복지실천의 발전도 있었던 시기이다. 세계 제 2차 대전 직후의 복지개혁을 통해 탈시설적인 사회보장 및 국민보건서비스 제도가 확립되었다. 1950년대에는 장기보호(*long-term care*)에 대한 시설의 역할에 관하여 많은 논쟁이 일기도 했다.

1957년에 발표된 퍼시(Percy) 위원회의 보고서에서 '지역사회보호'(*community care*)라는 용어를 사용하기 시작했고, 정신질환자와 장애인을 위한 새로운 사회복지실천을 제안하기도 했다. 불필요한 입원을 지양하고 환자가 퇴원한 후의 사후보호에 역점을 두자는 것이었다. 이러한 아이디어는 정신보건법(1959)에 반영되었고, 정신과 병원의 장기 입원자 수는 지속적으로 감소하였다. 보건 영역에서도 1950년대 들어 자원을 보다 합리적으로 활용하고 대규모 병원의 질 낮은 서비스를 개선하고자 하는 정치권의 움직임이 가시화되었고, 그 결과 70년대와 80년대에 걸쳐 보건 서비스가 재정비되기도 했다.

셋째, 1960~70년대의 지역사회단계(*community phase*)이다. 지방차원에서 규정하고 파악한 욕구에 따라 제공하는 서비스가 전국적인 기준과 체계에 따라 제공하는 서비스보다 가족과 지역사회 구성원들의 관심과 협력을 더 쉽게 이끌어냄으로써 보다 효과적으로 수행될 수 있을 것으로 가정하였던 시기이다.

씨봄(Seebohm) 보고서(1968)의 제안들이 '지방자치단체 사회서비스법'(Local Authority Social Services Act) (1970)을 통해 현실화된 일은 이 단계의 특징을 가장 잘 보여준다. 이 법에 따라 지자체의 아동담당부서, 복지 및 정신보건 부서, 그리고 보건부서의 일부 업무 등을 통합하게 되었던 것이다. 이로써 서비스가 지역적 관심사를 크게 반영하게 되었고, 이 일을 위해 지역별로 전담 사무소가 설치되기도 하였다.

그런 가운데 사회서비스 영역에서 지역사회에 기반을 둔 서비스를 발전시키기 위한 모색이 계속되었다. 특히 지자체가 거주보호(*residential care*)에 대한 재정적 부담을 크게 느끼게 되고 학습장애 영역에서부터 정상화(*normalization*) 개념이 부각되기 시작하면서 거주보호를 탈피하려는 움직임이 본격화되었다. 그래서 아동보호 영역에서 대규모 시설들이 문을 닫고, 위탁보호와 함께 다양한 형태의 주간 서비스 방식이 확대되기 시작했다. 노인, 정신장애인, 학습장애인 등을 위한 보호에도 비슷한 움직임이 일어났다. 1980년대에는 쉼터(*sheltered housing*)와 같은 소규모 보호시설을 통한 좀더 '정상적인'(*normal*) 보호환경 제공을 지향하는 움직임도 나타났다.

노인인구의 절대적·상대적으로 증가와 더불어 요보호 노인들에게 거처를 제공해온 지방정부의 재정부담이 늘어났는데, 1980년대 초에 노인들에게 민간 거주보호 서비스를 이용할 수 있는 수당이 사회보장 예산에서 지급되면서 지방정부의 부담은 덜게 되고 대신 민간부문 거주보호 서비스가 확대되기에 이르렀다.

1980년대 이후의 지역사회보호 정책의 발전은 일련의 보고서들과 함께 진행되었다. 퇴원한 정신과 환자에 대한 사후보호의 부실성 문제를 지적한 하원 사회서비스 특별위원회의 보고서(1985), 지자체가 지역사회보호를 주도하지 못하고 있음을 지적한 '감사위원회'의 보고서(1986), 지자체가 소관지역 지역사회보호와 거주보호 서비스에 관한 계획수립의 책임을 져야 하며, 사회서비스 수급여부 결정을 위해 욕구사정을 거쳐야 한다고 제안한 퍼스(Joan Firth) 위원회의 보고서(1987), 거주시설보다 자택에서 받는 서비스를 우선으로 하며, 이용자의 선택권을 존중하고, 훈련된 사회복지사의 사례관리 역할을 존중할 것을 제안한 와그너(Wagner) 위원회의 보고서(1988), 종합적인 사례관리 방식의 활용, 민간부문의 역할 확대, 지역사회보호에 대한 지자체의 주도적 역할 등을 제안한 그리피스(Roy Griffiths) 보고서(1988) 등이 대표적인 예들이다.

이런 보고서들의 돌풍이 지난 후인 1989년, 정부는 보건 서비스 및 지역사회보호 개혁에 관한 구상을 발표했다. 그리피스 보고서의 제안을 반영한 것으로서, 다음 세 가지 주요 발전방안이 포함되어 있었다. ① 지역사회보호의 계획수립은 지자체가 주도한다. ② 서비스의 구매자(*purchaser*)와 제공자(*provider*)는 분리한다. ③ 서비스 조직화의 원리로서 사례관리(케어관리) 방식을 도입한다.

넷째, 1990년대 이후의 개별화 단계(*individual phase*)이다. 이 시기의 주목할 만한 일은 1990년의 '국민보건서비스 및 지역사회보호법'(NHS&CCA) 제정과 보건부(Dept of Health)의 지역사회보호 정책지침 발표, 사회서비스 시찰단(*inspectorate*) 등의 케어관리 수행지침서 발간(1991) 등이다. 이들 지침은 기본적으로 그리피스 보고서의 제안을 받아들이고 있었는데, 한 마디로 그 특징을 요약하면, 지역사회 중심의 원리에서 개별화의 원리로 철학이 옮겨간 것이라 할 수 있다.

그리피스보고서 이후 지역사회보호 정책의 개별화는 두 가지 방향으로 진행되었다. 그 하나는 서비스 제공의 구조를 구획화하여 서비스 제공자들이 서로 경쟁하게 함으로써 이용자들이 양질의 서비스를 저렴하게 선택할 수 있도록 한 것이다. 다른 하나는 서비스 이용자 중심으로 서비스 구조를 재편함으로써, '서비스 주도'(*service-led*)가 아닌 '욕구주도'(*needs-led*)의 형태로 전환한 것이다. 이런 상황 아래 지역사회보호는 일종의 관리되는 시장(*managed market*)의 성격을 띠게 되었다. 완전경쟁 상태에서 서비스 이용자가 필요와 능력에 따라 자유자재로 서비스를 선택할 수 있는 성격의 시장이 아니라, 케어 관리자에 의해 관리되는 시장이란 뜻이다. 물론 이 상태에서도 개별화와 욕구주도의 서비스 원칙은 지켜지고 있다.

2) 미국[7)]

(1) COS 이전

19세기 초부터 미국에서는 전문적 사회복지실천의 초기형태에 해당되는 자발적인 활동들이 전개되기 시작했다. 개신교(Protestant) 신앙에 바탕을 둔 종교적 색체가 농후한 활동들로서, 주로 빈민들에 대한 지원 외에 공중위생 활동과 새로이 해방된 노예들을 위한 활동들을 중심으로 전개되기 시작했다.

1860년대 들어서 새로운 형태의 운동이 대두되었는데, 1850년대부터 설립 붐을 일으켰던 각 주별 사회복지시설 운영체제를 쇄신하기 위한 주립 위원회운동(*state board movement*)이 그것이다. 1863년 매사추세츠(Massachusetts)주의 위원회 설치를 시작으로 하여, 1865년에는 전국협의체 결성을 위한 집회가 열릴 정도로 빠르게 진전되었다. 이 운동의 특징은 '과학적 자선'(*scientific charity*)을 추구하여 자선활동의 효율성을 꾀하였다는 점이다. 이로써 자선활동이 종교적, 감상적, 독단적 성격을 벗어나 세속적, 합리적, 경험주의적 성격을 띠기 시작했고, 사회문제 연구와 더불어 새로운 기술개발에 보다 큰 관심을 기울이게 되었다. 이 운동은 비록 유사한 성격의 민간단체 활동인 자선조직협회(COS) 운동이 확대되면서 급격히 쇠퇴하긴 하였지만, 자선활동의 세속화와 합리화를 통해 종교와 결부되었던 종래의 전통적 운동으로부터 벗어나게 된 계기를 만들었다는 점에서 그

---

7) 이하 미국의 상황에 대한 개관은 Netting et al., 1993; Huff, 2002; Parachini and Covington, 2001; Wikipedia & Valocchi, 2000의 인터넷 글 등을 참조하여 재구성한 것이다.

의의가 컸다.

(2) COS와 인보운동

19세기 후반 미국이 폭넓은 사회변화와 더불어 당면하고 있었던 다양한 사회적 압박(사회문제)들에 조직적으로 대응함으로써 사회복지실천의 발전에 기초가 된 것은 COS와 인보운동이었다.

과학적 자선을 추구했던 주립 위원회 운동을 계승하고 영국의 COS 운동을 모방하면서 1877년 뉴욕 주의 버팔로(Buffalo)에서 시작된 미국의 COS는 당시의 이민문제와 직업을 찾아 농촌으로부터 북부 산업도시로 이주한 사람들의 문제에 대처하기 위해 우후죽순 격으로 등장한 자선활동들을 조정하는 일에 관여했다. 이 운동의 급격한 확대를 자극한 것은 1870년대 경제불황으로 인한 대량실업과 폭동 및 파업의 확산이었다.

이 운동은 사회진화론(*Social Darwinism*)의 영향을 받았다. 운동 참여자들은 지나치게 후한 공적인 빈곤구제가 빈민들의 의존성과 구걸 근성을 더욱 조장한다고 믿었다. 따라서 COS 기관들이 행한 이른바 과학적 자선은 도덕적 성격을 지닌 채 주로 산업노동력을 가질 만한 사람들을 겨냥해서 이루어졌다. 주로 중상층 여성들로 구성된 자원봉사자들이 우호방문원으로 활동하면서, "악의적 구걸자들"을 가려내는 데 열중하기도 했다. 이러한 접근시각상의 편협성에 변화를 가져온 것은 1890년대의 심각한 경제불황이었다. 모든 상황이 70년대의 그것보다 심각했고, 사회주의나 공산주의와 같은 사상들이 널리 관심을 끌게 되었다. 빈곤의 원인에 대한 종래의 시각에 변화가 일었고, 빈민구제의 직접적 활동을 기피해왔던 COS도 직접적 서비스에 대한 개입 폭을 넓혀갔다. 이와 함께 우호방문원 활동의 체계화와 전문화를 요구하게 되면서, 이들에 대한 훈련이 강화되기에 이르렀다.

1886년 코이트(Stanton Coit)에 의해 뉴욕에 인보관이 세워지면서 비롯된 미국의 인보운동이 취한 방법은 COS와 다소 차이가 있었다. 이주해 온 빈민들로 붐비는 공장지역 슬럼과 셋집들의 상태는 대단히 열악했기 때문에, 인보관의 목표는 각종 문제들을 보다 체계화된 방식으로 공략하는 것이었다. 말하자면 빈곤한 개인의 행동을 변화시키는 쪽보다는 빈곤 발생의 근원이라 본 사회를 개혁하는 쪽에 더 힘을 기울였던 것이다. 이 인보운동이 전통적인 미국 자선활동에 뿌리를 두면서도 영국의 인보운동으로부터 영향을 받았던 점은 COS가 그랬던 것과 비슷하다. 뉴욕에 이어 1889년에 시카고에 아담스(Jane Addams)와 스타(Ellen Gates Starr)에 의해 유명한 헐 하우스(Hull House)가 세워졌으며, 1890년대 중반까지 전국에 50여 개, 1900년까지 1백여 개, 1910년까지 4백여 개의 인보관이 설립되는 등 빠른 증가세를 보였다.

초창기 인보운동가들이 자신들의 활동에 과학적 사고를 접목시키고자 하였던 점은 자선조직운동의 경우와 비슷했는데, 이들은 이를 바탕으로 그들 활동에서 '3R'을 강조했었다. 빈민의 문제들에 대한 과학적인 연구(*Research*), 이를 바탕으로 한 포괄적 사회상황의 개혁(*Reform*), 그리고 빈민들의 이웃이자 동료가 되기 위해 그들과 함께 거주(*Residence*)하는 것 등이 그것이다.

두 운동 참여자들이 기독교에 기반을 둔 점은 공통적이었지만, COS 활동가들은 대상자들을 개종시키고 자신들의 가치를 수용하도록 하려는 데 역점을 둔 반면, 인보운동가들은 고유한 배경을 존중하는 편이었다. 그리고 영국의 인보운동과 비교했을 때 미국 인보운동의 종교적 색채가 훨씬 옅었다고 볼 수 있다. COS 활동가들은 노동운동과 같은 조직적 행동을 두려워한 반면, 다원주의적이었던 인보운동가들은 그런 움직임을 독려했다. 그래서 전자가 "하지 말라"

(*don't*) 고 만류하는 데 주력하였다면, 후자는 "하라" (*do*) 고 격려하는 일에 역점을 두었을 법하다는 점에서 차이가 있다.

COS와 인보운동은 앞서 언급된 것들 외에 몇 가지 공통적인 점들을 더 지니고 있었다. 대체로 운동 참여자들의 교육수준이 높은 편에 속했다는 점, 당시의 여성 투표권 운동이나 절제운동 등과 공조하였던 점, 여성 활동가들이 다수였다는 점 등이 그것이다.[8)]

지금까지 간략히 서술한 바와 같이 COS 운동과 인보운동이 발전해 가면서, 서비스 활동의 책임이 자원봉사자로부터 차츰 유급 직원으로 옮아갔다. COS 종사자들이 체계적 접근의 필요성을 강조했고, 인보운동가들은 효과적 사회변화 방법을 훈련받기를 원했다. 이런 요구가 사회복지실천 교육을 조직화하는 데에 기여한 셈이다. 그리하여 1903년에 시카고, 1904년에 뉴욕과 보스턴에 교육과정이 생기게 되었다.

사회복지실천이 미시적 실천과 거시적 실천 가운데 어느 쪽을 지향해야 할 것인가를 두고 입장이 분분하던 중에 의학을 가르치던 유명한 인물인 플렉스너 (Abraham Flexner) 가 1915년에 발표한 한 글에서 사회복지실천을 전문직이 아닌 준전문직에 불과하다는 평가를 내린다. 이에 충격을 받아 그가 제시한 전문직 요건들[9)] 을 갖추기 위해 노력하는 과정에서 리치먼드 (Mary Richmond) 의 유명한 《사회진단론》 (*Social Diagnosis*, 1917) 과 《개별사회복지실천론》 (*What is Social*

8) 조금 더 자세히 들여다보면, COS 활동가들은 영미를 막론하고 거의 전부가 여성이었던 반면, 인보운동의 경우 영국에서는 주도적 역할을 대부분 젊은 남성 개신교도들이 담당했고, 미국에서는 남성이 중심역할을 담당하되 대학교육을 받은 젊은 여성들이 절대다수를 점했었다.

9) ① 강한 책임감과 지적 능력, ② 과학과 학습에 기초한 자료수집, ③ 수집한 자료의 실천적 적용, ④ 교육을 통해 전수가능한 기술의 보유, ⑤ 자주적 조직화와 연합, ⑥ 이타적 동기의 강화 등이 그것이다.

Casework?, 1922)이 발간되었고, 이후 약 반세기 간 개별사회복지실천이 사회복지실천의 중심에 자리 잡게 된다.

(3) 지역사회조직론의 발전과 사회개혁

1920년대 이후 개별적 접근이 대세를 이루게 되기 전인 20세기의 첫 20년 동안 인보운동가들의 사회개혁적 영향력은 꾸준히 확대되었다. 이와 함께 거시적 실천모델들이 꾸준히 발전하여 1920년 이전에 최초의 교재가 출간됐고, 이후 10년간 최소 5종 이상의 지역사회조직 교재가 출간됐다. 1920년대 중반 들어 급진적 사회복지실천이 등장하였고, 뉴딜 시기에는 최고조에 달하면서 1940년대 초에는 전문적 활동의 일부로 받아들여졌다. 1920년대 후반과 30년대 초반에는 지위가 낮은 젊은 사회복지사들을 중심으로 전문가 노조활동이 전개되었고, 슬럼 거주민들과 함께 시위에 나서기도 하였다. 이들에게는 자신들을 이른바 전문직과 강하게 동일시하지는 않는 경향도 있었다.

대공황은 거시적 실천에 하나의 분수령이 되는 사건이었다. 구조적 원인에 의한 빈곤이 개인적 책임과 대처능력의 범위 밖에 있다는 인보운동가들과 개혁주의자들의 오랜 주장이 뉴딜정책에 영향을 미친 것이다. 이러한 상황변화의 영향으로 1930년대에는 급진적 사회복지사들이 주류 사회복지실천 지도자들과 제휴하여 급진적 학술지 *Social Work Today*를 창간, 개별사회복지실천에 대한 과거의 부정적 시각을 다소 누그러뜨리며 거기에 관심을 보이게 된다. 이러한 가운데 1935년 사회보장 제도의 도입 이후 대규모 정부기관이 사회서비스를 주도하게 되고, 사회복지실천의 역할이 이 영역으로 옮아가게 된다. 이 기간에 사회복지사들이 대거 공공부문에 진출하게 되었으며, 대중운동(Rank and File Movement) 구성원들과 급진 사회복지사들도 공공 서비스 분야에 관여하게 됐다. 종전까지 도시 중심으로 이루어졌던 사회복지실천이 농촌지역으로 확산되기 시작한 것도 이 시기의 일이다.

세계 제1차 대전 직후의 주목할 만한 움직임 가운데 하나는 공동모금(*community chest*) 활동의 확산이다. 그 이전에도 모금활동이 있었지만 크게 주목 받지 못했다가, 이 시기에 급격히 팽창한 것이다. 1919년에 12개에 불과했던 것이 1930년에는 363개에 달했을 정도였다. 이때의 공동모금이 개별모금에 비해 효율적이며 사람들을 덜 성가시게 한 것은 사실이다. 그러나 보수적 사회 분위기 속에서 운용된 공동모금은 배분 과정에서 개별 기관의 창의력을 훼손시키는가 하면, 개혁 지향적이거나 진보적인 기관에 불리한 결과를 초래하기도 하였다. 많은 인보관들이 그다지 혜택을 받지 못한 것도 이와 무관하지 않다. 지방의 거액 기부자였던 사업주들이 민간 사회복지 활동에 영향력을 행사하게 되는 상황도 발생하였다.

1940년대부터 60년대에 걸쳐 전개된 지역사회조직화(*community organizing*)[10] 운동에 대한 사회복지실천 관점에서의 관심이 확대되었고, 이런 상황과 잘 맞아 떨어졌던 것이 앨린스키(Saul Alinsky)의 독특한 접근법이다. 그는 미국인으로서는 최초로 지역사회조직화의 핵심전략과 목적을 명문화한 인물이며, 처음으로 전국 단위 지역사회조직화 훈련 네트워크를 만든 사람이기도 하다. 그는 다음 몇 가지를 강조하였다. 첫째는 조직체가 민주적 의사결정과 토착적 지도력을 소중하게 여겨야 한다는 것이다. 둘째는 조직체가 모든 구성원들

---

10) 지역사회조직화(*community organizing*)는 전문적 사회복지실천 방법의 하나인 지역사회조직(*community organization*) 혹은 지역사회복지실천과는 구분되는 용어이다. 지리적으로 근접해 있는 일단의 사람들이 자신들의 공통이익 실현을 위해 일정 조직체를 중심으로 결집하는 과정을 의미하는데, 넓은 의미의 지역사회복지 영역에 포함되는 활동이라고 보아 논의에 포함시켜 다룬다.

에게 개방되어야 한다는 것이다. 셋째는 조직가와 지역사회의 관계에 관한 것으로서, 조직가가 지역사회에 들어가 영향력을 행사할 수 있으려면 그 지역사회의 전통적인 지도자와 조직체들로부터 지지를 확보하여야 한다는 것이다. 넷째는 조직체의 목표는 구성원 스스로 결정하도록 하여야 한다는 것이다. 다섯째는 전략에 관한 것으로서, 싸우지 않고는 권력층을 움직일 수 없으며, 갈등전략을 사용할 때 가장 큰 것을 취할 수 있다는 것이다. 마지막으로는 가시적인 승리를 위해 싸워야 한다는 것이다. 성취의 경험이 조직을 더욱 굳건히 만들어주기 때문이라는 것이다. 이와 같은 앨린스키의 접근전략을 적용한 지역사회조직화 움직임은 이 시기뿐 아니라 사실상 90년대를 넘어 오늘날까지도 이어지고 있다고 볼 수 있다.

1950년대를 거쳐 60년대에 들어서자 사회변화의 기류는 더욱 강해졌다. 이 가운데 시민권운동, 반전운동, 멕시코계 미국인의 운동, 여권운동, 동성애자 권리운동 등이 지역사회조직화의 아이디어와 상호 영향을 주고받기도 하였다.

광범하게 전개된 공공사회복지 프로그램들이 지역사회 수준에 깊숙이 개입하게 된 것도 60년대의 상황이다. 1964년 린든 존슨(Lyndon Johnson)이 빈곤과의 전쟁(War on Poverty)을 주장하면서 아주 다양한 사회복지 프로그램들이 대두하게 되고, 거시적 실천모델들을 시험할 기회가 마련된다. 그 좋은 예가 지역사회행동 프로그램(Community Action Program, CAP)이다. 이것은 지역사회 내 서비스들을 보다 잘 조정하고, 서비스 수혜자들을 비롯한 시민들의 의사결정 참여를 촉진하려는 프로그램이었다. 이것의 성패 여부에 대한 평가는 엇갈리지만, 이를 통해 거시적 실천의 중요성이 재확인된 것은 사실이다. 빈곤과의 전쟁 일환으로 추진된 프로그램으로는 이 밖에도 빈민아동 조기교육 프로그램인 Head Start, 유급 전일제 자원봉사자 파견 프로그램인 VISTA 등이 있다. 이러한 흐름을 반영하여 사회복지실천교육협의회(CSWE)는 1962년에 지역사회조직을 개별사회복지실천과 집단사회복지실천에 필적하는 사회복지실천 방법으로 인정했다. VISTA는 이후 1993년 클린턴 대통령 재임기에 설치된 AmeriCorps와 결합되어 AmeriCorps VISTA라는 이름으로 활동을 계속하고 있다.

1970년대 이후 오늘날까지 각종 지역사회조직화 운동은 다양한 형태로 전개되고 있다. 이러한 운동조직 가운데 주목할 만한 것들로는 ACORN(Association of Community Organizations for Reform Now)이 있었다. 이것은 중·저소득자들을 대변하기 위해 결성된 지역사회중심(*community-based*)의 조직체로서, 거대한 전국 조직망을 가지고 정치적 영향력까지 행사한 바 있다. 44대 대통령으로 선거 때에는 오바마(Barack Obama) 후보를 지지하고 지원한 단체이기도 하였으나,[11] 한 보수단체의 음해술수에 휘말린 끝에 2011년 11월에 자진하여 활동을 중단하였다. 한편, 2000년대 들어서는 보수적 조세 저항적 노선을 취하는 TEA(Taxed Enough Already) Party와 이에 맞선 Coffee Party의 대립과 Move On의 활동 등이 흥미를 끈다.[12]

3) 우리나라

우리나라의 지역사회복지 역사도 총괄적이고 상세하게 다루지 않는다. 여기서는 전통적 인보상조 관행과 정부수립 이후 우리나라 지

11) 오바마 자신도 정치 입문을 하기 전에는 시카고에 근거지를 둔 한 이념단체에서 지역사회조직화 운동의 조직가로서 활동한 바 있다.

12) TEA Party 홈페이지(http://www.teaparty.org/)와 Coffee Party 홈페이지(http://www.coffeepartyusa.com/) 및 Move On 홈페이지(http://front.moveon.org/) 참조.

역사회복지의 발전에 주요한 전환점의 역할을 했던 몇 가지 사실들에 대해 간략히 서술하고자 한다. 최근 동향의 일부는 제 4 부의 지역사회복지 분야별 논의와 결론의 동향분석 부분에서 부가적으로 다루므로 연계하여 학습하면 도움이 될 것이다.

(1) 전통적 인보상조 관행

전통적 인보상조 관행을 역사적 사실 가운데 중요하게 다루는 것은 비록 이들 가운데 대부분이 변질, 퇴색 또는 소멸했지만, 일부 유풍이 남아 있어 우리 사회의 독특한 지역사회복지를 형성하는 데 영향요인으로 작용하고 있다고 보기 때문이다. 그 네 가지란 계, 두레, 품앗이, 향약 등이다.[13)]

① 계(契)

계는 상부상조의 민간협동체의 하나로, 조합적 성격을 갖는 한국 특유의 협동조직이다. 이것은 시대의 사회경제적 혹은 정치적 상황에 따라 목적과 기능을 달리하면서 겉모습을 바꾸어가면서도 꾸준히 이어져 왔는데, 대개 친목을 도모하는 사회적 목적이나 궁핍이나 대규모 가계지출에 대비하는 경제적 목적의 계들이 주를 이루었으나, 더러 비밀결사와 같은 정치적 목적을 띠고 결성된 예들도 있었다.

삼한시대에 성행했던 공동의 유희나 제례(祭禮), 또는 회음(會飮) 등이 계로 발전한 것으로 알려져 있으며, 초기의 예로는 신라시대의 가배(嘉俳, 여자 길쌈놀이)와 향도(香徒, 화랑조직)가 꼽힌다. 이들은 주로 사교적(사회적) 목적을 띤 것들이었다. 이후 고려 의종 19년

13) 이 부분은 역사적 사실에 대한 기초정보 제공이 목적이므로 최일섭 · 류진석(2001), 김범수(2003), 사이버백과사전 등에서 인용 · 재인용하여 간략히 정리한 것이다.

(1165)에 유자량(柳資諒)이 조직한 교계(交契)가 '계'라는 이름을 사용한 최초의 예인데, 이 역시 사교적 목적을 띤 것으로 후일 경로회(敬老會)로 이름이 바뀌었다.

이밖에 사교적 목적으로 결성된 계로 무신 쿠데타가 있던 시기(고려 의종)에 문무 간 반목을 없애고 우호적 교제를 위한 문무계(文武契), 동갑끼리 친목을 목적으로 결성되었던 고려시대의 동갑계 등이 있었다. 이와 비슷하게 친목과 단합을 위한 계로서 종족일문(宗族一門)의 종계(宗契)인 종중계(宗中契), 종약계(宗約契), 문중계(門中契) 등이 있었고, 동갑노인의 친목을 위한 노인계(老人契), 동성자(同姓者)의 화수계(花樹契) 등이 있었다. 조선중기 정여립의 대동계, 이몽학의 동갑계 등은 비밀결사의 성격을 갖는 계로 알려져 있다.

같은 종류의 경제적 지출요인에 대응하려 함으로써 현대적 의미의 위험분산(*risk pooling*), 곧 공제적(共濟的) 성격을 지닌 계들도 많았다. 조선시대에 성행했던 계들을 예로 들어보면, 관혼상제시의 많은 지출에 대비한 혼상계(婚喪契), 병역 대신 부과한 군포납부에 대비한 군포계(軍布契), 씨족 내의 각종 지출에 대비한 종계(宗契), 같은 종계 소속 자녀의 학비를 지원했던 학계(學契) 등을 들 수 있다. 그리고 제야(除夜)에 필요한 세찬계(歲饌契), 인보단결(隣保團結)을 위한 계인 동계(洞契), 계금의 운영에 의한 수입으로 세금을 납부하고자 하는 호포계 등도 이런 유형에 속했다. 특히, 농사를 위한 계로서는 둑의 축조·수리(水利)를 목적으로 한 제언계(堤堰契)를 비롯하여 소유토지를 공동 경작하여 그 수확을 계원이 분배하는 농계(農契), 소의 공동사용을 목적으로 한 우계(牛契), 농구(農具)의 공동구입·공동사용을 목적으로 한 농구계 등이 성행하였다. 또한, 영리를 목적으로 한 식리계(殖利契)·지계(紙契)·금계(金契)·삼계(蔘契) 등도 있었다. 그런데 대체로 전통적 계는 경제적 목적과 사회적 목적을 동시에 지니고 있었다고 봐야 할 것이다.

일제시대에는 전통적 협동체를 파괴하려는 목적으로 계를 모두 해산시킴에 따라 드러난 활동을 할 수 없었고, 해방 후에는 투기적 영리성 계가 성행하기도 했다. 일종의 사적 금융기관으로 기능을 한 셈인데, 특히 6·25 이후에는 도시를 중심으로 이러한 성격의 계가 성행했다. 번호계·낙찰계 등이 이 부류에 속했는데, 이런 형태는 종래의 상부상조적 성격이 변질된 것으로 종종 사회문제의 원인이 되기도 했다. 다양한 형태의 금융기관과 재테크 수단이 발달한 오늘날은 이제 투기적, 또는 금융기관적 성격을 띤 계는 찾아보기 힘들고, 주로 공제적이거나 사교적 성격의 계들이 주를 이루고 있다고 볼 수 있다.

② 두레

두레는 농촌에서 농사일을 협력하기 위해 부락이나 리(里) 단위로 만들어진 조직, 또는 그것을 통해 공동노력을 행하던 풍습을 일컫는다. 씨족사회(원시공동체) 유풍의 하나로 짐작되고 있다. 주로 농번기의 모내기에서 김매기를 마칠 때까지 시행됐다. 조직은 부락내의 장정(壯丁)이 주가 되며, 참여자격은 노동능력에 따라 두레의 역원이 재가한 후에 가입이 허락되었다. 여기서 역원이란 통솔자인 행수(行首)를 비롯한 6명으로 구성된 일종의 간부회의를 가리킨다.

대개 작업에 앞서 농악을 실시했다. 두레가 행한 일로는 이러한 농사 이외에도 공동노동, 공동방위, 공동예배, 공동유흥, 상호관찰, 상호부조 등을 실시하여 촌락 공동체의 내부질서를 유지하는 기능도 행했다.

토지소유 관계와 산업구조가 바뀌고 농업생산의 방식이 변모하면서 전통적 두레는 소멸할 수밖에 없었다. 그러나 이러한 두레의 정신은 완전히 사라졌다고 볼 수 없다. 비록 변모된 형태겠지만 오늘날의 다양한 공동체추구 활동의 저변에는 이런 정신이 작용한다고 볼 수 있겠기 때문이다.

③ 품앗이

품앗이는 농촌사회에 있었던 비교적 단순한 협동형식의 하나이다. 일반적으로는 노동의 교환형식으로 이해되고 있는데, 원래 '품'〔勞力〕의 '앗이'〔受〕에 대한 '품갚음'〔報〕, 즉 증답(贈答)의 관계였던 것으로 해석되고 있다. '앗이'란 말을 '공용', '차용' 혹은 '교환' 등으로 해석하기도 한다. 어느 쪽이든 결국 도움을 도움으로 갚아야 한다는 일종의 증답의례적 사고방식이 제도화된 것을 품앗이라 할 수 있다. 두레가 1년을 통해서 가장 바쁜 농번기에 주로 이루어졌음에 반하여 품앗이는 몇몇 사람 사이에 시기와 계절을 가리지 않고 이뤄졌으며, 작업종류도 농가에서 필요로 하는 모든 작업에 미쳤다. 또 두레의 조직범위가 대체로 넓었다면, 품앗이의 결성범위는 좁은 편이었다. 품앗이는 주로 상호부조의 의식이나 의리와 같은 정신적 자세나 처지가 비슷하다는 관념에서 결성되는 경향이 있었던 점을 두고 하는 말이다. 두레가 공동사회적(*Gemeinschaft*) 성격이 강했다면, 품앗이는 이익사회적(*Gesellschaft*) 성격이 더 강했다는 비교도 있다.

그런데, 품앗이가 일견 타산적 성격을 띠었던 것처럼 보이기도 하나, 노동력의 정도를 엄격하게 평가하지 않았다는 점에서 아주 타산적인 것만은 아니었던 것으로 보는 것이 적절할 듯하다. 사람과 농우(農牛), 남성과 여성, 장년(壯年)과 소년의 노동력이 동등하게 다루어졌던 것이다. 이처럼 인간의 노동력은 원칙적으로 모두가 대등하다는 가정이 품앗이를 성립시키는 근본적 가치관이었다고 할 수 있다. 오늘날 새로이 등장하는 '품앗이'란 이름의 각종 공동체들도 대체로 이러한 가정을 이어받고 있다는 점에 착안할 필요가 있다.

④ 향약(鄕約)

향약은 조선시대에 유교적 예규를 바탕으로 권선징악과 상부상조를 목적으로 하여 만들어진 향촌의 자치규약이자 지역발전과 주민의 순화·덕화·교화를 목적으로 한 지식인들 사이의 자치적 협동조직이기도 했다. 이것은 시행주체나 규모 혹은 지역 등에 따라 향규(鄕規)·일향약속(一鄕約束)·향립약조(鄕立約條)·향헌(鄕憲)·면약(面約)·동약(洞約)·동계(洞契)·동규(洞規)·촌약(村約)·촌계(村契)·이약(里約)·이사계(里社契) 등 다양한 명칭으로 불렸다.

기원은 중국 북송 말기의 '여씨(呂氏)향약'이었으며, 조선에서의 시초는 태조 7년(1398)으로 보기도 하나 다른 견해들도 많다. 중종 때에는 다소 강제성을 띠고 전국에 반포되기도 하였다. 중국의 여씨향약이 설정한 네 가지 기본 강목(綱目) — 덕업상권(德業相勸), 과실상규(過失相規), 예속상교(禮俗相交), 환난상휼(患難相恤) — 은 조선의 향약에도 영향을 많이 끼쳤다. 1571년(선조 4) 율곡 이이는 '여씨향약' 및 '예안향약'을 근거로 '서원향약'(西原鄕約)과 이를 자신이 수정 증보하여 1577년에 '해주향약'(海州鄕約)을 만들었는데, 이들 향약은 조선후기에 널리 보급된 향약 가운데 가장 완벽한 것으로 평가받고 있다.

향약은 시행시기나 지역에 따라 다양한 내용을 담고 있으나, 기본적으로 유교적 예속(禮俗)을 보급하고, 토지로부터 농민들의 이탈을 막고 공동체적으로 결속시킴으로써 체제의 안정을 도모하려는 목적에서 실시되었다. 즉, 소농민경제의 안정을 바탕으로 한 중소지주층의 향촌 지배질서를 확립하기 위한 것이었다. 이처럼 지배세력의 이해관계를 반영한 사회통제적 성격이 강했던 점에서 농민들을 중심으로 하여 전개된 전술한 세 가지와는 성격이 아주 달랐던 셈이다.

그러나 18세기 중엽 이후 차츰 그 성격이 변모되는 가운데 점차 기층민의 입장이 반영되는 방향으로 변화하기도 했고, 19세기 중·후반 서학(西學)·동학(東學) 등 주자학적 질서를 부정하는 새로운 사상이 등장함에 따라 향약의 조직은 위정척사운동에 활용되었다. 식민지 시기에는 일본 측에서 미풍양속이라는 미명 아래 식민통치에 활용하기도 했다. 그러나 전반적으로 이러한 제도적 전통이 오늘날의 지역사회복지에 대해 시사하는 바는 전술한 세 가지에 비해 상대적으로 크지 않은 것으로 보인다.[14]

(2) 외국 민간원조단체의 내한활동

해방 이후 우리나라 민간 사회복지 전반에 걸쳐 역사적으로 중요한 의미를 갖는 것은 외국의 민간원조단체들이 내한하여 활동한 사실이다. 해방 이후의 혼란기와 전쟁으로 인한 피폐기에 다양한 요구호자들에게 구호와 보건, 교육 등을 실시하면서 사회복지사업에 관한 자국의 제도, 지식, 방법, 가치 등을 전수하였던 것이다. 미국식 사회복지실천 지식체계를 전한 것도 이 시기의 이러한 단체들이었다. 이들은 외국민간원조단체 한국연합회(KAVA)라는 단체를 만들어가면서까지 우리나라 사회복지사업에 매우 비중 있는 역할을 수행했는데, 한때는 소속기관이 70개를 넘어서기도 했다. 우리나라의 소득수준이 그들이 맡아왔던 일들을 자력으로 감당할 수 있을 정도로 향상되었다고 판단한 1970년대를 기점으로 이들이 철수하면서, 그 몫을 우리나라 정부나 민간영역이 담당하게 되었다(감정기 외, 2002).

14) 향약에 대한 보다 자세한 자료 및 오늘날의 사회보장과의 의미상 연관성 등에 대해서는 나병균(1989) 참조.

(3) 지역사회개발 개념의 전파와 새마을운동

국제연합에서 1950년대 이후 저개발국과 선진국의 낙후지역에 적극 권장한 사업이 지역사회개발(*community development*)이었다. 우리나라에도 1957년 한미합동경제위원회, 1958년 지역사회개발위원회가 구성되어 지역사회개발사업의 기반이 구축된 바 있고(오정수·류진석, 2004: 53), 1970년대 이후의 새마을사업은 이 시기 우리나라 지역사회개발 사업의 한 전형으로 알려져 있다.

1970년 당시 박정희 대통령의 지시에 따라 농한기 농촌마을 가꾸기 시범사업 형태로 시작하여 "근면·자조·협동"을 기치로 내걸며 내무부에 전담부서를 두고 전국적 사업으로 전개됐다. 주거 및 생활환경 개선에서 시작하여 생산기반 조성, 소득증대, 생산협동 등을 거쳐 증산운동, 근검운동, 인보운동 등의 의식영역으로까지 확대됐다. 운동영역의 확장은 이와 같은 운동내용뿐 아니라 지역단위에 대해서까지 이뤄져서, 1976년에는 도시 새마을운동을 시작하게 된다.

박정희 정권에 이어 전두환 정권에서도 이 사업을 적극적으로 이어받아 관주도의 운동을 이른바 민간주도로 전환하고 새마을운동중앙본부를 설립하면서, 이 운동은 또 한 차례 전기를 맞는다. 1981년에 전국에 240여 개의 새마을유아원이 설립되고, 새마을운동본부의 시도지부가 설치되기도 하였으나, 이후 정치적 환경의 변화와 운동에 대한 부정적 여론 등으로 쇠퇴의 길을 걷는다. 이상과 같은 새마을운동의 의미와 성패 여부에 대한 평가는 엇갈린다. 지역사회개발의 여러 원칙들이 제대로 적용되지 않고 정치적 판단에 의해 추진됐다는 평가가 지배적이다. 뒤에서 논의할 지역사회복지실천의 한 모델로서의 지역사회개발과 우리나라 새마을사업의 여러 특성들이 부합하는지 견주어보는 것은 그래서 의미가 있다.

(4) 지역사회복지 운동의 확대

우리나라 지역사회복지의 역사에서 뺄 수 없는 것은 1980년대 후반 이후 폭발적으로 늘어난 사회운동적 성격의 각종 지역사회복지 운동이다. 정치적 민주화라는 정치환경의 변화를 계기로 확대된 도시빈민운동이나 노점상운동, 또는 농민운동과 같은 부문운동, 경실련 · 참여연대 · 공선협 · 환경련 · 지역사회 탁아소운동 등과 같은 시민사회단체 운동 등이 그 예이다. 장애인과 노인 및 여성 등과 같은 사회적 취약집단들 중심으로 이익집단 성격의 단체가 결성되어 적극적 이익추구 활동을 전개하게 된 것도 같은 맥락이었다.

1990년대 초 이후 지방자치제 부활을 계기로 차츰 정착한 제도적 환경의 변화, 사회복지에 대한 일반적 관심 및 인권의식의 확대, 국제적 수준의 NGO · NPO 운동의 확산 등도 이러한 지역사회복지 운동의 확대를 가져온 중요한 배경으로 작용했다. 이 부분에 대해서는 뒤의 제 4 부에서 별도의 장을 마련하여 좀더 자세히 다룰 것이다.

(5) 지역사회복지 관련기관 및 관련제도의 발달

정확한 시기를 제시할 수는 없지만 대략 1990년대 초를 전후로 우리나라에도 시설보호보다 재가복지가 더 적절한 요보호자 보호서비스 방법이라는 인식이 확산되기 시작한다. 사회복지관이 급속한 속도로 양적 성장을 보이고, 부설 재가복지봉사센터 등을 통한 재가복지 서비스도 확대된다.[15] 이 밖에도 노인 · 여성 · 장애인 등 사회복지사업의 주된 대상자들을 위한 복지관과 쉼터 혹은 재활시설 등이 증설되었고, 공동생활가정(*group home*)이 정부의 재정지원을 받으면

15) 민간복지서비스 전달체계 개선계획의 일환으로 종합사회복지관 부설 재가복지봉사센터가 2010년 1월 1일부터 종합사회복지관의 '재가복지봉사서비스'로 흡수 통합되었다.

서 운영되기 시작했다.

이상과 같은 직접적 서비스기관의 발달 외에 간접적 서비스기관 또는 지원기관과 관련제도들의 발전도 1990년대 후반 이후의 중요한 변화이다. 그 몇 가지 예로는 1998년 시·도 사회복지협의회의 독립법인화, 1997년 사회복지공동모금법의 제정과 이듬해의 사회복지법인 한국사회복지공동모금회 설립, 2000년대 들어서는 법인 수준의 시·군·구 사회복지협의회 설립근거 마련, 사회복지협의체 설치, 다수 사회복지사업의 지방분권화, 자원봉사활동기본법 제정 등이 있다. 2008년 7월의 노인장기요양보험제도 시행에 따른 재가장기요양시설의 등장, 기초지자체 '희망복지지원단' 설치를 중심으로 한 정부의 서비스 전달체계 개편 등도 눈에 띌 만한 변화이다.

(6) 지역사회복지의 새 지평

2010년대 초반을 넘어서면서 지역사회복지의 지평이 확대되고 있다. 포괄적인 사회복지 전반에 걸친 변화는 차치하고라도 지역단위의 사회복지와 관련이 된다고 볼 만한 영역만 해도 제도 차원의 굵직굵직한 변화가 적지 않았다는 것이다. 이 기간에 새로 제정된 유관법령으로 〈사회서비스 이용 및 이용권 관리에 관한 법률〉(2011년 8월), 〈협동조합기본법〉(2012년 1월), 〈도시재생 활성화 및 지원에 관한 특별법〉(2013년 6월), 〈지역개발 및 지원에 관한 법률〉(2014년 6월), 〈사회보장급여의 이용제공 및 수급권자 발굴에 관한 법률〉(2014년 12월) 등이 있다. 그런가 하면, 〈사회보장기본법〉, 〈사회복지사업법〉, 〈국민기초생활보장법〉, 〈지방자치법〉, 〈지방재정법〉, 〈지방교부세법〉, 〈사회적기업 육성법〉 등에도 지역사회복지 관련 조항에 주목할 만한 개정들이 있었다.

이러한 법령들을 통해 사회서비스의 개념이 새로 정립되는 한편 전자바우처 방식의 사회서비스가 확대되었고, 사회적 기업과 협동조합을 비롯한 사회적 경제 영역이 부각되었으며, 도시재생과 같은 새로운 지역개발 개념이 운동과 정책 차원에서 채택되었는가 하면, 분권교부세는 보통교부세로 흡수되고, '지역사회보장협의체'와 '지역사회보장계획' 등이 종전의 '지역사회복지협의체'와 '지역사회복지계획'을 대체하며 제도화되기도 했다.

제 2 장

지역사회 개념의 이해

이 장에서는 지역사회복지실천과 관련하여 필요한 지역사회의 다양한 개념들을 소개한다. 구체적으로는 공간중심의 지역사회, 관계중심의 지역사회, 지역사회연구에 응용될 수 있는 지역사회에 대한 조작적 개념정의, 지역사회역량, 지역사회대응력, 지역사회권력을 강화하는 관점에서 본 지역사회의 개념을 소개한다.

1. 지역사회복지실천과 지역사회

이 책에서 우리는 지역사회복지를 "지역사회복지란 지역사회를 접근의 단위로 하여 그 구성원들의 복지를 실현하기 위해 수행하는 사회적 노력"으로 정의하였다. 이 정의가 시사하는 바와 같이 지역사회복지에서 실천의 단위는 지역사회이다. 여기서 실천의 단위로서 지역사회를 본다는 것은 최옥채 교수가 적절히 지적하고 있는 바와 같이 지역사회를 사회복지실천의 클라이언트체계로 보는 것(최옥채,

2001: 1·2장)과 맥락을 같이한다.[1] 지역사회복지실천의 대상 혹은 단위로서 지역사회를 우리는 어떻게 규정하고 이해할 것인가? 아마도 누구나 합의하는 어떤 정의를 내리기는 거의 불가능한 일일 것이다(박태영, 2003: 12~13; Hardcastle et al., 1997: 97; Netting et al., 1998, 103). 따라서 우리는 지역사회에 대한 다양하고 복잡한 개념정의를 체계적으로 정리하여 소개하는 일에 힘을 소진하지는 않겠다. 보다 실용적 관점에서 지역사회복지실천의 대상으로서 지역사회를 연구·실천하는 데 초점을 맞추어 지역사회 이해에 필요한 지식만을 제공하기로 한다.

좋은 지역사회를 만드는 것이 지역사회복지실천의 궁극적 목적이라는 점은 너무나 당연하다. 그 지역주민 또는 타 지역주민들에게 어떤 지역사회가 "살기 좋다", "살고 싶다", "거주환경이 좋다" 등과 같은 지역사회에 대한 긍정적 상은 지역사회에 대한 객관적 지표 및 특성과 주관적 감정 등이 복합적으로 상호작용하며 형성된다. 이러한 평가는 주로 지역사회에 대한 객관적 및 주관적 의견이 주요 근거가 된다. 전문계획가, 정치가, 지역지도자, 또는 복지종사자와 같은 지역사회의 여러 분야 전문가들은 지역사회 발전을 평가할 때, 발전의

---

1) 최옥채(2001)는 "지역사회복지실천"이라는 용어가 아닌 "지역사회실천"이라는 용어를 사용하고 있다. 최옥채는 우리나라의 사회복지대학교육협의회가 제시한 표준교과과정인 '사회복지실천론', '사회복지실천기술론'에서 개인·가족·집단을 대상으로 한 실천이론이나 실천기술만이 교육되고, '지역사회복지론'의 교과과정에서도 지역사회를 대상으로 한 실천이론이나 기술에 대한 교육이 소홀히 다루어지는 우리의 교육현실을 개탄하고 있다(최옥채, 2001: 25). 그가 지역사회실천이라는 용어를 사용한 것은 사회복지교육에서 지역사회를 클라이언트체계로 보는 사회복지실천 이론·기술교육의 필요성을 강조하려 했기 때문인 것으로 보인다. 최옥채의 지적에 동감하면서도 이 책에서 "지역사회복지실천"이라는 용어를 채택한 것은 현행 교과과정에서 쓰이는 명칭과의 조화를 염두에 두었기 때문이다.

결과 외에도 지역문제 해결과정 및 목표달성 정도를 중요한 평가 근거로 삼는다(Fellin, 1995). 예를 들어 지역문제 우선순위 결정과정, 시기 적절성, 문제해결을 위한 자원동원 가능성, 재정모금 또는 지원 가능성, 또는 지역주민 간 통합 정도 등을 통해 그 지역사회가 좋은 지역사회인지 여부를 평가한다. 이와 같이 지역사회복지실천을 통해 궁극적으로 지역사회의 어떠한 것들을 변화시켜 나갈 것인가라는 관점에서 지역사회를 파악할 때 주로 지역사회역량(*community capacity*), 지역사회대응력(*community competence*), 지역사회 임파워먼트(*community empowerment*) 등의 개념을 사용한다(Goodman, 1998).

실천과 관련하여 이러한 개념들은 상황이나 사람들에 따라 달리 해석되기도 하고, 또 비슷하게 사용되기도 한다. 이 장에서 살펴볼 내용들은 지역주민들을 위한 지역사회복지실천이 가능할 수 있도록 지역사회를 변화시켜 나갈 때 필요한 지역사회의 특성들에 관한 것이다. 지역사회의 특성을 이해하기 위해 전통적으로 논의되어온 지역사회에 관한 정의 외에 지역사회에 관한 전통적 개념으로 공간중심의 지역사회와 관계중심의 지역사회 개념을 소개하고, 지역사회 연구에 자주 활용되는 조작적 개념을 살펴본다. 이에 추가하여 지역사회복지를 실천하는 관점에서 자주 활용되는 개념들로 지역사회역량, 지역사회대응력, 지역사회권력, 지역사회 임파워먼트 등의 개념들에 대하여 살펴본다.

2. 지역사회의 전통적 개념

위에 언급된 몇 가지 지역사회 개념들을 이해하기 위해 우선적으로 지역사회에 대한 전통적 정의들을 살펴볼 필요가 있다. 지역사회에 대한 많은 정의들을 살펴보면 공간중심의 지역사회(*territorial/locality-based community*)와 사회관계중심의 지역사회(*network/relationship-based community*)가 대비되어 구분되어 왔음을 알 수 있다(Puddifoot, 1995).

공간적 '장'(*place*)을 강조하는 공간중심의 지역사회는 세 가지 속성으로 이루어진다. 첫째는 인간생활의 필수적 욕구를 충족시키는 기능을 하는 공간이며, 둘째는 사회적 상호작용의 단위로서 공간이며, 마지막으로 집단정체성의 기본단위로서 공간이라는 세 가지 특성을 갖는다(Fellin 1995; Hunter 1975). 이 공간중심의 지역사회는 근린지역, 지역사회 영역(*area*) 및 행정단위상의 지역사회 등의 개념으로 실제에 적용된다. 공간을 공유하지 않는 지역사회를 특징으로 하는 사회관계중심의 지역사회는 구성원 간에 공유된 정체 소속감을 강조한다. 종교, 생활 스타일, 이데올로기, 직업, 취미, 성적 취향, 교육수준 등은 이러한 정체 소속감에 영향을 끼치는 몇 가지 요소들로 볼 수 있다.

이상의 정의들에서 볼 때, 영어로 community라는 용어의 개념은 지역사회, 지역공동체 또는 공동체로 여겨지며 거주의 장과 지속적 관계의 장으로 볼 수 있다. 즉, 전통적 근린지역이나 이웃의 개념처럼 지리적 경계를 바탕으로 정의되어온 정의와 공동체 구성원의 공동관심에 초점을 둔 정의 등이 함께 혼용되어 사용되고 있다. 과거에는 물리적 공동공간을 강조해온 공간중심의 지역사회와 사회관계/이해관계 중심의 지역사회가 구분되지 않고 사용되어 왔으나, 도시화와 이동성이 증가된 오늘날에는 지역사회에 대한 위와 같은 개념상의 구분이 점차 뚜렷하게 이루어지고 있다.

즉, 산업화 이전의 community에서는 지리적 영역을 공유하는 사람들 간에 상호작용이 활발하게 이루어지고, 이들이 이해관계를 공유했기 때문에 공간중심의 지역사회와 사회관계/이해관계 중심의 지역사회를 구태여 구별할 필요가 없었다. 그러나 산업화 이후에는 지리적 영역을 공유하는 이웃보다도 지리적 영역을 공유하지 않지만 이해관계를 공유하는 사람들 간에 상호작용이 더욱 활발하게 이뤄지는 그런 사회단위가 발생함으로써 사회관계/이해관계 중심의 지역사회를 구분할 필요가 발생한 것이다. 로스(Ross, 1967)는 지리적 공간을 공유하며 밀접한 상호작용을 하는 사람들의 집단을 지리적 지역사회(*geographical community*)로 부르고, 이에 대비하여 공동의 관심과 기능을 함께 하는 사람들의 집단을 기능적 지역사회(*functional community*)라고 부른다. 여기서 기능적 지역사회 개념은 사회관계/이해관계 중심의 지역사회 개념과 동일하다.

지역사회의 전통적 개념 분류는 지역사회복지실천 활동을 이해하고 분석하는 데 유용한 개념이다. 특히 공간중심의 지역사회의 개념은 지역사회복지실천에서 매우 중요한 개념이다.

공간중심의 지역사회를 유형화하는 방법은 다양하지만 가장 흔히 사용되는 기준으로 ① 인구의 크기, ② 경제적 기반, ③ 정부의 행정구역과 ④ 인구 구성의 특수성 등을 들 수 있다(Dunham, 1970: 28). 첫째, 인구의 크기에 따른 구분은 대도시, 중소도시, 읍 지역과 작은 부락(근린지역) 등의 구분에서 흔히 볼 수 있는 지역사회의 형태이다. 둘째, 경제적 기반에 따른 지역사회의 구분은 공업지역, 소비지역 등의 구분이나 광산촌, 산촌, 어촌 등의 구분으로 주민들의 경제적 생활뿐만 아니라 지역사회의 사회·문화적 특성을 이해하는 데 유용한 구분이다. 셋째, 정부의 행정구역에 따른 구분은 특별시, 광역시, 도, 시·군·구, 읍·면·동 등의 행정구역으로 지역사회를 구획하는 것이다. 정치제도와 행정서비스가 행정구역을 중심으로 운영되기 때문에 행정구역을 기준으로 한 지역사회구분은 지역사회복지실천에서 중요한 접근단위가 된다. 넷째, 인구구성의 사회적 특수성을 기준으로 한 지역사회의 구분은 도시 저소득층 밀집지역, 집창촌, 이주노동자 집단거주지역, 군사시설 밀집지역, 임대아파트 단지 등에서 볼 수 있는 바와 같이 일정한 지리적 공간에 거주하는 지역사회 구성원 대다수의 경제적·인종적·사회적 특성을 중심으로 지역을 유형화하는 것이다.

지역사회의 복지를 위한 조직적 노력을 전개할 목적으로 가장 흔히 구분되는 공간중심의 지역사회의 유형으로는 농촌지역사회와 도시지역사회가 있다. 이들 지역사회는 인구학적 특성, 지역사회와 배후지의 관계, 사회문화적 특성의 면에서 차이가 있다(홍동식·박대식, 1985: 55~61). 도시와 농촌의 차이에 대한 사회과학 지식은 지역사회복지실천가들에게 유용하다.

공간중심 지역사회의 최소단위로 이해될 수 있는 근린지역사회(*neighborhood*)는 지역사회복지실천에서 매우 중요한 의미를 갖는 지역사회이다.[2] 바커(Barker, 1999: 324)는 근린지역사회를 "주민들이 생존양식, 상호이해관계, 가치, 특성을 공유하고 있는 지역"으로 이해할 수 있다고 정의하는데, 여기서 핵심개념은 주민들 간의 밀접하고 친근한 사회관계이다. 근린지역은 흔히 물리적 경계(도로, 하천, 철도 등)를 가지고 있지만, 물리적 경계를 넘어선 심리적 경계가 근린지역사회를 구분하는 경계가 되기도 한다.

근린지역사회는 여러 가지 기능을 수행한다(Kirst-Ashman, Hull, 2001: 283~284). ①사회적 기능으로는 친구관계, 지위, 사회화, 상

---

2) 근린지역의 인구 규모는 어느 정도일까? 오늘날 '도시'의 모태인 그리스의 '폴리스'에서 인구수와 관련하여 플라톤은 이상적인 폴리스의 인구를 5,040명(그 당시에는 여성, 아이, 노예 제외)으로 한정하였고, 아리스토텔레스는 모든 시민이 서로 면식할 수 있는 범위로 대략 5,000명 내외로 보았다(김진경, 2009).

호원조, 비공식적 원조망으로 기능한다. 특히 도시가 community의 주요 '삶의 장'(*living place*)이 되어버린 현대인에게 근린지역사회(*neighborhood*)는 사회적 지지의 기본적 자원으로 기능이 증가하고 있다. ② 근린지역사회는 또한 제도적 기능을 수행한다. 일자리를 제공하고, 새로운 입주민을 오래된 주민에게 연결시키고, 특정 서비스에 접근가능하게 하고 주민을 통합하는 데 기여한다. 이런 제도적 기능들은 학교, 교회, 지역사회기관 등이 수행한다. 이런 기능을 돕는 조직으로는 학교사친회, 친목 조직, 지역 내 각종 모임 등이 있다. ③ 근린지역사회는 정치적 기능도 수행한다. 정치적 기능이란 거주민들이 지역사회의 의사결정권자들에게 영향을 미치는 정치과정에 참여할 기회를 제공함을 가리킨다. 근린지역 내의 조직들은 선거에서 특정후보를 지지하거나, 치안강화를 시당국에 요구하는 등의 정치기능을 수행한다. ④ 근린지역의 경제적 기능은 주민들에게 주거와 쇼핑장소를 제공하는 일이다. 그런데 오늘날은 대규모 마켓이나 체인점의 등장으로 근린지역의 상권이 약화되고 있다. 골목상권의 기능을 통한 지역경제의 자생성이 침해받고 있는 것이다. 또 지역의 기업이 합병되거나 이전하거나 규모를 축소함으로써 거주민들의 경제적 삶에 위협을 주기도 한다. 그래서 실업상태로 전락한 주민들이 집을 팔고 이주함으로써 근린지역사회가 해체되기도 한다.

근린지역사회의 조직화를 통해서 주민들은 많은 것들을 얻기도 한다. 주민들은 조직 구성을 통해서 그들이 직면한 공통의 어려움을 해결하기 위해 그들의 협력정신을 북돋우게 된다. 지역사회 내 조직들은 법률에 근거한 조직 외에도 주민들의 필요에 의해 자생적으로 발생한 조직들도 있다. 지역사회복지실천가들은 지역 내의 기존 조직을 활용하거나 새로운 조직을 결성함으로써 지역주민들이 겪는 공통의 문제를 해결하는 데 기여할 수 있다.

근린지역과 지역사회가 혼합되어 발생하는 개념이 '지역 공동체'이다. 지역 공동체를 만드는 것은 그 주체가 되는 주민들 간 지역 사회 소속감이나 사회적 연대가 증가되는 것을 의미하며, 이는 공동의 문제해결을 이끌어낼 수 있는 사회적 신뢰, 규범, 네트워크의 축적물로서 사회적 자본을 바탕으로 한다. 2000년대 후반부터 크게 증가하고 있는 도시 지역의 '마을 만들기' 사업은 주민참여를 기반으로 하는 주민참여형 지역복지 실천의 대표적 사례이다. 주민주도로 마을 만들기가 이루어지기 위해서는 주민들의 능동적 참여와 관심이 전제되어야 하고, 더불어 이를 지원할 수 있는 행정적, 제도적, 재정적 여건이 마련되어야 한다. 그러나 아직까지는 '관(官) 주도' 형 마을 만들기 사업이 확대되다 보니 진정한 의미의 지역 공동체로서의 '마을' 만들기에는 한계를 보이고 있다.

지역사회복지실천가들이 지역 공동체 형성을 위한 지역사회를 사정하기 위해서 필요한 자료로는 다음과 같은 것들이 있다(Kirst-Ashman, Hull, 2001: 289~290). 거주지역의 지리적 조건, 인구학적 특성, 소득, 지역사회의 매력(기후, 거주지의 쾌적성, 생활비), 주거상태, 역사, 지리적 환경, 교육, 사회/문화체계(공원, 사교클럽, 문화자원 등), 상업과 산업, 종교(역할과 영향력), 정치적 요소(투표율, 정당의 역할, 주요 이슈 등), 사회 및 보건 시스템(병상 수, 서비스기관 수, 서비스의 반응성 등), 권력의 분포 등에 관한 자료를 통해서 지역사회를 사정한다.

또한 특정 공간을 넘어서서 존재하는 사회관계/이해관계 중심의 지역사회(기능적 지역사회)도 지역사회복지실천에서 활용되는 지역사회 개념이다. 이들의 예로는 장애인부모회, 동성애자 모임, 해외입양인 모임, 각종 당사자 협회나 단체 등이 있다. 이들은 자신의 이해를 대변하거나, 또 대변하려는 클라이언트를 옹호하기 위한 활동에서 다양한 형태로 지역사회복지실천 활동을 수행할 수 있다.

3. 지역사회의 조작적 개념

이렇듯 다양한 지역사회의 개념을 보다 명료화하여 지역사회 연구에 사용하기 위해 지역사회의 몇 가지 조작적 정의들을 사용하려는 노력이 이뤄지고 있다. 이러한 노력은 지역사회 연구에서 공간중심의 장이나 사회관계중심의 장으로 이해되는 지역사회에 대한 개념정의와는 다른 차원에서 진행되었다. 즉, 하나의 분석단위로 지역사회를 연구할 때에 체계적 비교를 위해 지역사회 구성요인들을 측정가능한 것으로 재구성하려는 노력이다. 이러한 노력은 지역사회 연구에서 양적/질적 접근방법론상의 문제를 떠나 측정가능한 지표나 도구의 개발을 통해 지역사회가 어떠한 측면에서 보다 발전되었는지 또는 역량이 강화되었는지에 대한 보다 객관적 정보를 제공해 줄 수 있다는 접근에 기초한다. 즉, 지역사회에 대한 조작적 정의를 통해 지역사회를 구체적 사회복지의 실천대상으로 포착할 수 있다는 것이다.

1) 공간을 중심한 지역사회와 관련한 조작적 개념들

공간중심의 지역사회와 관련하여 윌리암스(Williams, 1999)는 환경적 정의(*environmental justice*)에 대한 연구에서 지리적 분석단위로서의 지역사회를 정치적 행정구(*political jurisdiction*), 근린지역(*neighborhood*), 자료구성체(*data constructs*)라는 세 가지 영역으로 구분하고 이 세 가지 영역의 분석단위에서 관련 자료를 수집하고 분석한다. 비록 이 분석틀의 근간이 환경적 정의와 관련된 분야에서 비롯되었지만, 지역사회에 대한 다양한 분야의 실증적 연구에 응용되고 있다.

한 지리적 영역(*area*)의 주민들에 대한 행정기능을 용이하게 실행하기 위해 고안된 정치적 행정구는 전통적으로 행정 규제와 몇 가지 행정수단을 통해 주민들의 행동을 통제하거나 관리할 수 있는 개념으로 여겨진다. 비록 정치적 행정구가 인위적 산물임에도 불구하고, 행정구라는 개념은 지역사회 구성원이 공유하는 지리적 특성을 반영하는 것이다. 윌리암스는 지역사회 연구에서 이러한 정치적 행정구를 주요 분석단위로 사용하는 것은 자료 수집의 실질적 용이성이 연구에서 매우 중요하기 때문이라고 보았다.

지역사회의 개념정의와 관련하여 윌리암스는 근린지역을 거주자들이 다양한 공통적 속성들(인종, 교육, 유산, 상호 경험 등)을 공유하며 공감해가는 장(場)으로 정의하였다. 한 행정구역 안에서도 사회적·문화적으로 구분되는 근린지역이 공존하므로 지역사회에 관한 연구에서는 근린지역이 분석단위가 되어야 한다. 하지만 근린지역의 규모는 편차가 심하고 경계를 구분하기가 힘들어서 실제 연구에 이 개념을 분석단위로 사용하기가 용이한 일은 아니다.

위에 언급된 몇 가지 제약으로 인해서 센서스 구역이나 우편번호에 의한 지역 같은 인위적 자료구성체가 이 지역사회의 조작적 개념으로 실제 연구에서 사용되고 있다. 이러한 인위적 기준에 의한 지역사회의 구분은 지역사회에 관한 정보수집이 용이하여, 측정가능한 지역사회 특성들을 개발하는 연구에 중요한 개념들로 활용된다.

2) 지역소속감이나 지역응집력과 관련한 조작적 개념들

앞에서 언급한 조작적 정의들은 지리적 경계에 근거를 둔 지역사회의 개념들에 초점을 두는 반면, 지역사회에의 심리적 소속감이나 사회적 응집성(*social cohesion*)에 관한 연구들은 개인적, 또는 지역적 연대심리에 관한 정의에 기반을 두고 있다(Puddifoot, 1995). 지역사회 정체성에 관한 문헌연구를 통해 푸디풋은 글린(Glynn, 1981)의 지역사회에의 심리적 소속감 척도(*Psychological Sense of Community*, PSC)와 버크너(Buckner, 1988)의 근린지역 응집성 척도(*Neighborhood Cohesion Instrument*, NCI)라는 두 가지 도구들을 사용하여 지역사회를 정의하고자 하였다.

지역사회에 대한 개인의 전반적 성향을 드러내기 위하여 글린의 PSC에서는 네 가지 영역에서 지역사회에 대한 심리적 소속감을 측정한다(Puddifoot, 1995).

첫 번째 영역으로는 멤버십을 들 수 있는 데, 멤버십은 경계, 정서적 안정, 소속감 및 개인적 기여(*personal investment*)라는 네 가지 특징을 갖고 있다.

두 번째 영역은 준거집단에 영향을 끼치는 역량과 관련이 있다. 이 두 번째 영역을 구성하는 속성으로는 지역권력에 대한 매력, 소속감에 대한 동조성, 지역 내 합의에 대한 욕구 및 개인과 지역사회 간의 상호지속적 영향을 들 수 있다.

세 번째 영역은 지역사회 및 개인의 욕구에 대한 전반적 충족과 관련된 것으로 이 영역은 지역사회가 지역구성원의 여러 욕구를 충족시키기 위한 조직역량에 의해 타 지역사회와 구분되는 것을 의미한다.

마지막 영역은 동시간 및 동공간상에서 공유하고 있는 정서적 연대이며, 이 연대는 여러 지역 내의 문제를 해결해 왔던 경험에 기초한 것으로 지역사회의 중요한 구성요소가 된다.

글린(Glynn, 1981)은 PSC의 이러한 영역 및 세부 속성이 지역 기능, 지역 만족감 및 지역사회대응력(*competence*)[3)]의 개념들을 양적으로 측정하기 위한 타당성이 높은 분류임을 보여주고 있다.

지역소속감과 관련하여 지역사회를 정의하는 데 사용될 수 있는 개념으로는 지역 응집성(*cohesion*)을 들 수 있다. 버크너(Buckner)는 지역응집성에 관한 연구들에서 세 가지 중심영역을 제시하였다. 이 세 가지 영역은 지역주민의 지역소속감(*sense of community*), 지역에 대한 매력(*attraction to community*), 그리고 지역사회 내의 주민 간 상호작용 정도(*degree of interaction*)로 구성된다. 버크너는 이러한 세 영역을 측정하기 위해서 NCI를 사용하고 있다(Buckner, 1988). 이 도구는 개별적 소속감과 지역사회 전체의 사회적 응집성을 동시에 포괄할 수 있도록 구성됐다.

푸디풋은 위에서 언급한 지역사회를 정의하기 위한 PSC척도와 NCI척도를 종합하여 지역사회 정체성(*community identity*)과 관련하여 6가지 구성요소—지역중심성, 지역특유성, 지역정체성, 지역성향, 지역 삶의 질 평가 및 지역기능 평가—를 제시하였다(Puddifoot, 1995).

첫 번째 구성요소인 지역중심성(*locus*)은 지역주민들의 사회적 또는 문화적 행동유형에 의해 인지되는 지역의 뚜렷한 경계를 의미하고, 다음으로 지역특유성(*distinctiveness*)은 타 지역과 구분되는 자신의 지역사회에 대한 상대적 인지를 의미한다. 지역정체성(*identification*)은 소속감, 또는 정서적 연대감에 기초하고, 지역성향(*orientation*)은 지역사회에 대한 기여정도, 지역사회에 대한 호감에 대한 성향을 의미한다. 이러한 네 가지 지역사회에 관련한 인지요소에 두 가

---

3) 'Community capacity'와 'competence', 그리고 'empowerment'는 우리말로 번역했을 때 유사한 용어가 된다. 이 장의 핵심은 이러한 개념들의 차이점과 공통점을 살펴보는 것이므로, 용어들을 서로 구분해 사용해야만 했다. 이 책에서는 'capacity'는 '역량'으로, 'competence'는 '대응력'으로, 'empowerment'는 발음대로 '임파워먼트'로 사용하였고, 'capacity building'은 '역량구축'으로 번역하였다.

지 평가관련 요소가 추가된다. 지역 삶의 질평가(*the evaluation of community life quality*)는 지역주민 자신과 타 지역주민이 내리는 지역에 대한 전반적 평가를 포함하며, 지역기능 평가(*the evaluation of community functioning*)는 세부적으로 지역기능과 관련된 의료 및 복지 서비스, 레저, 지역경제, 고용기회, 환경 및 의사결정 참여의 기회 등에 대한 평가로 볼 수 있다.

4. 실천관점에서 본 지역사회 관련개념

지역사회복지를 단지 증진시킨다는 접근은 의미는 좋으나, 어떠한 점을 구체적으로 개선해야하는가 하는 부분에서 모호할 수 있다. 지역사회의 중요 이슈는 경제, 교육, 교통, 도로개선, 환경, 범죄, 주거 및 빈부격차 등 다양한 문제들과 관련이 있다. 그러나 지역사회복지와 관련되어 이 책 전반에서 강조하는 접근은 지역사회 구성원들의 복지향상과 관련된 지역사회 문제해결에 있어 지역사회 자생력을 스스로 향상시켜나갈 수 있는 주민들의 능력 향상에 초점을 둔다. 이와 관련하여 다음에서는 지역사회역량, 지역사회대응력 및 지역사회 임파워먼트에 대해 보다 자세히 살펴보겠다.

1) 지역사회 역량과 지역사회 대응력

지역의 현재 및 잠재적 발전 가능성을 포괄하는 의미로서 '지역사회역량'(*community capacity*)과 지역문제에 대처하기 위한 자원동원능력을 의미하는 '지역사회대응력'(*community competence*)[4]은 지역참여, 자원동원, 지역소속감 및 지역합의 등과 같이 쉽게 정의내리기 어려운 용어이며, 특히 측정하기가 힘든 개념들이다.

우선, '지역사회역량'에 대해, 굿맨과 그의 동료들은 그 의미를 두 가지로 정리하였다(Goodman et al., 1998). 첫 번째는 지역사회 내 사회 및 보건에 관한 문제들을 파악하고, 자원을 동원하여 해결해낼 수 있는 지역사회의 능력과 관련된 특성(McLeroy, 1996)으로 이해하는 것이며, 두 번째로는 보건 및 복지관련 지역사회 발전 목표달성을 위해 지역 주민 개개인 및 지역사회 전반의 지속적 변화를 이끌어 낼 수 있는 지식, 기술 및 자원 동원 체계에 대한 지역사회의 육성능력(Rogers et al., 1995)을 의미한다.

한편, '지역사회대응력'과 관련하여 엥과 파커는 코트렐(L. S. Cottrell)과 아이스코(I. Iscoe), 바바린(O. Barbarin)의 기존 논의들을 조합하여 연구에 활용하였다(Eng & Parker, 1994). 코트렐은 '지역사회대응력'이 높은 지역사회란 ① 지역문제 및 욕구를 파악하는 데 효과적으로 협조를 끌어낼 수 있고, ② 목표의 우선순위 결정에 지역합의를 최대한 달성할 수 있으며, ③ 협의된 목표 달성을 위한 절차에 동의를 끌어낼 수 있고, ④ 이러한 목표달성을 위한 행동에도 최대한의 합의에 의한 공동 노력이 실현될 수 있는 지역사회라고 보았다(Cottrell, 1977).

---

4) 초판에서 '경쟁력'으로 번역했던 'competence'를 고심 끝에 개정판에서는 '대응력'으로 바꾸어 쓰게 되었다. 이것을 '역량'으로 번역하는 예가 있기도 하나, 이 책에서는 'capacity'를 '역량'으로 옮기고 이와 구분·비교하기 위해 'competence'는 '대응력'으로 번역한다. 실제 두 단어는 서로 다른 맥락에서 번역될 경우 모두 '역량'으로 번역되어 무리가 없다. 본문에서 쓰이는 의미를 살리려면 'competence'는 '자생력' 또는 '자조력'으로 옮길 수도 있겠으나, '대응력'이 더 적합하다고 보아 이렇게 번역해 쓰고, 추후 학계에서 보다 나은 번역어에 대한 논의가 있을 경우 이를 반영하고자 한다.

또 아이스코는 지역 내의 인적·물적 자원의 개발 및 획득·활용의 측면을 강조했으며, 바바린은 개인과 복지서비스 체계 간의 긴밀한 상호작용 정도에 초점을 맞춰 '지역사회대응력'을 정의했다(Iscoe, 1974; Barbarin, 1981).

굿맨(Goodman et al., 1998)은 두 가지 개념 사이에 공통적 부분이 많지만, '지역사회역량'은 향후 활동까지를 포함한 잠재적 상태에, '지역사회대응력'은 현재 활동 상태에 초점을 두고 있다고 구분했다.

이 두 가지 개념에서 강조하는 핵심내용은 지역사회 분석에 대한 전통적 접근방식이 지역사회의 위험요인, 문제 또는 결함 등에 관심을 둔 반면, '지역사회역량'이나 '지역사회대응력'을 강조하는 접근에서는 지역사회가 스스로 문제를 해결하는 능력에 초점을 둔다는 것이다. 따라서 지역사회 주민의 욕구와 고유의 자원을 파악하는 지역사회사정(*assesment*)은 지역사회 자체를 중요한 자원이나 자산으로 보는 차원에서 접근되어야 한다(Goodman, 1998; Kreztmann & Mcknight, 1993).

즉, '지역사회역량' 중심의 지역복지 실천에서는, 만약 지역사정을 통해 그 지역의 역량이 부족하다고 판단되면, 지역사회 개입에서 '역량구축'(*capacity building*)에 초점을 두어 지역사회 자산(*asset*)을 증가시킴으로써 지역사회 개입의 성공가능성을 높일 수 있다는 것이다. 이와 관련하여 어데이도 지역사회 자산의 중요성을 언급하면서 지역사회의 부정적 문제나 결함을 찾기보다는 자산이나 긍정적 자원을 강화하기 위해 지역사회 개입에서 우선적으로 공식적 또는 비공식적 자원이나 연계망을 찾고 정리할 것을 주장하고 있다(Aday, 1997).

2) 지역사회권력과 지역사회 임파워먼트[5)]

'임파워먼트'는 일반적으로 개인의 삶과 관련된 상황들을 개선시키기 위해 개인적, 사회경제적 또는 정치적 세력(*forces*)을 이해하고 이를 통제할 수 있는 개인적 능력을 강화하는 것을 의미한다(Schulz, 1995; Zimmerman & Rappaport, 1988; Gutierrez, 1988). 이 개념을 지역사회 차원에 적용하였을 때 지역사회 임파워먼트(*community empowerment*)의 의미는 지역사회 내 개인이나 조직들이 각각의 욕구를 충족시키기 위해 자신의 기술과 자원을 공동의 노력으로 이끌어낼 수 있는 지역사회가 되는 것을 의미한다(Israle, Checkoway, Schulz & Zimmerman, 1994). 구체적으로 지역사회 임파워먼트를 위해서 ① 소속감과 정체성을 의미하는 멤버십, ② 공통의 상징체계, ③ 공유하고 있는 가치나 규범, ④ 상호영향, ⑤ 공유하고 있는 욕구들과 그 욕구들을 충족하려는 노력, ⑥ 공유하고 있는 정서적 유대의 6가지 요소를 증진시켜야 한다는 것이다.

굿맨 등은 비록 임파워먼트가 역량(*capacity*)과 여러 가지 특성을 공유하고 있지만, 역량의 개념이 더 폭넓게 사용된다고 주장한다(Goodman, 1997). 이는 지역사회 임파워먼트에서 기본개념인 지역사회권력(*community power*)을 지역역량을 구성하는 한 가지 영역으로 보았기 때문이다. 지역사회권력의 역할과 개념을 이해하는 것은 임파워먼트 개념을 관련 지역사회 및 지역복지 연구에 적용하는 데 필수적

---

5) 지역사회를 정의하는 데 'power'의 개념은 상당히 중요하다. 'power'는 일반적으로 권력·권위·힘 등의 용어로 번역될 수 있다. 그러나 권력이나 권위가 어느 정도 위계적 질서상의 power를 의미하는 반면(*power to*나 *power over*), 임파워먼트 모델에서 강조하는 'community power'는 공유하고 있는 power(*power with*)에 초점을 둔다.

이다. 우선 지역사회권력이라는 개념을 이해하기 위해서는 권력강화에 관한 논의에서의 권력(*power*)에 대해 살펴볼 필요가 있다.

권력에 대한 전통적 접근은 권력을 제로섬 차원에서 분석하는 것이었다. 제로섬 차원의 분석에는 한 진영의 권력증가가 상대진영의 권력감소를 의미한다는 기본전제가 깔려 있다. 이러한 전제에 도전하며 이즈라엘은 '지역사회 임파워먼트'와 관련된 논의에서 권력은 무엇에 대한 것이거나(*power to*) 또는 무엇을 통제하려고 하는(*power over*) 권력이 아니라 서로가 공유하는(*power with*) 권력으로 인식되어야 한다고 주장한다(Israel, 1994). 이러한 공유하는 힘을 바탕으로 하는 임파워먼트는 역량강화 과정과 역량이 강화된 상태로서의 결과를 동시에 포함하는 개념이 된다(Schulz, Israel, Zimmerman & Checkoway, 1995).

그렇다면 지역사회의 권력(*community power*)은 지역사회복지의 실현에 관한 논의에 어떤 의미를 던져주는 것일까? 굿맨 등은 지역사회권력을 '공통의 장, 관심이나 경험을 공유하는 사람들로부터 중요한 변화를 이끌어내거나 어떤 변화에 저항하게 할 수 있는 능력'으로 정의한다(Goodman, 1997).

지역사회의 권력을 이해하기 위해서는 권력을 누가 갖고 있는지, 권력을 누가 원하는지, 권력이 어떻게 사용되는지, 그리고 그 권력의 사용을 누가 결정하는지에 대한 좀더 세부적 분석이 선행되어야 한다. 이러한 지역사회 힘에 대한 분석을 통해 지역복지를 이해하려는 관점은 지역사회가 갖고 있는 많은 문제들의 발생이 자원에 대해 통제권을 갖고 있는 소수의 집단이 지역사회 의제를 설정하고 우선순위를 독점적으로 결정하는 데 있다고 본다.

또 이러한 관점은 왜 지역문제 해결에 대한 많은 노력에도 불구하고 사회취약계층들이 계속적으로 발생할 수밖에 없으며, 제한된 자원밖에는 획득할 수 없는가를 지역사회권력의 불균형으로 설명하고 있다. 따라서 '지역사회 임파워먼트'를 지역복지 실천의 기본요소로 보는 관점에서는 지역사회가 장기적이며 역동적 노력을 통한 '임파워먼트' 과정을 통해 권력분배가 지속적으로 이뤄져 공유하는 권력(*power with*)의 상태가 될 때 지역사회가 성공적으로 발전할 수 있다고 본다.

3) 지역사회역량 구축

지역사회역량은 다차원적이며 여러 영역을 포괄하는 복합적 구성을 특징으로 하고, 정확한 지역사회 사정과 적절한 개입방법을 요하는 역동적 개념이다. 앞서 우리는 '지역사회대응력', '지역사회역량', '지역사회권력' 등의 개념에 대해 유사점과 차이점을 함께 살펴보았다.

지역사회복지실천의 목표는 지역사회를 보는 실천적 관점에 따라 차이가 있을 수 있으나, 다른 유사 개념들보다는 지역사회역량이 보다 포괄적 개념이라고 할 수 있다. 따라서 '지역사회역량 구축'(*capacity building*)을 지역사회복지의 중요한 광의적 목표로 보는 것이 일반적 경향이다. 그러나 앞서 언급하였듯이 지역사회역량이라는 개념은 여러 영역들이 구성된 복합적이며 추상적 성격의 구성체이므로 구체적 목표와 실천개입을 계획하려면 세부 영역들을 살펴보아야 한다.

굿맨은 지역사회역량을 구성하는 영역을 참여, 리더십, 기술, 자원, 사회적/조직 간(*social/inter-organizational*) 연계망, 지역소속감, 지역사회 역사에 대한 이해, 지역사회권력, 지역사회가치 및 비판적 반영(*critical reflection*)으로 제시하였다(Goodman, 1998). 이러한 영역들은 서로 공통적인 부분이 많으며 어느 한 영역이 더 중요하다고 보기 어렵다. 이러한 여러 영역 중에서 이 책에선 특히 참여, 리더십, 그리고 조직 간 연계망에 대해 살펴보기로 하겠다.

(1) 참여와 리더십

'지역사회역량 구축'을 위해 지역주민이 지역사회관련 활동 및 의사결정과정에 관여하는 것은 필수적이기에, 참여와 리더십은 '지역사회역량 구축'을 구성하는 기본영역이 된다(Goodman, 1998). 참여와 리더십과 관련하여 일반적으로 두 가지 질문(*Who and How*)을 던져볼 수 있다: (1) 지역사회 내에서 누가 참여하였고 참여를 이끌어낸 사람은 누구인가? (2) 참여자들은 어떻게 참여하게 되었고 어떻게 그들의 참여를 이끌어냈는가?

첫 번째 질문과 관련된 주민참여의 기본적 원칙은 "참여의 주체와 지도자는 참여하는 일에 대해 관심을 갖고, 참여를 통해 달성할 수 있는 목표를 잘 아는 사람들이어야 한다"는 점이다. 참여의 주체와 지도자가 중요한 이유는 이 두 가지 요인이 지역사회의 중요한 의사결정과 밀접한 관련을 보이기 때문이다. 민주주의 사회에서 중요한 의사결정방식으로 강조되고 있는 접근이 다원주의적 의사결정모델[6]이다. 이 다원주의 접근의 특성은 참여를 이끌어내는 과정이 지역 내 다양한 유형의 지도자(선출직/임명직 공식지도자, 지역내 명망을 가진 지도자 및 전통적 지역유지급 지도자)들 간의 상호작용에 있다는 점이다(Checkoway, 1997).

지역사회에 대한 전통적 접근들이 다양한 유형의 지도자들 간의 혼합을 오히려 지역사회 갈등을 발생시키는 문제점으로 간주해온 것과 달리, 지역사회역량을 강조하는 접근에서는 이러한 지도자의 혼합을 지역사회의 중요 자산으로 여긴다. 즉, 다양한 유형의 지도자들에 의한 리더십들의 조정과 융화는 지역사회 내 현재 또는 미래의 위험과 도전을 논의하는 과정에서 보다 많은 이들이 의사결정에 참여할 기회

6) 지역사회 내 의사결정모델에 대한 자세한 논의는 이 책 7장에서 다루겠다.

를 제공한다. 동시에 지도자들 간의 평등한 논의 기회를 통해 지역주민에게 지역 내 여러 어젠다들을 폭넓게 이해할 기회를 증진시킬 수 있다는 장점이 있다. 이러한 맥락에서 지역사회의 리더십 양성 및 계승과정 역시 주목해야 할 요소이다. 현재의 리더십이 어떻게 지역주민 전체에게 전달되고 재변형되어 차세대의 리더십으로 거듭날 수 있는가 하는 점을 충분히 고려하는 것은 지역사회역량 구축에 필수적 요소이기 때문이다(Goodman, 1998).

주민참여와 리더십과 관련된 '어떻게'라는 두 번째 질문은 지역사회 내의 여러 하위집단들이 수행하는 지역사회복지실천의 가치나 원리와 관계가 있다. 존슨(Johnson, 1996)은 '지역사회역량 구축'을 위한 지역 지도자들의 역할에 초점을 두면서 '협력적 임파워먼트'(*collaborative empowerment*) 개념을 도입할 것을 주장한다. 이 개념은 지역사회 내 여러 이슈들을 효과적으로 해결하기 위해서는 지역사회에 기반을 둔 지역사회 내 여러 조직들이 문제 해결 전략을 기획하고, 실행하고, 평가할 수 있게 해야 한다는 것을 강조한다.

'협력적 임파워먼트'를 실행하기 위해서는 의사결정력의 공유, 책임감, 민주주의적 진행절차 원칙에 대한 헌신 등의 실천 가치에 대한 충분한 합의가 있어야 하며, 이것이 지켜질 때 '지역사회역량 구축'의 효과가 높아질 수 있다. 따라서 '지역사회역량 구축' 관점에서는 개입 전략의 내용에 앞서 실천 또는 개입의 가치와 원리에 대해서 지역 내의 합의를 이루어내는 것이 보다 많은 참여를 통해 문제를 해결하는 선결과제가 된다.

(2) 조직 간 협력과 연계망

이러한 맥락에서 지역사회내의 조직 간 협력(*inter-organizational collaboration*)은 '지역사회역량 구축'을 위한 필수요건이다. 지역역량 구축의 또 다른 영역인 지역사회내 조직 간 연계망 형성은 참여 및 리더십과 함께 지역사회복지실천을 위해 향상시켜야 할 기본영역이다.

지역내 조직 간 연계망을 평가하기 위해서 굿맨 등은 연계망의 구조적 특성, 연계망 구성원들 간의 관계, 연계망 구축으로 얻게 되는 이익들을 살펴보아야 한다고 주장한다(Goodman, 1998). 지역 내 조직 간 연계망은 지역외부나 내부연결상태의 정도에 의해 영향을 받는다. 이러한 연계망을 중심으로 한 지역복지 접근에서 취약계층들은 지역의 다른 주민들보다 느슨한 연계망을 갖고 있거나 접촉의 빈도가 낮아 자원이용이 제한되고 있다는 점에 주목해야 한다고 설명한다.

연계망의 구축으로 인한 취약계층의 이익과 관련되는 개념이 사회적 자본(*social capital*)이다. 어데이는 사회적 자본의 형성과 그 혜택의 원리는 기여집단과 혜택집단의 동질성에 초점을 두는 상업자본의 원리와 다르다고 주장한다. 인적 자본을 강조하여 경쟁과 교육에 기초한 상업자본의 형성에 취약계층의 기여와 혜택은 근본적으로 제한된다. 취약계층에게 자신의 개발을 위해 필요한 중요한 자원은 자신을 둘러싼 연계망(*network*)에 의해 생산되는 사회적 자본이다(Aday, 1997). 우리는 늘 지역사회가 개발되고 발전되어도 실제 그에 대한 이익은 사회자본의 원리보다는 상업자본의 원리에 의해 재분배되는 것을 보아왔다. 즉, 연계정도가 약한 취약계층의 경우 지역사회에 대한 기여가 상대적으로 적어 지역자원의 할당과 이용에 항상 제한을 받을 수밖에 없다. 지역복지 실천을 위해 '지역사회역량 구축'은 모든 계층에 혜택이 돌아갈 수 있어야한다는 대전제 아래에 이루어져야 하므로 이를 달성하기 위해서는 취약계층에 대한 사회적 자본을 높여야 하고, 이를 위한 기본전략은 조직 간 관계망의 강화가 되어야 한다.

현재의 정치적·경제적 환경에서 지방분권화 경향을 고려해볼 때, 조직 간 협력은 산발적 프로그램들을 종합하고, 비용을 절감하며, 서비스의 질을 개선하여 궁극적으로 지역복지를 강화하고 역량을 구축하기 위한 중요한 영역이다.

지역 내 조직 간의 협력이라는 영역에 초점을 두며, 베일리와 코니는 지역중심의 협력구조가 개인과 지역조직들의 공동협의를 통해 집단적 권력과 자원을 증가시켜 바람직한 변화를 이끌어낼 수 있도록 구성되어야만 한다는 점을 강조한다(Bailey and Koney, 1996). 공동노력을 강조하는 것은 지역중심의 다양한 기관들에 대한 이해를 바탕으로 한다. 조직들 간의 차별화된 생존전략은 협력구조를 형성해 나가는 데 오히려 제약이 된다. 그러나 지역역량 구축의 한 영역으로서 지역내 조직 간 공동노력은 지역문제의 단기해결보다는 전반적인 지역의 힘과 자원을 지역이 가지고 있는 자산을 통해 증진시킴으로써 전체 조직들에게 혜택이 돌아가며 이 혜택이 바로 지역주민들에게 돌아갈 수 있도록 하는 구조형성에 초점을 둔다.

'지역사회역량 구축'과 '지역사회 임파워먼트'라는 두 가지 접근은 의사결정이나 개입계획 및 실행과 관련된 지역사회 자신의 '참여'를 대전제로 하고 있는 만큼, 모든 사회복지 및 보건서비스의 전달상황에 다 적용될 수는 없다. 그러나 두 가지 개념에 대한 이해는 현재 지역사회의 자원을 충분히 분배받지 못하고 있는 취약계층에 대한 지지 및 지원을 지역사회 스스로 증진시켜 나가려는 상황에서 필수적이다. 일방적인 원조에 기초한 문제해결의 접근은 단기적 해결책만을 제시하며 오히려 더 큰 문제를 야기할 수 있다. 두 개념을 중심으로 지역사회의 개념과 특성을 분석하는 것은 지역역량 구축에 기반한 지역사회복지 증진전략을 개발하는 데 있어 매우 중요한 작업이며 이 교재에서 전반적으로 강조되는 접근이라 하겠다.

제 2 부

지역사회복지실천의 이론과 과정

제 1 부에서 다룬 지역사회 및 지역사회복지실천과 관련된 몇 가지 개념들에 대한 논의를 통해, 어떠한 이론적 분석틀의 영향을 받는가에 따라 지역사회복지실천의 구체적 목표와 개입 전략, 개입 대상, 개입 평가 등이 달라짐을 알 수 있었다. 제 2 부에서는 보다 구체적으로 지역사회복지실천과 관련된 다양한 실천관점과 이론 등을 정리해 본다.

제 3 장에서는 특히 지역사회를 클라이언트로 간주하는 지역사회복지실천에 초점을 두어 다양한 실천관점과 사회이론들을 다룬다. 사회이론들의 역사적 등장과 사회현상에 대한 다양한 접근들은 지역사회 문제를 과학적이고 체계적으로 이해하는 데 도움을 줄 것이다.

이러한 이론적 기초 위에 보다 구체적인 실천모델에 대해 살펴보는 장이 제 4 장이다. 실천모델에 대한 논의는 지역사회복지실천에서 접근의 기본틀을 제시한다는 점에서 지역사회복지론의 핵심이 된다.

제 5 장은 제 4 장에서 제시된 실천모델을 기초로 지역사회복지실천의 개입과정별로 주요 내용과 각 과정에서 발생할 수 있는 쟁점들에 대해 몇 가지 예를 통해 살펴본다.

제 3 장

지역사회복지실천의 관점과 이론

지역사회복지실천과 관련된 이론적 분석틀은 지역사회복지의 목표설정 및 목표달성을 위한 실천개입의 기본방향을 제시하며, 구체적 실천모델 선택에 영향을 준다. 따라서 이 장에서 논의할 몇 가지 개념들은 지금까지 사회복지의 전문적 실천영역의 하나인 지역사회복지실천의 학문영역을 구축해오는 데 있어 핵심적 역할을 해왔다.

지역사회복지실천과 관련된 이론적 분석틀은 논의의 차원에 따라 실천관점(*practice perspective*), 이론(*theory*), 이론적 모델 및 실천모델로 구분된다. 구체적 논의에 앞서 이들 간의 개념적 차이를 살펴보면 다음과 같다(Hardina, 2002).

실천관점은 최선의 실천을 위한 기본 가치들에 대한 접근으로 개입에 대한 최선의 방향과 개입과정에서 사회복지사의 역할을 제시하는 데 있어 중요한 역할을 한다. 실천 관점들은 특정 실천으로 인한 결과물에 대한 구체적 전략까지는 제시하지 못하며 관점과 관련된 변수나 구성체들을 측정하는 데 어려움이 있다. 결과적으로 어떠한 관점의 효과성을 입증하는 데에는 한계가 있지만, 기본 실천접근에 대한 성향이나 입장에 큰 영향을 끼친다.

이론은 실증적 연구를 통해 입증된 인과관계에 대한 설명이다. 지역사회복지 영역과 관련된 이론들은 지역사회의 기능, 지역주민의 변화수용, 정부정책 결정에 대한 주민의사 반영 및 지역사회 임파워먼트를 위한 주민조직 등의 원리를 설명해 준다. 특히 이론들은 실천모델들의 선택에 영향을 끼친다.

이론적 모델은 한 사회현상에 관련된 개념들, 개인들, 집단 및 조직 간 관계에 대한 이해를 돕기 위해 구성체(*construct*)들 간의 관계를 가시화거나 유형화한 것이다. 이론적 모델은 변수들 간의 인과관계를 설명하기 위해 구성된다(예컨대, 사회복지 개입과 개입산출물과의 관계). 동시에 이론적 모델들은 지역사회의 의사결정과정을 이해하는 데도 도움을 준다.

실천모델은 사회 문제의 이해와 이 문제들에 대한 대처방식에 대한 세부적 분석틀이다. 지역사회복지실천과 관련하여 실천모델의 결정은 사회 변화에 대한 이해를 위한 틀, 개입방식, 실천모델에 따른 가능 결과물 같은 여러 요소에 의해 영향을 받는다. 실천모델들은 문제해결이나 변화유도에 대한 구체적 전략과 전술결정에 영향을 끼친다. 실천모델에 대한 자세한 논의는 제4장에서 다룬다.

1. 실천 관점

지역사회복지실천과 관련된 중요한 실천 관점(*practice perspective*)으로는 임파워먼트 관점(*empowerment perspective*)과 강점관점(*strength perspective*)을 꼽을 수 있다.

1) 임파워먼트 관점

제 1 부의 지역사회복지실천 목표에서 논의되었듯이 지역사회복지실천에 있어 임파워먼트 관점은 지역사회복지 전반에 걸쳐 커다란 영향을 끼쳐왔다. 임파워먼트 관점의 기본목표는 소수자층 또는 사회적 약자층까지를 포함한 개개인의 자원분배와 의사결정 참여의 기회 향상에 있다. 이 관점에서는 다수의 사회문제들이 지역사회 내 불공정한 자원분배나 의사결정 구조로부터 발생하는 것으로 본다(Freire, 1970; Parsons, Gutierrez, & Cox, 1998; Hardina, 2002).

임파워먼트 관점에서는 임파워먼트를 통해 사회적 약자층이나 소수 집단(*minority*)이 갖게 되는 주류문화에 대한 소외감을 줄이는 데 초점을 둔다. 보다 효과적인 임파워먼트 달성을 위해서는 사회구조가 자신의 삶의 기회를 제한하고 있다는 인식에 대한 소수층 스스로의 변화가 우선적으로 요구된다. 이러한 인식의 변화를 통해 경험을 공유하고, 보다 집중적 대화(*dialogue*)를 통해 조직적 행동으로까지 이어질 때 많은 지역주민들의 지역사회 의사결정의 참여가 이뤄지고 궁극적으로 임파워먼트를 이룰 수 있다(Freire, 1970).

지역사회복지실천과 관련된 임파워먼트의 달성은 아래의 세 가지 차원의 임파워먼트가 동시에 발생하며 이뤄진다고 볼 수 있다. 라본트(Labonte, 1990)는 개인(*individual*), 대인(*interpersonal*) 및 지역사회 차원의 임파워먼트를 언급하였다. 개인적 차원의 임파워먼트는 클라이언트 개인의 자존감(*selfesteem*)이나 자긍심의 향상에 초점을 두며, 대인적 차원의 임파워먼트는 집단 간 공유된 경험을 통해 체계적 지식과 사회문제에 대한 보다 정확한 분석력을 축적해 나가는 것을 의미한다. 마지막으로 지역사회 차원의 임파워먼트는 서비스 자원과 사회변혁 전략 등을 지역사회 스스로 개발함으로써 지역사회 전반의 역량이 증진되어 나가는 것을 핵심 목표로 삼고 있다.

라본트의 접근과 유사하지만 이즈라엘은 대인적 차원 대신 조직적 차원(*organizational level*)을 한 가지 차원으로 제시하였다(Israel et al., 1994). 이 조직적 차원의 임파워먼트는 지역사회를 구성하는 여러 집단들의 임파워먼트에 초점을 둔다.

지역사회 전반의 임파워먼트 관점에서는 세 가지 차원의 임파워먼트가 상호연관되어 있음을 알 수 있다. 즉, 지역사회 차원의 임파워먼트를 통해 개인 차원의 환경에 대한 지배력 증가를 도모하며, 또 대인 간 또는 조직 간 임파워먼트는 궁극적으로 지역사회 전반의 임파워먼트를 이끌어낸다.

임파워먼트 관점이 지역사회 조직에 주는 함의는, 지역사회 전체 구성원들이 지지할 의사결정 구조를 구축하고 전반적인 지역사회복지실천의 과정(문제의 명확화, 욕구 조사, 전략실행 및 평가)에 사회적 약자층의 참여를 확대하는 것이 지역사회복지 목표달성을 위해 필수적이라는 점을 지역사회복지실천가와 지역구성원들에게 인식시켜 주는 데 있다고 하겠다.

2) 강점 관점

강점 관점의 기본전제는 저소득층 또는 소외계층이 갖고 있는 자산, 기술, 자원 등의 긍정적 강점을 활용하여 그들의 삶을 변화시킬 수 있다는 점이다. 강점관점의 이러한 전제는 클라이언트의 취약점을 발견하여 감소시키는 것에 초점을 두었던 기존의 지역사회복지에 대한 접근과 차이를 보인다. 프레이리는 클라이언트는 비록 사회복지서비스를 받고 있는 급여 대상들이지만 동시에 자신의 삶에 대해 최고의 '전문가'라고 주장한다(Freire, 1970). 따라서 강점 관점은 클라이언트가 갖고 있는 상호지지 네트워크를 사회복지사가 활용하여 클라이언트의 전반적 변화를 이끌어낼 수 있다고 본다.

이러한 관점을 지역사회에 적용한 것이 지역사회 임파워먼트 강점이다. 상대적으로 낙후되었거나 자체 조직이 취약하다고 생각되는 지역사회라 할지라도 그 자체의 강점과 긍정적 자산을 갖고 있으며, 이것들을 활용하여 지역사회 스스로의 발전을 도모할 수 있다는 점은 강점 관점이 지역사회 조직 및 복지실천에 주는 중요한 함의로 볼 수 있다. 이러한 함의와 관련된 개념이 지역사회 탄력성(*community resilience*)이다. 탄력성은 소외계층과 억압계층이 역경을 겪으며 생존할 수 있게 만드는 하나의 기제로 볼 수 있다(Saleeby, 1997). 살리비의 주장에 의하면, 지역사회내의 취약계층이나 소외계층이 나름대로 성공적 삶으로 전환을 하는 데 중요한 것은 그 집단이 보유한 비공식 사회연계망의 구축 및 활용에 있다는 것이다.

지역사회복지실천에 대한 두 관점의 이러한 긍정적 영향력에도 불구하고 다음과 같은 한계점을 갖고 있다. 임파워먼트 관점과 강점 관점이 개인과 지역사회의 자긍심이나 자존감 향상을 이끄는 데 중요한 역할을 해왔다는 전반적 인식에도 불구하고, 두 관점에 의한 개입과 그 결과물 간의 관계에 대한 이론적 검증이 쉽지 않다는 점이다(Zimmerman, 1990; Hardina, 2002). 따라서 지역사회복지 목표와 관련되는 개념들에 대한 조작화와 실천모델과의 연결에 대한 지속적 연구와 실천에 대한 적용이 필요하다고 하겠다.

2. 실천관련 이론들

이 절에서는 지역사회복지실천 관련 여러 사회이론들에 대해 살펴보겠다. 본 교재에서는 이론 자체에 대한 개념적 정의보다는 지역사회복지실천과 관련된 주요 함의와 한계들에 대해서 살펴볼 것이다. 다루어지는 중요 논의들은 지역사회의 여러 하위체계들이 어떻게 상호 기능하는지, 지역사회가 외부체계들과 어떠한 상호작용을 해야 하는지 또는 하고 있는지, 중앙정부 및 지역자치단체의 정책결정과 지역사회는 어떠한 관련을 맺는지, 힘의 구조와 분산은 지역사회 내에서 어떻게 이루어지는지, 소외계층이나 사회적 배제층 들이 어떠한 모습으로 지역사회 내에 존재하는지 등을 담고 있다. 사회이론에 대한 이해는 지역사회 내에 사회복지 관련 현상들을 이해하는 데 도움을 준다. 특히 이론들은 사회복지실천가들이 어떠한 실천모델을 사용할 것인지를 결정하는 데 중요한 길잡이 역할을 하고 있다. 교재에 따라 다양한 이론들이 소개되고 있지만, 이 책에서는 체계이론, 생태이론, 갈등이론, 힘의존이론, 자원동원이론 및 사회구성주의 이론에 대해 살펴보겠다.

1) 체계이론

체계이론은 크기가 다른 각 사회단위들을 '체계'(*system*)로 파악하면서 이들 사이의 상호작용에 의한 사회변화의 과정을 설명하는 이론이다. 따라서 이 이론은 지역사회와 그것을 포함하는 더 큰 사회단위(상위체계) 및 그것에 속해 있는 작은 사회단위들(하위체계) 각각의 기능과 이들 사이의 상호작용 및 그 과정에서 일어나는 변화 등을 이해하는 데 도움이 된다. 이 이론 중의 '경계'(*boundary*) 개념은 외부환경과 구분되는 어떤 체계의 범주 또는 한계를 나타내는 것으로서, 지역사회들 사이 또는 지역사회 내의 각 하위체계들 사이의 관계양상을 분석하는 데에 유용한 개념이다. 경계의 개방정도에 따라 환류(*feed-back*)를 포함한 체계와 환경 사이의 소통양상이 달라지기 때문이다.

체계이론과 관련이 높은 기능주의 이론의 대표 학자인 파슨즈에 의하면 지역사회 체계는 사회형태 유지(*pattern maintenance*), 사회통합(*integration*), 환경의 요구에 대한 순응(*adaptation*) 및 목적달성(*goal attainment*)이라는 네 가지 기능을 증진시키는 것을 주요 목적으로 한다(Parsons, 1971).

이 네 가지 기능에 대해 구체적으로 살펴보면, 첫째, 순응은 지역사회의 기능에 필요한 자원획득과 관련된 지역경제체계의 능력을 의미한다. 둘째, 통합은 지역사회의 가치와 특정 행동유형을 지역사회 주민들이 받아들이는 과정을 의미하며 사회통제의 기능과도 관련이 있다. 셋째, 사회형태 유지는 지역사회내의 공통된 가치나 행동의 전승과 같은 사회화 과정을 의미한다. 마지막으로 목적달성은 목적성취에 필요한 여러 자원을 사용할 수 있는 능력을 의미한다.

워렌은 지역사회 각 하위체계들의 기능을 〈표 3-1〉과 같이 정리했다. 특히 상호지지, 또는 상부상조 기능은 사회복지 조직들과 밀접한 관련을 갖고 있으며 전체체계의 일부분으로서 그 기능을 살펴볼 수 있다(Warren, 1978).

지역사회복지실천과 관련하여 체계이론이 주는 함의는 다음과 같다.

첫째, 지역행정가나 지역사회복지 전문가들이 상위수준의 체계(예를 들어 중앙 또는 상위 행정조직, 상위 정책)가 실제로 지역사회의 생활에 어떠한 영향을 끼쳤는가를 분석하는 데 도움을 준다.

둘째, 반대로 지역사회 내 하부체계들의 전체 지역사회체계에 대한 영향력을 이해하는 데 도움을 준다.

〈표 3-1〉 지역사회 하위체계들과 주요 기능

지역사회 하위체계	주요 기능
지역경제 관련체계	생산-분배-소비
가족, 학교 및 교육체계, 종교단체	사회화
지역행정조직, 사법체계, 종교단체	사회 통제
지역 내 공식단체, 비공식 모임	사회 참여
공적 사회복지 조직, 비영리 조직, 비공식 지지망	상호지지(상부상조)

출처: Warren, 1978.

셋째, 〈표 3-1〉에 명시된 지역사회 기능과 각 기능 수행을 위한 하부체계와의 관계 및 구조에 대한 평가를 각 하위체계별로 하는 데 도움이 된다.

마지막으로, 지역사회 조직의 중요한 목적은 주민들의 참여를 통해 각 체계들의 기능이 조화를 이룬 안정된 지역사회 건설에 있음을 강조한다.

2) 생태(체계)이론

다윈의 적자생존 법칙에 뿌리를 두고 발달된 생태이론은 지역사회의 최적균형성(*equilibrium*)을 유지하기 위해 일어나는 지역사회 안팎의 역동적 변화에 대한 현상을 설명하고 있다. 생태이론에서는 환경의 변화가 인구밀도나 지역사회 내 여러 인구 집단의 이동에 영향을 끼친다고 보며, 이러한 환경에 대한 적응은 제한된 지역사회자원 획득을 위한 집단 간 경쟁을 유발해 지역주민들을 기득권계층(수혜계층)과 소외계층으로 구분한다고 설명한다.

생태체계이론은 지역사회의 주요 구성요소들로 지역주민, 주거지역, 인구밀도, 토지이용 및 사회구조들로 본다(Fellin, 1995). 예를 들어 빈민지역으로 알려진 지역사회에 새로이 입주하는 계층이 각각의 적합한 사회적 적소(*niche*)를 찾아 새로운 기능에 적응하며 지역사회 구성원으로 생활해 나가는 현상을 설명해준다. 벤카트쉬는 지역사회의 갱 조직에 대한 연구를 통해 빈민지역의 갱 조직이 그 지역사회의 암묵적 보호나 질서유지의 기능을 통해 그 사회의 중요한 위치를 차지하는 현상을 설명해준다(Venkatesh, 1997). 또 마틴 스코시즈(M. Scorses) 감독의 2003년 아카데미 작품상 후보에도 올랐던 〈갱스 오브 뉴욕〉(Gangs of New York)은 19세기 뉴욕시 맨해튼 지역사회 내 여러 집단들이 빈민지역을 중심으로 어떻게 적응해 나가는가를 생태이론에 입각해 보여준 영화로 볼 수 있다. 이러한 연구 및 작품은 지역사회 내 다양한 집단들이 어떻게 특별한 영역을 찾아 지역사회 내 권력을 획득하거나 생존할 수 있는지를 보여준다.

생태이론의 지역사회복지실천에 대한 함의로는 첫째, 지역내 집단간의 경쟁 및 질서 형성과정 이해에 도움을 준다. 둘째, 각 집단들의 주변 환경에 대한 적응방식의 이해를 도와 구체적 개입의 해결책을 찾는 데 길잡이 역할을 한다. 셋째, 물리적 환경(주거상태, 지역 인프라 등)과 지역사회 내 삶의 질과의 관계에 대한 설명을 제시한다.

지금까지 논의한 체계이론과 생태이론은 지역사회복지실천의 적용에 있어 다음과 같은 제한점을 갖는다.

첫째, 두 이론이 '순기능'과 '적응'에 초점을 두고 있어 기본적으로 체계의 안정성을 지향하는 보수적 성향을 갖고 있어 지역사회 변화나 문제해결의 구체적 대안을 제시하지는 못하고 있다.

둘째, 실증적 연구를 통해 인과관계를 설명하는 이론이라기보다는 사회현상을 보는 관점(*perspective*)에 가깝다.

셋째, 두 이론 모두 왜 빈곤층이나 소외계층의 삶의 기회가 상대적으로 제약되는가 하는 질문에 충분한 설명을 제시하지 못하고 있다.

3) 힘관련 이론들

힘(*power*)과 관련된 이론들[1]의 주창자들은 힘이 지역사회복지실천에 핵심어임을 강조한다. 즉, 힘에 대한 지향, 의사결정 구조, 힘 분배과정에 대한 분석이 없이 지역사회복지실천을 논하기 어렵다. 힘과 관련된 주요 이론으로 이 교재에서는 갈등이론, 힘의존 이론 및 자원동원 이론을 살펴보기로 하겠다.

(1) 갈등이론

기능주의 관점을 기초로 하는 체계이론 및 생태이론이 지역사회 내 여러 집단이나 하위체계의 상호작용을 통한 '안정성'에 초점을 둔 반면, 갈등이론(*conflict theory*)은 지역사회 내의 집단 간 갈등을 사회 본질적 현상으로 인식한다. 즉, 기능주의 관점에서는 갈등이 일탈적 현상으로 비치지만 갈등이론에서는 지속적 갈등이 사회변화를 이루는 중요한 기제로 간주된다. 갈등이론의 핵심은 사회가 권력이나 힘을 가진 계층과 그 힘을 소유하지 못하는 계층으로 구분되어 지역사회에서 양자 간의 지속적 갈등을 피할 수 없다는 설명이다. 갈등이론 관련문헌에서는 전자를 유산계층(*haves*)으로, 후자를 무산계층(*have-nots*)으로 지칭한다(Hardina, 2002).

---

1) 국내교재에서는 대부분 'power'를 '권력'으로 번역하고 있다. 그러나 권력이라는 것은 양자 간의 일정한 관계를 규정하는 것으로 "다른 사람의 의사와 상관없이 그 사람을 일정한 방식으로 행동하게 만드는 능력"으로 정의된다(French & Raven, 1968). 반면 power-dependency 이론에서는 다양한 관계상의 power들을 설명하고 규정하므로 권력보다 더 상위개념의 power를 제시하고 있어 '힘'으로 번역하여 사용하겠다. 그러나 7장의 'power analysis'에서는 의사결정과 관련된 개념을 중심으로 power가 사용되므로 '권력분석'으로 번역하여 사용하겠다.

갈등이론은 논의 차원에 따라 전반적 사회구조를 분석하는 데 사용되는 거대이론(*grand theory*) 수준에서 논의되기도 하고, 지역사회 갈등을 분석하는 사회이론의 한 가지로 언급되기도 한다. 전자의 대표적 예로는 신맑스주의의 국가론을 들 수 있고, 후자의 대표적 예로서는 지역사회 갈등과 관련된 앨린스키(Alinsky)의 갈등이론 관점을 들 수 있다.

모든 사람들의 사회재화와 서비스에 대한 접근을 사회의 기본조건이라고 생각한 앨린스키는 자본주의 사회에서 지역사회 조직의 목표는 무산계층이 유산계층과 동일한 사회의 혜택을 받는 데 있다고 주장한다(Alinsky, 1974). 이를 위해서는 권력이나 힘을 이미 소유하고 유용하게 사용하는 유산계층이 자원동원이나 의사결정에 관한 힘을 대중에게 이양해야 한다. 앨린스키는 이러한 방식의 이양은 대중의 조직적 결성과 유산계층에 대한 대항에서 발생해야 한다고 본다.

자본주의 아래의 사회복지와 사회복지사의 역할에 대한 신맑스학파의 주장 역시 갈등이론의 관점에서 논의될 수 있다. 신맑스학파에 의하면, 자본주의 국가는 자본축척(*capital accumulation*)과 정당화(*legitimation*)라는 두 가지 기능을 통해 자본가 계층을 지지해나간다. 이 중 정당화는 자본을 직접 생산하지는 않지만 사회조화의 기능을 가능하게 하는 사회복지 제도의 필수성에 대한 개념과 관련이 높다(Burghardt, 1982).

신맑스주의에 의하면, 국가는 사회복지사들에게 무산계층의 노동자들을 자본주의에 사회에 순응하여 궁극적으로 자본가들의 자본창출에 도움이 되도록 만들어 내는 역할을 강조한다. 따라서 사회복지사들은 사회통제와 클라이언트의 사회복지 욕구충족이라는 모순되는 입장을 동시에 갖게 된다. 사회복지사들은 사회개혁이나 진보에 필요한 사회자원의 집중이 이루어 질 수 없는 사회구조적 제약 하에서 사회복지실천을 해야 하는 제약을 가질 수밖에 없다. 사회복지 예산에 대한 지속적 견제와 서비스의 제한적 급여, 사회구조보다는 개인 차원의 책임론 등은 자본주의 사회의 기본속성으로 간주된다.

지역사회복지실천과 관련된 갈등이론의 기본전제를 하디나는 다음과 같이 정리하였다. 첫째, 유산계층과 무산계층은 사회 자원에 대해 경쟁해 나가며 지역사회의 자원과 힘에 대한 소유는 유산계층에게 있다. 둘째, 소외계층이 받는 억압의 근원은 계급, 인종, 능력, 성에 관련된 차별에 있다. 셋째, 유산계층은 의사결정과 관련된 공식 및 비공식적 조직을 통제하고 있다. 넷째, 따라서 지역사회 조직의 목적은 소외계층이나 무산계층의 의사결정 역량을 강화하는 데 있으며 이를 위해 투표권이나 미디어 등의 다양한 자원을 이용해 나가야 한다는 점이다(Hardina, 2002).

(2) 힘의존 이론

갈등이론이 사회구조나 국가 전체의 보다 큰 차원에서의 힘에 대한 사회 현상의 분석을 다룬다면 힘의존 이론과 자원동원 이론은 지역사회 내의 복지기관이나 단체의 생존과 관련된 현상의 분석에 초점을 둔다.

힘의존(*power-dependency*) 이론은 사회복지 서비스 조직들은 생존의 차원에서 외부의 재정적 지원에 의존할 수밖에 없다는 기본 전제에서 출발한다. 블라우는 클라이언트에게 서비스를 제공하는 데 사용되는 외부의 재정지원은 서비스 조직이 재정지원자의 요구에 충실할 수밖에 없는 구조를 만든다고 주장한다(Blau, 1964).

외부 재정지원자에 대한 조직의 지나친 의존은 궁극적으로 그 조직의 목적상실, 자율성 제한 및 사회정의에 입각한 사회옹호 능력의 한계를 발생시켜 사회복지 서비스 조직의 기본방향성에 부정적 영향을 끼친다. 우리나라의 경우 많은 사회복지기관들이 정부의 후원금에 의존하고 있는데, 이런 경우 정부의 요구에 순응하며 클라이언트의 욕구를 충족해 나가는 중간자로서의 기능이 강조되어 순수한 사회복지 서비스기관으로서의 정치적 중립성이 훼손될 가능성을 내포한다.

지역사회 서비스조직들이 이러한 의존성을 탈피하기 위해서는 다음과 같은 방법들을 고려해볼 수 있다.

첫째, 재정지원에 대한 동일한 가치의 대가를 재정지원자에게 제공한다.

둘째, 서비스를 제공함에 있어 다른 여러 재원들을 확보하여 일방적 재정지원에 대한 의존도를 낮춘다.

셋째, 클라이언트가 서비스의 지원 없이(또는 최소의 서비스로만) 생존하는 방법을 클라이언트에게 교육한다.

넷째, 재정지원자들이 직접 클라이언트에게 서비스를 제공하도록 만든다.

위의 네 가지 사항 중 특히 우리나라 상황에 적합한 것은 두 번째와 세 번째 사항이라 볼 수 있다. 두 번째 사항과 관련하여 힘의존 이론은 복지조직이 여러 재원으로부터 재정지원을 받을 수 있도록 자원동원 및 후원자 개발에 힘을 쏟는 것은 단지 많은 재원 확보 차원이 아니라 특정 지원자(우리나라의 경우는 주로 국가 및 지방자치단체와 같은 공공부문)로부터의 일방적 의존성을 탈피하려는 것임을 보여준다. 즉, 다양한 소수후원자들을 확보해야 한 지원자에 대한 의존성이 상대적으로 약해져 서비스 제공 기관 원래의 소명(*mission*)에 보다 충실할 수 있다는 점을 제시하고 있다.

세 번째 사항은 서비스의 의존성감소를 위해, 서비스가 클라이언트에 대한 자활 및 역량강화 등의 탈빈곤으로 연결돼야 함을 제기하는 것이다. 네 번째 사항은 클라이언트의 조직적 힘을 통해 재정지원자가 지원할 수밖에 없는 상황을 만드는 것이다. 투표권이나 사회행동 등을 활용할 수 있다.

물론 이러한 몇 가지 방안은 현재 재정지원이 부족한 복지조직과 의존성이 강한 사회복지 수급자들의 특성상 사회복지 현장에서 수용하기 쉽지 않은 방안들이다. 하지만 힘의존 이론이 강조하는 시각은 사회복지 조직과 수급자, 재정지원자 간의 상호관계를 설명해주어 궁극적인 실천 목표를 제시하는 역할을 하고 있다.

(3) 자원동원 이론

갈등이론이나 힘의존 이론과 연관된 맥락에서, 하디나는 자원동원 이론(*resource mobilization theory*)이 사회운동(*social movement*) 조직들의 역할과 한계를 설명하는 데 초점을 둔다고 보았다. 여기서 사회운동이라 함은 '지역사회, 정부조직, 산업체 및 문화적 규범 등과 같은 사회적 대상(*social target*)의 변화를 시도하기 위해 느슨히 연계된(*loosely-connected*) 집단들 간의 연합활동'으로 정의된다(Swank & Clapp, 1999: 50).

사회운동은 크게 두 가지 유형으로 구분된다(Rothman, 1996). 첫 번째 유형은 사회적 소수자층이나 비주류계층의 권리를 옹호하고 보장하기 위한 활동이며, 두 번째 유형은 이타주의적 관점에서 스스로 대변하기 힘든 대상에 대한 보호를 위한 것으로, 동물보호 운동이나 환경운동이 이에 해당한다. 자원동원 이론은 특히 사회운동의 다음과 같은 측면에 관심을 둔다.

① 사회운동을 위한 자원은 지역사회 어느 곳에서 나오는가?
② 그 자원들은 지역사회에서 어떻게 조직되어 활용되는가?

③ 중앙정부 또는 지방자치단체는 그러한 자원동원을 용이하게 하는가, 아니면 오히려 그러한 활동에 제약을 가하는가?

④ 자원동원 활동들의 결과물은 어떠한 것들인가? (Muller, 1992; Hardina, 2002: 56 재인용)

자원동원 이론에 의하면 본질적으로 사회운동 조직들은 회원을 모집하고, 필요한 모금활동을 하고, 직원들을 채용하는 데 주력하는 동시에 대중과 주요 의사결정자들에게 정당성(*legitimacy*)을 인정받는 역할을 한다. 회원모집이나 조직은 그 단체의 성향이나 철학을 잠재적 회원들에게 보내는 메시지와 관련이 있다. 이러한 모집은 공적 홍보뿐 아니라 지인들이나 지역사회를 통한 사회적 네트워크에 의해서도 발생한다.

사회운동 단체가 힘을 갖기 위해서는 다음의 몇 가지 사항이 충족되어야 한다.

첫째, 보다 적극적 참여와 활동을 위해 회원 간의 동질적 정체성을 갖는 것이 필수적으로 요구된다. 이 정체성은 결국 연대감과 집단응집력을 높여 운동단체의 목표달성을 가능하게 한다.

둘째, 강력한 운동조직이 되기 위해서는 그들의 대의명분을 전달하기 위해 외부의 여러 가지 채널들을 활용할 수 있어야 한다. 물론 언론이나 외부조직과의 관계에 대한 원칙을 가져야 한다.

셋째, 재정의 안정성 측면에서 볼 때, 충성심이 강한 회원과 거액기부자들을 확보해야 한다. 기부자들이 사회운동 단체의 목적이나 성향에 다른 의견이 있는 경우 그 단체도 점점 덜 진보적이 되어가는 경향을 띤다. 자원동원 이론의 시각은 특히 정부의 공적 재정지원을 통해 지원을 받은 단체가 정치적 영향을 받을 가능성이 있게 되며, 그러한 경우 단체의 초기목적이 변화할 수 있음을 보여준다.

사회운동 조직이 이러한 사항을 충족시키기 어려운 점과 관련하여 자원동원 이론에서는 다음과 같은 딜레마를 제시한다.

첫째, 비정치적 성향의 사회운동은 주류 정치집단에서 활발히 다루어지지 못하고 있으나 사회적으로는 중요한 문제들을 대중에게 각인시키고 대중의 관심을 집중시키는 데 주력할 수밖에 없다. 그런데 일단 이러한 문제들이 정치적 의제로 부각되어 정치권에서 다루어지게 되면, 사회운동이 이에 지속적으로 대처하는 데에는 한계가 있기 마련이다.

둘째, 1인 시위, 집단메일 송부, 서명운동 또는 단체행동 등을 통해 운동단체나 조직의 메시지를 강하게 전달하는 것은 회원의 모집이나 영향력의 신장에 중요한 역할을 한다. 그러나 이러한 활동의 강도가 높아지는 것과 대중에게 정당성을 인정받거나 지지를 받는 것 사이의 관계가 반드시 정의 관계를 이룬다고 볼 수는 없다. 따라서 다양한 전략과 전술을 통해 영향력과 정당성을 동시에 확보해야 한다.

마지막으로, 모금에 대한 욕구와 진보적 개혁은 구조적으로 양면성을 가질 수밖에 없다. 저소득층의 기부는 실제로 기대하기 어려우며 자본가들이나 정부의 지원이 클 경우 그 조직의 설립목표나 활동에 대한 사명은 변질될 가능성이 커지기 때문이다.

지금까지 살펴본 세 가지의 힘관련 이론이 공통적으로 주장하는 내용은 소수에게 한정된 권력에 대한 의존은 본질적으로 사회에 부정적으로 작용한다는 점이다. 동시에 이러한 점을 지역사회복지 전문가들이 충분히 인식해야 하며, 사회적 배제층이나 소외계층이 그들의 복지욕구를 충족하기 위해서는 스스로 힘을 가져야 한다는 점을 강조하고 있다. 따라서 공동의 합의를 끌어내는 것보다는 힘을 소유하기 위한 갈등과 관련된 전략과 전술을 강조할 수밖에 없다. 다만 이 이론들은 지역사회 전문가나 활동가에게 지역사회 전반의 문제해결이나 복지증진을 위한 구체적 전략과 전술을 제공하는 데 있어서는 한계를 보여주고 있다.

4) 사회적 교환이론

사회적 교환이론은 사회과정론의 계보에 속하는 사회이론으로, 인간의 행동에는 항상 비용과 보상(또는 보수)이 따르고 행위자는 행동에 의해 생기는 비용과 보상, 그리고 자신의 사회적 자산(학력·지위 등)에 바탕을 두고 행동한다는 점을 전제로 하고 있다. 즉, 보상/이익의 최대화와 처벌/비용의 최소화와 관련된 인간관계를 경제적 관점에서 분석하는 데서 출발하였다.

인간의 행동을 타인과의 보상, 또는 이익교환의 과정으로 보는 사회적 교환이론에서는 사회적 행동을 사람들 사이에 교환자원을 주고받는 행위가 반복되는 현상으로 본다. 이 교환자원에는 물질적인 것(금전, 물품 등)과 비물질적인 것(칭찬, 복종, 존경, 인정 등)이 포함된다. 비용·보상·사회적 자산 등에 있어 상호 교환의 비율관계가 다른 사람과 비교해서 유리하면 이제까지 취한 행동을 지속해 나가며, 오히려 불리하다고 판단되면(자신의 자원이 소모된다거나 보상이 상대적으로 낮다고 생각하면) 그 관계를 개선하거나 중지해서 새로운 비율관계로 지향하는 행동이 나온다.

블라우(Blau, 1964)는 이러한 경제적 관점의 교환이론에 권력 분석을 추가하여 교환이론을 재구성하였다. 블라우가 관심을 가진 것은 교환이라는 인간의 사회적 행동이 어떠한 기제를 통해 상호 간에 유대관계에서 갈등 또는 불평등의 관계로 변화되는가 하는 현상이었다. 블라우는 이러한 관계상의 차이를 호혜성(쌍방의 상호교환)과 시혜성(일방적 제공)의 개념으로 설명한다. 즉, 호혜성은 양자의 관계를 긍정적 관계로 작용하게 하여 상호신뢰로까지 발전하게 만들며, 시혜성은 권력이나 지위에 의한 차별적 관계를 만들어낸다. 따라서 사회적 교환이론에서는 사회가 교환관계를 통해 권력을 얻기 위한 경쟁과 분화 및 통합과정의 반복으로 제도화되어 생성된 것으로 본다. 즉, 사회는 조직된 집합체들 간의 보상교환관계에서 갈등, 분화, 통합의 과정이 반복되고 유형화된 것으로 간주된다.

사회적 교환이론에 의하면 지역사회복지실천 역시 교환의 장에서 이루어진다. 지역사회 차원에서의 중요한 교환자원으로는 상담, 지역중심 서비스, 기부금, 재정지원, 정보, 정치적 권력, 의미, 힘 등이 포함된다. 교환 이론은 지역사회의 문제가 교환관계의 단절이나 불균형 때문에 생기는 것으로 보며, 교환자원이 부족·고갈 상태에 빠지거나 가치저하 현상을 보일 때 지역사회 문제가 더 확대 될 수 있다고 주장한다.

하드캐슬, 위노커 및 파워스(Hardcastle, Wenocur & Powers, 1997)는 교환참여 주체인 A와 B의 교환에서 발생하는 교환상의 불균형을 수정하기 위해 취할 수 있는 힘균형전략(*power-balancing strategy*)으로 다음 다섯 가지를 제시하였다.

첫 번째 전략은 경쟁(*competition*)이다. A가 필요한 자원을 B가 독점하여 B에 대한 복종이 예상될 경우 B와의 교환을 포기하고 C나 D로부터 필요한 자원을 획득하려고 하는 전략이다.

두 번째 전략은 재평가(*re-evaluation*)이다. A는 B의 자원을 재평가하여 B에 대한 종속을 회피할 수 있다. 이러한 재평가는 정책, 상황, 가치 등의 변화로 인해 발생하며 이때 B가 A와의 지속적 교환을 위해 A에게 새로운 제안이나 유인책 등을 제시할 수 도 있다.

세 번째 전략은 호혜성(*reciprocity*)이다. A와 B가 서로에게 필요한 교환관계임을 인식하면 B에 대한 A의 의존관계는 독립적 관계로 바

꿔어 쌍방적이거나 동등한 것으로 변하게 된다.

네 번째 전략은 연합(*coalition*)이다. 연합은 B에 종속된 A가 마찬가지로 B에 종속되어 있는 C, D, E 등과 연대적 관계를 구축해 집단적으로 B와 교환관계를 갖는 것이다. 기본적으로 자원이 부족한 개별 교환 주체들이 고려해보아야 할 전략이다.

마지막으로는 강제(*coercion*) 전략이 있다. 이것은 물리적 힘을 동원하여 B가 갖고 있는 자원을 A가 장악하는 것이다. 지역사회복지실천에서는 윤리적 문제로 인해 선택하기 힘든 전략이다.

5) 사회구성론

사회구성론(*social constructionism*)적 시각은 기존의 지역사회 분석이나 문제해결에 사용되었던 많은 이론들이 오랫동안 실증적 서구문화의 영향을 받아와 주류계층 중심의 시각에 의해 발전되어왔다는 문제의식에서 출발한다. 사회구성론은 소외계층의 삶과 관련된 심층적 지식축적에 대한 분석틀을 제공한다.

사회구성론은 크게 포스트모더니즘과 상징적 상호주의에 영향을 받으며 본격적 틀을 갖추게 된다. 사회구성론의 포스트모더니즘적 요소는 억압계층의 삶과 경험에 대한 새로운 이해를 통해 지식을 형성하며 그 억압을 해소하려는 점이다(Chambon, 1999). 이러한 목표를 달성하기 위해 그 집단과 개개인들의 사회적 제도, 관습 및 일상생활과 관련된 의미(*meanings*)들을 파악하기 위한 지속적이고 집중적인 대화(*dialogue*)의 중요성을 강조한다.

사회구성론의 상징적 상호작용주의 요소는 문화적 규범, 가치, 언어 등을 통해 구성되는 일상활동에 대한 재해석을 강조한다는 데 있다. 이러한 시각에서 지식이 반드시 객관적인 것은 아니라고 보며,

모든 현상에 대한 진실이 반드시 존재한다는 점에 대해 의구심을 던진다.

상징적 상호작용이론은 사회현상의 거시적 분석에 활용되는 구조기능주의나 갈등주의와는 달리, 개인 간의 상호작용 과정과, 상호작용이 개인과 사회에 미치는 결과에 관심을 두며 발전해왔다. 상징적 상호작용주의 이론에서의 '상징적'이란 말의 의미는 인간이 상호작용의 도구로서 언어나 몸짓 등의 상징을 사용하고, 상징의 주관적 의미를 중요시한다는 점을 강조하는 것이다.

상호작용 이론의 시각에 의한 사회현상의 파악은 개인이 자신이 처한 상황과 그 속에서 이루어지는 행동을 주관적으로 정의하고 해석하는 바를 통해 이루어진다. 이때 사회현실은 개인들의 상호작용 과정에서 주관적 의미부여를 통해 창조되고, 또 재창조된다고 볼 수 있으며 상호작용을 하는 한 집단 속에서는 간주관적(*inter-subjective*) 의미부여의 현상이 존재할 수 있다고 본다.

상징적 상호작용주의에서는 지역사회문제를 지역사회 내 한 집단이 다른 집단이 설정한 의미에 동의하지 않아서 그 집단의 의미대로 행동하지 않는 현상으로 본다. 다만, 같은 현상이나 행동도 의미를 부여하기에 따라 문제가 될 수도 있고 아닐 수도 있다. 즉, 관찰하는 이의 시각이나 준거틀에 따라 문제에 대한 규명기준이 달라질 수도 있다.

리와 그린(Lee & Green, 1999)은 사회적으로 구성된 지식은 절대적인 것이 아니라는 점을 강조한다. 사회구성론의 시각에서는 지식이 사회적으로 구성되어졌다는 것은 오랜 역사를 통해 다양한 문화집단이 인간의 믿음, 가치, 규범, 전통 및 삶의 방식의 교류에 의해 발전해왔음을 의미하며, 따라서 사회적으로 구성된 지식을 획일적이고 절대적인 지식으로 받아들여서는 안 된다는 점을 강조한다.

사회구성론의 관점에서는 클라이언트들의 도움요청(*help-seeking*) 행동이 소득과 인구사회학적인 특성에 따라 상이한 기준에 의해 비롯된다고 이해하므로, 그 맥락과 배경에 대한 사례별 이해에 역점이 두어질 필요가 있다고 본다. 따라서 사회복지사는 이 도움요청 행동이 갖는 각각의 의미를 파악하여 적합한 해결책을 가지고 클라이언트가 처한 억압의 상태에서 스스로 벗어날 수 있도록 해야 한다는 것이 사회구성론이 사회복지 실천에 보내는 메시지로 볼 수 있다. 획일화되고 표준적인 서비스 규범과 개입이 아니라 다양성에 대한 존중을 통한 개별화된 실천을 강조하고 있다. 따라서 사회구성론의 시각에 의하면 사회복지사는 클라이언트에 대해 특히 다음의 사항들을 고려해야 한다.

첫째, 클라이언트의 행동에 영향을 끼치는 사회·경제 및 정치적 구조에 대한 이해를 갖고 클라이언트의 문화적 가치와 규범에 대한 의미를 해석해야 한다.

둘째, 다양한 문화를 가진 클라이언트와의 지속적이고 집중적 대화과정을 중요시해야 한다.

셋째, 소수자에 대한 억압구조를 해석해 나가는 분석과 연구를 지속하여 지식의 축척과 이론적 발달에 힘써야 한다.

제 4 장

지역사회복지실천 모델

앞장에서 다룬 지역사회복지실천의 관점 및 이론들과 더불어 지역사회복지실천 모델들은 개입의 기본틀을 세우는 데 실질적 방향을 제공한다. 이 장에서는 실천모델이 가져야 할 구성요소들을 살펴보고 지금까지 학자들이 제시한 몇 가지 실천모델들을 비교·정리하였다.

1. 실천모델 개요

전문적 개입이 강조되는 사회복지학의 특성상 실천모델은 클라이언트에 대한 사회복지 개입의 기본 틀로서 중요한 역할을 한다. 실천모델의 결정은 사회변화에 대한 이해를 위한 틀, 개입방식, 개입에 따른 가능한 결과물 등과 같은 여러 가지 요소들에 의해 영향을 받는다. 지역사회복지실천과 관련하여 실천모델은 지역사회 문제의 규정과 이 문제들에 대한 대처방식들의 분석틀 및 실천계획 수립의 지침이나 일종의 가이드라인을 제공한다고 볼 수 있다.

지역사회복지실천 모델의 기본목표를 이해하기 위해서는 목표에 대한 두 가지 수준의 논의를 이해하여야 한다. 목표는 일반적으로 강조하는 내용에 따라 과정중심 목표와 과업중심 목표로 구분할 수 있다.

과정중심 목표(*process-oriented goal*)는 지역사회 개입을 위한 구체적 수단과 방법들에 초점을 맞춘다. 지역주민의 참여를 통한 지역사회의 역량을 강화하는 데 치중하는 실천모델의 경우 지역주민, 여성, 소수자의 권리강화 등을 통한 지역사회복지실천의 여건을 향상시키는 것이 과정중심 목표의 주요 관심사이다.

과업중심 목표(*outcome-oriented goal*)는 지역사회 개입에 따른 성과에 초점을 둔다. 지역사회문제 해결이나 네트워크 구축 같은 구체적 목적의 달성 등이 이러한 목표에 해당된다. 즉 과정중심 목표는 지역사회의 전반적인 임파워먼트를 제고하는 반면, 과업중심 목표는 구체적 문제해결에 초점을 둔다고 볼 수 있다.

다음으로 이해해야할 내용은 실천모델에 내제된 다양한 요소들이다. 지역사회의 바람직한 변화와 관련하여 몬드로스와 윌슨(Mondros & Wilson, 1994)은 실천모델에 내재된 중요 구성요소를 다음과 같이 열거하였다.

- 변화 목적
- 지역사회 지도자, 지역사회복지 실무자 또는 지역사회 구성원 각각의 역할
- 이슈 선택 과정
- 변화를 위한 표적에 대한 규명과 변화에 대한 이 표적의 협조우호성에 대한 평가
- 변화 전략
- 변화를 위한 지역사회 자원에 대한 이해

- 변화 과정에서의 조직의 역할에 대한 이해

따라서 앞으로 논의될 몇 가지 지역사회복지실천 모델들을 이러한 요소들을 중심으로 살펴보겠다. 지역사회 실천모델은 각 국가의 사회, 문화, 행정체계, 역사 등의 요인들과 관련하여 변화해왔기 때문에 한두 가지의 이상적 모델을 제시하고서 그 적용성에 대해 논의하기란 쉬운 일이 아니다. 이러한 제약을 고려하여, 이 책에서는 전통적으로 국내 여러 지역사회복지관련 저서에서 많이 다루는 로스만 모델(1976; 1995), 테일러와 로버츠의 실천모델(1985) 및 웨일과 갬블의 실천 모델(1996)에 대해 중점적으로 논의하겠다. 또 최근 다문화적 조직(*multi-cultural organization*)이나 소수자에 대한 권리보호 등과 관련하여 관심이 높아지고 있는 사회변환 모델들(*transformative models*)에 대해서도 살펴볼 것이다.

2. 로스만의 세 가지 실천모델

지역사회복지실천과 관련해 1960년대 후반부터 지금까지 가장 많이 다뤄진 실천모델은 로스만의 지역사회개발, 사회계획, 사회행동의 세 가지 모델들이다. 로스만은 이 세 모델들을 12가지 실천영역들을 중심으로 비교·제시하였다. 이 책에서는 모델들의 정확한 이해를 위해 각 모델에 대해 우선 간략히 살펴본 후, 세 모델의 비교를 통해 재정리하는 순서를 밟을 것이다.

1) 지역사회개발 모델

지역사회개발(*locality or community development*) 모델은 지역사회 문제해결을 위한 지역사회의 능력향상과 사회통합이라는 과정중심 목표에 중점을 둔다. 이 모델에서는 지역사회내의 모든 집단들이 긍정적 변화를 위한 필수요소들이자 잠재적 파트너로 간주된다. 각 집단들이 가지는 견해나 입장의 차이들은 협상, 합의 도출 및 협력의 과정으로 극복될 수 있다고 본다.

하디나(Hardina, 2002)는 지역사회개발 모델의 주요 목적이 지역사회 구성원들이 지역사회로부터 소외되고 있다는 의식을 제거하는 데 있다고 주장한다. 따라서 지역사회개발 모델은 지역사회성원 개인이나 집단 간 관계를 중요시하여 지역사회 문제에 대처하고 해결하는 능력의 지속적 향상에 주력한다. 켐프(Kemp, 1995)는 지역사회개발 모델은 지역사회 자체와 지역사회 구성원인 지역주민 각각의 개발을 강조하고 있다고 주장한다. 지역사회와 지역주민들의 역량을 강화하는 데 필요한 개념으로는 참여, 자조, 및 지도력 등을 들 수 있다.

지역사회의 다양한 구성원과 집단들의 의견조정을 통한 통합을 이끌어내는 것은 지도자의 가장 큰 역할이다. 이러한 목표달성을 위해서는 지역사회 내 권력구조 파악과 자원분포에 대한 충분한 지식과 이해가 동반되어야 한다. 지역사회개발 모델의 대표적 예로는 지역사회복지관, 평화봉사단(Peace Corps) 활동 및 성인교육 등이 있다.

하디나(Hardina, 2002)는 이 모델에서 가정하고 있는 전제들에 대한 세 가지 한계점을 다음과 같이 지적한다.

첫째, 지역사회 개발에 대한 전주민의 합의 도출과정은 다분히 소모적이며 현실적으로도 어렵다는 점이다.

둘째, 성, 계층, 인종, 연령, 신체 및 정신적 능력 등으로 구분되는 지역사회 내의 다양한 집단들 사이에서 공통된 관심사를 찾기란 쉽지 않다는 점이다.

마지막으로 권력이 강한 집단이나 지도자들이 합의 도출과정에 반드시 참여한다는 보장이 없으며, 오히려 이 과정을 방해할 수도 있다는 점이다. 따라서 지역사회개발 모델은 이러한 한계점들을 극복하며 전반적인 지역사회 연대감에 대한 대전제를 어떻게 실질적으로 이끌어내는가에 그 성패가 있다고 하겠다.

2) 사회계획 모델[1)]

사회계획(*social planning*) 모델은 지역사회의 구체적 문제(예를 들면, 약물, 주택, 정신건강, 범죄, 실업 등)해결에 있어 합리주의적 접근을 강조한다. 사회계획 모델은 문제해결에 대한 전문적 계획 및 정책틀 수립을 중심으로 정책이나 서비스기획 및 실행과 이에 따른 효율성과 효과성을 강조하여 과업중심 목적에 초점을 둔다. 지역사회개발 모델이 지역주민들의 의식고취나 지역사회의 임파워먼트를 강조하는 반면 사회계획 모델은 계획가들이 서비스 욕구가 있는 대상들에게 보다 효과적이고 체계적인 서비스 전달을 통해 지역사회의 복지욕구 충족의 정도를 향상하게 만드는 점에 주력한다.

사회계획 모델은 대부분의 경우 문제규명, 욕구사정, 목표개발, 실행 및 평가에 이르는 과정에 따라 전개된다(5장 참조). 따라서 지역사회복지실천에서는 지역사회개발 모델보다 사회계획 모델이 더

---

1) 로스만은 1995년에 제시한 실천모델에서 사회계획 모델을 사회계획 및 정책(*social planning/policy*) 모델로 수정하여 명명했다. 현재 한국의 여러 교재에서는 두 가지 명칭을 혼용하고 있는데, 이 책에서는 사회계획 모델로 통일하여 사용한다.

많이 사용된다고 볼 수도 있다(Twelvetrees, 2002). 사회계획 모델은 지역주민들 스스로가 주체가 되어 지역발전이나 문제해결에 기여하는 것보다는 전문가들에 의한 문제해결의 대안을 합리적이고 과학적으로 제시하고 실행하는 데 초점을 맞춘다. 사회계획 모델에서 강조되는 전문가는 계획가, 행정가, 또는 관리자의 역할을 수행할 수 있고 해결하려는 문제에 대한 전문지식을 보유하여 관련자료 수집 및 분석, 이에 근거한 프로그램 개발 및 실천, 그리고 효율성·효과성에 대한 평가를 행할 수 있어야 한다.

사회계획 모델은 제 4 부에서 중점적으로 다룰 최근 한국의 지역사회중심의 사회복지 변화에 중요한 실천모델로 자리잡고 있다. 2003년 개정된 사회복지사업법은 시·군·구 단위에 지역사회복지협의체의 설치와 지역사회복지계획의 수립에 대한 법적 근거를 마련했다. 따라서 각 기초 지방자치단체는 사회복지계획을 수립해야하도록 되어 있어 사회계획 모델에 의한 지역사회복지실천이 중요한 쟁점으로 부각될 전망이다.

사회계획 모델이 갖는 한계로는 첫째, '합리적이고 포괄적인 대안'으로부터 출발한다는 합리적 접근이 계획가가 시간과 자원의 제약을 받을 수밖에 없는 현실적 상황에서는 적용하기 힘들다는 것이다. 둘째, 계획과정의 합리성과 실제 의사결정에 미치는 정치적 영향력 간의 관계설정이 충분하지 못하다는 점을 들 수 있다(Hardina, 2002). 즉, 최종 의사결정과정에는 사회행동 모델이 더 영향력을 미칠 수 있다고 할 수도 있다.

3) 사회행동 모델

3장에서 논의된 갈등이론 및 힘관련 이론들은 사회행동(*social ac-*

tion) 모델의 이론적 토대가 된다. 사회행동 모델은 지역사회 내 소수 계층, 사회적 약자 또는 억압계층의 목소리까지 대변할 수 있도록 지역사회가 갖고 있는 기존의 자원, 권력, 의사결정 구조 등을 재분배 및 재편재하는 과정에 초점을 두고 있다. 사회행동 모델에서 사회복지사나 지역사회 활동가들은 지역주민들이 직접적 행동을 취할 수 있도록 인적 및 물적 자원을 조직하고 동원하는 역할과 동시에 사회적 약자 층의 권리를 옹호하는 역할을 수행하여야 한다. 따라서 사회행동 모델에서는 시민권 행사에 의한 지역사회 의사결정 구조 참여와 관련된 여건의 개선 및 재구조화라는 과업중심 목적이 기본적 지향점이 되나, 지속적 의사결정력 행사를 위한 임파워먼트라는 과정중심 목적도 동시에 강조하고 있다.

여성운동, 빈민운동 및 환경운동 등이 사회행동 모델의 대표적 사례들이며 이후 제 4 부에서 살펴볼 한국의 지역사회 운동과 복지운동 관련 논의들은 한국 지역사회복지실천의 현장에 사회행동 모델의 적용성을 살펴볼 수 있는 중요한 장이 되겠다. 특히 사회행동 모델은 단지 이념적 대립이나 계층적 갈등에 초점을 두었던 구사회운동과 달리 소비자중심의 신사회운동이 확산되어가는 오늘날 우리나라의 여건에서 지역사회복지실천에 새로운 접근으로 대두되고 있다.

사회행동 모델의 주요 한계로 다음과 같은 사항들을 들 수 있다 (Hardina, 2002). 첫째, 사회행동 모델의 실천이 집단 간 대항(*confrontation*)에 국한되는 경우가 많은데, 이 경우 오히려 관련 집단들 사이의 극한 갈등을 초래하여 사회행동을 통해 얻으려고 했던 원래의 성과를 달성할 가능성이 더 낮아질 수 있다는 점이다.

둘째, 모든 조직가나 지역사회 구성원들이 대항이라는 전략을 수용하는 것은 아니라는 점이다. 대중이나 지역사회 주민들은 사회행동에 대한 대의명분에는 동의하지만 극단적인 전술이나 행동에는 상당한 저항을 보일 수 있다.

마지막으로 극단적 대항의 전략과 전술은 사회행동 참여자를 여러 가지 위험 상황에 처하게 만들 가능성이 높아 실천상의 윤리적 문제가 제기될 수 있다.

4) 로스만의 세 가지 모델 비교

지금까지 살펴본 지역사회개발, 사회계획 그리고 사회행동 실천모델을 로스만이 제시한 12가지의 주요 영역별로 비교해 정리한 것이 〈표 4-1〉이다.

앞에서 논의되지 못했던 몇 가지 추가적 영역들에 대해 비교 논의를 해보자. 우선 지역사회복지실천의 변화전략과 전술의 영역에서는 지역사회개발 모델은 다양한 하위집단 간 합의를 도출하는 것이며, 사회계획 모델에서는 현장조사와 자료분석을 통해 실현가능한 실천계획 및 실행에 중점을 둔다. 사회행동 모델에서는 지역사회권력 구조나 자원의 재우선 지역사회복지실천의 변화전략과 전술의 영역에 분배에 대한 변화를 위해 주민행동을 실질적으로 이끌어내는 방법에 초점을 둔다.

따라서 사회복지사의 역할도 지역사회개발 모델에서는 합의도출과정상의 조정자나 조력자(*enabler*), 합의를 도출해내는 촉매자(*catalytic agent*)로서의 역할이 강조되고, 사회계획 모델에서는 자료의 수집과 분석의 정확성과 전문성을 담보할 수 있는 전문가 또는 자료분석가의 역할이, 사회행동 모델에서는 억압받는 집단의 권리를 옹호하는 옹호자, 행동을 이끌어내는 선동가와 행동의 결과를 중재하는 중재자 및 협상가의 역할이 요구된다.

지역사회 이해관계 및 하위체계에 대한 전제라는 측면에서 세 모델

〈표 4-1〉 로스만의 지역사회복지실천 모델 비교

영역	지역사회 복지실천 개입목표	지역사회문제에 대한 전제	변화전략	변화전술 기법	사회복지사의 주요역할	변화의 매개체
지역사회개발	지역사회능력 향상과 통합 (과정목표)	지역사회 능력의 상실, 민주적 문제 해결능력 부재, 전통적 정태적 지역사회	지역사회 내 다양한 집단 간 합의 도출	주민교육 역량강화 자율성 강화	조력자 조정자 촉매자	과업지향적 소집단 활용
사회계획	지역사회 특정문제 해결 (과업목표)	구체적인 영역별 사회문제: 건강, 주택, 빈곤, 범죄, 약물 등	자료수집과 분석에 근거한 최선의 계획 수립	조사와 분석기술	분석가 전문가 촉진자 행정가	공식적 조직 (예: 관료조직)
사회행동	지역사회 권력관계 및 자원동원 구조의 변화	사회정의의 부재, 구조적 억압, 의사결정의 불평등	표적대상에 대항하는 주민동원 및 조직	대결 직접행동 협상	옹호자 선동가 중재자 협상자	대중조직과 정치과정의 변화
영역	지역사회 내 권력집단 (구조)에 대한 견해	지역사회 이해관계 및 하위체계에 대한 견해	수혜대상의 범위규정	수혜집단 구성원	수혜집단의 역할에 대한 인식	임파워먼트 개념의 활용
지역사회개발	지역사회 일원으로서의 협력자	공통의 이해관계, 선의의 경쟁 및 이해관계에 대한 협의·조정가능	지리적 개념의 지역사회 전체	지역주민 시민	문제해결에 필요한 합의 도출 과정 참여	협동적이고 의사결정이 가능한 지역사회의 능력 구축
사회계획	고용주와 후원자	사안에 따른 실용적 접근	지역사회 일부 또는 전체	서비스의 소비자 (이용자)	서비스 이용	소비자의 욕구반영 및 서비스선택 정보제공
사회행동	표적집단으로서 변화대상, 억압자	갈등적 이해관계 제한된 권력과 자원	지역사회 일부	억압으로 인한 피해자	실천가의 지원자 (후원자)	지역주민의 의사결정과정 참여

출처: Rothman, Erlich & Tropman, 2001: 45~46.

들을 비교해보면, 지역사회개발 모델은 지역사회 내의 다양한 이익집단은 선의의 경쟁을 하고 있기 때문에 이해관계에 대한 협의와 조정이 가능하다고 본다. 사회계획 모델에서는 지역사회의 이해관계에 대한 특정 입장을 취하기보다는 사안에 따른 실용적 접근방법을 갖는다. 사회행동 모델은 갈등주의 이론에서 논의되었듯이, 각 이익집단의 이해관계가 상이해 타협이나 조정이 힘들다고 본다.

지역사회복지실천이 주는 혜택과 관련하여 지역사회 개발 모델은 지역 전체가 수혜의 대상이 되며 지역주민 또는 시민을 수혜자의 구성원으로 보고 수혜자들이 집단적 토의에 참여하여 실천 목표와 과정에 참여할 수 있는 역할을 강조한다. 반면에 사회계획 모델은 각 문제의 영역에 따라 제공되는 서비스의 이용자들을 수혜자로 보며 소비자로서의 역할을 요구하고, 사회행동 모델에서는 지역사회의 억압적 구조에 의한 피해자들을 수혜대상으로 본다.

사회행동 모델은 집단 간의 갈등을 전제로 실행되므로 지역사회 전체가 동시에 이익을 보는 실천은 쉽지 않다고 본다. 수혜자들에게는 사회행동 실천가들이 수혜자들을 위해 일한다는 인식을 심어주도록 하는 역할이 필요하다고 본다. 이러한 점에서 수혜집단은 실천가들의 고용주나 재정후원자로 인식된다. 예를 들어 장애인단체 활동가의 고용주나 재정지원자는 장애인 당사자 계층이 되는 것이다.

마지막으로 현대 사회복지 실천에서 강조되는 임파워먼트의 활용이라는 측면에서 보면, 지역사회개발 모델은 전체 지역사회가 합의에 의해 의사결정을 해나가는 능력을 향상시키는 지역사회역량의 강화라는 측면을 강조한다. 또 이 과정에서 주민 개인들의 자조능력 향상도 이룰 수 있다고 본다. 사회계획 모델은 서비스개발 및 실행에 대상들의 욕구를 충분히 반영하고 또 선택에 대한 객관적 정보를 제공한다는 점에서 소비자로서의 클라이언트에 대한 임파워먼트에 초점을 둔다. 마지막으로 사회행동 모델은 사회적 약자층의 지역사회 주요 의사결정과정 참여나 결정에 대한 영향력 행사라는 실질적 힘(*power*) 향상을 임파워먼트의 활용으로 본다.

3. 웨일과 갬블의 실천모델

로스만 모델이 발표된 이후 많은 이론들이 로스만 모델의 확장이나 수정에 기여하였다. 다음에 논의될 몇 가지 모델은 조직가의 역할이나 개입에 따른 과업에 특히 초점을 두고 제시된 모델들이다. 이 중 웨일과 갬블의 8가지 유형 실천모델은 가장 많이 활용되고 최근의 실천변화를 적극적으로 반영한 모델로 국내 여러 교재에서도 다룬다.

1) 로스만 모델과의 차이

하디나(Hardina, 2002)는 이 모델과 로스만 모델의 차이를 다음과 같이 제시하였다.

첫째, 실천의 장이며 수혜의 대상인 지역사회를 물리적 공간인 지역중심 지역사회와 공동관심사에 기반한 기능적 지역사회로 구분하였다. 제 1 부에서 논의된 지역사회의 정의 및 개념이 반영되었으며 특히 최근에 증가하고 있는 기능적 지역사회에 대한 실천개입의 영역들에 대한 논의가 추가되었다.

둘째, 로스만의 사회행동 모델에 다루어진 사회변화 노력과 관련하여 보다 더 세분된 세 가지 모델이 추가되었다. 이 세 가지 모델은 정치·사회행동(*political/social action*) 모델, 연합(*coalition*) 모델 및 사회운동(*social movement*) 모델이다.

셋째, 로스만의 사회계획 모델에서 프로그램 개발과 지역사회연계(*community liaison*)를 분리하여 추가로 제시하였다. 사회계획 모델은 '전문가'로서의 지식적용에 초점을 둔 반면, 프로그램 개발과 지역사회연계 모델은 실천가의 광범위한 지역사회 자원들과의 접촉을 강조한다.

넷째, 지역사회 개발에서 별도로 지역경제개발의 영역을 구분하여 사회 개발과 공통으로 다루었다. 지역사회의 경제적 및 사회적 여건을 개선하고 환경과 자원의 지속적 생존을 이룰 수 있도록 하는 개발까지를 포함하는 것이 웨일과 갬블의 지역사회개발(사회적·경제적) 모델이라 하겠다.

2) 웨일과 갬블의 여덟 가지 모델

전체적으로 지역사회복지와 관련된 주요 영역별 8가지 실천모델의 비교는 <표 4-2>에 정리되어 있다. 각 모델에 대해 구체적으로 살펴보면 다음과 같다.

(1) 근린지역사회조직

근린지역사회조직 모델은 지역사회 개발을 통한 지역주민의 삶의 질 향상에 목표를 둔다. 이 모델에서는 조직가, 교사, 촉진자(*facilitator*)로서의 사회복지사의 역할이 강조되며, 지역사회 구성원은 지리적 의미의 지역사회 주민들이 된다. 변화를 이끌어내야 할 표적체계[2]로는 지방자치단체 정부, 지역사회 개발을 실행하려는 외부 개발자, 또는 지역사회 주민 자체가 된다. 또 지역사회의 개발과 변화유

2) 표적체계에 대한 자세한 논의는 지역사회복지실천 과정을 다루는 제 5 장에서 이루어질 것이다.

〈표 4-2〉 웨일과 갬블의 8가지 실천모델: 지역조직가의 역할과 과업

특성비교 모델	실천을 통한 변화목표	사회복지사의 주요역할	지역사회 구성원	변화의 표적체계	변화 전략 및 핵심과업
근린 지역사회조직	지역사회주민의 삶의 질 향상	조직가 교사 촉진자	이웃에 거주하는 지역사회주민	지방정부, 외부개발자, 지역사회 주민	조직화를 위한 구성원의 능력개발, 리더십 향상
기능적 지역사회조직	특정이슈와 대상의 권익보호 및 옹호	조직가 옹호자 정보전달자 촉진자	동호인 (공동의 관심과 이해)	일반대중, 정부기관	행위, 태도의 옹호와 변화에 초점을 둔 사회 정의를 위한 행동
지역사회 개발(사회적, 경제적 측면)	소득, 자원, 사회적지원개발 교육과 리더십 기술향상	협상가 증진자 교사 계획가 관리자	지역사회 저소득계층, 주변계층 및 불이익계층	금융기관, 재단, 외부개발자, 지역사회주민	지역주민관점에 기초한 개발계획 주도
사회계획	프로그램 개발, 서비스 조정을 위한 네트워크 제공	조사자 프로포절 제안자 정보전달자 관리자	선거로 선출된 공무원, 사회기관과 기관 간의 조직	지역사회지도자의 관점 사회서비스제공기관 관리자의 관점	선출된 사회계획협의회가 구체적 행동을 하기 위한 제안
프로그램 개발과 지역사회 연계	특정대상자를 위한 서비스 개발	대변인 계획가 관리자 프로포절 제안자	기관위원회 및 행정가 지역사회 대표자	기관의 재정지원자, 기관서비스 수혜자	서비스의 효과성 증대를 위한 프로그램의 확대 및 수정
정치 · 사회행동	정치권력의 형성, 제도의 변화	옹호자 조직가 조사자 조정자	선거권을 행사하는 주민	선거권자, 선출된 공무원 잠재적 참여자	정책의 변화에 초점을 둔 사회 정의에 입각한 행동
연합	사회적 욕구 또는 사회적 관심과 관련된 특정이슈	중재자 협상가 대변인	특정이슈에 이해관계가 있는 조직이나 집단	선출된 공무원, 재단, 정부기관	다양한 조직적 권력기반 형성
사회운동	사회정의 실현	옹호자 촉진자	새로운 비전 제시가능한 조직이나 지도자	일반대중 정치제도	특정대상 집단 또는 이슈에 대해 사회정의를 위한 행동

자료: Weil & Gamble, 1995: 581.

도를 위한 지역사회 조직을 가능케 하는 구성원들의 능력개발이 주요 전략이 된다.

(2) 기능적 지역사회조직

이 모델은 공통의 관심사에 근거한 기능적 지역사회조직에 중점을 두어 사회적 이슈나 특정집단(예를 들어 장애인, 수급권자, 매맞는 여성 등)의 권익 보호 및 옹호를 목표로 삼고 있는 모델이다. 따라서 실천가들의 조직가, 옹호자, 촉진자로서의 역할이 강조된다. 주요 표적체계로는 일반대중과 정부기관 등을 들 수 있다. 지역사회 내의 기존의 태도 및 인식, 행위의 변화에 초점을 두고 옹호를 이끌어 낼 수 있는 사회정의를 위한 행동들을 핵심 전략으로 볼 수 있다.

(3) 지역사회개발 모델

앞서 언급하였듯이, 웨일과 갬블은 지역사회의 개발영역을 경제적과 사회적 영역으로 살펴보았다. 웨일(Weil, 1996)의 정의에 의하면 사회개발(*social development*)은 개개인의 능력과 기술향상을 의미하며 이를 통해 개개인이 지역사회의 욕구와 전통에 보다 밀착된 계획을 주창하고 관리하여 그 지역사회의 경제적 및 사회적 여건을 개선하고 환경과 자원의 지속적 생존을 이룰 수 있도록 하는 개발을 의미한다. 즉, 지역사회의 전반적인 개발을 위해서는 경제적 영역과 사회적 영역의 개발이 동시에 이루어져야 함을 강조한다.

특히 지역주민의 소득, 자원, 사회적 지원의 개발을 주요 목표로 삼고 지역 금융기관, 재단, 외부개발자 및 주민 자체를 변화의 표적집단으로 간주한다. 지역주민 관점에 기초한 개발계획을 변화전략으로 강조하며 저소득계층을 실천의 우선 수혜자로 본다.

(4) 사회계획 모델

이 모델의 변화 목표는 지역사회 욕구에 부합한 프로그램을 개발하고 여러 서비스를 조정하는 네트워크의 제공에 있다. 이를 위해 요구되는 사회복지사의 역할은 조사자, 프로포절 제안자, 관리자, 정보전달자의 역할이며, 주요 구성원으로는 선거로 선출된 공무원, 사회기관과 기관 간의 조직변화를 들 수 있다. 표적체계는 지역사회 지도자와 사회서비스 제공기관의 관리자 등의 관점이나 견해를 들 수 있고, 변화의 주요 전략으로는 사회문제를 충분히 지적하고 그 해결방안을 담고 있는 계획안의 개발이 된다.

(5) 프로그램 개발과 지역사회 연계

로스만의 사회계획 모델에서 추가적으로 세분화된 이 모델은 특정집단에 대한 서비스 개발을 주요 변화목표로 삼고 있으며, 주요 구성원으로는 서비스 제공기관의 이사회나 관리자 및 지역사회 주민들이 된다. 변화의 표적체계로는 기관의 재정지원자와 동시에 서비스 수혜자들로 구성된다. 기관이 제공하는 서비스의 효과성 및 질을 증진하거나 새로운 전달체계를 고안하는 것들이 주요 변화전략 및 과업으로 여겨진다.

(6) 정치 · 사회행동

지역주민의 정치적 권력향상이나 기존 제도의 변화를 추구하는 이 모델은 특정 정치력 행사의 단위 안에 포함되는 시민들이 주요 구성원이다. 선거권자와 선거를 통해 당선된 공무원들이 표적체계가 되며, 정치권의 향상을 통한 정치행위나 사회정책 결정에 대한 영향력 행사는 주요 전략이 된다.

(7) 연합

사회적 이슈와 관련된 옹호를 주요 변화 목표로 하는 이 모델은 연합에 포함된 기관 또는 집단을 주요 구성원으로 삼는다. 정부조직이나 선출된 공무원이 표적체계이며 정책변화에 영향력 행사를 위한 여러 기관들의 협력된 권력구축을 주요 전략으로 강조한다. 사회복지사나 실천가들은 중재자, 협상가 또는 대변인의 역할이 요구된다.

특히 연합모델은 지역사회가 당면하고 있는 문제의 해결이 한 집단의 노력으로 해결되기 어렵다는 인식이 명백하여 지역사회 여러 집단 간의 장기적 협력관계가 필요로 할 때 선택될 가능성이 높다. 여러 기관들이 공동으로 기금 신청을 한다거나 의사결정자들에게 영향력을 행사하기 위해 활용된다. 또 서비스의 수혜집단에 각 집단에 속하는 구성원이 포함되어 다양성이 높다는 것도 이 모델이 갖는 주요 장점이 된다.

(8) 사회운동

사회정의 실현을 위한 이 모델은 일차적 구성원으로 지역사회의 지도자나 운동단체가 된다. 대중이나 정치체계는 표적체계가 되며 사회정의 실현을 위한 행동의 실행이 주요 전략이 된다. 사회운동은 추진하려는 행동의 목표나 대의가 전체 주민들에게 수용되고 문제의 중요성이 대중에게 인식될 때 확장되어 나갈 수 있다. 전통적으로 사회운동의 참여는 전문성을 강조해온 사회복지 실천에 대한 사회복지사의 역할과는 별도로 논의되어 왔다. 그러나 최근 지방자치단체를 중심으로 변화된 지역사회복지실천 환경은 사회복지 조직에서 활동해온 사회복지사들의 지역사회복지체계 구축의 참여 기회를 확대시켜 나가고 있다. 이러한 기회에 능동적 참여를 위해서는 사회복지사들이 사회운동에서 논의되는 쟁점들을 파악하고 분석하여 클라이언트의 복지 향상에 도움이 될 수 있도록 하여야 하겠다.

4. 테일러와 로버츠의 실천모델

1) 모델의 특징

로스만의 세 가지 실천모델에서 사회계획모델을 프로그램 개발 및 조정(*program development*) 모델과 계획(*planning*) 모델로 세분화하고 지역사회연계(*community liaison*) 모델을 추가하여 총 다섯 가지 모델유형으로 분류한 실천모델이 테일러와 로버츠의 실천모델이다(Tayler & Roberts, 1985). 이 모델의 가장 큰 특징은 후원자의 의사결정 영향정도를 구체적으로 구분하여 세부 실천모델을 구분하였다는 점이다.

3장에서 언급된 힘관련 이론에서 재정후원자의 영향력에 대해 언급하였는데, 이 실천모델은 특히 클라이언트에 대한 영향력의 정도를 기준으로 5가지 모델로 구분하였다. 세부모델에 따라 후원자 또는 클라이언트가 그 모델의 행동주체가 될 수도 있다. 정치적 권력강화

〈표 4-3〉 테일러와 로버츠의 실천모델 분류와 특징

실천모델 분류	후원자와 클라이언트 간의 의사결정 권한 정도
프로그램 개발 및 조정	후원자가 100% 의사결정 권한
계획	후원자가 7/8의 의사결정 권한
지역사회연계	후원자 및 클라이언트 각각 1/2의 의사결정 권한
지역사회개발	클라이언트가 7/8의 의사결정 권한
정치적 권력강화	클라이언트가 100%의 의사결정 권한

출처: Weil, M, 1996; 오정수, 2006: 94에서 재인용.

모델의 경우는 클라이언트가 지역주민 전체가 되며 스스로의 참여에 초점을 두는 모델로 클라이언트가 100%의 권한을 가지는 반면, 공공부문이 중심이 되어 실행되는 프로그램의 개발 및 조정모델의 경우에는 후원자가 100%의 결정권한을 가진다고 볼 수 있다.

2) 각 세부실천모델의 특징

세부모델에 대해 간략히 살펴보면 다음과 같다.

(1) 프로그램 개발 및 조정모델

이 모델은 주로 공공행정기관이 중심이 되어 서비스를 개발하거나 기획, 제공하는 실천에 초점을 두고 있다. 서비스는 행정기관이 직접 전달할 수도 있고, 여러 민간단체 및 협회들을 통해 전달될 수도 있다. 따라서 후원자가 전적으로 의사결정을 하게 되며 클라이언트는 후원자나 실행주체에 의해 기획된 서비스를 제공받게 된다. 개발 및 조정단계에서 클라이언트 참여는 제한적일 수밖에 없게 된다.

(2) 계획모델

로스만의 사회계획모델에서 인간지향적인 측면을 강조한 것으로 기획에 있어 관련자들 간의 상호교류의 중요성에 초점을 두는 모델이다. 로스만의 사회계획모델은 지나치게 합리적이고 과학적인 접근에 기초하고 있으며 과업중심목표에 초점을 두어 의사결정상의 정치적 역할에 대해서는 중립적인 관점을 가져왔다. 그러나 이 모델에서는 보다 진보적이고 정치적인 교류의 중요성을 강조하고 있다. 따라서 과학적 설계와 같은 과업지향적 기술과 동시에 조직과정의 관리, 영향력의 발휘, 대인관계 등의 과정지향적 기술을 강조하는 것이 가장 큰 특징으로 볼 수 있다.

(3) 지역사회연계 모델

로스만 모델에 추가된 모델로 지역사회 사회복지기관의 직원이나 행정가들의 역할이 단지 서비스 전달에만 그치는 것이 아니라 지역사회와의 바람직한 관계설립에도 중요한 기능이 있다는 점을 강조하는 모델이다. 지역사회복지실천과 관련된 여러 사업들은 실제로 기관에서 일하는 사회복지사들에게는 추가적인 부담을 주게 되고 그 중요성이 부각되지 못하는 면이 있다. 그러나 이 모델에서는 지역사회 관계설정, 지지활동 강화, 환경개선 및 타 조직과의 관계강화 등도 사회복지서비스 전달에 못지않게 중요한 역할이라는 점에 초점을 두고 있다.

오늘날 우리나라 사회복지관의 기본사업에 지역사회 조직사업이 포함된 것 역시 이 모델의 접근과 유사한 맥락이라고 볼 수 있다. 서비스를 소비하는 클라이언트 집단과 그 집단이 거주하고 활동하는 지역사회환경에 동시에 관심을 가지는 것이 사회복지 서비스 조직의 행정가 및 사회복지사의 주요 역할이라는 점을 강조하는 모델이다.

(4) 지역사회개발 모델

지역사회의 리더십 개발, 자조, 지역성에 바탕을 둔 문제해결 등을 강조하는 이 모델은 로스만의 지역사회개발 모델과 유사하다고 볼 수 있다. 시민참여와 교육과정이 역시 중요시 되며, 조직가(*organizer*)와 조력가(*enabler*)의 역할이 강조된다.

(5) 정치적 권력강화

이 모델은 로스만의 사회행동 모델이나 웨일과 갬블의 정치·사회행동 모델과 유사하다. 테일러와 로버츠 역시 지역사회복지실천에 있어 지역주민의 정치력을 핵심적 요소로 보며 합법적 권력구조로의 진입을 강조하는 모델로 볼 수 있겠다.

5. 실천모델의 최근 변화

로스만의 세 가지 실천모델, 테일러·로버트의 다섯 가지 실천모델, 그리고 웨일·갬블의 여덟 가지 실천모델은 지역사회복지실천모델에서 가장 많이 활용되고 논의되어온 모델들로 볼 수 있다. 최근에는 이 모델들의 수정보완 및 비판을 통해 여러 가지 다양한 관점의 모델들이 제시되고 있다. 지금까지 이러한 모델들은 한국의 상황에 적용하기 어려운 모델 고유의 특성으로 인해 국내 교재에서는 일부분만이 소개되어 왔다. 이 책에서는 실천모델의 최근 변화에 대한 하디나(Hardina, 2002)의 논의를 기초로 여러 학자들에 의해 제시된 모델들을 소개하겠다.

1) 지역사회개발 모델 관련 하위모델들

크레츠만과 맥나이트(Kretzman & McKnight, 1993)의 지역자산(*community asset*) 모델은 지역사회가 가지고 있는 부정적 결함보다는 긍정적 자산에 초점을 두며 실천 개입을 개발하는 대표적 모델이다. 전통적인 지역사회 욕구 규명에서 욕구의 결정은 지역외부에 거주하는 연구자들에 의해 진행되어 왔다. 크레츠만과 맥나이트의 지역자산모델은 지역주민 스스로 개개인의 강점과 기술을 인지하고, 강력한 사회적 지지망으로 연결된 비공식적 네트워크를 구축하여 이웃 간에 기술과 자원을 효과적으로 교환시켜 나갈 수 있는 기제들을 개발하는 데 초점을 둔다.

이 모델은 지역주민의 참여에 기초한 지역사회 내 자원동원을 일차적 출발점으로 하며 다음과 같은 초기 준비과정을 필요로 한다.

첫째, 지역사회 자원배치도(*resource mapping*)를 작성하여 자원의 배치현황과 상태를 파악한다.

둘째, 자원배치도에서 파악된 자원이나 자산을 소유하고 있는 기관, 개인, 집단 간의 강한 유대관계를 향상시키는 데 초점을 둔다.

셋째, 새로운 지역사회개발 계획을 세울 수 있는 지역사회 자체조직 및 단체를 출범시킨다.

델가도(Delgado, 2000)는 크레츠만과 맥나이트의 지역자산 모델에 영향을 받아 지역사회 주민의 자긍심과 연대감 향상이라는 목표를 강조하는 지역역량 증진(*capacity enhancement*) 모델을 주창하였다. 지역사회의 물리적 환경(주거상태, 건물상태 등)과 지역사회역량 및 지역사회 문제들 간의 관계에 초점을 두는 이 모델은 특히 저소득층 밀집지역에 버려진 나대지의 활용을 통한 지역사회개발 전략에 초점을 둔다. 델가도는 지역사회의 물리적 환경변화사업들은 지역주민과 기관 간의 협력에 의해 이루어져야하고 이러한 사업을 통해 강화된 지역사회역량은 다른 여러 지역사회 문제 해결에 중요한 힘으로 작용될 수 있다고 주장한다.

2) 사회행동 관련 하위모델들

몬드로스와 윌슨(Mondros & Wilson, 1994)은 사회행동과 관련된 하위 세부모델을 제시하였다. 이 모델은 모 전략과 전술의 측면에 초점을 두며 특히 사회행동의 세 가지 방법(풀뿌리 실천, 로비, 자원동원 실천)을 강조한다.

풀뿌리 실천(*grassroot practice*) 방법은 지역선거구 내 주민들의 정치적 임파워먼트에 초점을 두고, 지역사회 내 의사결정력이 강한 개인이나 집단을 표적체계로 삼는다. 주요 과업으로는 기존의 의사결정 구조에 대항할 수 있는 조직구성을 들 수 있다.

두 번째 방법으로 제시된 로비(*lobbying*)는 특정 이슈에 대한 대중의 관심을 파악하여 이러한 이슈에 영향을 받는 입법과정의 법안들과 이슈가 맺는 관계상황을 활용해가는 활동이다. 이슈에 대한 영향력 선점을 위해 각 사회옹호단체들은 의원이나 정부관료와의 지속적인 일대일 접촉이 필요하다. 동시에 우편 캠페인, 집회, 집단접촉 같은 집단활용 전술도 필요하다.

자원동원 실천(*mobilizing practice*)은 과거 정치적 과정의 참여로부터 배제된 거대 집단들의 정치적 참여와 연대를 독려하는 데 초점을 맞춘다. 정치 및 경제적 이슈에 대중적 관심이 모아질 수 있도록 미디어의 활용이나 대중교육을 활용한다.

3) 사회변환 모델들[3)]

사회변환 모델들(*transformative models*)은 피억압계층이나 사회적 약자들의 권익옹호에 초점을 두고 있다는 점과 기득권층이 소수집단의 자원이용에 제한을 두는 것에 정치력을 사용하고 있다고 본다는 점에서는 사회행동관련 모델들과 어느 정도 공통점을 갖는다. 다만 사회행동 모델들은 갈등주의 또는 힘의존 이론 등의 영향을 강하게

---

3) 여기서 '사회변환 모델'은 급진주의 또는 진보주의 모델들과 유사한 의미다. 'transformation'은 일반적인 사회변화(*social change*)와는 다른 근본적인 전환을 의미한다. 이런 의미를 반영하기 위해 이 책에서는 '사회변환'이라는 용어를 사용한다.

받아 갈등적 사회구조에 초점을 두는 반면, 사회변환 모델들은 실천 대상이 되는 집단들 스스로의 문화, 규범, 가치에 초점을 두는 사회구성론(*constructionism*)과 관련이 높다는 점에서 차별성을 갖는다.

권력(*power*)에 대한 이 모델들의 전제는 권위나 자원의 획득을 통해 창출된 권력은 부정적 결과를 가지고 온다는 것이다(Hardina, 2002). 따라서 지역사회 조직의 과정은 권위에 대한 거부에서 시작된다. 사회변환 모델들의 실천을 통해 획득되는 사회적 약자나 소수계층이 가질 힘(*power*)은 누군가를 지향하거나 누군가 위에 군림하는 부정적 권력(*power to* 또는 *power over*)—사회행동 모델에서 이야기하는—이 아니라 누군가와 공유할 수 있는(*power with*) 긍정적 힘으로 간주된다(Gutierrez & Alvarez, 2000).

사회변환 모델은 원래 프레이리가 브라질의 빈민 및 취약계층에 대한 문제해결 및 교육기회 신장을 위해 개발하였다. 특히 활동적 배움(*active learning*)을 토대로 하는 비판적 의식(*critical consciousness*)향상을 지역사회 조직의 핵심요소로 본다(Freire, 1970).

(1) 다문화조직 모델

이후 많은 사회복지 이론과 실천영역에서 프레이리의 영향을 받아 제시된 실천모델 중 대표적인 모델이 다문화 조직(*multi-cultural organizing*) 모델이다(Gutierrez & Albarez, 2000). 이 다문화 조직모델은 지역사회 내에 존재하는 다양한 문화(인종, 종교, 연령, 민족, 사회경제적 상태, 교육수준, 전통관습, 신체능력 등으로 이뤄진)를 이해하고 문화적 집단 간의 상호작용을 통해 소수자의 복지향상을 이룰 수 있음을 강조한다. 상대적으로 권력이 강한 집단의 문화를 소수자나 클라이언트에게 강조하는 방식의 기존 접근으로는 소수자 집단의 환경과 생활을 근본적으로 개선하는 데 한계가 있다고 본다.

이 모델에서는 서로 다른 문화 집단 간 상호작용과 상호이해를 바탕으로 사회적 연대감의 증대를 이룰 수 있다고 보며, 특히 아직까지도 해결되지 못하는 인종이나 민족집단 간 차별의 실질적 감소를 기대할 수 있다고 본다. 따라서 사회복지사는 클라이언트의 특정한 문화에 기반한 행동이나 표현을 이해하고 그 문화에 맞는 실천개입을 실행할 필요가 있다.

국내에서도 최근 국제결혼 및 외국노동자들의 국내유입이 증가하면서 이 모델의 한국적 적용에 대한 실천적 필요성이 크게 확대되었다. 동시에 동일민족이면서도 문화의 차이를 크게 보이는 '새터민'에 대한 복지문제도 지역사회 내에서 중요한 이슈가 되고 있다. 현재는 이 대상집단들에 대한 서비스 개발 정도에 그치고 있으나, 진정한 의미의 다문화 복지를 위해서는 실천가가 그 대상자들의 문화와 가치관에 대한 이해의 폭을 넓혀, 이들의 관점에서 실천적 개입을 행하는 것이 필요하다. 특히 새로 유입되는 집단과 기존 주민 집단과의 문화적 차이를 줄여 인종과 민족성에 기초한 차별을 없애 나가는 것이 본 모델의 핵심과제라 하겠다.

또 비록 동일한 민족이라 할지라도 급속한 경제성장과 고령화 추세 속에서 문화를 구성하는 다른 여러 요소들(연령, 종교, 사회경제적 상태, 지역특성 등) 간의 차이가 점차 증가하여 집단 간 사회적 갈등이 증가하는 현 시점에서 다문화조직 모델의 접근에 대한 보다 많은 관심이 필요하다고 하겠다. 장애인과 비장애인, 청장년 세대와 고령층 세대, 소득계층별 소속집단, 특정 지역 출신 등 사회적 갈등을 야기시키는 집단들 간의 문화 및 가치충돌을 줄일 수 있는 상호 문화 및 가치 이해를 위한 다문화 조직 모델의 실천이 필요하겠다.

(2) 페미니스트 지역조직 모델

또 다른 사회변환 모델로 여성의 지역사회 참여와 사회복지기관에서의 역할에 초점을 두는 페미니스트 지역조직(*feminist organizing*) 모델을 들 수 있다. 기본적으로 이 실천모델은 가부장적 사회구조에 의해 여성이 고용기회, 정치적 권력 그리고 다른 자원 배분기회에 있어 남성들에 의해 차별받고 있음을 전제한다. 지역사회복지실천과 관련된 구티에레즈와 루이스(Gutierrez & Lewis, 1994)의 페미니스트 지역조직 모델의 여섯 가지 특징을 살펴보면 다음과 같다.

첫째, 이 모델은 여성차별주의가 여성의 삶에 부정적 영향을 끼침을 전제한다. 둘째, 양성평등과 양성 공동참여성을 지향하는 의사결정과정에 초점을 두며, 실천개입의 결과보다는 과정에 무게를 둔다. 셋째, 개인의 경험과 정치적 환경 간의 연계성을 강화하기 위한 의식향상(*consciousness-raising*)의 기법을 사용한다. 넷째, 재원마련 방식이나 서비스구조 개선에 초점을 두는 전통적 서비스 전달체계 보다는 여성의 욕구가 실질적으로 반영된 상향식(*bottoms-up*) 서비스 전달체계 구축을 강조한다. 다섯째, 여성 간의 계급, 성적 성향, 연령, 신체능력의 차이를 긍정적 다양성으로 승화하려고 한다. 마지막으로 지역사회 조직은 합리적 요소와 정서적 요소를 총괄하는 전체적(*holistic*) 접근이 되어야 한다는 인식에 기초하고 있다.

6. 실천모델의 선택과 지역사회복지실천가의 역할

1) 실천모델의 선택

지금까지 우리는 지역사회복지실천과 관련된 이론, 실천모델 및 하위세부 모델들에 대해 살펴보았다. 사회복지 현장에서 지역사회복지실천의 과정을 실제로 실행할 때 각 이론이나 모델에 대한 지식을 이해하는 것과 동시에 강조되는 것이 어떠한 모델들을 실제 선택하는가하는 점이다. 지역사회 조직에 참여하는 지역 기관의 철학이나 설립목적은 지역사회의 변화에 영향을 줄 구체적 실천모델을 결정하는데 상당한 역할을 한다.

예를 들어 지역사회 개발과 관련된 기관들은 지역사회 구성원의 다양한 하부집단들의 욕구를 중요한 선택기준으로 삼을 것이고, 사회계획관련 기관들은 새로운 서비스에 대한 제안과 평가에, 그리고 사회행동의 성향을 가진 기관들은 지역사회 운동이나 시민들의 정책참여에 관심을 가지고 실천모델을 선택하고 개입해 나가게 될 것이다. 물론 여러 가지 모델들이 한 가지의 실천목표 아래 접목되어 활용되는 경우도 많을 것이다.[4]

실천모델의 선택과 관련하여 일반적으로 다음 사항들이 실천모델의 선택과 관련되어 있다고 볼 수 있다.

① 지역사회 구성원의 욕구와 문화적 가치들
② 지역사회복지실천가나 사회복지사가 선호하는 이론적 배경

---

4) 실제 지역사회복지 현장에서는 두 가지 이상의 실천모델을 선택하여 개입의 계획을 세우기도 한다. 이 책에서는 이러한 혼합실천 모델 사용을 실천전략의 일환으로 보는데, 제5장에서 중점적으로 다룰 것이다.

③ 지역사회복지실천가나 사회복지사 자신의 인성 및 성장배경
④ 지역사회복지실천상의 특정한 문제점이나 특수한 상황
⑤ 지역사회복지실천 전략 수립상의 윤리적 또는 사회적 가치가 가져올 사회적 파장

생태체계 이론의 관점을 바탕으로 지역사회 전반의 역량을 조직 및 강화하려는 지역사회 조직가나 실천가는 지역사회 개발 모델을 선택할 것이고, 갈등이론에 근거해 유산자와 무산자 간의 상호작용을 지역사회 변화에 이용하기 위해서는 사회행동 모델이 선택될 것이다. 만약 지역사회복지실천가가 지역의 문제해결을 위해 자료수집을 통한 다양한 해결책을 제시하고 싶다면 사회계획이 최선의 모델이 될 수 있다. 이러한 모델의 선택과 관련하여 몬드로스와 윌슨(Mondros & Wilson, 1994)은 정치체계의 정통성에 대한 실천가 개인의 인지도와 정책결정자들과 자신 간의 이질감(*feeling of alienation*)을 실천모델 Wilson, 1994)은 정치체계의 정통성에 대한 실천가 개인의 인지도 결정에 중요한 요인들로 본다고 주장한다.

실천모델의 선택과 관련하여 〈표 4-4〉에서는 지금까지 논의되어온 여러 실천모델들이 어떠한 상위이론들 및 하위 실천모델들과 연관을 갖는지 정리하였다. 즉, 지역사회복지실천의 모델은 상위이론과 하위 실천전략을 연결하며, 지역사회복지실천가는 이를 바탕으로 개입계획을 수립하고 계획을 실천해가게 된다.

〈표 4-4〉 지역사회복지실천의 이론/실천 모델 및 하위 실천모델*

<table>
<tr><th colspan="2">이 론</th><th>체계이론
생태이론</th><th>갈등이론
권력의존이론
사회운동이론</th><th>합리이론/
문제해결모델</th><th>사회구성론</th></tr>
<tr><td rowspan="3">실천모델</td><td>로스만 모델과
사회변환 모델</td><td>지역사회개발</td><td>사회행동</td><td>사회계획</td><td>사회변환</td></tr>
<tr><td>웨일과 갬블
모델</td><td>근린지역조직
기능지역조직**
지역경제
·사회개발</td><td>기능지역조직**
사회운동
정치·사회 행동
연합</td><td>사회계획
프로그램평가
및 지역연계</td><td>사회운동연합</td></tr>
<tr><td>테일러와 로버츠
모델</td><td>지역사회 개발</td><td>정치적 권력강화</td><td>프로그램개발
및 조정
계획</td><td></td></tr>
<tr><td colspan="2">하위세부 모델</td><td>지역역량 증진
지역자원 모델</td><td>로비
자원동원
풀뿌리 실천
정치적 조직
페미니스트조직
사회옹호</td><td>합리성
점진주의
상호행동주의
사회옹호</td><td>다문화조직
페미니스트조직</td></tr>
</table>

* 몇 가지 모델은 한계 이상의 이론적 준거틀과 관련이 있으며 이들의 구분은 상호배타적이지 않다.

** 웨일과 갬블의 "기능적 지역사회조직 모델"의 경우 두 가지 특성을 다 가진다고 볼 수 있다.

2) 지역사회복지실천가의 역할

지금까지 제시된 지역사회복지실천 모델을 실제로 적용하는 데 있어 지역복지 실천가의 기본 역할에 관련된 몇 가지 중요 요소들을 정리해보면 다음과 같다(Hardina, 2002).

① 지역사회복지실천가는 지역사회복지실천의 기본전제가 개인과 지역사회의 임파워먼트에 있다는 점을 명심해야 한다.

② 지역사회복지실천가는 그 지역 고유의 강점, 기술, 가치, 그리고 내재하고 있는 역량을 충분히 인식하여야 한다.

③ 다양한 문화적 집단이 혼재하는 지역사회에 개입해야 하는 경우, 지역사회복지실천가는 각 문화집단들의 특성을 파악하여 상호교류를 최대한 이끌어 낼 전략을 개발해야 한다.

④ 기본 실천목표는 지역사회 내 취약계층이나 소외계층에게 마땅히 지원돼야 할 자원들이 분배될 수 있도록 하는 것임을 명심해야 한다.

⑤ 지역사회복지실천가는 지역사회 내 다양한 유형의 억압이 존재한다는 점을 인식해야 한다.

⑥ 지역사회복지실천가는 지역사회 의사결정 및 지역사회복지실천 과정(문제확인, 욕구조사, 목표수립, 개입실행 및 평가)의 모든 단계에 최대한 다양한 계층의 참여를 이끌어 낼 수 있는 의사결정 구조 구축을 위해 힘써야 한다.

⑦ 전문가, 준전문가 및 일반 지역주민 3자의 평등적 참여가 가능한 의사결정 구조가 구축되어야 한다.

⑧ 지역사회복지실천가는 반드시 지역 내 다양한 이익집단 간의 욕구와 선호를 조정할 수 있는 협상기술(*bargaining skills*)을 충분히 습득해야 한다. 이 기술은 또한 협력적 의사결정(*collaborative decision-making*) 구조 형성에도 도움을 주게 된다.

⑨ 지역사회복지실천가는 지역사회복지실천의 전략과 전술개발 및 선택과 관련된 윤리상 문제에 확고한 자세를 취할 수 있도록 이론적 틀이 분명해야 한다.

⑩ 지역사회복지실천은 다양한 접근들이 고려돼야 하며 한 가지 옳은 결정만 존재한다는 편견은 버려야 한다.

지역사회복지실천 모델 관련 연습과제

1단계: 본인이 관심이 있는 지역사회 한 곳을 선택하고, 그 지역과 비교할 만한 다른 지역사회를 선택한다. 두 지역의 인구사회학적 요인, 특성, 기본 정보를 비교해본다.

2단계: 본인이 선택한 기본 지역사회와 관련하여 아래 항목들을 살펴본다.

1. 지역사회복지실천과 관련된 지역사회의 문제 한 가지를 생각하고 규명해본다.[5]
2. 문제해결을 위한 개입과정에 관련된 지역사회 내 집단들을 파악한다.
3. 개입의 주요 목표를 설정한다.
4. 이 목표달성에 활용할 수 있는 가능한 자원을 구체적으로 열거해본다. (자원봉사, 전담직원, 지역사회 기관, 자금, 언론 매체 등)
5. 목표달성을 위해 선택 가능한 실천모델(들)을 골라 그 이유를 설명한다.
6. 본인이 선택한 실천모델의 장점과 단점을 살펴본다.

3단계: 2단계에서 규명한 지역사회 문제해결을 위한 대책을 실천모델을 활용하여 논의해본다.

---

5) 이 과제를 충분히 수행하기 위해서는 5장의 과정론에 대한 지식도 필요하다.

제 5 장

지역사회복지실천 과정

이 장에서는 지역사회복지실천의 과정별로 지역사회복지실천가가 고려해야 될 사항들에 대해 논의해보겠다. 이 책에서는 실천과정을 ① 문제확인, ② 지역사회 욕구사정, ③ 실천계획 수립 및 실행, ④ 평가의 네 단계로 보고 앞장에서 논의된 실천모델과의 연관성을 고려하면서 각 과정별 주요 개념들을 살펴볼 것이다.

전통적으로 지역사회복지 개입을 실천과정의 측면에서 논의하는 것은 문제해결 접근(*problem-solving approach*)을 바탕으로 한 사회계획 모델의 접근방식에서 비롯되었다. 그러나 최근의 통합주의적(*generalist*) 접근이나 사회복지 효율성 강조 등의 경향은 사정, 계획설정, 개입, 평가, 종결 및 재사정 등 일련의 실천과정을 단지 사회계획 모델 접근으로 국한시키기보다는 전반적인 지역사회복지실천의 중요한 구성요소들로 간주하고 있다.

지역사회복지실천 과정은 사회복지 실천과정과 유사하면서도 지역사회를 클라이언트로 간주하기 때문에 몇 가지 다른 과정을 갖는다. 구체적 실천과정은 단계의 세부적 구분에 따라 학자들 간에 다소 차이를 보인다.

콕스(Cox, 1974)의 경우 세부적으로 ① 사전검토 ② 문제 ③ 문제의 사회적 맥락 ④ 예상되는 수혜자 ⑤ 목표 ⑥ 전략 ⑦ 전술 ⑧ 평가 ⑨ 수정 또는 종결의 9단계로 구분하였다.

국내문헌에서 최일섭(1997)은 ① 문제의 발견과 분석 ② 프로그램의 개발 ③ 프로그램의 실천 ④ 평가 네 단계로 구분하였으며, 김종일(2004)은 ① 지역사회사정 ② 개입가설의 수립 ③ 관계당사자의 파악 ④ 변화가능성 분석 ⑤ 변화방법의 선택 ⑥ 목적과 목표의 수립 ⑦ 전술의 선택 ⑧ 시행과 평가로 구분하였다.

이 책에서는 실천과정의 단계를 크게 네 단계로 구성하였다. 각 과정들은 위에서 언급된 세분화된 과정이 포괄적으로 논의된 단계들도 있다. 이 책에서 구성된 네 단계는 다음과 같다.

① 문제확인
② 지역사회 욕구사정
③ 실천계획 수립 및 실행
④ 평가

1. 문제확인

문제확인(*problem identification*)은 지역사회에 내재하고 있거나 표출된 문제들을 확실히 규명하는 작업이다. 전반적 실천과정의 초기에 잘못 확인되거나 설정된 문제들은 관련 서비스 및 프로그램의 계획이나 실천에 영향을 끼치게 되고, 결국 전반적인 개입의 오류를 발생시켜 초기에 설정되었던 실천개입의 목표달성이나 문제해결과 거리가 멀어질 수 있다.

1) 지역사회 고유상황 파악 및 표적집단에 대한 확인

보다 체계적 지역사회 문제의 확인을 위해서는 지역사회의 고유상황과 표적집단(*target population*)에 대한 두 가지 차원의 이해가 필요하다(오정수 · 류진석, 2004).

우선 지역사회 고유상황을 파악하기 위해서 실천가는 다음의 사항들을 고려해야 한다.

첫째, 지역사회의 상황을 파악하는 일은 지역사회 내 다양한 사회문제들 간에 우선순위를 결정짓는 것과 관련된 중요한 사안이다. 문제확인 단계에서 지역사회 내 공식적 확인과정을 거치지 않거나 지역사회 여러 하위집단들 간의 문제확인 상에 의견차이가 클 경우 추후 전체 실천과정상에 더 큰 문제가 발생하게 된다.

둘째, 관심 있는 문제의 중요성을 부각시키고 지역사회 문제에 대한 공식적 확인을 위해서는 문제를 입증하는 실증적 자료의 수집이 필요하다. 이 자료수집 과정은 다음 절에 언급할 욕구사정과는 달리 지역사회 문제에 대한 지금까지의 문헌검토나 과거 해결접근 노력들을 파악하는 것이다. 즉, 왜 많은 주민들이 문제로 생각하고 있는 것들이 아직까지 해결되지 못했는지, 과거의 노력들(시도된 방안, 참여인사, 결과 등)은 어떻게 오늘날에 비치는지에 대해 살펴봐야 한다.

마지막으로 검토돼야 하는 사항으로는 과거 복지실천의 변화노력에 대한 장애요인들을 충분히 검토하고, 추후 발생될 장애요인들에 대해서 대비해야 한다. 예를 들면, 문제확인 및 규명에 대한 주민들 간 합의가 충분했었는지, 문제를 보는 시각에 있어 기득권층과 사회적 약자층의 견해가 어떻게 달랐는지, 또는 문제가 해결되지 않고 있는 현재 상황에 이익을 보는 집단은 누구인지를 명확히 파악해 나가는 것이다.

지역사회 고유상황 파악과 더불어 문제확인 단계에서 두 번째로 고려돼야 하는 사항은 표적집단에 대한 이해이다. 표적집단은 "실천의 대상이 되는 동시에 문제를 내포하고 있어 변화가 필요하다고 간주되는 집단"이다. 지역사회 문제를 확인하기 위해서는 그 대상에 대한 이해가 충분히 전제돼야 한다.

지역사회복지실천이 전체주민 또는 지역사회 전반을 표적으로 하는 경우도 있으나 시간과 자원이 한정되어 우선 해결해야 하는 문제를 결정할 때 특정한 표적집단을 결정해야 한다. 표적집단의 특성을 이해하기 위해 실천가는 인구학적 특성, 사회경제적 상태와 같은 개인적 요인과 지역사회 특성 같은 사회환경적 요인을 동시에 고려해야 한다. 결국 지역사회복지실천에 있어 표적집단은 그 지역사회 내에서 문제를 겪는 개인, 가족 및 집단을 포함한다.

2) 지역사회문제 유형과 특정화

지역사회문제의 실제적 확인과정을 위해 실천가는 지역사회문제의 유형과 그에 따른 특정화(*specification*) 과정을 거쳐 문제를 구체적으로 확정지어야 한다. 로퍼는 지역사회 문제유형을 〈표 5-1〉과 같은 세 가지 측면에서 구분하였다(Lauffer, 1984).

이 표를 활용하여 문제의 확인과 특정화의 과정을 지역사회 노인복지 문제에 대한 사례 중심으로 살펴보자. 지역사회 노인복지 관련 문제들의 예가 다음과 같은 네 가지로 표출될 수 있다. 이 단계에서는 노인복지와 관련된 여러 가지 문제를 열거해보고 위에서 언급된 유형들과 관련을 지어본다.

다음 단계는 위의 문제 중 한 가지를 택해 좀더 세부적으로 특정화시키는 과정이다. 예를 들어 〈표 5-2〉에서 문제 2를 택하여 〈표 5-3〉처럼 세부적으로 구분해 나간다.

이러한 단계를 거쳐 세부적으로 특정화된 문제는 지역사회내의 공식적 인정을 받을 가능성이 더 높아지고 문제의 확인에 맞는 실천계획이

〈표 5-1〉 지역사회문제 유형과 내용

유형	'가' 유형 표적집단의 문제 (주민전체 또는 일부)	'나' 유형 서비스 전달체계상의 문제	'다' 유형 관계상의 문제
내용	지식 및 정보의 부족 기술의 부족 태도상의 문제	가용성의 문제 접근성의 문제 비효율성 비효과성 욕구부합정도의 문제	자원동원 및 연결의 문제 지속성의 부족 포괄성의 부족

자료: Lauffer, 1984: 156.

〈표 5-2〉 단계 1: 지역사회문제의 확인

문제 예		관련문제 유형
문제 1	지역사회 주민들은 일반적으로 몇 명의 노인들이 사회적으로 고립되어 필요한 서비스를 전혀 이용하지 못하고 있는지 알지 못한다.	'가' 유형(지식)
문제 2	많은 노인들은 일상생활 관리 면에서 어려운 점들을 갖고 있을 것이다. 특히 독거노인의 경우는 심각하다.	'가', '나', '다' 유형
문제 3	지역사회에 거주하고 있는 독거노인들에 대한 복지서비스의 제공에 있어 접근성의 문제와 가용한 복지서비스의 부족은 심각한 문제이다.	'나' 유형 (가용성, 접근성) '다' 유형(자원)
문제 4	노인들을 위한 무료급식 서비스를 제공하는 기관의 이용률이 생각보다 낮다.	'가' 유형 (지식 및 정보) '나' 유형 (접근성, 욕구부합성) '다' 유형 (의뢰상의 문제)

〈표 5-3〉 단계2: 지역사회문제의 특정화

문제 2 많은 노인들은 일상생활 관리에 어려움을 겪고 있을 것이다. 특히 독거노인의 경우는 심각하다.	▶	문제 2-1	필요한 영양결핍은 교통제한 지역에서는 심각할 것이다.
		문제 2-2	독거노인의 경제생활 관리 문제
		문제 2-3	신체기능저하 노인의 가사활동 문제
		문제 2-4	가정과 지역사회의 여가시간활용 문제

나 프로그램 개발목표를 설정하는 데도 도움을 준다. 로퍼는 이와 같은 문제확인 관련 과정을 활용하여 문제의 확인→문제의 특정화→목적 및 목표설정→대안검토→실천계획 수립까지의 단계로 확장하였다.

2. 욕구사정[1)]

1) 욕구사정의 개념과 성격

지역사회복지실천에서 욕구사정은 임상적 사회복지 실천상의 개별 클라이언트 사정보다는 복잡한 양상을 띤다. 지역 욕구사정에 참여하는 실천가는 다양한 대인관계 및 조사에 관련된 기술을 갖고 지역주민, 지역유지들 또는 지역기관들로부터 필요한 정보를 획득해야 한다.

1) 여기서는 실천과정의 한 과정으로서 욕구사정의 개념과 조사수행과 관련한 주요 고려사항들을 살펴본다. 이 책은 욕구사정(조사)이 갖는 중요성과 전문성을 고려하여 제6장(지역사회복지실천 기술론)에서는 조사의 방법을 집중적으로 다룰 것이다.

일반적으로 욕구사정은 지역주민에 어떠한 서비스가 필요한지를 살펴보는 과정으로, 전체 실천과정의 선행절차로 간주되기도 하며 하나의 독립된 조사로 수행되기도 한다. 예를 들어 표적집단을 위한 효율적 서비스 개발을 위해 욕구의 패턴이나 다양한 하위욕구들을 정확히 파악하기 위한 것이 전자의 경우이다. 후자의 경우는 한 지역구 또는 행정단위 지역의 다양한 계층의 전반적인 서비스 욕구를 사정해 우선순위를 결정하는 조사가 되겠다.

때때로 욕구조사나 사정에서 사용되는 방법들이 평가에서도 행해지기도 하고, 욕구사정과 평가과정이 동시에 요구되기도 하여 두 과정이 방법상 혼용되기도 하는데, 로퍼(Lauffer, 1984)는 두 가지 개념이 분명히 구분돼야 한다고 주장한다. 그는 욕구사정은 현재 일어나고 있는, 일어날 만한, 또는 일어나야만 하는 상황에 대한 탐색과 연구에 초점을 두는 반면, 평가는 평가시점 전에 일어난 일, 일어난 과정, 그렇게 일어나야만 했던가에 대해 살펴보는 조사로 구분했다.

욕구사정은 일반적으로 지역거주자, 서비스전문가, 지역유지 또는 주요 정보제공자들의 지역사회 현황에 관련된 인지를 바탕으로 이루어진다(Burch, 1996). 욕구조사는 주로 서비스가능성 및 접근성, 다양한 서비스들의 조정 그리고 서비스대상의 틈새(*service gap*) 파악에 초점을 두고 있다(Burch, 1996; Royse & Thyer, 1996). 서비스대상의 틈새분석을 위해서 조사자는 지역의 복지서비스들로부터 제외되는 대상이 없는가를 살펴보아야 한다. 접근성과 관련해 조사자가 살펴보아야 할 중요 요인들은 제공장소, 대중교통 현황, 주차시설, 제공시간, 본인부담 비용, 대기시간 등으로 볼 수 있다(Hardina, 2002; Iglehart & Becerra, 1995).

지역 욕구사정의 목적은 단지 지역의 문제나 욕구를 확인하는 차원이 아니라 궁극적으로 그 욕구를 충족할 수 있는 서비스나 프로그램들을 개발하여 활용해 나가는 것이다. 따라서 보다 효과적 욕구사정을 실천하기 위해서는 욕구조사에 앞서 조사에 포함되어야 할 여러 가지 고려사항들을 충분히 살펴볼 필요가 있다.

〈표 5-4〉는 일반적으로 욕구조사가 포함해야 할 고려사항들을 지역사회 내 여러 집단의 관점별로 정리해본 것이다.

〈표 5-4〉 지역사회 욕구사정 관련 주요 고려문항

지역주민의 지역사회에 관한 관점	지역주민은 어떠한 문제들을 겪고 있는가? 이러한 문제들을 어떠한 방식으로 다루어야 하는가? 이러한 문제들을 다루기 위해 지역주민은 어떠한 행동을 취해야 하는가? 또 공공기관이나 정부는 어떠한 행동을 취해야 하는가? 지역기관이나 시설 등은 어떠한 행동을 취해야 하는가?
지역거주자의 서비스 욕구에 대한 관점	이러한 문제들을 다루기 위해 지역사회에서 제공되는 서비스는 있는가? 확인된 문제들을 다루기 위한 서비스가 제공돼야 한다고 주민들은 느끼는가? 이러한 문제들을 다루기 위해 지역주민은 현재 가능한 서비스들을 이용하고 있는가? 이러한 서비스들을 제공받지 못하는 주민들이 있는가? 추가적으로 어떠한 서비스가 제공되어야 하는가?
서비스제공자나 핵심정보제공자의 지역 욕구에 대한 관점	어떤 유형의 서비스를 주민들이 필요로 하는가? 지역단체나 기관에서는 현재 어떠한 서비스들을 제공하고 있는가? 한 기관이나 단체 이상에서 비슷한 서비스가 제공되고 있는가? 어떤 지역단체나 기관에서는 특성화된 서비스를 제공하고 있는가? 현재 제공되는 서비스들이 주민들의 욕구를 충족하기에 적합한가? 추가적으로 어떠한 서비스가 제공되어야 하는가? 지역사회내의 기관들 사이에 서비스 연계는 어떠한 방식으로 이루어지는가(예, 자원의 공유, 의뢰, 사례관리, 시설공유 등)? 전체 서비스체계로 볼 때 어떠한 서비스가 제공되지 못하고 있는가?
지역자산	지역주민에게 필요한 기술이나 자원은 무엇인가? 지역사회내의 중요 조직이나 시설은 어떤 것이 있는가? 이러한 기관들은 지역자산으로 활용할 수가 있는가? 지역 기관내의 중요 연결장치는 무엇이며, 지역조직을 최대화하기 위해 그 연결장치들을 잘 활용할 수 있는 방법들은 무엇인가? 지역의 외형적 특성은 무엇인가? 건축물이나 개활지 등이 지역조직을 최대화하기 위해 활용될 수 있는가? 지역조직을 위해 활용될 수 있는 지역외부의 자원은 어떤 것들이 있나?

출처: Krezman & McKnight, 1993; Hardina, 2002: 116에서 재인용.

2) 욕구사정 수행에서의 주요 고려사항

욕구사정을 하는 지역전문가나 사회복지사들은 다양한 관점에서 문제를 파악하기 위해 여러 가지 조사방법을 살펴보고 이 중 적절한 방법 몇 가지를 선택하여야 한다. 지역사회 내 다양한 집단들은 지역문제를 인식하거나 접근하는 방법에서 차이를 보인다. 지역사회복지실천가들은 욕구사정 방법의 선택에 있어 다음 사항들을 특히 유념해야 한다(Marti-Costa & Serrano-Garcia, 1995).

① 욕구사정을 위해 할당된 기간
② 실제 조사 진행에 필요한 자원들
③ 욕구사정에 참여하는 구성원들의 선택과 관련된 지역욕구 조사자(또는 욕구사정 주체)의 성향

지역사회 욕구사정의 비용이나 시간이 문제가 될 때는 지역사회 문제로 여겨졌던 지표들을 기존의 정보나 조사들로부터 참조하여 비용과 시간을 절약할 수 있다. 그러나 이러한 기존 연구자료에 의한 방법은, 새로운 욕구사정이 많은 주민들의 의사를 제대로 반영할 수 없다는 점에서, 또 지역사회의 잠재된 문제나 욕구를 파악하는 데 있어 분명한 한계를 갖고 있다.

욕구사정에 필요한 자원의 범위와 활용가능성 정도는 조사에 참여하는 구성원들을 어떻게 결성하는가와 관련이 있다. 지역사회복지실천에서의 임파워먼트 접근이나 강점모델들은 지역욕구 조사자가 욕구사정에 지역사회 내 다양한 집단들(특히, 저소득층이나 소외계층)의 견해가 충분히 반영될 수 있도록 해야 한다는 점을 강조한다(Durst, MacDonald & Parsons, 1999; Sohng, 1998). 이 점은 특히 지역구성

원들이 다양한 계층으로 이루어진 경우 강조되어야 할 사항으로, 각 집단의 가치와 문화를 이해하고 이 요소들을 조사결과 분석에 반영하는 일은 다양한 집단과 계층이 상존하는 현대 지역사회의 욕구사정에서 필수적이다. 마르티코스타와 세라노가르시아는 소외계층의 욕구 반영과 관련하여 욕구사정에 다음사항을 특히 강조한다(Marti-Costa와 Serrano-Garcia, 1995).

욕구사정이 지역사회 소외계층의 욕구에 충실히 반응하고 사회변혁을 가능하게 하기 위해서는 ① 집단의 조직 및 동원을 용이하게 하며, ② 연대행동을 지지하고, ③ 리더십 향상을 촉진하고, ④ 전체 조사과정에 지역주민들을 관여하게 하는 기술들이 욕구사정에서 강조돼야 한다(Marti-Costa & Serrano-Garcia, 1995: 260).

욕구사정 수행에서 고려되어야 할 다른 주요 사항으로는 조사수행위원회(*steering committee*)의 중요성을 들 수 있다(Hardina, 2002). 지역주민, 지역지도자와 전문가 등으로 구성된 이 위원회는 조사 프로젝트를 이끌어가고, 조사가 지역의 진정한 욕구를 반영하고 있는지에 관해 타당성과 신뢰성을 높이는 역할을 해야 한다. 또한 이 위원회는 조사 자료들이 지역사회의 변화를 용이하게 하는 데 사용될 수 있는지 여부를 살핌으로써 조사의 사회적 정당성이 확보될 수 있도록 한다.

3) 지역사회복지 욕구사정의 유형

지역사회복지 욕구사정의 유형은 일반적으로 사정의 범위에 따라 포괄적 사정, 탐색적 사정, 문제중심 사정 및 하위체계 사정으로 구분할 수 있다(Hardcastle, Wenocur, Powers, 1997).

(1) 포괄적 사정

특정한 문제나 표적집단 관련 욕구보다는 지역사회 전반을 대상으로 행하는 사정으로, 1차 자료의 생성이 주요 목적이다. 지역사회의 전반적 복지욕구에 대한 정보가 부재하거나 최근 변화를 파악하는 자료가 없는 경우 지역사회 공공단체나 여러 기관들이 공통으로 실시할 수 있다. 조사대상 규모가 다른 조사에 비해 커, 비용의 제한이 있을 경우는 대략적 욕구만을 파악할 가능성이 높다.

(2) 탐색적 사정

지역사회 사정에 대한 전반적 여건이 갖추어지지 않았거나 욕구에 대한 기본정보가 제한되어 지역사회의 상태를 개괄적으로 살펴보기 위해 실행되는 초보적 단계의 사정이다. 사정대상이나 참여자, 비용 등이 상대적으로 적고 이 결과를 토대로 다른 사정의 필요성을 결정할 때 이용된다.

(3) 문제중심 사정

지역사회에서 우선적으로 해결되어야 하는 영역(예를 들어 정신건강, 노인, 아동, 범죄 등)에 초점을 두고 사정이 실행되는 경우다. 포괄적 사정보다는 좀더 전문적 사정이 이루어질 가능성이 높다. 일반적으로 해당 지역사회문제의 전문가가 직접 수행하거나 전문가의 자문을 받아 해당문제와 관련된 기관을 중심으로 수행된다.

(4) 하위체계 사정

이 사정은 지역사회의 특정 하위체계를 중심으로 이루어진다는 점에서 문제중심 사정과는 차이가 있다. 즉, 예를 들어 학교, 보육기관, 종교기관, 보호기관, 정치참여체계 등은 지역사회내의 하위체계로 볼 수 있으며 이러한 하위체계에 초점을 두는 것은 단지 보육문제나 정신건강 등의 문제중심 사정과는 구분이 된다. 그 체계의 정태적 면이 아니라 역동성 및 타 체계와의 상호관계 등이 사정의 주요 내용이 된다.

하위체계 사정을 구체적으로 세분화하면 옹호지향적 사정, 서비스지향적 사정 등으로 구분될 수 있다. 옹호지향적 사정은 특정 하위체계 구성원의 권리를 향상하거나 옹호를 위해 그 구성원들의 욕구실태를 중점적으로 조사하는 것이다. 서비스지향적 사정은 하위체계 구성원에 대한 서비스 개발을 목적으로 한다.

4) 욕구사정 기술

욕구사정 기술은 사정의 유형이나 목적, 대상, 비용 등에 따라 다양한 방식이 사용된다. 이 책에서는 사정기술이 갖는 중요성과 전문성을 고려하여 제 6 장에서 집중적으로 다룰 것이다. 포함되는 조사유형으로는 인터뷰, 지역사회 포럼, 제집단 간 대화기법, 명목집단기술, 초점집단, 델파이 방법, 세력장분석 및 서베이 등이다.

3. 계획수립 및 실행

지금까지 논의된 지역사회의 문제확인과 욕구사정을 통해 지역사회복지실천가는 개입대상 지역의 복지욕구에 대한 정밀한 분석을 마칠 수 있을 것이다. 다음 단계로 이미 확인된 지역사회 문제와 파악된 지역사회복지욕구에 대한 이해를 바탕으로 실천계획을 수립해야 한다. 개인이나 집단을 주요 개입대상으로 삼고 있는 사회복지실천에서 개개인별 보호계획(*individual plan of care*)의 작성이 중요하듯이, 지역사회복지실천에서의 실천계획도 개입하는 지역사회의 특성을 고려하여 수립돼야 한다. 이 절에서는 실천계획의 수립에서 중요한 개념인 전략 및 전술, 표적 및 행동체계에 대해 살펴본 후 이 네 가지 개념을 앞서 논의한 실천모델들과 연관지어 비교 정리해보겠다.

1) 개입의 전략과 전술

지역사회복지실천을 위한 계획수립에 필수적 개념은 전략(*strategy*)과 전술(*tactic*)이다. 실천가는 원하는 지역사회 변화를 위해 두 가지 개념을 실천모델에 맞추어 선택하고 실행해 나가야 한다. 전략은 특정한 사회문제를 해결하기 위한 장기적 행동 계획으로 볼 수 있다. 반면에 전술은 변화를 추구하는 전략의 일부분으로서 채택된 단기적 행위로 여겨진다(Hardina, 2002). 전략은 장군을 뜻하는 그리스어 'strategos'에서 나왔고, 전술은 일반병사를 뜻하는 'taktikas'에서 유래됐다고 한다(Ganz, 2002; 김종일, 2004: 120에서 재인용).

(1) 전략의 유형

Warren(1971)은 변화를 위한 세 가지 주요 전략을 협력(*collaboration*), 캠페인,[2] 경쟁 또는 대항(*contest*)으로 소개한다. 협력전략은 집단들 간의 공동행동이 필요할 때 취할 수 있는 전략으로 이러한 경우 집단 간 동의가 이뤄진 상태를 연합으로 볼 수도 있다.[3] 캠페인

---

2) 본문에서 말하는 '캠페인 전략'은 단지 대중에게 무엇을 알리는 행동 이상의 의미를 가진다. 즉, 개입의 표적집단이 뚜렷하고, 그 집단이 해당이슈에 대해 관심을 갖고 구체적인 행동(대화나 협상 등)을 취하도록 만드는 전략이다.

3) 집단 간 협력관계에 대해서는 제 7장 '권력분석'에서 자세히 다룬다.

전략은 협상회의에 상대진영이 나올 수밖에 없도록 대중에게 지속적 호소를 하는 경우에 사용된다. 마지막으로 경쟁 또는 대항전략은 특정정책을 결정하도록 의사결정자들에게 압력을 가할 때 사용된다.

세 전략의 지역사회복지실천 모델들과의 연관성을 살펴보면 집단 간 합의를 주요 목표로 삼는 지역사회개발 모델은 협력의 전략을, 갈등주의적 관점에서 소수자나 억압받는 집단의 권익옹호를 강조하는 사회행동 모델은 경쟁 또는 대항전략을 주로 활용한다고 볼 수 있겠다. 캠페인 전략의 경우는 두 모델들에 모두 활용될 수 있다.

(2) 전술의 유형

지역사회복지실천에 활용되는 전술의 예는 협조(*cooperation*), 협상(*negotiation*), 대중교육(*public education*), 설득(*persuasion*), 대중매체 활용, 로비활동, 대중호소, 대중집회, 보이콧, 파업 및 시민불복종 등을 들 수 있다. 앞에서 언급된 세 가지 유형의 전략에 맞추어 전술들을 설명하면 다음과 같다.

협력전략에 활용될 수 있는 전술은 지역사회 내 여러 집단들 또는 개인들 간의 차이나 이견을 최소화하기 위해 공통의 관심사를 찾거나, 자원을 공유하거나, 공동계획을 제안하거나, 최우선적 해결문제에 대해 협력하는 방법들을 활용하는 경우이다. 이에 해당하는 구체적 전술로는 합의도출, 협조, 문제해결, 대중교육, 설득 등이 있다.

캠페인전략에 활용될 수 있는 전술은 집단 간 차이를 최소화하거나 상대진영들 간의 동의를 구하는 전술들이다. 캠페인전략에 포함되는 전술은 종종 계약규정이나 상대와의 협상방법을 결정하기 위해 사용된다. 효과적 전술을 실행하기 위해 각 진영들은 상대진영과 다른 입장을 확실히 개진해 차별화하고 동시에 양자 간 공통점에 대해서도 규명해야 한다. 하디나(Hardina, 2002)는 캠페인전략 관련전술의 중요목적을 다음의 세 가지로 정리하였다.

첫째는 문제나 이슈와 관련된 대회에 상대진영의 참여를 불가피하도록 만드는 것이다. 단순히 참여를 권고하거나 요청하는 것 이상으로 참여하지 않으면 문제에 대해 회피하고 있다는 인식을 상대진영이나 중립진영(또는 대중)에게 심어줄 수 있는 캠페인 전술이 필요하다. 두 번째 목적은 양 진영이 동의에 이르게 하기 위해서이다. 캠페인 전술의 궁극적 목적은 대항이나 갈등이 아니라 타협점을 찾는 것이다. 마지막으로 양 진영 또는 대중들이 명백한 결과도출을 할 수 있는 의사결정과정에 참여하도록 만드는 데 있다. 캠페인 전술은 어느 한쪽의 배제를 위한 전술은 아니다. 따라서 캠페인 전술로 어느 정도 양자 간의 의견차이가 줄어들어 동의(*agreement*)의 가능성이 보이면 그때 협력전술을 구사하여 합의(*consensus*)를 이루도록 할 수도 있다.

경쟁 또는 대항전술은 양 진영 간의 동의 가능성이 상당히 낮아 구체적 갈등행동을 취해야만 할 때 사용된다. 이 전술에는 반대진영과의 대면회동, 토론의 제한, 상대진영의 부정적 측면을 강조하여 유포하기, 의사결정에서 반대진영의 배제와 같은 소극적 수준에서 시위나 피케팅 또는 파업 등의 적극적 수준의 행동들까지 포함된다.

2) 행동체계와 표적체계

지역사회복지실천 전략과 전술의 선택과 관련하여 알아두어야 하는 또 다른 개념은 행동체계(*action system*)와 표적체계(*target system*)이다. 지역사회변화 과정에 대한 참여를 묘사하기 위해 실천가들은 이 두 개념을 사용한다. 행동체계와 표적체계와의 관계규정은 전략과 전술을 선택하기 위해 실제로 우선해야 하는 과정이다.

행동체계는 사회변화를 추구하는 집단의 구성원들을 의미한다. 조직가, 선거권자, 지역주민 전체, 실천가, 특정 이슈에 관심이 높은 시민 및 예상되는 미래의 수혜자집단들이 이 행동체계에 속한다.

표적체계는 일반적으로 서비스나 개입의 수혜집단만이 아니라 정책에 영향을 끼치는 집단이나 개인을 의미한다. 선거에 의해 선출된 관리, 정부관료 또는 지역기관의 대표 등이 해당한다. 사회행동과 관련된 전략들에서는 상대진영이 표적체계로 명확히 구분된다. 캠페인 전략의 경우는 주요 의사결정자와 대중전체가 동시에 표적체계가 될 수 있다. 양자 간 합의를 강조하는 협력전략은 표적체계가 변화를 바라는 집단 전체일 가능성이 높다.

위의 두 가지 체계를 앞서 언급한 세 가지 전략과 동시에 비교해보면 〈그림 5-1〉과 같다. 협력전략에서는 표적체계가 행동체계에 포함된다. 즉, 협력전략은 집단 간 합의를 목표로 하기 때문에 구조적으로 사회변화를 찾고 있는 집단인 행동체계 안에 주요 표적체계를 포

〈그림 5-1〉 행동 및 표적체계와의 관계와 이에 따른 전략의 선택

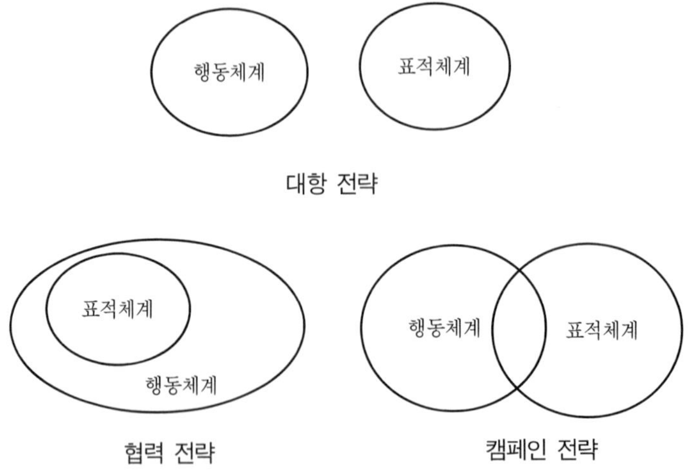

함한다.

캠페인 전략의 경우는 표적체계가 반드시 행동체계와 일치하지 않을 수도 있으나 주요 의사결정자들이나 대중의 표적체계 일부가 사회변화를 추구하는 집단에 포함될 수도 있어 약간의 중복이 생길 수 있다.

마지막으로 경쟁 또는 대항전략의 경우는 목표실행이 한 진영의 권력획득이므로 양 진영 간의 확실한 구분이 이루어진다. 즉, 기득권층과 억압받는 집단의 관계와 같이 표적체계와 행동체계 간의 공통부분은 거의 없다.

3) 개입모델과 전략·전술과의 연계

지금까지 전략 또는 전술을 실천모델과 연결 지어 논의하였다. 그러나 실제 지역사회복지실천가들에게 실천모델과 전략·전술을 연결시키는 과제가 쉬운 일은 아니다. 하디나(Hardina, 2000)는 그녀의 연구에서 지역사회 조직전문가들이 가장 선호하는 실천모델은 사회행동 성향의 모델이라는 것을 밝혀냈다. 그러나 동시에 그들이 주로 활용하려는 전략·전술은 협력(*collaboration*)으로 나타나 실천모델과 전략·전술 간 연결이 제대로 되지 못하고 있는 것으로 밝혀졌다.

또 몬드로스와 윌슨(Mondros & Wilson, 1994)은 지역사회복지실천가들이 전략·전술의 선택 또는 사용에 있어 개념적 준거틀보다 실천방법에 대한 실천가들의 개인적 가치나 익숙함의 정도를 더 중요한 기준으로 삼는다고 주장한다. 구체적 전술이나 행동의 선택에서도 비슷한 기준이 적용된다. 예를 들어 동일한 사회행동 성향의 전략이라도 사회복지사들은 시위, 피케팅 또는 다른 유형의 직접적 행동보다는 정치적 로비과정이나 복지사가 속해있는 조직에서 허용하는 단체행동에 대한 참여가 높다(Reeser & Epstein, 1990).

〈표 5-5〉는 지역사회복지실천모델과 지금까지 위에서 논의된 전략, 전술, 행동 및 표적체계 간의 연관성을 살펴본 것이다. 이 표는 각 실천모델과 관련된 기본전략과 이에 따른 세부전술을 정리해서 보여주며 동시에 각 모델의 중요한 행동 및 표적체계도 나타낸다.

〈표 5-5〉 지역사회복지실천 모델과 전략, 전술, 행동 및 표적체계 간 연관성

실천모델	지역개발	사회행동	사회계획
기본전략	협 력	경쟁/캠페인	문제해결
전 술	역량 구축 합의 구축 교육 공동 기획/행동 설득 로비 서한발송 설득 청원 문제 해결 자아 임파워먼트	중재적 협상 보이콧 대치 시위 행동실행 언론이용 항의/로비 서한발송 로비 응집 동원 및 조직화 설득적 협상 정치적 캠페인 대중 교육 파업 노조 결성	자료 분석 정보 수집 로비 설득적 협상 계획과정에 주민참여 증진 공동노력, 캠페인 또는 경쟁(계획 선택을 위한)
행동체계	지역주민, 핵심지역 내 기관 및 조직	사회적 피억압계층	급여대상자, 기획 기관, 공동파트너
표적체계	공동참여자, 지역사회 및 주민	억압기관의 대표 (정부 정책 결정자, 기업대표, 엘리트계층)	역기능적 지역사회, 사회변화와 관련된 정책결정자들

자료: Hardina, 2002: 228~229 재구성

4) 적합한 전략과 전술의 선택

그렇다면 지역사회복지실천의 구체적 전략과 전술의 선택기준들은 무엇이 될까? 실제로 지역사회복지실천과 관련된 많은 문헌들 중에서 뚜렷한 선택기준에 대해서는 많이 논의되지 못하고 있다. 하디나(Hardina, 2002)는 이와 관련하여 워렌(Warren, 1971)에 의해 개발되고 브래거 등(Brager et al., 1987)에 의해 보완된 세 가지 주요 기준들에 대해 다음과 같이 제시하였다.

첫째, 지역사회 변화의 궁극적 목표와 관련된 참여집단들 간의 합의 정도
둘째, 지역사회 내 표적체계와 행동체계의 관계
셋째, 기존의 권력구조에서 목표가 달성될 수 있는가 하는 문제

실천개입 방법에 대한 모든 참여집단 간의 동의가 가능하다면, 협력의 전술은 가장 효과적으로 선택된 것이다. 또 여러 참여집단 간에 문제의 확인에 대한 공통적인 이해가 어렵거나, 집단 간의 의사소통이 구조적으로 발생하기가 힘들다면 경쟁이나 대항전술이 활용되어져야 한다. 또 행동체계와 표적체계 사이에 중복적 측면이 존재하거나 양자 간의 의사소통이 어느 정도 가능하다면 캠페인 전술이 고려되어야 한다.

위의 세 가지 기준 외에 브래거 등(Brager et al., 1987)은 해당 이슈의 심각성, 대중이 느끼고 있는 의사결정자의 정통성, 전술에 필요한 가용자원도 전술선택의 중요한 기준으로 삼을 필요가 있다고 주장한다. 또 김종일(2004)은 지역사회 변화목표, 수혜자 집단과 변화주도 집단(행동체계) 간의 관계, 자원, 실천상의 윤리적 문제 등을 전략 및 전술선택의 주요 기준으로 제시하였다.

5) 혼합실천 모델

지금까지 논의에서는 각각의 지역사회복지실천 모델들의 차별성을 강조하며 이에 따른 전략 및 전술의 차별화를 중심으로 각 모델에 고유한 특성을 살펴보았다. 그러나 오늘날 지역사회문제의 해결에 있어 한 가지 모델만을 적용하는 경우는 실제로 흔하지 않다. 지역사회복지실천을 통한 바람직한 사회로의 변화가 실천의 궁극적 목표라면 여러 실천모델들을 혼합하여 적용하는 것이 더 바람직할 수가 있다. 또 실천과정이나 단계에 따라 각 실천모델들을 달리 적용하는 것도 필요하다. 이러한 혼합모델을 따르는 것은 개입계획에 필요한 일종의 전략적 선택으로 볼 수 있다. 지역사회복지실천에 적용 가능한 혼합모델에 대해 로스만(Rothman, 1995)은 다음 세 가지 유형의 혼합모델을 제시하였다.

(1) 사회행동 · 사회계획 모델

이 혼합모델의 전형은 소비자 옹호나 환경주의 집단들의 활동에서 나타난다. 즉, 이슈에 대한 실증적 연구를 바탕으로 문제해결 방법을 계획하면서 동시에 대중에 대해 해당이슈의 중요성을 알리고 대중의 참여행동을 높여야 하는 경우다. 실제로 사회행동 모델에 대한 많은 비판은 해당이슈에 대한 행동체계의 주장이 실증적 사실보다는 주민의 여론이나 정서에 의지하고 있다는 점이다. 따라서 사회계획 모델에 입각한 정확한 자료수집과 분석에 기초한 주장을 통해 주민들의 참여나 구체적 행동을 이끌어내는 것은 중요한 과제이다.

(2) 지역개발 · 사회행동 모델

이 혼합모델은 지역사회내의 공통문제를 확인하는 데 여러 하위집단들의 합의가 필요하고 동시에 이 문제의 근원이 되는 권력집단이 존재하여 이 권력집단에 대항하는 구체적 행동이 여타집단들 사이에 필요할 때 적용된다. 문제 자체의 특성이 가치중립적 경우보다 가치가 내재되어 있어 분명한 대립구도를 갖고 있으며 특정 권력집단(또는 일부 집단)이 그 문제를 유발시키고 있다는 점이 다른 집단들(또는 주민 전체)에 확실히 인지될 필요가 있다면 이 모델의 선택이 고려되어야 하겠다.

(3) 사회계획 · 지역개발 모델

지역사회의 종합개발계획을 세우기 위해 의료, 사회복지 서비스 및 주택복지 현황에 대한 포괄적 지역사정이 필요하다면 이 혼합모델을 실천과정별로 적용해가야 한다. 초기문제의 확인이나 욕구사정에는 주로 사회계획 모델에 의한 체계적 접근이 필요할 것이다. 욕구사정에 근거해 전적으로 개입계획이 세워진다면 사회계획 한 가지 모델의 접근으로도 충분하다. 구체적 서비스나 개입계획을 세우기 위한 단계에서는 여러 관련 집단과의 정치적 협의를 통한 예산 및 자원배분 조정을 각 서비스영역별로 고려해야 하므로 지역사회개발 모델의 적용이 사회계획 모델과 함께 이루어져야 하겠다.

6) 실천개입기획의 실제

지금까지 3절에서는 실천계획 및 실행에 관련된 필수개념들을 실천모델과의 관련성을 중심으로 살펴보았다. 〈표 5-6〉은 지금까지 논의한 개념들을 실제 사례에 맞추어 정리한 것이다.

A 지역사회에서 최근 부상한 중요문제는 ‘늘어나는 청소년비행’이다. 이 문제에 대한 주민들 간 동의는 이미 상당히 이루어졌으며 지

역사회 지도자나 전문가들은 구체적 문제해결을 위한 계획을 수립하여 실행하여야 한다. 지금까지 논의된 각 개념들이 이 사례에 맞추어 어떻게 정리되어 계획수립으로 이어져야 하는가를 〈표 5-6〉을 중심으로 살펴보자.

지역사회 내 청소년비행 감소라는 상위목표(장기목표: *goal*) 아래 여러 가지 구체적 세부목표(단기목표: *objective*)를 세운다. 이 하위목표는 실제적 비행의 감소와 직결되는 비교적 단기간 과업들로 구성될

〈표 5-6〉 청소년비행 감소를 위한 지역사회복지실천 계획
(장기적 상위 목표: A 지역사회의 청소년비행 감소)

단기/하위목표	필요자원	행동체계	표적체계	실천모델	전략	전술	평가기준
지역선도위의 순찰강화를 위한 주민참여 증진	선도위원, 재원	선도위, 교사, 경찰 지역사회 전체주민 및 유지	지역사회 주민	지역사회 개발	협력 캠페인	문제해결 협동	참여인원 및 시간증가
미성년자 출입 유흥업소에 대한 고발강화 (최소 월 1건)	경찰, 선도위원, 미디어, 일반시민	상동	유흥업소, 주류판매 업소, 지역사회 지도자	사회행동	대항	대항, 주민항의	시행 조치 후 변화된 업소 수
청소년폭력신고에 대한 경찰 및 순찰대의 도착시간 (10분 감소)	경찰, 순찰대, 미디어	상동	경찰, 순찰대	지역사회 개발/사회 계획	협력 캠페인	문제해결, 미디어, 홍보	도착시간
가해학생에 대한 상담	상담가 재원	상동	가해학생	사회계획	캠페인	문제해결	폭력 재발률
학교교사, 지역선도위, 학부모 및 관련집단들 간의 연계	회의장소 지역유지 관련집단	상동	관련집단	지역사회 개발	캠페인 협력	협동, 협상	모임빈도 및 결과, 관계변화

필요가 있다.[4] 단기목표의 설정에서 중요한 사항은 향후 체계적 평가를 위해 그 목표의 계량화나 수치화작업이 필요하다는 점이다. 목표의 유형에 따라 계량화가 어렵다하더라도 개입의 성과가 명확해질 수 있는 목표를 설정하여야 향후 개입의 효과성을 평가할 수 있다.

다음으로 필요자원은 이 하위목표에 필요한 인적 및 물질적 자원들이다. 이 문제가 지역사회 전체 차원의 해결이 필요하다고 인지된다면 실천에 대한 행동체계는 지역사회 주민 전체가 된다. 동시에 이 문제 관련 종사자들 역시 주요 행동체계라 하겠다. 표적체계는 하위목표에 따라 차이가 있다. 가해학생이 될 수도 있고 비행의 원인이 되는 음주 및 탈선 환경의 제공자가 될 수도 있다. 지역사회 주민의 참여가 주요 목표인 첫 번째의 경우는 지역사회 주민전체가 표적체계가 된다. 따라서 하위목표에 따라 협력이나 캠페인이 주요 전략으로 선택된다. 또 비행의 환경을 제공하는 유흥업소나 주류 판매업소의 의식개선을 위해서는 이 집단들이 표적체계가 된다. 이 경우에는 정부의 행정조치를 강화하기 위한 지역사회 주민들의 직접행동 전략이 필요하다.

이때 평가기준도 실행 이전에 구체적이고 세부적으로 세우는 것이 바람직하다. 그렇지 않은 경우 전반적 실천에 대한 평가기준들이 분명하지 않아 향후 개입에 대한 효과적 피드백을 기대하기 어렵다. 평가기준은 목표달성의 정도를 쉽게 알 수 있도록 양적으로 구성되어야 하며, 양적 기준의 적용이 어려운 경우(예를 들어 모임결과나 관계개

4) 지역사회복지실천 계획수립을 다룬 일부 교재에서는 'goal'을 목적, 'objective'를 목표로 번역해 사용하거나 특별한 구분 없이 사용하였다. 이 책에서는 goal (*long-term goal*)을 장기적 또는 상위목표로, objective를 하위목표로 번역하여 사용하였다. 구체적으로 ① 상위목표(*goals*)는 기대성과에 대한 한 문장 정도의 간단하고 일반적 진술을 의미하며, ② 하위목표(세부목표, *objectives*)란 각 목표를 측정가능한 말로 상세하게 풀어놓은 것이다(Netting et al. 1993).

선)에는 평가에 대한 참여자들의 질적 정보도 수집·분석해야 한다.

4. 개입평가

지역사회복지실천과정의 마지막 단계로서 평가가 이뤄진다. 이 경우 지역사회복지실천에 대한 평가가 주요 내용이 돼야 함에도 대부분의 지역사회복지실천관련 교재에서는 프로그램 평가에 대한 내용이 주를 이룬다. 물론 지역사회복지실천에 사용된 여러 프로그램 평가를 통해 지역사회복지실천의 정도를 평가해볼 수는 있다. 프로그램 평가에 관한 자세한 내용은 사회복지 교육과정에서 '사회복지 조사방법론'이나 '프로그램 개발과 평가' 과목에서 상당히 자세히 다루어지므로 이 책에서는 하디나의 논의를 중심으로 지역사회복지 개입평가에 대한 내용만 간략히 다루도록 하겠다.

지역사회 실천개입에 대한 평가(*community intervention evaluation*)는 지역사회의 변화를 위해 활용된 전략 및 전술의 실행이 개입 결과나 과정에 나타나는 정도에 대한 평가라는 점에서 프로그램 평가와는 구분이 된다. 프로그램 평가(*program evaluation*)의 경우는 대부분의 경우 특정 프로그램이나 서비스가 그 대상에게 전달된 방식이나 결과에 초점을 둔다.

하디나(Hardina, 2002)는 지역사회 실천개입에 대한 평가방법이 프로그램 평가방법만큼 체계적으로 정리되지 못해왔다는 점을 주장하면서도 평가기준의 유형별로 다음 네 가지 실천평가 방법들을 제시하였다. 평가지표와 평가물의 성격에 따라 크게 양적평가(목표달성 평가, 사회지표 평가)와 질적평가(인터뷰평가, 주요 사건분석)로 구분할 수 있다.

1) 양적지표에 의한 평가

(1) 목표달성 평가

목표달성 평가는 기본적으로 실천계획 수립단계에서 세웠던 상위 및 하위목표들이 어느 정도 달성되었는가에 대한 평가로 볼 수 있다(Hardina, 2002). 〈표 5-6〉의 예를 사용한다면, 세부적 5개 하위목표 달성이 궁극적으로 '청소년비행 감소'의 결과로 이어지는가를 평가하는 것이다. 따라서 평가자들은 특정개입, 서비스 또는 프로그램을 통해 해결될 욕구들이 이 개입에 관련된 배경이론들과 어떠한 관련성이 있는가를 충분히 이해할 필요가 있다.

평가자는 또한 프로그램 실행과 관련된 논리성에 대한 명확한 이해가 필요하다. 특정 프로그램에 필요한 일련의 활동들은 평가관련 결과물들과 반드시 연결돼야만 한다. 즉, 평가자는 프로그램 실행 동안 나타나는 세부 활동들에 대해 명확히 기술할 수 있어야 하며, 이러한 활동들과 프로그램 실행을 통해 발생하는 장·단기적 결과물의 연결구조를 파악해야 한다.

실천개입 또는 프로그램(독립변수)과 결과물(종속변수)의 관계는 명확해야만 한다. 이러한 관련성에 대한 정보들은 이론적, 실증적, 또는 실천적 문헌과 분석들을 통해 확보돼야 한다.

목표달성 평가에서는 우선 단기 하위목표들(*immediate objectives*), 중간 하위목표들(*intermediate objectives*), 궁극적 상위목표들(*ultimate goals*)에 대한 단계별 설정 작업을 필요로 한다. 다음은 이 단계별 목표들이 얼마나 달성되었는가를 살펴보는 것이다(단기 하위목표→중간 하위목표→궁극적 상위목표).

단기 하위목표는 프로그램 실시 초기나 준비기간에 달성이 가능한 목적들이며, 중간 하위목표는 프로그램 실행 후 일정한 기간(6개월이

〈그림 5-2〉 지역사회복지실천의 흐름도

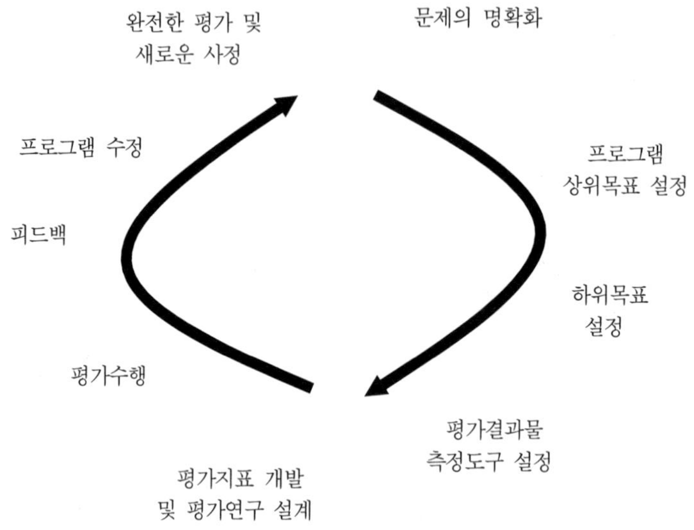

나 1년) 안에 달성될 수 있는 목표들이며, 궁극적 상위목표는 실천계획 수립시나 프로그램 제안서에서 다루어진 프로그램의 최종결과물로 볼 수 있다(Lauffer, 1984).

이러한 실천목표달성 평가와 관련하여 하디나는 전반적인 실천과정에서의 문제, 결과물, 그리고 평가과정의 흐름을 〈그림 5-2〉로 나타내었다.

(2) 사회지표 평가

목표달성 평가가 실천 계획서나 프로그램 제안서에 설정된 여러 수준의 목표달성 정도를 평가하는 데 초점을 두는 반면, 사회지표 분석(*social indicator analysis*)평가는 평가의 주요 기준으로 사회지표들이 고려된다. 예를 들어 A지역의 지역사회복지실천 개입목표가 청소년 폭력의 감소라고 했을 때, 개입의 장단기 목표달성은 잘 이루어졌으나 실제 범죄율이나 비행률에 차이가 없을 수 있다. 따라서 평가자들은 학교나 경찰서에서 청소년폭력관련 기초정보를 수집하여 이 정보를 평가지표로 삼을 필요가 있다.

또 다른 예로 재가노인 복지서비스의 증가가 지역사회복지실천 목표라고 하였을 때, 서비스 제공기관의 이용자현황이나 대기자 수도 실천에 대한 평가의 중요한 지표역할을 할 수 있다. 이때 중요한 것은 실천개입 이전에 관련 전문가들의 합의 하에 바람직한 지표(청소년폭력발생률, 재가서비스 이용률)를 명확하게 설정해야 한다는 점이다.

많은 경우 지역사회의 보건 및 사회복지관련 지표들(예를 들어 건강, 안전, 실업, 범죄, 경제, 인구이동 등)과 관련된 2차 자료를 수집하여 분석하거나 발표된 통계치 들을 중요한 기준으로 삼을 수 있다. 특히 개입 전(프로그램 실시 전)과 그 후 일정기간 동안 동일한 지표에 대해 꾸준히 시계열 관찰을 하는 것은 중요한 평가방법이 될 수 있다.

이 경우는 평가자가 평가의 지표를 구성하여 평가하는 것이 아니라 일반적 지표를 활용하여 평가한다는 점에서 다른 유형의 프로그램 평가들과는 차이가 있다.

2) 질적 평가

(1) 현장인터뷰에 의한 평가

맥네어(MacNair, 1996)는 지역사회 조직이나 실천과정에 대한 정보를 수집하는 방법으로 현장인터뷰(*field interview*)와 주요 사건 분석을 들었다.

이 중 현장인터뷰에 의한 평가는 참여자들이 지역사회 조직이나 실천과정에 대해 어떠한 견해를 갖고 있는지에 대한 정보를 수집하는데 활용된다. 즉, 이 평가방식은 참여자들이 그들의 경험, 활동, 그리고 도출된 결과에 대해 어떠한 의미들을 부여하고 느끼는지에 대한 구체적이고 심도 있는 정보를 통해 해당 실천에 대한 평가를 내리는 방법이다.

이러한 인터뷰중심의 평가방식은 실천을 통해 참여자들이 확보된 중요한 경험과 실천지식들을 앞으로의 실천에 다시 활용하려는 것을 주요목적으로 하고 있다. 이 방식에서는 인터뷰 대상자들의 선택이 특히 중요하다. 평가자는 실천이나 조직과정에 깊이 관여한 지역지도자와 인터뷰를 행할 수 있다. 또 특정한 이슈들에 대해 알고 있고 꾸준히 관찰하고 있는 주요 정보제공자들도 중요한 인터뷰 대상이다.

포함될 수 있는 주요 인터뷰 대상으로는 지역언론인, 경험 많은 지역사회활동가, 지역종교인, 정치가 또는 경제인들을 들 수 있다. 지역사회 주민이나 그 복지실천의 주요 수혜자의 생각들도 충분히 평가되어야 한다. 이와 관련된 구체적 방법은 제 6 장에서 살펴보겠다.

(2) 주요사건 분석평가

주요사건 분석(*critical incident analysis*)에 의한 평가는 지역사회복지실천 중 특히 사회변화와 관련된 성과달성과 관련하여, 실천개입기간 동안의 주요사건(갈등, 대치 또는 특별사건) 등에 대해 평가의 관점에서 분석해보는 것이다(MacNair, 1996).

특히 사회행동관련 개입들에서 관련집단 간의 의견충돌이나 협상과정에 중점을 둔다. 이러한 사건 속에 평가될 수 있는 사항들로는 전술이나 전략에 대한 집단들의 반응, 참가자들에 의해 표출된 감정이나 가치, 집단행동, 지도자의 질, 협력적 관계의 강점, 주민들의 의사표현 정도 등이 포함된다.

이러한 평가에는 실천가나 평가자의 현장노트가 활용된다. 현장노트에는 비언어적 행동에 대한 관찰, 인간행동의 결과물이나 잔재, 그리고 현장에서 보고 들은 것에 대한 관찰자의 기록, 이 세 가지가 담겨 있어야 한다.

3) 형성적 평가 및 총괄적 평가

(1) 형성적 평가

지역사회 개입이나 프로그램 평가의 여러 가지 유형 중 대표적으로 평가 시기나 내용에 따라 구분되는 형성적 평가(*formative evaluation*)와 총괄적 평가(*summative evaluation*)가 있다. 예를 들어 지역사회 활동가나 전문가가 욕구사정과 새로운 실천에 대한 계획 수립을 마치고 이제 지역사회복지실천이나 프로그램을 실시한 지 약 3개월 정도 되었다고 가정해보자. 이미 몇몇 참여자나 기관의 직원들에게서는 새로운 개입이나 프로그램 실천상의 애로사항들이 나타나고 있을 것이다. 또 클라이언트들도 여러 가지 프로그램에 대한 불만을 토로하기 시작하고 있을 것이다. 프로그램 디렉터나 지역사회복지실천가들은 이러한 초기 문제점들을 신속히 수정·보완하여, 궁극적 목표달성에 미칠 영향을 최소화하기 위해 노력하게 된다.

바로 이러한 프로그램 초기에 등장한 몇 가지 문제점들을 파악하여 조기에 전체과정을 수정·보완하기 위한 평가가 형성적 평가이다. 형성적 평가는 그 평가대상이 최종성과물이 아니라 개입 그 자체라는 점에서 과정평가(*process evaluation*)와 유사하게 쓰인다. 과정평가와 다른 점은 과정평가가 프로그램의 실천기간 중 어느 때나 실행될 수 있으나 형성적 평가는 주로 초기단계에 수행되는 경우가 많다는 점이다(Rosye et al., 2001).

형성적 평가는 프로그램이 당초에 기대한 만큼 클라이언트들에게 서비스를 제공하고 있는지 여부를 평가하는 데 초점을 두며, 특정 변화노력이 가치가 있는지 여부나 다른 프로그램에 비해 더 가치가 있는지 여부에는 관심이 낮다.

이 평가를 위해 필요한 자료들은 인구학적 자료(이름, 연령, 성별), 도움을 주는 수단(쉼터, 음식), 실제로 제공되는 서비스(식품교환권, 교통비), 이룩한 성과(취업, 경찰에 출두하는 일이 없어진 것), 서비스 제공에 관한 정보(상담시간 수, 위기전화 통화횟수, 한 달간 서비스 받은 사람의 수 등) 등을 포함한다. 또 총괄적 평가가 객관적 또는 계량적 측정치를 주요 기준으로 삼는 데 반해, 형성적 평가는 변화노력에 대한 클라이언트나 사회복지사의 판단과 같은 다분히 주관적 측정치에 초점을 둘 수도 있다.

형성적 평가의 대표적 접근방법으로 로제이 등(Rosye et al., 2001)은 다음의 세 가지 방법들을 고려해볼 수 있다고 주장한다.

첫째, 참고가 될 수 있는 기존의 모델 사업이나 프로그램을 찾아 유사한 시기에 문제점들을 어떻게 수정해 나갔는가를 살펴보는 방법이 있다. 이러한 모델 프로그램 속에는 '표준'에 대한 논의나 언급이 되어 있을 것으로 가정하고 그 표준에 맞추어 해당 프로그램이 어느 정도 문제가 되는지를 평가해볼 수 있다.

둘째, 전문가로부터 자문을 구하는 방식이다. 이 전문가들은 이전에 유사한 프로그램들을 실행하여 얻은 경험과 지식을 축적하고 있을 것이다. 자문가들은 현장 방문을 통해 실행지침이나 과정을 검토하거나 지역주민, 직원 또는 이사들과 인터뷰를 가지기도 한다. 이들은 이렇게 수집되거나 관찰된 정보를 통해 기존의 프로그램들과 체계적으로 비교해 나가며 평가를 수행한다.

셋째, 특별평가위원회(*ad-hoc evaluation committee*)를 구성하는 방법이 있다. 지역사회 내 관련전문가 또는 관련자들을 다양하게 참가시켜 지역사회복지실천 개입 초기에 다양한 목소리를 수렴해 평가해 나가는 방법이다.

이러한 형성적 평가에서 중요한 것은 실천가나 프로그램 제공자가 이러한 초기의 평가들을 신속하고 안정적으로 전체 프로그램과정에 적용시켜 나가는 것이다. 수정 · 보완에 따른 비용과 시간도 물론 충분히 고려돼야 하지만, 수정 · 보완 없이 진행될 경우 발생할 수 있는 결과의 예상을 위해서라도 형성적 평가가 체계적으로 실행돼야 한다.

(2) 총괄적 평가

총괄적 평가는 프로그램 종료 후 프로그램이 궁극적으로 달성하고자 했던 목표를 어느 정도 달성했는가를 살펴보는 것이다. 프로그램의 결과나 성과가 주요 평가대상이 되어 결과물 평가(*outcome evaluation*)로 부르기도 한다. 이러한 의미에서는 일반적인 프로그램 평가 대부분이 이 경우에 해당한다.

총괄적 평가는 제공된 서비스의 최종 결과를 측정해야하므로 통상 개입이 끝난 후에 행해지며, 표적인구 집단에 일어난 변화에 초점을 둔다. 특정 프로그램이 의도하는 바를 실제로 수행하고 있는지, 목표를 달성하였는지 등을 평가한다. 따라서 프로그램 재정을 지원하는 사람들이나 입법가들은 프로그램이 의도한 성과를 달성하였는가에 관심을 가지게 되는데, 총괄적 평가는 특정 프로그램이 지속될 것인지, 아니면 중단될지를 판단하는 중요한 근거가 된다.

로제이 등(Rosye et al., 2001)은 특히 성과물의 실증적 검증을 통한 평가를 총괄적 평가에서 강조하며, 이를 위해 사전사후설계나 다중기초선 방식의 체계적 평가연구 설계가 필요하다고 주장한다.

〈표 5-7〉은 앞에서 논의된 형성적 평가와 총괄적 평가의 주요 특성을 비교 · 정리한 것이다. 실제로 형성적 평가는 프로그램 모니터링의 기능을 하며 총괄적 평가의 준비 자료가 된다. 일반적으로 프로그램

평가에 대한 교재의 많은 부분은 총괄적 평가방식에 대해 집중적으로 다루는 만큼, 이 책에서는 기본사항들을 중심으로 비교하였다.

〈표 5-7〉 형성적 평가와 총괄적 평가의 주요 특성 비교

	형성적 평가	총괄적 평가
개념정의	설계대로 프로그램이 수행되는 정도와 계획된 대상집단의 원조 여부에 대한 사정	프로그램이 의도한 결과(성과)를 달성한 정도, 측정 가능한 영향을 미친 정도의 사정
주요 목적과 성격	프로그램의 적절한 관리 운영자의 관심 반영	프로그램의 결과와 영향에 대한 피드백으로 정책결정자나 기획가가 프로그램/정책의 타당성 판단 및 개선 방안 모색: 인과관계 규명 관심
평가초점	프로그램 운영과정	프로그램 성과
평가항목	· 설계에 따른 프로그램 수행 여부 · 프로그램이 지역사회 욕구를 충족시키는 정도 · 대상에 대한 서비스 제공의 적절성 여부 · 서비스의 내용과 양 · 성취된 결과(산출/성과)	· 프로그램이 계획대로 기능했는지 여부 · 프로그램의 결과(성과) · 프로그램의 영향(가시적) · 프로그램의 비용효과성 · 프로그램의 긍정적, 부정적 결과와 의도하지 않은 결과
평가의 주용도	기관관리자에게 프로그램 운영에 관해 피드백	프로그램 결과와 영향에 대한 피드백: 정책결정자 및 기획가에게

제 3 부

지역사회복지실천 기술

제 3 부에서는 지역사회복지실천 현장에서 활용할 수 있는 지역사회복지실천 기술들을 설명한다. 여기서는 이 책이 강조하고 있는 임파워먼트 관점이나 강점관점을 기초로 한 실천에서 특히 활용도가 큰 기술들을 중심으로 다루게 된다. 다만 독자들은 여기에 소개한 기술들이 지역사회복지실천현장에서 사용되는 기술을 총 망라한 것은 아니라는 점에 유의할 필요가 있다.

제 6 장에서는 지역사회 욕구사정 및 조사기법을 다룬다. 이 기술들은 다양한 실천관점이나 실천모델에서 공통적으로 활용될 수 있는 것들이다.

제 7 장에서는 지역사회권력 분석기술들을 소개한다. 이 기술들은 특히 임파워먼트 관점에 기초한 사회행동모델에서 활용도가 큰 실천기술들이다.

제 8 장에서는 주민동원과 조직화의 기술들을 소개한다. 이 기술들은 지역사회개발 모델과 사회행동 모델 양자에서 공히 활용될 수 있는 것들이다.

제 9 장에서는 옹호기술들을 소개한다. 옹호기술의 사용은 제 7 장의 지역사회권력 분석에 입각하여 사용할 때 더욱 효과적이다.

제 6 장

지역사회복지 욕구사정[1] 및 조사기법

이 장에서는 지역사회복지실천과 관련된 욕구조사 기술을 중점적으로 논의할 것이다. 이미 제 5 장에서 욕구조사의 개념과 욕구조사 수행 시 고려해야 할 사항, 욕구조사의 유형들을 살펴보았다. 지금까지 국내에서 출간된 많은 지역사회복지실천 관련 교재들이 조사의 필요성은 강조해 왔지만 조사의 기술부분에 대한 논의는 충분하지 못했던 게 사실이다. 이 장에서는 보다 구체적으로 지역의 욕구조사나 문제파악 등에 관한 다양한 양적 및 질적 접근에 필요한 기술들을 설명해보겠다.

욕구조사 방법은 수집된 자료의 특성에 따라 크게 질적(*qualitative*) 접근과 양적(*quantitative*) 접근으로 구분되기도 한다. 질적 접근방법

---

1) 욕구사정과 욕구조사가 혼용되어 사용되는 경우가 많은데, 이 책은 제5장에서 지역사회복지실천의 과정과 관련하여 '욕구사정'(*need assessment*)이라는 용어를 사용하였다. 즉, 욕구사정 단계가 실천개입 계획의 전단계로 이루어져야 함을 의미한다. 그러나 이 장에서는 논의되는 다양한 기법들이 단지 사정에만 국한된 것이 아니어서 '욕구조사'라는 좀더 광의의 개념을 함께 사용하였다.

은 필요한 정보수집에 사용된 주요 의사소통 방식을 근거로 크게 대화(*conversation/dialogue*)를 중심으로 한 방법들과 조사자의 의도에 특별히 고안된 정형화된 양식(*structured form*)을 이용하는 경우로 나눌 수 있다. 양적 접근으로는 수량화된 정보를 수집하는 서베이나 이미 발표된 통계자료를 활용하는 사회지표, 시계열 분석 등이 있다. 그러나 이러한 질적 또는 양적 구분은 욕구조사에서 혼용되어 쓰이는 경우가 많고, 질적 기법도 양적 정보를 활용하여 이용되는 경우가 많아 이 책에서는 특별한 구분 없이 공통적으로 다루도록 하겠다.

논의되는 주요 기법으로는 크게 대화를 활용한 방법(비공식 및 공식 인터뷰와 민속지적 방법, 집단 간 대화기법), 지역사회 포럼, 집단 활용기법〔명목집단기법(*nominal group technique*, NGT), 초점집단(*focus group*)기법, 및 델파이 기법〕, 세력장 분석기법(*force-field analysis*, FFA), 및 양적지표활용법(서베이 및 사회지표 분석)으로 나누어 살펴보기로 하겠다.

1. 대화활용 기법

1) 비공식적 인터뷰

인터뷰는 질문의 정형화, 면접의 공식성, 조사 대상자의 전문적 지식(*expert knowledge*) 등의 정도에 따라 비공식적 및 공식적 인터뷰로 구분될 수 있다(Hardina, 2002).

비공식적 인터뷰는 지역조사자들이 지역주민이나 유지들과의 자연스러운 만남을 통해 향후 전개될 조사의 방향이나 기본 요소들을 인식할 수 있는 지역 욕구사정의 첫 번째 단계로 볼 수 있다. 루빈과

바비(Rubin & Barbie, 1997)는 비공식적 인터뷰를 "지역 현장관찰 동안 면접자와 조사대상 간의 자연스러운 만남에서 특별한 계획 없이 발생하는 우연적 상호작용"으로 정의하였다.

비공식적 인터뷰의 경우 특별히 준비된 질문을 체계적 순서로 묻는 것이 아니므로 조사대상이 인터뷰에 응하는 것이 아니라 단지 대화에 참여한다고 인식하는 경우도 있다. 따라서 자연스럽게 의견교환이 일어날 수 있고 조사대상자의 특정한 입장에 상관없이 정보를 수집할 수 있다.

지역욕구 사정을 하는 지역사회복지실천가나 사회복지사가 여러 대상들로부터 공통적 반응의 양상을 발견하면 지역사회내의 중요쟁점을 파악하여 문제를 확정할 수 있으며, 그 문제와 관련된 인적 자원들을 서로 연결해갈 수 있다. 미나한(Meenaghan, 1982)은 지역사회복지실천가가 이 비공식적 인터뷰의 결과로 확정된 문제에 대응할 추가인원이나 조직에 관한 동원을 의뢰하는 경우 같이 비공식적 인터뷰를 욕구조사 차원을 넘어선 지역사회복지실천의 첫 단계로 이용할 수 있다고 주장한다.

2) 공식적 인터뷰

공식적 인터뷰는 지역사회의 여러 쟁점들에 관한 전문적 지식을 갖고 있다고 여겨지는 주요 정보제공자들과 사전에 계획된 대면이나 전화면접 등을 통해 이뤄진다. 지역욕구 사정을 위한 공식적 인터뷰와 관련하여 두 가지 특성이 강조된다.

첫 번째 특징은, 정보제공자들의 구성과 관련된 문제로서 조사대상자의 선택은 비확률적 샘플링 기법이 많이 쓰인다. 인터뷰대상 선정을 위한 샘플링 기법으로는 기존정보로 확보된 적은 수의 정보제공자들을 효과적으로 활용하여 점차 대상을 확대해갈 수 있는 편의형(*convenience*)이나 스노볼(*snowball*) 샘플링이 이용된다. 지역주민들이 사회계층, 출신지역 및 문화적으로 이질적 집단들로 구성된 경우는 구성 자체를 이 요소들의 일정 비율로 선택하는 쿼터(*quota*) 샘플링을 사용하기도 한다.

포괄적 욕구사정을 위해서는 이 인터뷰에 참여하는 정보제공자들이 지역의 다양한 욕구를 표출할 수 있도록 지역사회 내 다양한 집단들(예를 들면 지역주민, 상인, 지역의원, 복지서비스 제공자, 시민단체 및 담당지역 공무원)로 구성되어야 한다는 점이 무엇보다 중요하다(Chambers, Wedel, & Rodwell, 1992). 그러나 특별한 표적집단을 위해서는 정보제공자들을 그 표적집단에 맞출 필요가 있다. 예를 들면 청소년이나 노년층을 대상으로 하는 욕구조사에서는 이들의 욕구를 표출할 정보제공자들이 필요하다.

두 번째 특징은 조사에 사용되는 질문의 형식과 관련된다. 질문에 사용되는 형식은 조사대상자들이 대답을 보다 자세하게 기록할 수 있도록 개방형(*open-ended*)으로 구성하는 것이 바람직하다. 보다 체계적 조사가 되기 위해 사전에 인터뷰 전반에 대한 요약적 인터뷰 가이드를 작성, 이용할 수 있다.

질문은 지역욕구 사정이라는 목적에 맞게 지역조사자가 고안하는 경우가 많지만 자료수집의 신뢰도와 일관성을 향상시키기 위해서는 표준화된 도구들을 이용하기도 한다. 표준화된 도구사용과 질적 자료 분석기법 등의 구체적 논의는 사회복지 조사방법론 문헌들에서 질적 조사방법론관련 부분에 상세히 서술되어 있다.

3) 민속지적(문화기술지적) 조사

질적 조사와 관련된 보다 전문적이고 심도 깊은 인터뷰형태의 지역조사방식으로는 민속지적 조사(*ethnographic research*) 방법이 있다. 민속지적 접근은 심층적(*in-depth interview*) 면접과 조사자의 현지관찰을 근거로 조사대상 지역주민들의 삶의 방식, 행동, 문화, 가치와 믿음 등을 이해하기 위해 사회과학의 여러 분야에서 이용되는 조사 방법이다(Berg, 1998).

사회복지조사와 관련하여서는 도시빈민 문화(Anderson, 1990), 갱(*gang*) 문화(Decker & Van-Winkle, 1998), 저소득층 주민들의 경제적 생활(Wagner, 1994), 시설보호노인들의 삶(Kauffman, 1984)의 이해 등에 이용되었다. 커비와 맥키나(Kirby & McKenna, 1989)는 잠재적 조사대상 집단내의 사회망을 이용한 집단 안으로의 접근과, 이에 따른 대상과의 적절한 접촉을 민속지적 접근을 위한 조사자의 선결과제로 지적했다.

최근 미국의 경우 다문화 조직(*multi-cultural organization*)의 개념이 지역복지 실천에서 강조됨에 따라 지역참여조사(*Participatory Action Research*)의 형태로 민속지적 접근이 강하게 이용되고 있다(Royse et al., 2001). 민속지적 접근의 상세한 서술과 구체적 자료수집 및 분석은 전형적 지역욕구 사정의 논의범위를 벗어나므로 자세한 정보는 질적 조사방법론관련 문헌들을 참조하기 바란다.

4) 지역사회문제 파악을 위한 집단 간 대화기법(IGD)

앞서 언급했듯이, 지역욕구 조사에서 최근 가장 중요한 이슈는 조사된 욕구의 대표성이다. 특히 지역사회 동질성이 점차 미약해지는 도시지역 거주자가 점차 다양한 문화적 특성을 갖게 되면서 지역문제 해결이나 지역복지 증진에 참여하는 기획가, 의사결정자 및 개입실행자와 지역개입으로 혜택을 받을 수 있는 대상 간의 문화가 달라지고 있다. 이러한 문화의 차이를 극복하는 것이 문제해결의 우선요소가 되어야한다는 점이 여러 계층을 아우르는 집단 간 대화기법(*Inter-Group Dialogue*, IGD)이 주목받는 가장 중요한 배경이 됐다.

집단 간 대화기법은 서로 다른 집단 간 문화와 가치 등의 이해를 위해 어느 정도의 기간 동안 구성원 간 상호작용이 진행 중인 그룹을 활용하는 것으로, 특정한 목적으로 단기간 지속되는 포커스 그룹이나 과업집단(*task force*)과는 다르며, 문제의 단기적 해결보다는 대화기법을 통한 장기적 상호작용 증진에 따른 협조적 업무환경의 형성에 초점을 둔다(Meenaghan et al., 1982).

욕구사정과 관련하여 집단 간 대화기법은 지역사회 문제의 근본이유를 파악할 때 여러 계층의 관점을 반영할 수 있다는 중요한 장점을 갖고 있다. 또한 집단 간 대화기법을 통해 파악된 문제들에 대한 해결책들을 찾고, 이 해결책들이 다양한 계층들의 입장을 반영할 수 있는가에 초점을 둔다.

집단 간 대화기법은 임파워먼트 관점(*community empowerment*)의 접근에서 비롯된 기법으로 볼 수 있다. 전통적 지역사회의 권력구조는 한 집단으로 수렴하는 권력(*power to*)이나 다른 집단을 통제하려는 권력(*power over*)에 기반하고 있어, 다양한 집단 간의 상호평등관계에 장애요인이 되어 왔다. 임파워먼트 관점에서는 지역문제의 근본원인이 이러한 불평등한 권력구조와 관련이 높다고 본다. 이 관점에 따르면, 집단 간 대화기법은 서로가 공유하는 힘(*power with*)을 바탕으로 상호평등한 계층 간 관계를 형성하는 데 필요한 기법의 하나이다.

집단 간 대화기법은 서로 다른 계층들이 무엇을 갖고 있고, 갖고 있지 못한지, 왜 특정계층에는 계속 혜택이 돌아가지 못하는지, 소외 계층에게 실질적 혜택이 돌아가려면 어떻게 해야 하는가에 관한 해납을 찾는 데 그 의의가 있다.

지역사회 활동가나 실천가는 계층 간 조정자(*facilitator*)의 역할을 수행하면서 각 계층들이 진정으로 다른 계층의 문화를 이해하도록 하는 데 개입의 초점을 두는데, 이를 위해서는 지역사회 내 힘의 구조를 사전에 충분히 파악하여야만 한다. 욕구사정뿐 아니라 개입전략과 전술의 선택 및 개발의 경우에도 교육은 집단들이 타문화와 가치에 대한 이해를 증진하는 데 중요한 기법이 된다.

이러한 장점에도 불구하고, 이 기법을 장기적으로 실행하는 것과 이 기법의 효과성을 입증하는 데에는 한계가 있다. 첫째, 각각 이해와 중요이슈가 다른 집단의 상호행동을 장기적으로 유지하기가 힘들다. 취지나 목적은 좋지만, 형식적 관계에 치우칠 가능성이 높다. 이러한 문제점을 극복하기 위해서는 소수집단을 구성하고 보다 체계적 교육과정을 통한 의사소통 진행방식의 개발이 필수적이라 하겠다.

둘째로, 문제해결이 장기간에 걸친 상호이해 증진의 결과인지 아니면 다른 요인들에 의한 것인지, '효과성' 입증의 문제가 있다. 집단 간 대화기법이 강조하는 일차 목표들은 사회계몽(*social enlightenment*), 의식고취(*consciousness raising*) 등의 행동실천 동기에 초점을 둔다(Nagda, 2004). 따라서 이러한 동기가 실제 행동을 이끌어내는지의 여부는 집단 간 대화기법의 효과성과 밀접한 관련이 있는데, 지역사회문제의 해결에는 다양한 요인들 및 집단역학이 작용하므로, 특정 요인의 효과만을 특권적으로 강조하기란 쉽지 않다.

2. 지역사회 포럼

지역욕구조사의 방법은 욕구관련 정보수집 이외에도 지역문제들에 대해 주민들이 공유한 지역정서 파악이라는 목적을 갖고 있다. 이러한 목적을 위해 쉽게 사용할 수 있는 것이 지역사회 포럼(*community forum*) 방법이다.

챔버스(Chambers et al., 1992)는 지역사회 포럼이 정부추진 사업이나 계획 등에 대해 주민의견을 청취하는 지역공청회(*public hearing*)와는 구별되어야 한다고 주장한다(Hardina, 2002 재인용). 지역포럼은 지역주민의 의사를 대변하는 전문가들의 의견을 지역주민과 함께 공유하는 데 초점을 두는 반면, 지역공청회는 정부의 특정사업 전에 주민들의 의견을 들어보는 데 초점을 맞춘다.

지역공청회를 통해 정부당국은 회의주제 및 회의록에 근거한 욕구사정을 하게 되고, 이 자료의 배포를 책임진다. 지역공청회의 경우 일부 개인들이나 이익집단이 의사진행을 방해하거나 회의진행을 주도해 통제가 힘들고(Chambers et al., 1992), 그들의 의견이 실제로 지역 전체를 대표하는가라는 의문에 취약한 단점이 있다(Royse & Thyer, 1996).

이러한 지역공청회와 달리, 지역사회 포럼은 지역주민들이 지역문제에 대해 공유한 생각을 문서화하는 것을 주목적으로 지역사회복지 실천가나 조사자가 전체 주민이나 몇몇 지역의 대표집단들을 초대하여 실시된다(Hardina, 2002). 지역사회 포럼을 통해 지역 문제의 명확화나, 우선순위 설정, 해결책 등을 현장에서 바로 살펴볼 수 있게 된다. 포럼에서 필요한 정보수집 및 분석을 위해 사용되는 기법으로는 다음에 살펴볼 명목집단 기법, 초점집단 및 델파이기법 등이 있다.

3. 집단활용 기법

1) 명목집단 기법(NGT)

명목집단 기법(*Nominal Group Technique*)은 비교적 빠른 시간 안에 다양한 배경을 가진 집단의 이익을 수렴하여 욕구조사와 우선순위 결정(*priority-setting*)까지 하도록 고안된 욕구조사방법이다. 집단을 이용한 여러 방법 중 명목집단 기법의 최대장점은 참여한 이들 모두의 의사가 고루 반영될 수 있고, "group think"(소수 엘리트집단의 독단에 의한 의사결정 모형)의 가능성을 최소화할 수 있다는 데 있다(Lauffer, 1984). 명목집단 기법은 다음의 과정을 거쳐 실행된다.

1단계: 진행자는 각 참가자들이 지역사회 내 문제나 쟁점들을 자유롭게 제안하여 열거하게 한다.

2단계: 차트에 각자의 생각들을 간결한 용어로 적는다(단, 중복된 것들은 간추려 각기 다른 문제들이 차트에 적혀있도록 한다).

3단계: 열거된 각각의 문제들에 대한 중요성을 부각하기 위해 참가자들이 짧게 논의나 발표에 참여할 시간을 갖는다.

4단계: 우선순위 결정을 위해 각 참가자들로 하여금 열거된 문제에 대해 순위를 매기게 한다.

5단계: 진행자는 각 참가자들이 매긴 순위를 기준으로 평균 점수와 최종 우선순위를 결정한다(〈표 6-1〉 참조).

6단계: 만약 최우선 순위나 다음 순위의 최종결정에 전혀 동의가 이뤄지지 못한 경우, 진행자는 4와 5단계를 한 번 더 실시한다. 이때는 진행자가 문제들을 3~4개 정도로 압축해 진행한다.

〈표 6-1〉 명목집단 기법을 이용한 지역욕구 조사 및 우선순위* 결정

문제/쟁점	갑	을	병	정	무	평균	최종순위
가정폭력	4	1	3	5	3	3.2	3
독거노인	1	3	2	2	1	1.8	1
마약	3	2	1	4	5	3.0	2
노숙증가	2	4	5	3	4	3.6	5
실업	5	5	4	1	2	3.4	4

*1 = 최우선 순위, 5 = 상대적 최하순위

〈표 6-1〉을 보면 다섯 명의 참가자가 다섯 개의 쟁점에 대해 각각 점수를 부여하고 최종적으로 순위를 매겨 '독거노인' 문제를 1순위로 정했음을 알 수 있다. 모든 참여자가 각각의 의견을 반영한다는 점에 이 방식의 중요한 강점이 있다.

2) 초점집단 기법

명목집단 기법을 실시하기 어렵고, 지역사회 욕구들을 지역사회에서 발생하는 사건들의 맥락을 통해서 조사하고 싶은 경우 초점집단이 쓰인다. 이 방법에서도 다른 기법처럼 다양한 집단을 대표할 집단원의 구성이 우선적으로 요구된다. 지역사회 포럼의 한 형태로 실시될 수도 있고, 독자적 자료수집 방법으로 이용할 수도 있으며 사안에 따라 여러 그룹을 독립적으로 이용하기도 한다.

이 방법을 사용할 때 가장 중요한 사항으로 로이제와 사이어(Royse & Thyer, 1996)는 집단구성원들이 자유롭게 첨예한 문제들을 토론할 수 있는 편안한 분위기를 지적했다. 이러한 분위기가 보장돼야 조사자는 자신이 던진 질문에 대해 종합적 논의를 거친 답변을 얻을 수 있다는 것이다.

버그(Berg, 1998)도 조사목적에 최대한 부합하기 위해서는 초점집

단이 집단구성원의 적극적 토론을 권장하는 상호작용이 허용되어야 한다고 지적한다. 비록 동의를 얻어 각자의 의견이 기록되거나 녹취되지만, 조사자는 상호 합의된 답변을 얻는 것을 최우선 과제로 삼아야 한다.

명목집단 기법이 지역사회 및 서비스전문가나 기관의 대표들을 대상으로 많이 실시되는 반면, 초점집단 기법은 클라이언트나 일선업무담당자들을 대상으로 실행하는 경우가 많다(Lauffer, 1982). 따라서 집단구성원들 간의 심도 있는 논의를 통해 복지서비스의 수혜경험이나 복지정책과 현장업무의 괴리 등을 살펴볼 수 있는 장점이 있다. 동질성을 높이기 위해 비슷한 위치나 역할을 수행하는 사람들끼리 구성하는 것이 바람직하다.

명목집단은 욕구수렴을 통한 우선순위를 결정하는 데 주로 활용된다면, 초점집단은 비슷한 위치에 있는 사람들의 공통된 입장을 보다 더 자세하게 파악하는데 주로 활용된다. 또 명목집단 기법이 욕구내용("what")의 결정에 초점을 두는 반면, 초점집단은 욕구의 배경이나 결정과정("why"나 "how") 등의 문제들에 대한 답변들을 살펴보는 데 목적이 있다. 마지막으로 지역사회내의 주류적 견해뿐 아니라 소수의견들도 논의에 포함함으로써 다양한 목소리를 참조하는 욕구조사를 수행할 수 있다.

3) 델파이 기법

델파이 기법은 필요한 정보를 갖고 있다고 여겨지는 전문가들로부터 몇 차례 우편조사를 사용해 자료를 수집하여 욕구조사를 실행하는 방법이다. 델파이[2]라는 명칭은 고대 그리스의 도시 이름에서 유래된 것으로 전쟁에 나가는 군주는 이곳에서 신탁(神託)을 받아 의사결정을 행하였다고 한다.

이 기법은 여러 전문가들을 모아 토론하는 데서 오는 비효율성을 줄이고, 토론 중 소수자의 영향력을 줄이고, 자유로운 반대의사 표출의 환경을 만들어 주어 효과적 집단의사 결정 기법으로 많이 활용되고 있다. 특히 최근 전자우편이나 인터넷 사용이 폭발적으로 증가함에 따라 첨단기술을 이용한 방법들이 델파이 방법에 응용되고 있다.

지역사회욕구 사정에서 전문가 집단은 단지 학계뿐 아니라 지역 내 여러 가지 쟁점이나 문제점을 파악하기 용이하다고 여겨지는 지역지도자, 지역경제인, 시민단체나 복지업무 종사자, 장기거주자 및 공무원들을 두루 포함한다. 델파이 방식에서는 이 조사대상들을 패널리스트로 지칭한다.

기본적 절차로는 조사자가 전문가들에게 몇 개의 개방형으로 이루어진 질문지를 보낸 후 1차 답변을 얻고 조사자가 다시 이를 주제별로 요약·정리한다. 이 정리된 답변들을 통해 구성된 새로운 질문을 다시 동일한 전문가들에게 보낸다. 이런 과정을 몇 차례 거치면서 초기에 상당한 이견을 보인 쟁점에 대해 최대한의 합의를 얻는 방식이다.

로퍼(Lauffer, 1984)는 구체적 방식을 다음의 4단계로 요약한다.

1단계: 지역문제나 특정 쟁점에 대한 여러 가지 의견들이 모아질 수 있도록 질문을 보낼 대상을 선정한다.

2단계: 구체적 개별주제에 대해 조사대상의 동의 정도를 평가한다.

---

2) 그리스 신화에 등장하는 델파이(델포이) 신전은 예지의 신이며 합리적 이성의 이미지를 가진 아폴론(Apollon)이 관장하는 곳이다. 이 신전에 중용, 균형감각, 절제 등의 기록이 있었다는 유래는 오늘날 델파이 기법에서 추구하는 '여러 전문가 의견의 조정을 통한 합리적 의사결정방식'을 설명해준다(저자 주)

3단계: 문제파악의 명확성을 위해 조사대상 간에 견해가 다른 이유들을 살펴본다.

4단계: 정보를 분석·요약한 후 피드백을 받기 위해 수정된 주제를 재발송한다. 이러한 단계를 비용과 시간의 조건에 맞추어 되풀이한다.

조사목적이나 방식으로만 보면 델파이 방식은 명목집단 기법과 유사하나, 두 방법의 출발은 서로 달랐다. 명목집단 기법은 집단 간 동학(*group dynamics*)에서 나온 방식이며, 델파이 방법은 미래학에서 미래예측 기법으로 사용되었던 방식이다(Lauffer, 1984).

위에서 언급한 명목집단 기법, 초점집단 기법과 비교했을 때 델파이 방식의 장점은 크게 수집 방식의 효율성과 익명성 보장에 있다. 델파이 방식은 조사대상간의 직접적 회동을 요구하지 않아 패널들이 동일한 시간에 동일한 공간에 있을 필요가 없다. 또 서로간의 직접적 의사소통 방식으로 합의를 찾는 명목집단 기법과 달리 델파이 방식은 답변의 익명성이 보장된다.

델파이 방식은 구체적으로 정책 델파이(*policy delphi*)와 예측(*predictive or projective*) 델파이 두 가지로 나뉜다(Lauffer, 1984). 정책 델파이는 쟁점이 된 정책이나 서비스를 제시하고 이를 비용, 선호성(*desirability*)나 타당성(*feasibility*) 등의 몇 가지 기준에 의거해 패널들의 평가를 의뢰하는 것이다.

예를 들면 "정신요양시설에 입소한 클라이언트는 퇴소 후 돌아갈 지역사회의 담당사례관리자를 확정한 후에 지역사회로 복귀가 가능하다", 또는 "인지장애가 있는 독거 재가노인에 대한 개입계획을 세울 때는 성년후견인의 동의가 반드시 필요하다" 등의 명목적 문장을 작성한 후 패널들이 위에 제시한 몇 가지 기준(비용, 선호성이나 타당성 등)으로 평가하는 것이다.

여러 기준에서 관심주제에 대한 전문가들의 합의가 쉽게 이루어진다면 그 주제를 그대로 채택하면 되나, 지역조사의 경우 기준에 따라 평가견해가 큰 차이를 보이는 경우가 많다. 예를 들면 패널 간에 정책 A는 바람직하나 실제 타당성이 없다든가, 정책 B는 비용이 너무 많이 든다든가 하는 견해차이가 나타날 수 있다.

주제에 대한 의견에 대해 상호합의를 얻는 것이 가장 중요목적인 델파이 방식의 효과적 수행을 위해 로퍼는 좋은 질문지가 되기 위해서는 패널들이 내린 평가의 이유와 대안제시 등을 자연스럽게 답변에 이끌어낼 수 있어야 한다고 주장한다(Lauffer, 1984). 또 이견을 보이는 쟁점에 대해 최대한의 합의를 이끌어내기 위해 델파이는 대략 3~5차례 실시돼야 한다.

정책 델파이와 달리 예측 델파이는 미래의 가능자원, 클라이언트 수요 또는 지역쟁점 등의 추후 경향을 보다 체계적으로 예측하기 위해 고안되었다. 패널들도 정확한 예측을 할 가능성이 높은 전문가로 구성된다. 이런 경우는 질문들도 패널의 평가보다는 예측에 초점을 둔다. 예를 들면 "지역내 장기요양서비스를 필요로 하는 85세 이상의 노인이 10년 안에 두 배 정도로 늘 것 같다"는 문장을 제시한 후 이를 5단계 척도(1은 매우 그렇다, 5의 경우 전혀 그렇지 않다)로 의견을 예측하고 그 근거를 제시하게 하는 것이다.

4. 세력장분석 기법[3)]

세력장분석(*force-field analysis*, FFA)은 사회과학과 물리학을 결합하려 했던 레빈(Kurt Lewin)의 시도에서 유래해, 오늘날 프로그램 설계, 자원개발, 욕구조사 등에 사용되는 조사방법이다(Lauffer, 1984). 다른 조사방법과 달리 세력장분석은 욕구가 어느 정도 파악된 뒤 이를 해결하는 방법을 마련하려는 지역사회복지실천에서 쓰이는 조사방법에 가깝다. 하지만 세력장분석을 실행하는 과정을 통해 욕구와 욕구해결의 환경적 요인들을 파악하고 지역 전반에 걸친 진단으로 나아갈 수 있어 욕구사정의 한 방법으로 논의되고 있다.

세력장분석을 수행하기 위해서는 기본적으로 욕구, 목표, 변화장애세력(*restraining forces against change*, RF), 변화주도세력(*driving forces for change*, DF), 그리고 행동주체(*actor*)라는 5가지 요소들의 개념을 살펴보아야 한다.

"Forces"(세력 요인)는 방향을 변화시키거나 현 상태를 유지하려고 하는 환경의 내/외적 세력 요인들로 볼 수 있으며, 이 세력 요인들은 "fields"라는 환경에 존재하는 것으로 여겨진다. 보다 쉽게 세력장분석을 이해하기 위해 〈그림 6-1〉의 '세력장분석 작성도'(FFA map, 이하 작성도)를 중심으로 개념들을 정리해보자.

우선, 지역조사팀은 작성도의 상단좌측 부분에 지역의 문제나 욕구들 중 주요 쟁점인 것을 기입한다. 다음으로 이 문제나 욕구해결에 대한 목표를 설정한다. 다음으로 변화장애세력인 RF와 변화주도세력

3) "force-field"는 장력으로 번역되어 사용되는 경우도 있지만, force-field analysis는 지역사회욕구 조사와 관련하여 지역사회의 여러 세력들(*forces*) 간에 맺어진 관계분석에 초점을 두는 만큼, 이 책에서는 세력(勢力) 분석으로 번역했다.

인 DF들을 작성도 가운데 있는 번호 옆 화살표 위에 차례로 열거해 나간다. RF가 증가된 경우 목표달성에 장애를 초래하는 현재 및 잠재적 세력 요인들로 볼 수 있으며, 반면 강화된 DF는 목표달성의 방향으로 활동하는 세력 요인들로 볼 수 있다(Lauffer, 1984).

RF의 예로는 동일과제에 대한 과거의 실패 경험, 지역경제의 침체, 설정한 목표달성으로 인해 기득권을 잃게 될 세력이나 클라이언트 일부 집단들의 저항 등이 될 수 있다. DF의 예로는 목표달성에 우호적인 지역단체나 여론 또는 논의되고 있는 쟁점에 합의를 이끌어 낼 세력 요인들이 되겠다.

일단 이 양 세력요인들을 열거한 후 잠재적(*potential*) 요인들과 실제적(*actual*) 요인들로 구분해보면 이후 분석을 더 용이하게 할 수 있다. 다음 단계로는 이렇게 열거된 변화 요인들을 통제 주체에 따라 구분해 본다. 즉, 지역조사 팀에 의해 통제가 가능한 요인들, 다른 기관이나 주민단체에 의해 통제될 수 있는 요인들, 그리고 경제상황같이 당장 누구도 통제하기 힘든 요인 등으로 구분해본다.

행동주체(*actors*)는 실제 변화를 일으킬 주체들로 볼 수 있는데, FFA에서는 이들을 핵심주체(*critical actors*)와 주변자(*facilitating actors*)로 구분한다. 핵심주체들은 위에 열거한 세력요인들 중 특히 변화에 우호적 세력으로 보이는 인력이나 단체들을 일컬으며 이들은 확가변성은 각 세력요인들의 변화가능성의 여부와 관련이 있으며, 지속성은 특별한 개입이 없다면 현상태를 계속 유지해 나가는 정도를 의미한다. 마지막으로 잠재성은 현상태 유지, 변화장애, 변화 달성에 있어 세력요인들이 얼마나 잠재적 또는 실재적 영향을 끼칠 것인가에 대한 기준으로 세력요인들의 잠재력 및 영향력과 연관된다.

이러한 기준을 적용하여 각 세력요인들을 그 정도가 강한 경우 "H"(*high*) 그렇지 않은 경우 "L"(*low*)로 기입한다. 또 이런 기준으로 볼

〈그림 6-1〉 세력장분석 작성도*

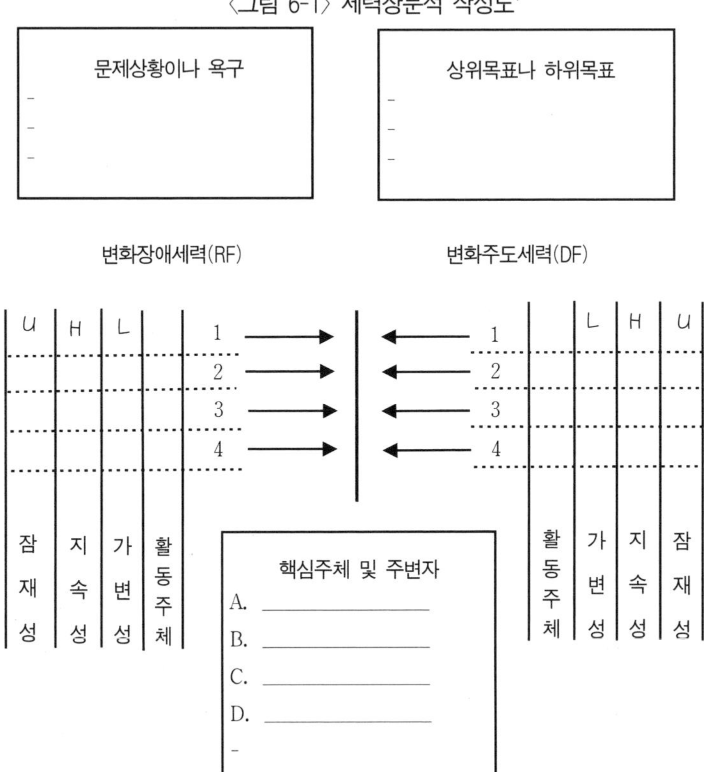

출처: Lauffer, 1984: 134.

---

* 작성도는 다음의 과정을 거친다.

① 문제상황이나 욕구에 대해 리스트를 작성한다.

② 상위목표나 하위목표에 대해 리스트를 작성한다.

③ 하단 box에 핵심주체와 주변자들을 확인한 후 기입한다.

④ RF와 DF의 세력들을 파악한 후 각 면의 숫자 옆에 기입한다(세력들은 행동주체나 주변자와 중복될 수도 있다).

⑤ 이렇게 파악된 세력들을 잠재성, 지속성, 가변성의 기준에 따라 H/L/U로 평가하고, 그림에서처럼 빈칸에 기입한다(〈그림 6-1〉에 적힌 평가치는 임의로 작성된 것이다).

⑥ 마지막으로 이렇게 평가된 세력들을 조사진회의, 전문가자문, 지역주민의견반영 등의 과정을 거쳐 수정해간다.

때 전혀 예측 불가능한 경우에는 "U"(*uncertain*)를 기입한다. 세 가지 기준에서 어느 정도 높은 점수를 받았다면 그 세력요인들은 욕구충족 변화에 심대한 영향을 끼칠 주요 "활동세력요인"(*working forces*)으로 분석될 수 있다.

5. 양적 자료분석 기법

1) 서베이

지역사회복지실천가들이 욕구조사에서 가장 많이 사용하는 방법으로, 지역사회와 관련된 표준화된 정보수집을 위해 구조화되거나 반구조화된 질문지를 사용하여 자료를 수집하는 방법이다. 특히 구조화된 서베이는 조사대상자들이 조사자에 의해 정해진 항목들에 대해서만 답변할 수밖에 없기 때문에 다양한 의견취합에는 난점이 있지만, 답변으로부터 표준화된 양적 정보를 확보할 수 있다는 점이 큰 장점으로 꼽힌다.

구조화된 서베이의 또 다른 장점으로는 수집된 자료를 다양한 인구사회집단별로 비교·분석해볼 수 있다는 점이다. 지역사회문제에 관한 의견을 지역사회 구성원들의 여러 특성에 맞추어 비교·분석하여 욕구를 파악해갈 수 있으며, 앞서 언급된 여러 기법과 달리 샘플링 방법에 따라 대표성을 상당히 갖출 수가 있다.

그러나 지역사회 구성원들에 따라 지역사회 문제 및 해결방법에 큰 이견이 생겼을 경우 서베이만으로는 충분한 욕구조사가 이뤄지기 어렵다는 한계가 있다. 또 우편이나 전화를 이용한 서베이의 경우 설문에서 질문하는 언어나 문장형식에 따라 조사대상자의 이해 정도가 달라 답변에 영향을 끼칠 수 있다는 단점이 있다.

2) 사회지표 분석 및 기타 2차 통계자료를 이용한 분석

사회지표 분석은 통계청이나 보건 및 복지관련 기관이 이미 발표한 자료들을 활용하여 욕구조사를 실행하는 방법이다. 우리나라의 경우 통계청에서 발행하는 인구센서스 및 각종 통계자료, 보건복지부 및 지방자치단체의 보건복지관련 자료, 한국보건사회연구원이나 노동연구원 등의 연구기관에서 수행하는 전국실태조사 등이 주요 자료들로 활용된다.

지역사회 욕구조사를 위해서는 2차 자료를 수집하여 해당지역관련 정보를 추출하고, 이를 타지역이나 전국의 지표와 비교하는 작업이 필요하다. 또 보다 객관적이고 체계적인 분석을 위해서는 지역사회 내에서 기존에 실시된 서베이 등을 통해 관련정보가 있을 경우 다양한 자료들을 비교, 제시할 필요가 있다. 2차 자료를 활용하는 기법은 지역사회 여건을 대략적으로 파악하거나 문제의 우선순위를 결정하는 데 사용되기도 하지만, 보다 심도 있는 문제를 선정하거나 욕구의 맥락을 파악하는 데는 한계가 있을 수 있다.

사회지표는 아니지만 보건이나 복지서비스 이용자의 실태에 대한 자료도 욕구의 지표로 활용된다. 지난 수년간 사회복지관을 이용한 이들에 관한 자료나 대기자 수의 변화는 지역사회복지 욕구의 파악을 위한 중요한 자료로 활용될 수 있다. 지역사회복지실천가들은 장기적 지역사회정보 관리차원에서 서비스이용자에 대한 자료들을 체계적이고 지속적으로 수집·관리해야 할 필요가 있다.

제 7 장

지역사회 권력구조 이해

이 장에서는 지역사회복지실천을 위한 지역사회권력 및 권력구조에 대해 논의할 것이다. 권력 및 권력구조 분석은 특히 사회행동 실천모델과 관련하여 지역사회의 의사결정 구조를 파악하고 각 집단들이 의사결정 구조에 끼치는 영향력을 신장하는 데 필요한 지역사회복지실천가의 필수지식과 기술이라 하겠다.

1. 지역사회권력과 지역사회복지실천

1) 권력의 개념

하디나(Hardnina, 2002)는 지역사회권력을 지역사회 내의 정치적 과정의 기본 구성요소로서 보았다. 지역사회권력에 대한 이해는 지역사회복지실천을 위한 필수사항이다. 즉, 지역사회에서 제한된 재정적 또는 정치적 역량을 가진 집단은 주요 의사 결정과정에서 지속적으로 제외될 수밖에 없는데, 지역사회복지실천은 소외된 집단에게 권력을 재분배하는 과정과 관련을 맺기 때문이다. 이 절에서는 권력의 원천에 따른 몇 가지 유형들과 지역사회 의사결정에 있어 권력의 역할 및 권력형성 구조에 대해 논의해보고자 한다. 본격적 논의에 앞서 권력에 대한 정의들을 살펴보면 다음과 같다.

프렌치와 크레이븐(French & Craven, 1968)은 권력이란 "다른 사람의 의사와 상관없이 그 사람을 일정한 방식으로 행동하게 만드는 능력"으로 정의하였다. 루빈(Rubin & Rubin, 1986)도 이와 유사하게 "타인의 반대와 상관없이 자신의 의지를 수행하는 능력"으로 권력을 정의하였다.

특히 지역사회에서 권력은 지역사회내의 여러 행동주체(개인, 집단, 조직 등)들 간의 관계를 설정해주는 요인으로, 둘 이상의 행동주체가 필요하다(이성·정지웅, 2002). 그러한 관계 속에서 한 행동주체가 다른 행동주체들에 영향을 끼칠 경우 권력이 형성되는 것으로 볼 수 있다.

지역사회권력은 어떻게 사용되는가에 따라 긍정적 또는 부정적으로 나타날 수 있다(Meenaghan, Washington & Ryan, 1982). 권력이 의사결정 집단을 설득하여 행동의 변화를 이끈 경우는 긍정적 측면이 있으며, 반대로 행동을 제한하는 방향으로 사용된다면 부정적으로 나타난다. 좀더 실제적인 지역사회권력 개념의 이해를 위해서는 권력의 유형과 지역사회 권력형성의 구조에 대해 살펴볼 필요가 있다.

2) 권력의 유형

권력은 일반적으로 타인의 생활에 영향을 끼치는 권위(*authority*)에서 발생된다. 사회복지조직에서 상급 행정가나 슈퍼바이저들은 직원들의 인사문제에 관여하고 조직지침들을 결정하는 권위를 가지며, 그 권위에 걸맞은 영향력을 가진다. 또 신거에 의해 선출된 관리나 상급 공무원들은 그가 맡은 부서업무의 의사결정권을 행사하는 권위를 갖는다. 이러한 권위는 권력의 중요한 기반이다.

권력의 기반이 되는 권위는 실제 다양한 권력원천(*power resource*)에서 비롯된다. 권력의 원천에는 개인적 기질, 사회적 지위, 개인이 속한 조직, 재화, 서비스, 전문성, 투표(득표), 지식, 정보, 언론에 끼치는 영향력, 유력인사들과의 관계 등이 있다.

사회복지사의 경우도 다양한 원천을 통해 권력을 갖는다. 학력 정도(학사, 석사), 개입에 대한 전문적 지식과 정보, 서비스 전달체계와 클라이언트의 욕구에 대한 정보 등은 주요한 권력원천이다. 사회복지사는 또한 클라이언트의 서비스 자격을 결정하고 서비스의 양을 조정하는 재량권을 갖는다는 점에서 지역사회로부터 고유한 권위를 부여받는데, 이를 권력원천으로 삼아 권력을 행사한다.

프렌치와 크레이븐(French & Craven, 1968)은 권력의 원천과 관련하여 다음과 같이 다섯 가지 권력의 유형들을 구분하였다.

(1) 강압적 권력

강압적 권력(*coercive power*)은 한 개인이나 집단이 자신(권력 소유자)과 동조하지 않는 행동을 취할 때, 이에 대한 제재를 가하여 자신의 지시에 따르도록 하는 권력을 말한다. 강압적 권력은 인간의 공포에 기반을 둔 권력으로 처벌이나 억압의 수단에 의존한다.

(2) 보상적 권력

보상적 권력(*reward power*)은 강압적 권력과는 반대로 한 개인이나 집단의 적절한 행동에 대해 권력소유 개인이나 집단이 가치 있는 보상을 제공하거나 부정적 결과를 제거하는 능력을 의미한다. 예를 들면 물질적 후원이나 재정적 지원의 인상, 칭찬, 서비스 제공 등이 대표적이다. 중요한 것은 이 보상이 보상받는 집단으로부터 가치 있는 것으로 간주되어야 한다는 점이다.

(3) 합법적 권력

합법적 권력(*legitimate power*)은 특정인이나 특정인이 속한 조직의 권위, 전문가로서의 지위 또는 대중으로부터의 인정으로부터 생성된다. 합법적 권력은 보상이나 제재에 의해 나온 것이 아니라 역할이나 지위 같은 집단 구조 자체로부터 생성된 것이기 때문에 강압적 권력이나 보상적 권력보다 지속적이며, 구성원의 저항이 적고 강력한 것이 특징이다(이성·정지웅, 2002). 이 권력은 특정한 의사결정을 내리기 위해 주로 사용되며, 효율적 정책결정을 위해서는 보상이나 제재를 적절히 사용하기도 한다.

(4) 전문성 권력

전문성 권력(*expert power*)은 권력 소유자가 의사결정을 내려야 하는 분야에 경험과 지식이 탁월하다는 사회적 인정에서 비롯된다. 의사, 변호사, 학자, 회계사, 기술자 등의 전문가집단에 대한 자격공인은 이러한 권력의 행사를 가능하게 한다. 전문가집단의 권력은 특히 관련정보의 독점성에 따라 그 범위가 달라지는데, 정보를 얻을 수 있는 대안이 적으면 적을수록 전문성 권력은 강화된다.

존슨(Johnson & Johnson, 1991)은 이러한 정보획득의 독점성에 관해 정보성 권력(*informational power*)을 별도의 한 유형으로 구분하기도 하였다. 정보성 권력은 구성원들이 특정한 관련정보에 접근하기 위해 특정인의 영향을 받을 때 생기는 권력으로, 전문성 권력과 유사하다(이성 · 정지웅, 2002).

(5) 준거성 권력

준거성 권력(*referent power*)은 구성원들이 권력소유자에 대한 개인적 존경으로 자신을 권력소유자와 동일시하려는 열망에서 비롯된다. 다른 권력유형과 달리 준거성 권력의 소유자는 특정지위나 대중의 인정을 받지 못하는 경우가 많으나, 권력소유자가 갖고 있는 매력을 추종하는 이들이 있어 권력에 대한 복종도가 상대적으로 강하다. 인기연예인, 사회활동가, 대중적 종교지도자 등이 준거성 권력소유자의 전형적 예이다.

3) 지역사회 권력구조와 이익집단

4장에서 논의된 사회행동 모델은 지역사회 권력구조에 대한 충분한 이해를 전제로 한다. 즉, 지역사회복지실천 개입전략과 전술은 지역사회 내 여러 이익집단 간의 갈등적 구조가 전제되고 이에 대한 권력구조의 분석을 토대로 기획 · 실행되는 것이다.

특히 지역사회 조직화(*community organization*)는 낮은 사회적 지위, 부족한 경제적 여건 및 정치적 힘 등으로 인해 지역사회 주요 의사결정 구조에서 소외되는 개인이나 집단의 영향력 향상에 초점을 둔다. 지역사회복지에서는 이러한 소외집단 개개인을 조직하여 기득권층에 저항할 수 있는 집단행동 실천을 이끄는 데 무게를 싣는다.

개개인의 개별 활동은 상대적으로 이익집단의 활동보다 영향력이 낮다. 따라서 대부분의 경우 개인들은 공통의 관심사를 중심으로 정치적 역량을 강화하기 위해 이익집단을 형성한다. 이익집단들은 입법과정에 영향을 끼치거나 선거기간에 강력한 주장을 전달해가면서 그 집단의 권력을 활용한다. 이를 위해 이익집단들은 사회변화에 필요한 다양한 전략과 전술을 기획하고 실천한다.

지역사회 이익집단들의 궁극적 역할은 정책결정이나 법률입안 과정에 일정한 영향력을 행사하는 것이다. 헤르베나는 정책이나 법안에 관한 의사결정자들에게 이익집단이 영향력을 행사할 수 있는 요인을 여섯 가지로 정리하였다(Herbenar, 1997: 290).

첫째, 의사결정자에게 전달될 수 있는 집단의 규모, 부(副), 정보, 서비스 및 집단응집력의 정도
둘째, 집단의 중요성과 신뢰성
셋째, 집단이 대표하는 관심의 유형
넷째, 관련 법안에 대한 해당 이익집단의 지지나 반대의사
다섯째, 의사결정자가 속해 있는 상위조직(정당)의 관련 법안 지지 정도
여섯째, 관련 법안을 둘러싼 이슈 및 쟁점에 대한 이익집단들 간의 경쟁 정도

4) 지역사회 권력구조 유형

그렇다면 지역사회의 권력구조는 어떻게 형성되고 있는 것일까? 지역사회 권력구조란 지역사회의 주요한 의사결정이 어떻게, 또 누구에 의해 이뤄지는가와 관련된 구조이다. 결정되어야 할 사안에 따라 공공영역이나 민간영역에서 주도권을 가질 수도 있다. 미나한 등(Meenahan et al., 1982)은 의사결정 참여주체에 따라 권력구조에 의한 지역사회 유형을 크게 엘리트주의 지역사회와 다원주의 지역사회로 구분하였다.

엘리트주의 지역사회란 엘리트주의 의사결정방식에 따라 권력구조가 형성된 지역사회를 뜻한다. 이러한 지역사회에서의 의사결정 참여집단은 특수 사회계급 집단이나 전문가로 한정된다. 문제는 의사결정에 참여하는 엘리트들이 다른 집단들로부터 유리되어 있어 전반적인 지역사회의 욕구를 충분히 파악하지 못한다는 데 있다. 이러한 지역사회에서는 의사결정에서 소외된 많은 주민들이 정치적 참여를 적극적으로 원하지 않게 되며, 엘리트들과 지역현안에 대해 의사소통하기를 꺼리게 되고 지역사회 내의 중요한 정책관련 정보를 얻는 데도 어려움을 느낄 수밖에 없다. 따라서 일반대중들은 자신을 위한 지역사회의 변화가능성은 거의 없다고 인지하게 된다.

다원주의 지역사회란 다원주의 의사결정방식에 의한 권력구조가 형성된 지역사회로 볼 수 있다. 다원주의 지역사회에서는 다양한 이슈들이 여러 집단에 의해 제기되고 논의된다. 핵심 의사결정자도 해당 이슈와의 관련성에 따라 다양해진다. 하디나(Hardina, 2002)는 이러한 지역사회에서는 세 가지 영역(경제인이나 기업, 정부나 공무원, 전문가 집단)에 속한 집단들이 권력을 어느 정도 나누어 소유하고 있다고 주장한다.

다원주의 지역사회에서는 특정집단이 타 집단에 대한 강력한 권력을 지속적으로 유지하기는 어렵다. 또 엘리트 지역사회와 달리 권력 소유 집단과의 의사소통 채널이 개방적으로 전개되어 다양한 이익집단들의 활동이 활발해진다. 이익집단들은 서로 여러 협력관계를 맺으며 공통의, 또는 자신들의 관심사를 권력소유자에게 전달하고자 노력하게 된다.

5) 지역사회 의사결정 구조 파악

지역 활동가에게 중요한 것은 다양한 이익집단들 간의 조정 및 연계를 지역사회복지실천 활동에 활용하여 지역사회 주민 개개인의 무력감을 없애고 주민들의 지역문제 해결능력을 향상시켜 궁극적으로 지역사회 임파워먼트를 이룰 수 있도록 지역사회를 조직해가는 데 있다.

지역사회 활동가나 실천가들은 이를 위해 지역사회 의사결정 구조를 주민들의 참여기회가 확대될 수 있도록 바꾸어가야 한다. 바로 이 점 때문에, 조직화된 주민의 집단권력화나 영향력 강화를 통해 기존에 소수가 행사해온 의사결정 권력을 재분배하는 지역사회권력의 재편이 지역사회복지실천의 중요한 구성요소가 된다. 지역사회의 권력분석을 통한 사회행동 실천계획을 수립하기 위해서 지역사회복지실천가들은 지역사회 내의 이익집단 간 상호작용을 살펴볼 필요가 있다. 미나한 등(Meenaghan et al., 1982)은 이익집단 간 상호작용 파악을 위해 다음 사항들을 고려할 필요가 있다고 본다.

첫째, 이익집단들이 다양한 이슈를 다루어왔는가를 살펴본다. 동시에, 특정 이슈에 지속적으로 반대해온 집단들을 파악해본다.

둘째, 이슈가 변화해 나가면 협력관계에 있던 이익집단들이 변하여 왔는지 아니면 그대로 관계가 유지되어왔는지를 살펴본다.

셋째, 이익집단 구성원의 인구사회학적 프로파일(성, 소속, 사회계층, 종교, 정치적 성향 등)을 살펴본다.

넷째, 의사결정 참가자들이 사회적 배제층과도 가까운지 아니면 사회적 엘리트층에 가까운지를 살펴본다.

다섯째, 최종결정이 갈등에 의해 이뤄지는지를 살펴본다. 또 해당

이슈의 결정에 따른 명백한 승자와 패자 유무와 그들이 누가 되는지도 조사해본다.

여섯째, 결정이 협상이나 조정을 통해 이뤄지는지 살펴본다. 또 결정을 소수의 개인들이나 집단들이 내리는지, 아니면 다양한 이익을 대표하는 복수의 집단이 내리는지도 살펴본다.

이러한 지역사회권력의 원천과 이익집단 간의 상호관계를 바탕으로 지역사회의 의사결정 구조를 규명하기 위해 사용되는 기술로, 다음 두 가지를 들 수 있다(Meenaghan et al., 1982).

(1) 이슈분석

이슈분석(*issue analysis*)을 위해서는 연구자가 우선 지역사회 주민 전체나 특정 이익집단이 관심을 보이는 네다섯 가지의 현안들을 선정한다. 이때 연구자는 주민과의 인터뷰, 지역사회 포럼 및 지역 대중매체들을 참조할 수 있겠다. 일단 이슈들이 파악된 후, 연구자는 각 이슈와 관련이 있는 핵심 의사결정자들을 파악해야만 한다. 이렇게 작성된 의사결정자 명단에 이슈별로 다양한 인사들이 포함된 경우에는 해당지역의 의사결정 구조가 다원주의적임을 알 수 있다. 반대로 구성된 명단에 동일 인사가 중복적으로 포함되어 여러 이슈에 관여하고 있다면, 그 지역사회는 엘리트주의에 가까운 의사구조로 볼 수 있다.

(2) 지위접근

지위접근(*positional approach*) 방식을 위해서는 우선 연구자가 의사결정에 관여하는 모든 조직들의 명단을 작성한다. 다음으로 명단에 포함된 기관들의 지도자급 인사(관리자 및 이사)들을 파악할 필요가 있다. 소수의 인사가 지역사회의 여러 조직에 관여하고 있다면 이 지역의 의사결정 구조는 엘리트주의에 가깝다. 반대로 많은 인사들이 다양하게 명단에 포함되어 있다면 이 지역은 다원주의적 의사결정 구조를 갖고 있다고 볼 수 있다. 특히 명단에 포함된 인사들의 성, 연령 및 인종 등도 다원주의 정도의 지표가 될 수 있다.

2. 이익집단의 협력관계

1) 협력관계의 필요성 및 협력유형 비교

앞서 언급되었듯이 지역사회내의 다양한 이익집단들은 의사결정과정에 일정한 영향력을 행사하기 위해 독자적으로, 또는 타 집단과 연대하여 행동해간다. 대부분의 정책결정 과정 및 입법과정에서는 다양한 집단들이 협력관계를 구축하여 행동을 전개해가는 경우가 많다.

행동체계를 확장하여 표적체계에 대한 영향력을 높이려는 사회행동의 전략에서 볼 때 이러한 협력유형은 관계의 정도나 지속성에 따라 대표적으로 협조노력(*cooperative efforts*), 연합(*coalitions*), 동맹(*alliances*) 세 가지로 나뉜다. 협조노력은 둘 이상의 집단이 공통의 관심사나 이슈를 해결하기 위해 맺는 기초적 협력관계이다. 연합은 협력에 참여하는 집단의 자율성은 유지하되, 협력으로 최대한의 이익을 도모하기 위해 이루어진다. 동맹은 보다 더 강력한 협력체제를 구축하여 영향력을 행사하기 위한 것이다.

〈표 7-1〉은 이러한 세 가지 유형의 협력관계를 비교한 것이다. 권력 강화를 위한 지역사회 이익집단의 협력관계 유형들을 자세히 살펴보면 다음과 같다.

〈표 7-1〉 지역사회 이익집단의 협력관계 유형

기준	협조노력	연합	동맹
목적	특정 이슈에 유사한 목적을 가진 조직들의 일시적 협조	지속적이지만 느슨하게 연결된 협력관계: 조직의 자율성을 최대한으로 유지하면서 관계를 통한 영향력의 강화	기술적 정보를 제공하고 로비활동 전담 전문가를 공통으로 두어 지속적 협력관계를 유지
의사결정과정	특정한 목적 달성을 위해 임시적(*ad hoc*) 계획이 사안에 따라 수립됨	공동으로 선출된 대표들이 정책을 세우고 결정하지만 각 개별 집단에 의한 인준이 필요함: 각 조직이 모든 행동에 참여할 필요는 없음	회원 집단으로부터 승인이 요구되지만 의사결정권력은 중앙위원회나 전담 직원에 의해 결정됨
지속성	협력관계는 일방에 의해 언제든 종결된 수 있음: 관계유지를 위한 최소의 노력으로 볼 수 있음	참여집단들은 특정행동(캠페인이나 대항행동)에 선택적으로 참여할 수 있으나 협력구조는 유지됨	중앙위원회나 전담직원에 의해 장기적 활동이 지속됨. 그러한 활동 중 일부는 단지 사업상 동맹관계 유지를 위한 것으로 보일 수도 있음

출처: 최일섭·류진석, 2001: 247; 이성·정지웅, 2002: 223에서 수정

2) 협조노력

협력유형으로서의 협조노력은 협조에 참여하는 여러 집단과의 최소한의 협력을 유지하는 관계유형이며 동시에 연합이나 동맹으로 나아가기 위한 기초적 협력관계 유지노력으로 볼 수 있다. 이 관계에서는 각 집단은 유사한 이슈나 문제에 대한 타 집단들의 대처계획이나 대응방안들을 파악하며, 효과적 행동을 위한 실천전략들을 일시적으로 공유할 수 있다. 이 단계에서 의사결정 과정의 특성은 각 집단들이 특정한 목적달성을 위해 임시위원회를 구성하여 여기서 한시적으로 의사결정을 할 수 있게 한다는 점이다. 다만 각 집단이 갖는 기본적인 고유계획이나 전략, 대처행동 등의 변화는 이 단계에서는 기대하기 어렵다. 협력관계는 한 집단에 의해 종결될 수도 있어 관계의

정도가 상당히 긴밀하다고 보기는 어렵다.

대표적 예로는 시위나 집회의 공동참여를 들 수 있다. 다수에 의한 영향력을 보이기 위해 참여집단들은 협력관계를 유지하여 집회에 참여하는 연사를 공동으로 섭외하거나, 언론에 대한 홍보력을 강화하고 이를 토대로 변화체계(의사결정자나 대중)에 대한 호소력을 높여나갈 수 있을 것이다. 지역사회 활동가나 실천가가 중요하게 고려해야 할 사항은 이러한 공동대응에서 한 집단의 강한 행동이나 주장이 우선되면 협력관계는 종결될 수 있다는 점이다.

3) 연합

연합(*coalitions*)관계는 협조관계에 참여한 집단들 간의 공통이슈와 전략을 합동으로 선택하는 보다 조직적 협력관계를 말한다. 특히 연합은 지역사회가 당면한 문제의 해결이 한 집단의 노력으로 해결되기 어렵다는 인식이 명백하여 지역사회 여러 집단 간의 장기적 협력관계가 필요할 때 성립하기 쉽다. 이러한 협력관계에서는 참여집단들이 공동으로 선출된 대표들이 공동 위원회를 구성하여 의사결정을 실행하고 각 참여 집단들로부터 인준을 받는 형식으로 의사결정과정이 이루어진다.

로버츠-디게나로(Roberts-DeGennaro, 1997)는 연합을 다음 세 가지 사항을 추구하는 집단들의 상호작용으로 정의하였다. 연합에 참여하는 집단들은 첫째, 각 집단은 공통의 목표를 추구하며, 둘째, 이 목표달성을 위한 자원들을 조정하고, 마지막으로 이 목표의 추구에 있어 공통전략을 선택하기로 동의한 집단들이다. 연합의 관계에서 참여하는 집단들은 서비스 조정 및 기획, 프로그램 모니터링 및 평가, 효과적 전달체계 구축을 위한 자원의 공유 등의 기능을 공동으로 수행한다. 대부분의 연합은 이러한 기능들을 조합하여 궁극적으로 소외계층이나 지역주민들의 권리옹호를 수행한다.

연합은 달성하려는 목적의 특성에 따라 서비스지향 연합과 사회옹호지향 연합으로 구분될 수 있다(Hardina, 2002). 서비스지향 연합은 정부나 각 재단으로부터의 재정지원을 획득하는 것을 주요 목표로 삼고 지원서의 공동제출과 협력적 프로그램 제공을 통한 수혜집단의 확대를 강조한다. 사회옹호지향 연합은 정책결정이나 입법과정에서의 로비를 통한 수혜집단의 권익향상을 주요 목표로 삼고, 이를 위해 자원공유, 참가자 선발 및 로비기금 모금 등을 공동으로 실행한다.

사회옹호를 위해 결성된 연합체가 사회정의에 입각한 법률이나 정책결정을 위한 대의명분을 확보하여 대중의 인정을 받아 조직적 행동을 펼쳐나가면 사회운동으로 발전한다. 이 경우 사회옹호지향 연합은 이익집단 간의 영향력 행사를 위한 단순한 협력관계 이상의 성격을 갖는다. 지역사회복지실천가가 사회운동을 성공적으로 수행하려면 행동체계의 조직적 구조와 자금동원이 전제돼야 하는데, 이를 위해서는 참여 집단들 간의 협력이 최소한 연합관계 이상이어야 한다는 점을 인식할 필요가 있다.

4) 동맹

동맹(*alliances*)은 참여하는 집단들의 자율성보다는 공통목표의 달성을 강조하는 강력한 협력관계이다. 따라서 각 참여집단들의 멤버십이 강조되며, 회원들의 긴밀한 협력구조를 위해 중앙위원회와 전담직원들이 구성되어 활동한다. 전문성을 갖춘 전담직원들은 회원집단에게 관련기술을 제공하며 회원집단들을 관리하며, 회원집단들을 대표해 필요한 로비활동을 해간다.

문제는 동맹관계로 구성된 조직이 점차 세가 확장되면서 지역사회 내의 여러 이익집단뿐 아니라 여러 지역사회가 참여하게 되는 경우가 많아 중앙위원회와 지역위원회의 사이가 오히려 멀어질 수 있다는 점이다. 또 확장된 동맹조직이 동맹의 초점을 전국적이거나 거시적인 주제에 계속 맞추어갈 경우, 참여집단들이 직면하고 있는 미시적 주제보다는 상징적 사회운동 성향의 정책들을 지지하게 되는 경향이 있다는 점도 확장된 동맹의 문제점이다.

이러한 문제점의 해결을 위해서는 동맹지도자들의 자질이나 중앙과 지방조직 간 의사소통 경로를 고려해야 한다. 지도자들이 정치적 영향력의 전국적 확장에 지나치게 관심을 둘 경우 참여 지역사회집단 구성원의 지도자에 대한 충성도는 오히려 낮아질 가능성이 높다. 또 중앙과 지방조직 간 의사소통경로가 폐쇄적이거나 하향적일 경우, 지역사회문제 해결에 직면한 참여집단들의 탈퇴나 낮은 수준의 참여를 초래할 수 있다.

3. 정치적 의사결정 모델

이 절에서는 의사결정 구조에 접근하는 각 이익집단의 접근수단들과 최종 의사결정 과정들의 분석과 관련된 정치적 의사결정 모델들에 대해 살펴보겠다. 정치학자들은 이익집단의 의사결정자들에 대한 영향력 행사과정을 크게 엘리트주의, 다원주의, 공공선택(*public choice*) 및 신엘리트주의(*neo-elitist*) 모델로 구분한다(Dye, 1998; Heffernan, 1979). 이 책에서는 각 모델의 개념과 이해를 중심으로 논의하겠다.

1) 엘리트주의 의사결정 모델

앞서 언급했듯이 엘리트주의 모델에서는 지역사회 주요 의사결정이 지역사회내의 엘리트들에 의해 이뤄진다고 본다. 엘리트들은 지역사회 내 다양한 집단들과 직접적 의사소통을 거의 하지 않기 때문에 지역주민의 기본욕구들을 의사결정에 충분히 반영하는 데 어려움이 있다. 따라서 엘리트와 지역주민 사이에는 중개자 집단이 있는데, 엘리트들이 대중통제를 위해 수행하는 정책 또는 법률제정을 이들이 돕는다.

이 중개자집단은 주로 공공관료나 전문가 집단으로 구성된다. 그렇기 때문에 엘리트주의 모델의 관점에서는 사회복지체계를 엘리트들에 대해 정치적으로 동조하지 않는 이들이나 저소득층의 생활양식에 대한 통제과정으로 보기도 한다(Piven & Cloward, 1971).

2) 다원주의 의사결정 모델

다원주의 의사결정 모델은 정책결정과정이 다양한 이익집단 간의 갈등과정으로서의 특성을 갖고 있다고 본다(Heffernan, 1979). 즉 정책결정에 대한 이익집단들의 경쟁과정을 통해 최종정책이 결정된다는 점을 전제한다. 이런 의미에서 다원주의 모델 관점에서의 지방정부나 지역의회의 주요 역할은 다양한 이익집단들 간의 경쟁이나 갈등을 중재하는 것으로 볼 수 있다.

따라서 최종적 정책결정은 대대적 변화나 개혁보다는 타협에 의한 점진적 변화로 볼 수 있으며, 이러한 의사결정을 린드블롬(Lindblom, 1959)은 점진주의적 접근(*incremental approach*)으로 규정하였다. 따라서 정책결정이나 법안결정은 여러 관련 이익집단들의 관심을 조정·

중재하여 여러 관련 집단들을 "만족시키기"에 초점을 둔다(Lindblom, 1959; Hardina, 2002).

다원주의 의사결정 모델은 다수의 이익집단의 참여가능성이 엘리트주의 모델보다 상당히 높으므로 이익집단들은 자신들이 선호하는 정책 대안들이 결정될 수 있도록 여러 가지 수단을 통해 주요 의사결정자에게 로비를 펼치거나 압력을 가한다.

〈그림 7-1〉 다원주의 의사결정 모델

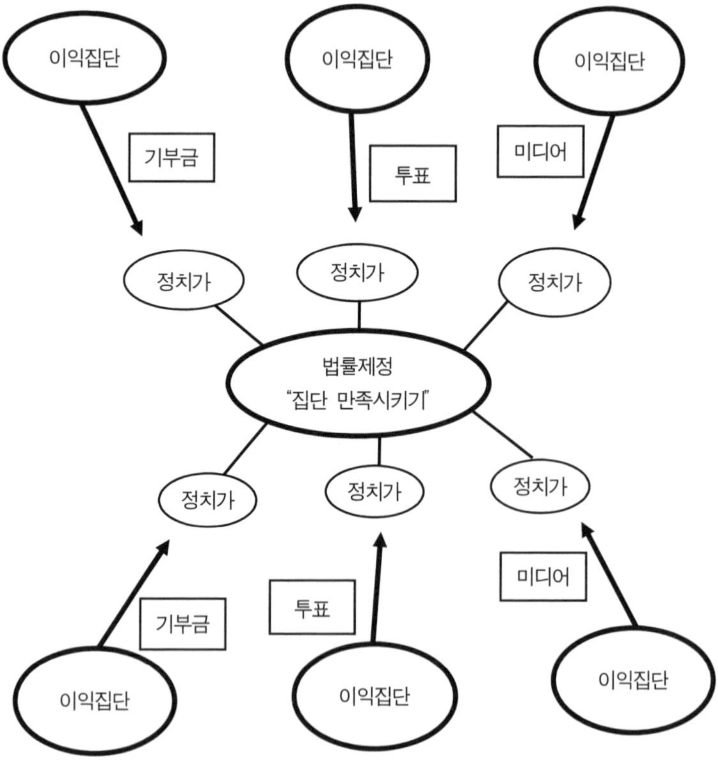

출처: Hardina, 2002: 168.

앞에서 논의된 세 가지 협력관계 유형은 보다 더 강력한 로비나 압력을 위한 이익집단들 간의 세 확장을 위한 연대 유형으로 볼 수 있다. 이러한 로비나 압력에서 이익집단이 동원하거나 활용할 수 있는 대표적 수단은 투표(수), 기부금 및 미디어로 볼 수 있다. 〈그림 7-1〉은 법안결정에 관련된 이익집단의 활동과 수단을 보여준다. 개별 이익집단이나 집단들의 연합체는 투표나 기부금을 정치가에게 제공하고 그 반대급부로 특정법안에 대한 자신의 입장을 강화해 나가게 된다. 이러한 전체과정은 중재자의 역할을 수행하는 정부가 국가 전체의 이익을 고려한다는 전제하에서 이루어진다.

3) 공공선택 의사결정 모델

공공선택 모델은 시장의 자율기능과 경제활동에 대한 최소규제를 강조하는 고전경제학적 관점의 영향 아래 형성됐다(Hardina, 2002). 고전경제학자들은 자본주의적 시장의 자율기능을 재화와 서비스를 분배하는 데 가장 적절한 기제로 보아왔다.

이 공공선택 모델의 이해를 위해서는 이 모델이 갖고 있는 다음의 전제들을 우선 살펴보아야한다.

첫째, 공공선택 모델은 개인이나 집단은 자신에게 유리한 정책이나 법안결정을 위해 기부금, 미디어 및 투표를 활용하며 이러한 활동이 효율적 사회자원 재분배 기제라는 점을 전제하고 있다.

둘째, 선호하는 정책 및 입법 의사 결정에 참여하기를 원하는 의지나 자원을 가지고 있는 사람들은 자신의 정치적 선택에 자유롭다는 점을 전제한다. 이것은 자원의 소유와 정치적 의사결정의 관계는 자유롭게 형성되어야 함을 의미한다.

셋째, 모든 정치적 활동가들도 그들의 이익을 최대화하기 위해 행동한다는 것을 전제한다. 즉, 정치가들은 선거운동에 필요한 인적 및 물적 자원의 확보와 이를 통한 다수 득표에 최대의 관심을 갖는다. 동시에 선거운동에 참여했던 개인이나 단체는 반대급부로 특별한 혜택을 기대하게 된다.

이러한 전제들을 토대로 공공선택 모델의 의사결정 과정을 정리할

〈그림 7-2〉 공공선택 의사결정 모델

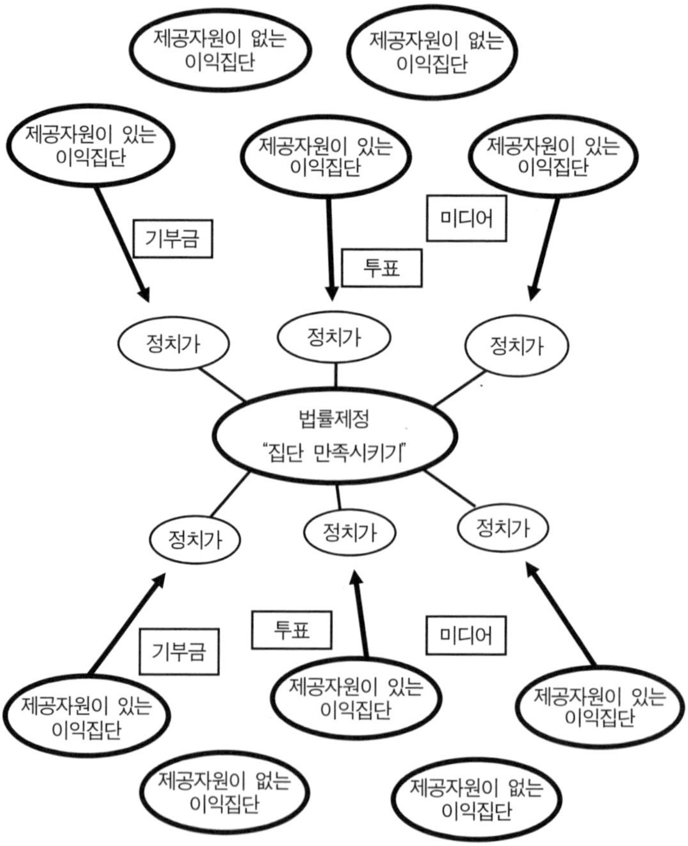

출처: Hardina, 2002: 169.

수 있다(〈그림 7-2〉 참조). 공공선택 모델에서는 이익집단들이 정치가들에게 제공할 수 있는 자원의 크기에 따라 정치가와의 상호작용에 차이가 있다고 본다. 제공할 인적 및 물적 자원이 풍부한 이익집단들은 정책 및 법률제정 과정에 기부금, 투표 및 미디어 활용 등의 수단으로 정치가들에게 로비 및 압력활동을 펼친다. 상대적으로 제공자원이 적거나 없는 집단들은 이러한 과정에서 배제된다.

공공선택 모델은 이러한 현실적 의사결정 과정이 문제라고 보기보다는 적절하고 자연스러운 현상으로 본다. 따라서 각 이익집단들은 영향력을 강화하기 위해 제공자원의 증가에 관심을 갖고 노력해야 한다는 점이 강조된다.

4) 신엘리트주의 의사결정 모델

신엘리트주의 모델은 이익집단의 정치가나 주요 의사결정자에 대한 '접근성'에 초점을 두고 의사결정 과정을 설명한다. 신엘리트주의 모델은 이익집단들의 의사결정자에 대한 접근가능성이 모든 이익집단에게 있다 할지라도, 모든 이익집단의 접근 정도가 동일한 것이 아니라는 전제에서 출발한다.

의사결정 과정에서 접근이 차단되는 이익집단이 발생하는 가장 큰 이유는 엘리트들의 음모나 배제의도보다는 제도적 장벽 때문이다.

(Hardina, 2000). 또 헤퍼난은 모든 이슈들이 정책이나 법률제정의 토론에서 다뤄지지 못하는 이유를 전통적으로 정부가 해당이슈를 다루어 오지 않았거나 고의적으로 무시하기 때문인 것으로 보았다(Heffernan, 1979). 신엘리트주의 모델에서는 엘리트층에게 일정한 수단을 지원함으로써 사회가 변화할 가능성이 있다고 본다. 의사결정자(정치가나 고위 행정관료)에게 기부금, 투표 및 미디어 활용의 수단

〈그림 7-3〉 신엘리트주의 의사결정 모델

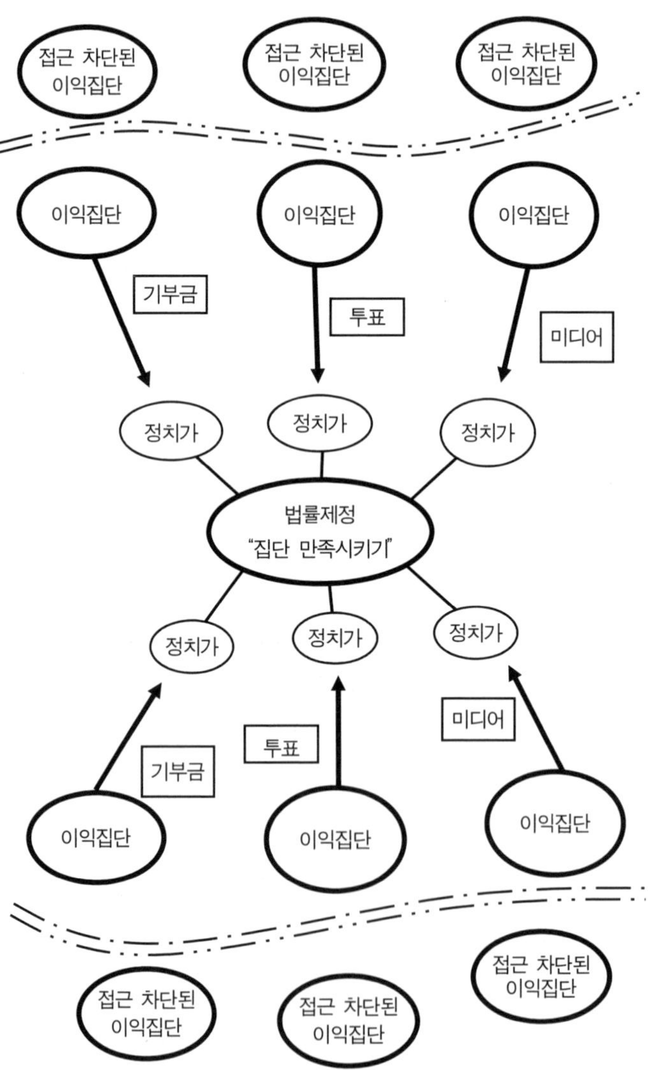

출처: Hardina, 2002: 171.

을 통해 이익집단의 관심을 전달할 수 있다(〈그림 7-3〉 참조).

또 엘리트층 중에서 보다 진보적 인사나 집단과의 연내를 동해 사회운동관련 이익집단들이 활동을 증대할 수도 있다. 사회운동 조직들이 재정적 자원모금과 인적 자원의 조직으로 접근성을 향상시켜 의사결정의 영향력을 높일 수 있다고 보는 점은 이 모델의 중요한 특징이다.

4. 입법분석

1) 입법분석의 개념

지역사회복지와 관련된 입법분석(*legislative analysis*)은 지역주민과 관련된 법안(조례 등)의 입법과정 및 내용분석을 통해 지역사회문제나 현안을 규명하거나 실천계획들을 수립하는 데 목적이 있다. 입법분석을 통해 지역사회복지실천가들은 다음 두 가지 사항들에 대해 파악 할 수 있다.

첫째, 지역사회 주민의 욕구 및 이익집단들의 영향력과 제정된 법률 간의 관계를 파악할 수 있다. 즉, 입법분석을 통해 해당 지역사회에 어떠한 쟁점들이 입법과정에 있는(있었는)지, 입법과정에는 어떠한 이익집단들과 의사결정자(집단)들이 관여했는지, 또 제정된 입법에 주민들의 실제욕구가 어느 정도 반영됐고, 또 왜 충분히 반영되지 못했는지 등을 살펴볼 수 있다.

둘째, 입법분석은 현재 입법과정에 있는 지역사회의 쟁점을 해결하기 위한 로비활동의 대상을 결정하는 데 도움을 준다. 아직 진행중인 법안의 내용을 분석하고 지역사회 주민이나 사회적 소수자의 실제 욕구를 보다 더 법안에 반영하기 위해 로비할 대상을 확인하여 체계적 로비활동을 전개할 수 있다.

입법분석과 관련된 보다 상세한 기술(법률의 결정을 위한 절차, 법안의 현재위치 파악, 법안관련 전문용어 및 해석 등)은 행정학이나 정책학 분야에서 다루어진다. 입법분석 개념에 대한 좀더 구체적 이해를 위해 입법분석 방법과 로비활동에 대해 살펴보도록 하자.

2) 입법분석 방법

(1) 법안(정책)내용 분석(*content analysis*)

분석가가 법안의 구체적 내용에 초점을 두고 정책이나 법안의 실행 이전에 주로 수행하는 방법이다. 대부분의 정부정책들은 법률제정 이후에 실행되지만, 어떤 정책들은 시행령(대통령령, 국무총리령 또는 정부부처령)만으로도 실행된다. 법안내용 분석은 입법을 앞둔 공청회나 정책을 준비하는 기관의 입장이 담긴 제안서(*position paper*)의 활용에 사용된다.

분석가는 정책내용의 정밀한 검토를 위해 필요한 분석모형들을 구성하여 활용한다. 분석모형의 개발을 위해 분석가는 몇 가지 가치(사회정의, 공평성, 평등 등)들을 선택하고 이러한 가치들이 논의 중인 법안에 포함되어 있는가를 살핀다. 예를 들어 사회정의는 지역사회복지실천에서 중시해야 할 가치이다. 분석가는 만약 한 정책이 실행될 경우 어떤 집단이 사회경제적 자원상의 이익이나 손해를 보는지 파악함으로써 사회정의의 가치가 정책(법안)내용에 포함됐는지를 살펴볼 수 있다.

실제로 한 정책의 실행결과가 승자나 패자의 명확한 구분을 가져오지는 못한다 할지라도, 정책대상 집단(아동, 노인, 장애인 등)에 따른 차별적 효과성은 파악될 수 있다. 또, 가치관련 정책분석 모형은 정책이나 법률의 대안을 개발하거나 선택하게 될 때도 중요한 판단기준으로 활용할 수 있으므로 분석가는 분석모형의 선택이나 개발에 초점을 두어야 한다(DiNitto, 1991).

(2) 입법(정책형성)과정 분석

법안이나 정책대안들이 최종 결정되는 과정을 분석하는 것은 지역사회의 권력 또는 의사결정 구조에 대한 이해를 위해 중요한 작업이다. 보다 체계적 과정분석을 위해서는 입법사 조사(*a historical study*), 이익집단 분석(*an interest group analysis*), 제도적 과정 조사(*a study on institutional processes*)의 세 가지 조사가 필요하다(Hardina, 2002).

첫째, 입법사 조사는 입법과정에서 누가 무엇을 하였으며, 집단이 의사결정에 끼친 영향들을 살펴보기 위해 필요하다. 이 조사는 의사결정 과정 자체만을 살펴보는 것이 아니라 최초 법안 발제의 정치·경제·사회적 배경, 발제자 또는 집단, 발제 이후 의회 및 사회적 분위기, 쟁점에 대한 정당 또는 이익집단의 입장변화 과정 등에 대해 상세히 조사하는 것이다. 역사적 조사를 통해 법안의 내용이 변화된 부분들, 과거 법안을 둘러싸고 있었던 찬반 세력, 그리고 논의기간 동안에 발생한 이익집단들의 변화된 대응전략들을 살펴봄으로써 정책이나 법안에 대한 구체적 분석이 이뤄질 수 있다.

둘째, 이익집단들 간의 현재 상황이나 입장 등에 관한 분석이 필요하다. 이익집단에 대한 현재 상황 분석은 법안통과 후 변경된 이익집단들 간 상호작용(협조 또는 갈등)에 대한 이해와 미래의 정책 결과예측을 위해 필요하다. 예를 들어 의약분업 파동을 겪으며 갈등관계를 보인 몇몇 이익집단들이 현재 협력관계에 있다면 이에 대한 분석을 통해 향후 정책의 수정·보완 및 대안개발을 고려할 필요가 있다.

셋째, 의사결정에 영향을 끼치는 **제도적 과정 조사**가 필요하다. 이 조사는 최종 입법과정까지의 '게임의 법칙'을 살피는 것으로, 이익집단들이 정책의 변화를 위해 협상·타협·대항의 수단을 어느 정도까지 사용할 수 있는가에 대한 정부 중심의 노력들을 살펴보는 것이다(Warren, 1971). 제도적 과정 조사에는 과거 및 현재 대중의 관점도 항상 고려돼야 한다. 분석가들은 관련 법안이나 정책결정에 영향을 끼친 가치나 선호를 대중들이 어떻게 바라보는가를 지속적으로 관찰할 필요가 있다. 동시에 정책에 소요되는 비용이나 영향력 등의 정보가 어느 정도 대중에게 노출되어 정책이 형성됐는지도 살펴야 한다.

권력분석/의사결정 과정분석 연습과제

1. 현재 사회적으로 쟁점이 되고 있는 이슈(또는 정책, 법안 등)를 한 가지 찾아 쟁점들을 간략히 기술한다.
2. 해당 이슈(또는 정책, 법안 등)에 영향을 끼칠 수 있는(또는 끼치고 있는) 주요 의사결정자와 이익집단을 파악한다.
3. 파악된 각각의 의사결정자와 이익집단에 대해 다음의 사항들을 살펴본다.
   a. 각 이익집단의 해당 이슈에 대한 입장
   b. 각 이익집단의 의사결정 영향력에 대한 권력의 기반(*power resource*)
   c. 각 이익집단의 기존의 관심이나 동기
4. 정책이나 법안결정에 영향을 끼치는 경제적, 정치적, 문화적 또는 언론과 관련된 환경적 요인들을 규명한다.
5. 의사결정자나 이익집단들 간의 동맹이나 연합의 협력관계들을 파악한다.
6. 의사결정자나 대중에게 영향력을 끼치기 위해 이익집단이 사용하는 일부 전략과 전술을 기술한다.
7. 최종 의사결정이 어떻게 내려졌는가에 대해 조사해 본다(예를 들어 1) 협조, 갈등, 협상에 의한 것인지, 2) 이익집단 또는 엘리트층에 의한 것인지, 3) 점진적 변화인지, 대대적 변화인지 등).

제 8 장

주민조직화

당사자들이 문제해결과정에 참여해야 한다는 것은 정도의 차이가 있지만 여러 가지 지역사회복지실천 모델들이 공유하는 가치와 철학이다. 이 책의 저자들이 강조하는 임파워먼트 관점은 당사자들의 문제해결역량 강화와 문제해결과정에의 주체적 참여를 강조하기 때문에 주민조직화는 지역사회복지실천에서 임파워먼트를 위한 핵심기술로 간주된다. 이 장에서는 지역사회 임파워먼트 관점에서 주민조직화를 위한 핵심기술로 주민동원기술, 회의운영기술을 소개한다.

1. 조직화(*organizing*)의 개념

피셔와 슈레이지(Fisher & Shragge, 2000: 6)는 조직화는 "지역사회를 건설(*community building*)하는 것과 사회적·경제적 정의를 실현하기 위한 광범위한 투쟁에 종사하는 것"을 포함하는 활동이라고 하였다. 전통적으로 조직화는 "지역사회 주민들을 동원하여 자신들만의 정체성을 형성하도록 하고, 공적인 생활영역에 대한 관심을 새롭게 가지게 하고, 넓은 범위의 쟁점들에 걸쳐서 자신들의 권리를 위해 싸우도록 하는 것"을 강조하고 있다(Kingsley, McNeely & Gibson, 1977: 27). 이와 같이 조직화는 다양한 지역사회복지 실천현장에 적용할 수 있는 가장 핵심적인 실천활동으로 문제해결과정에 사람을 규합하는 활동(동원)과 함께 모여 문제해결의 목표나 방법을 논의하는 활동(회합)과 그 과정에서 자체의 지도력을 개발하는 일들을 포함하는 과정으로 이해할 수 있다.

일반적으로 조직화의 목표로는 다음과 같은 것들이 예시된다(Hardcastle & Powers, 2004: 394). 첫째, 집합행동을 통해서 정책을 변화시키고 구체적인 개선을 이루어내는 데 성공하기 위한 것이다. 둘째, 국가 또는 지방 수준에서 권력관계를 영구적으로 변화시키는 것이다. 셋째, 빈곤 및 유색인종 밀집거주 지역에서 시민지도력을 개발하는 일이다. 넷째, 국가 및 지방 수준에서 시민참여를 증진시키는 일이다. 다섯째, 그들이 살고 있는 지역사회에 안정되고 활동적인 조직을 건설하는 일이다.

피셔와 슈레이지(Fisher & Shragge, 2000)는 조직화를 하는 두 가지 접근으로서 사회행동과 지역사회건설 및 개발을 대조적으로 비교하고 있다. 조직화의 위 두 가지 접근법은 갈등 조직화(*conflict organizing*)와 합의 조직화(*consensus organizing*)로 불리기도 한다. 그러나 지역사회복지실천에서 두 가지 조직화 접근법은 서로 완전히 대립되는 것이라기보다는 실천과정에서 전략적으로 선택되는 것으로 조직가들은 두 가지를 다 이해하고 활용할 수 있어야 한다(Hardcastle & Powers. 2004: 395).

어떤 유형의 조직화를 선택하든 조직화의 첫 단계에서는 주민들이 느끼는 욕구(*felt needs*)가 무엇인지를 파악하는 것이 중요하다. 이슈를 중심으로 주민을 조직화하려는 경우에는 사람들이 특정 문제에 대하여 어떻게 생각하고 있고 왜 그것을 해결해야할 문제로 생각하는가를 파악하는 것이 중요하다. 만일 이슈를 중심으로 조직이 결성되고 결성된 주민 조직이 그들이 느낀 욕구를 만족시킬 수 있게 되면, 그 조직에 대한 주민들의 헌신과 관심이 점점 증가할 수 있을 것이다. 주민들은 보통 조직화 과정에 잘 참여하려 하지 않기 때문에 주민을 동원한다는 것은 길고도 지루한 과정이다. 더구나 집단행동은 잘못된 것이라는 신념이 정치적 혹은 문화적으로 강하게 자리 잡은 상황에서 합의 조직화가 아닌 갈등 조직화를 수행하기는 어려울 수 있다는 것을 특히 우리나라의 상황에서는 고려할 필요가 있다.

2. 주민동원 전술과 기술[1)]

주민동원 전술은 크게 세 가지로 구분하여 설명할 수 있다. 지역사회에 존재하는 기존 구조 활용, 개인에 대한 설득, 지역사회에의 헌신성 키우기가 그 것이다.

1) 지역사회의 기존 구조 활용

지역사회복지실천가들이 지역사회에 대한 지식을 이용하여 활용할 수 있는 동원 전술로는 ① 기존 조직과 함께 활동하기, ② 네트워크 구성하기, ③ 토착지도자 발견하기, ④ 지역사회조직 구축에 도움이

1) 루빈 앤 루빈(Rubin & Rubin, 1986)을 참고하여 정리한 것이다. 여기서 언급하는 조직화의 기술은 합의 조직화와 갈등 조직화의 상황 모두에 응용하여 적용할 수 있을 것이다.

되는 지역사회 연대의식 만들기 등의 네 가지로 나눌 수 있다.

(1) 기존조직과 함께 활동하기

사람을 동원하는 가장 빠른 방법은 개인을 접촉하기보다는 지역사회에서 이해관계를 같이하는 기존 조직을 함께 모으는 일이다. 이 전략은 서로 경쟁하는 조직들에서 중심조직을 선정하는 데서 갈등이 발생할 위험성이 있다. 유의해야 할 점은 이해관계와 신념을 공유하는 조직을 찾고 또 조직들 간의 공통의 이익을 찾아내는 것이다.

(2) 네트워크 구성하기

지역사회에는 이미 관심 쟁점에 이해관계가 있는 집단이나 조직이 존재한다. 이 경우에 실천가의 역할은 비슷한 이해관계를 가진 사람들을 함께 모으는 일이다. 이들 집단들은 사안별로 서로 돕는 경우는 많지만, 조직적으로 함께하는 경우는 많지 않다. 이들 집단이나 조직 간에 서로 지지하고 돕는 연결망으로서 네트워크를 구성하여 주민 동원을 활성화할 수 있다.

(3) 토착지도자 발견하기

지역사회에서 존경받고 사람들이 좋아하는 영향력 있는 지도자를 발굴하여 함께 사람들을 동원하여 활동하게 할 필요가 있다. 지역사회 지도자의 지원이 조직화에 매우 중요하다. 이들 지도자들은 지역사회의 의사소통 망의 중심에 있어서 많은 사람들에게 빨리 접근하여 공통의 활동에 가담할 수 있는 활동에 기여한다. 지역사회의 토착 지도자는 주민들과 쉽게 공감대를 형성할 수 있고, 잠재적 오피니언 리더나 주민들을 잘 알기 때문에 조직화 과정에서의 불필요한 갈등 요인의 발생을 사전에 예방하는 데 외부지도자보다 상대적으로 유리하다.

지역사회 지도자를 파악하는 방법으로는 지위접근법, 명성접근법, 개인적 영향력 또는 여론 지도자 접근법, 의사결정법, 사회참여접근법이 사용된다(Boone, 1985, 이성 · 정지웅, 2002: 154~166에서 재인용).

(4) 지역사회 연대의식 만들기

지역사회 구성원 간에 강한 사회적 유대, 응집력, 충성심 등이 있는 지역사회에서 조직화는 상대적으로 용이하다. 만일 연대의식이 부족하다면 실천가는 지역사회에서 통합의 수준을 높여야 한다. 지역사회 통합을 나타내는 중요한 지표 중의 하나가 지역사회에의 정체감 정도이다. 지역사회에의 정체감을 높이기 위한 방법은 두 가지이다. 하나는 지역사회 구성원으로 활동하는 것이 이익이라는 인식을 갖도록 하는 것이다. 다른 하나는 친교의 기회를 넓히는 것이다. 실천가는 이를 위해서 주민들이 함께 교류할 수 있는 파티나 축제를 통해서 서로 사교할 수 있도록 힘쓴다.

2) 개인에 대한 설득

실천가가 집합행동을 이끌어 내기 위해서 개인별로 설득이 필요한 경우가 있다. 이 경우에 실천가는 세일즈맨이 될 필요도 없고, 정의사회가 무엇인가를 두고 철학적 논쟁을 벌일 필요도 없다. 가장 기본적 자세는 만나서 주민들이 어떤 문제를 중히 여기고 또 지역사회의 쟁점에 대해서 어떤 생각을 갖고 있는가를 파악하는 것이다. 이를 위해서 실천가는 주민들을 만나서 의견을 잘 들어야 한다. 설득은 사람들의 의견을 변화시키는 것을 의미하지 않으며, 지역사회복지실천을 통해서 주민들의 욕구가 실현될 수 있다는 것을 주민들이 깨닫도록 돕는 것이다. 이를 위해서는 실천가가 해야 할 일은 다음과 같다.

(1) 사람 만나기

효과적으로 조직을 만들기 위해서 유사한 문제를 겪고 있는 사람들을 만나서 대화한다.

(2) 있는 그대로 행동하기(*be yourself*)

만약 실천가가 지역사회 외부에서 왔다면 절대 지역사람으로 행세해서는 안 된다. 지역사회복지실천 활동에 개입하고 있으며 애정을 갖고 있음을 보여주어야 한다,

(3) 격식차리지 않기(*be casual*)

격식을 차리지 않고 집이나 상점, 커피숍, 여가시설 등에서 자연스럽게 비공식적으로 사람을 만난다.

(4) 연계망 잘 활용하기(*network*)

실천가들은 자신이 잘 아는 사람부터 만나기 시작하고 그들로부터 개인적으로 사람을 소개받는다. 또 정치인, 종교지도자, 민간서비스기관 및 공공서비스기관의 기관장 등의 지역사회지도자를 만나서 다른 사람들을 소개받는다. 이들 지역사회지도자들은 낯선 사람들도 잘 만나주기 때문에 그들의 지원을 받는 것이 중요하다. 실천가들은 네트워크가 구성되어 있지 않거나, 활동이 미미할 때에 공통의 문제를 가진 사람들이 함께 네트워크를 구성하도록 도움을 줄 수 있다.

(5) 경청하기(*listen*)

훌륭한 실천가는 잘 듣는 사람이다. 사람들이 자신들의 삶, 희망, 꿈에 대해서 말하도록 격려해야 한다. 실천가가 그들의 문제가 무엇이라고 말하기보다는, 주민들이 그들의 문제를 어떻게 느끼는가를

경청해야 한다. 주민들은 소득 재분배와 같은 광범위한 문제보다는 자신이 생활에 필요한 소득을 벌고 있는가에 관심을 가진다. 도시계획에 관심을 갖는 것이 아니라, 집 근처로 너무 많은 차량이 다니고, 어린 자녀들이 혼잡한 거리를 통과해야만 하는 현실에 관심이 있다. 조직화는 주민들이 느끼고 불만을 제기하는 문제에서 출발해야 한다.

잘 듣는 사람이 되라고 해서 항상 소극적 청취자의 입장만을 고수해서는 안 되는 경우도 있다. 사람들은 이웃이나 낯선 사람들에게 "말썽꾸러기"로 비칠까봐 자신의 느낌을 드러내지 않는 경우가 많다. 그들이 자신의 느낌을 말할 수 있도록 잘 격려해야 한다. 또 잠재적 참여자들은 그들이 적극적으로 활동하지 않는 것에 대해서 변명을 하고자 한다. 시간이 없고 바빠서 등 이유를 대지만 사실은 사회행동에 대한 두려움으로 자신을 합리화하려는 발언이다. 실천가는 사람들의 변명을 듣고 사회행동에의 참여를 반대하는 진짜 이유에 대하여 열린 자세로 이야기하도록 하여, 주민들이 수용할 수 있는 좀더 나은 활동방식을 선택하도록 유도해야 한다.

(6) 세부적 조직화 방식이 아닌 문제 중심의 대화하기

주민들이 느끼는 문제에 초점을 두고 대화하고 조직 구성에 관한 세부적 논의에 집중하지 않는다. 주민들이 원하는 것은 문제해결이지 조직구성에 관심을 갖지 않는다. 조직 구성은 문제해결의 수단일 뿐이다.

(7) 조직화의 목적에 동의하는 사람에게 관심 집중하기

조직화를 둘러싼 문제에 관련된 가치관을 두고 사람들과 논쟁을 피하라. 가치에 관한 논쟁을 해도 사람들은 잘 변화하지 않는다. 설득에는 많은 시간과 노력이 필요하다. 따라서 이미 조직화의 가치에 동조하는 사람들을 더욱 강화하는 방향으로 설득할 필요도 있다.

(8) 단기적으로는 개인적 이익에 집중하기

주민들이 느낀 욕구를 파악하는 것만으로는 부족하다. 주민들의 조직화를 이끌어낼 어떤 유인이 제공되어야 한다. 사람들을 집합행동으로 이끌어내는 유인은 물질적 이득 제공 가능성, 지역사회에의 소속감, 집합행동에의 참여가 주는 즐거움, 참여자들이 중요하게 생각하는 가치를 표출할 기회 등 매우 다양하다는 것을 알아야 한다. 조직가는 이런 다양한 유인을 가진 주민들을 설득할 수 있어야 한다.

조직가의 역할은 사람들이 공통의 목적을 위해 함께 활동하도록 힘을 모으는 것이다. 사람들은 모두 다 같은 이유를 가지고 참여하지는 않는다. 어떤 사람들은 일상생활이 지루해서, 또 다른 사람들은 자기의 재산권을 지키기 위해서, 또 다른 부류의 사람들은 외지인을 감시하기 위해서일 수도 있다. 조직가는 사람들이 각각 서로 다른 목적을 추구하고 있다는 것을 잘 알고, 각 개인들이 집합행동에 참여할 유인을 지니도록 격려해야 한다. 조직가는 여러 가지 유인들을 함께 섞고 녹여서 집합행동을 하게 한다. 그러나 개인적 유인에 너무 치우치게 되면 지역사회 전체에 도움이 되지 않을 수 있다. 특히 개인들이 물질적 유인만으로 조직에 참여하는 경우에 이런 위험성이 크다. 특히 서비스 제공기관의 경우에는 주민들이 기관으로부터 개선된 서비스만을 수령하고, 아무런 자원봉사활동(*voluntary efforts*)도 하지 않는 경우가 많다. 이런 상황을 피하기 위해서는 실천가들은 면밀하게 계획을 세우고 좀더 큰 사회행동 프로그램에 참여하도록 해야 한다.

3) 헌신하게 만들기(*Build Commitment*)

조직화를 위해 주민을 동원하는 마지막 단계는 구성원들과 잠재적 구성원들이 지역사회에 헌신하게 만드는 것으로 두 가지 점에 주목해야 한다. 첫째는 실천가들이 주민들을 처음 만날 때 헌신성을 키우도록 노력해야 한다. 만나는 사람으로부터 조직화의 목표에 동의하도록 하고, 지원하겠다는 약속을 받고, 또 그들과 함께 참여할 수 있는 친구들의 명단을 확보하는 일이 중요하다. 조직에 참여하고 회의에 참석하겠다는 약속을 받아내야 한다. 또 회비를 내게 한다거나, 어떤 형태의 지원이라도 하겠다는 약속을 받아내는 것도 한 방법이다. 둘째는 참여자들에게 지속적으로 관심과 참여를 이끌어 낼 수 있는 어떤 유인을 제공하는 것이다. 일단 참여한 주민이라도 계속 강화될 필요가 있고 보상을 받아야 한다.

아래에서는 필요한 자금을 어떻게 요청하는 것이 주민들을 동원하고 조직화하는 데 도움이 되는지를 설명하고, 주민들의 장기적 헌신을 이끌어내는 데 활용할 수 있는 보상에 관해서 설명한다.

(1) 사람을 동원하기 위한 기금모금

기금모금의 주목적은 조직을 운영하고 사회행동 캠페인을 위한 자금을 획득하는 것이다. 그러나 기금모금 활동은 부수적으로 사람들이 조직에의 헌신성을 키우는 데 기여할 수 있다. 사회심리학자들의 조사연구에 따르면 사람들은 자신들이 돈을 지불한 것에 대해서 우호적으로 평가한다고 한다. 따라서 회비나 기부금을 내는 사람들은 조직 목적에 더욱 헌신하게 된다고 볼 수 있다. 회비를 요구할 때 회원의 권리와 의무를 상세하게 설명함으로써 참여자들로 하여금 조직 활동에 헌신하도록 할 수 있다. 기금모금활동은 크게 주민을 대상으로

가가호호 방문하는 직접 모금활동과 우편모금활동으로 나눌 수 있다.

모금전문가들이 제안하는 몇 가지 모금활동의 지침은 아래와 같다.

① 사람들이 사람들에게 기부한다. 개인으로서 사람에게 요구하라.

② 기부를 요구할 수 있는 가장 좋은 사람은 이미 기부를 했던 사람이다. 기부자에 대한 기록을 완벽하게 관리하라.

③ 무엇을 원하는지를 말하지 않으면 사람들은 반응하지 않는다. 구체적으로 얼마나 무엇을 원하는지를 밝혀라. 열성적으로 낙관적이며 대담하게 접근하라 그러면 원하는 것을 얻을 것이다.

④ 돈을 요구하는 사람이 좋은 기부자가 되고, 돈을 기부하는 사람이 좋은 기부 요청자가 된다.

⑤ 사람들은 승자를 지원하기를 원한다. 당신의 조직과 당신이 하는 일, 그리고 당신이 수행하는 방법에 대해서 자부심을 가져라. 성공이 성공을 낳는다.

⑥ 더욱 많은 사람을 동원하는 것은 더 많은 돈을 모으게 하고 더 많은 기쁨을 준다. 모든 자원봉사자에게 일거리를 주어라. 밖에서 안을 들여다보는 것보다 안에서 참여하는 편이 훨씬 더 즐겁도록 해주어라.

⑦ 사람들은 인정받기를 원한다. 항상 감사를 표시하라.

기금을 권유하는 사람은 자신의 이름과 신원, 조직의 명칭과 목적, 조직의 성과, 문제의 성격, 잠재적 기부자가 문제해결에 기여할 있는 방법이 포함된 정보를 제시해야 한다. 가가호호 방문모금에서 아래와 같은 정보가 신속하게 제시되어야 한다.

김철수입니다. 저는 가족과 함께 서곡지구에 살고 있으며, 전주시 장애인 재활협회에서 일하고 있습니다. 협회에서는 서곡지구에 신설된 도로에 장애인을 위한 신호등과 유도 블록의 설치 및 도로의 턱을 낮출 것을 요구하고 있습니다. 홍보와 조사를 위한 비용이 필요하고 의회와 시 당국에 건의하기 위해 주민들의 요구를 담은 서명을 필요로 합니다. 서명을 부탁드리며, 우리 서곡지구 주민 여러분이 가구당 3,000원을 기부해 주기를 부탁합니다. 도와주셔서 모두가 살고 싶은 서곡지구를 만들어 나갑시다.

우편모금 활동은 잠재적 참여자들이 한정된 지역을 벗어나 있는 쟁점에 기반하고 있는 조직에서 흔히 활용된다. 실천가는 기존조직으로부터 메일링 리스트를 얻을 수 있다. 기금을 요청하는 글에는 조직이 어떤 일을 왜하는가, 정보를 더 얻기 위한 방법, 조직의 명칭과 주소, 송금의 방법들이 포함되어야 한다. 예를 들면 근린지역사회에 기반을 둔 조직은 다음과 같은 편지를 보낼 수 있다.

〔문제의 진술: 누가 나서려는가〕 이웃에서 어떤 일이 벌어지고 있습니까? 뒷골목에 쓰레기가 쌓이고 있고, 휴지조각들이 바람에 날리고 있습니다. 최근에는 개들이 떼를 지어 거리를 으르렁거리며 배회하여, 아이들의 안전을 위협하고 있습니다. 여러분의 이웃조직인 평화복지관이 이 문제를 해결하고자 합니다.

〔조직은 어떤 일을 하고자 하는가〕 우리는 두 가지 해결방안을 제안합니다. 첫째로 우리 이웃들이 오는 10월 15일에 집밖을 대청소하는 날로 정하고자 합니다. 그리고 난 후에 우리 평화복지관은 시 당국에 거리 청소를 개선하도록 압력을 행사하고, 거리를 배회하는 개들을 잡아들일 것을 요구하고자 합니다.

〔조직의 업적〕 1980년에 조직이 설립된 이래 우리가 수행한 캠페인은 한 번도 실패하지 않았습니다. 우리는 시 당국에 가로등을 밝힐 것을 요구하여 가로등을 교체하는 성과를 이루었습니다. 우리는 학교의 난

방시스템 교체를 요구하여 이를 이루어 냈습니다. 이번 일도 우리는 이루어 낼 것입니다. 그래서 여러분의 도움이 필요합니다.

〔기부자가 할 수 있는 일/돈의 사용처와 금액〕 큰 쓰레기를 치울 수 있는 장비(쓰레기 수거차량)를 임대할 비용이 필요합니다. 운전사를 자원봉사자로 활용하는 경우에 하루 임대비용은 30만 원입니다. 또 쓰레기를 처리할 때 사용할 갈퀴와 빗자루 그리고 쓰레기 매립지 사용비용으로 50만 원이 추가됩니다. 여러분이 기부하는 5천 원으로 우리의 삶의 터전을 깨끗하게 하는 일에 참여하실 수 있습니다.

〔돈을 기부하는 방법〕 돈은 평화복지관으로 우편환 또는 계좌입금으로 부탁합니다. 또는 인편으로 직접 방문하셔도 좋습니다. 당신과 함께 즐겁게 만나서 캠페인의 진행에 대하여 말씀을 나누고 싶습니다.

주소: 전라북도 전주시 완산구 평화동 3가 평화복지관 우편번호 650-32
계좌번호: ++은행 129XXX-XX-XXXX 예금주: 김평화

(2) 헌신을 강화하기 위한 다른 기금모금 절차들

헌신하게 만들기 위한 기타 기금모금 기법은 다양하다. 예를 들면, 아파트의 입주민대표자회의는 공동주택은 공동의 재산으로 관리해야 한다는 것을 주지시키고 공동으로 관리하기 위해 일정비용을 주민들이 부담하게 함으로써 공동소유 의식을 키울 수 있다. 문화적으로 다양한 집단이 혼재된 지역사회에서는 거리축제를 열고 부스를 설치하여 다양한 음식, 문화상품, 공연 예술 등을 진행함으로써 문화의 풍성함과 지역사회 주민들의 삶을 통합시킬 수 있다. 또 다른 예를 들면 '자연보존회'는 야생동물의 보호에 대한 경각심을 고취하기 위하여 주민들을 대상으로 강을 탐사해 내려가는 카누여행을 기획할 수 있다. '역사유적 보존협회'는 보존할 유적지에서 오픈하우스 행사를 통해서 유료로 잔디밭에서 차를 판매하고, 유적보존을 통해서 지역사회의 삶이 얼마나 풍부해 지는가를 보여줄 수 있다. 이러한 스페셜

이벤트는 주민들의 참여를 이끌어 내고 조직의 활동을 대중에게 널리 알리는 역할을 한다. 기금모금활동은 사원봉사사들을 프로그램이나 프로젝트 차원에서 바쁘게 유지시키는 방법 중 하나이다. 사람들을 동원하는 가장 좋은 방법들 중 하나는 할 일을 주는 것이다. 모든 사람들이 조직의 복잡한 재정 운영에 다 참여할 수 없고, 소수의 사람들만이 정부와 경제적, 정치적 쟁점을 두고 참여할 수 있을 뿐이다. 그러나 모금활동에는 많은 사람들이 참여할 수 있다.

(3) 짜릿함을 통한 헌신(*Building Commitment Through Bootstrapping*)

참여자들이 조직과 함께 활동하면서 받는 보상은 그들을 조직에 헌신하게 만든다. 세심하게 기획된 조직화 활동에서 나오는 보상은 3가지 유형이 있다.

① 성공이라는 보상

참여자들이 활동을 통해서 즉각적 보상을 얻는다면 헌신성이 증가할 수 있다. 조직은 장기적 목표를 가지지만, 조직의 생존을 전부가 아니면 안 된다는 식의 큰 승리에만 집착하는 것은 현명하지 않다. 장기적 목표달성도 중요하지만 좀더 소규모의 과제에서 승리를 하는 것은 구성원들의 헌신성을 높여서 크고 장기적인 성과를 이루어내게 한다. 예컨대 대항전술을 사용하여 매번 적들을 불편하게 만드는 것은 더 큰 목표를 달성해 나아가는 과정에서의 작은 승리라고 볼 수 있다. 앨린스키는 실천가들이 이슈를 사람을 중심으로 만들 것을 주문하고 있다. 문제를 특정 정치인, 관료, 상공인, 검사 등의 문제로 부각시킴으로써, 다루기 쉬운 의제로 만들 수 있다는 것이다(Alinsky, 1974). 예를 들어 이들 개인들과 다투거나 접촉하는 것과 같이 활동을 작고 쉽게 달성할 수 있는 활동들로 재정의 하는 것도 중요하다.

② 즐거움이라는 보상

사람들이 지역사회행동을 수행하는 것을 즐긴다면 헌신성이 증가될 수 있다. 앨린스키와 그의 추종자들만이 아니라 여러 사람들이 활동에 참가하면서 즐거움을 갖도록 하는 것이 중요하다고 지적하고 있다. 좋은 전술은 사람들이 즐길 수 있는 것이다. 예를 들어 도심지역에 투자하기를 반대하는 은행을 상대로 도심지역의 주민들이 10원짜리 통장을 개설하기 위해 사람을 동원한다든지, 은행 창구에서 10,000원에 상당하는 10원짜리 동전을 바닥에 떨어뜨려 보안요원을 매번 귀찮게 만든다든지 하여 결국은 은행장을 협상테이블로 불러내는 것과 같은 활동이다.

③ 잘 운영되는 조직의 성원이라는 뿌듯함

조직이 수행하는 일상적 활동에서도 사람들의 헌신성을 강화할 수 있다. 많은 사람이 회의에 참석한다든가, 회원이 는다든가, 회보를 발행한다든가, 집단 모임에 정치인이 온다든가 하는 것도 일종의 승리이다. 사람들에게는 이 같은 조직의 일상적 과업을 성공적으로 잘 수행하는 것도 그들이 조직 활동에 기꺼이 참여하려는 뜻을 강화할 수 있다. 소규모 조직에서는 구성원들 거의 모두에게 참여 기회를 줌으로써 조직 활동에의 계속적 참여를 이끌어 낼 수 있다. 좀더 큰 규모의 조직에서는 참여하고 있다는 소속감을 유지시키기 위해서 실제로 활동하는 많은 위원회를 만들어야 한다. 지역사회신문이나 회보의 발간은 조직에의 헌신성을 강화하는 중요한 역할을 한다.

4) 요약 및 결론

제 2 절에서 우리는 사람들을 만나서 조직을 구성하게 하고 그들을

지역사회행동에 참가하도록 동기화하는 데 필요한 전술과 기술을 다루었다. 첫 번째 단계는 특정 문제와 관련하여 개인들을 모집하여 새 조직을 만들 것인가? 아니면 기존 조직들이 특정문제를 중심으로 모이게 할 것인가를 결정하는 것이다. 여기서는 느리기는 하지만 주로 개인들과 함께하는 방법을 중심으로 살펴보았다. 개인들을 조직화하기 위해서는 그들의 느껴진 욕구를 경청하고 느껴진 욕구를 중심으로 조직화하는 것이 중요하다. 설득은 다른 사람의 느껴진 욕구를 받아들이기를 강요하는 것이 아니라, 받아들이는 사람들을 동원하여 참여하도록 동기를 부여하는 것이다.

일단 사람들이 관심을 갖게 되면, 실천가는 초기에 참여를 이끌어내고 또 장기적으로 참여를 지속하게 할 유인을 찾아내야 한다. 이런 유인들은 개인적 이익일 수 있지만, 그런 개인적 이익에 집중하는 것은 보상을 잘 관리하지 못하면 구성원들을 타락시켜서 지역사회조직으로 발전하지 못하게 한다. 회비를 납부하거나 기부금을 냄으로써 혹은 조직의 사업을 성취하는 데 동참함으로써, 이런 유인들이 조직의 발전에 기여할 수 있다. 작은 승리를 계속 얻어내고, 지역사회행동에 참여하는 데서 재미를 느끼고, 성공적 조직운영에 기여한다는 즐거움이 계속된 참여를 이끌어내는 동기부여 요인이 된다.

3. 회의운영 기술[2)]

지역사회 구성원을 접촉하는 일에서부터 지역사회행동 프로그램을 성공적으로 운영하는 데 이르기까지 회의를 운영하는 일은 매우 중요

2) 루빈 앤 루빈(Rubin & Rubin, 1986)을 참고하여 우리나라의 상황을 바탕으로 재구성한 것이다.

하다. 아주 작은 규모의 비공식 회의에서는 잠재적 구성원들이 서로의 얼굴을 익히고 그들이 직면한 이슈를 집단적으로 토론한다. 대규모의 회의에서는 지도자가 조직의 목적과 지역사회가 대면하고 있는 문제를 전파하게 된다. 회원 회의는 조직의 주요 정책이 민주적으로 결정되는 토론의 장이다. 운영위원회는 일상적 활동을 지도감독하기 위해 필요하다. 훈련을 위한 회의는 조직의 사명을 수행하는 데 필요한 기술연마에 필요하다.

회의형식이나 주제가 무엇이든, 회의를 잘 굴러가게 하는 데 일정한 기술이 필요하다. 여기서는 좋은 회의에 필요한 기술과 여러 유형의 회의에 적용될 수 있는 기술을 소개한다. 그리고 회원회의, 의사결정을 위한 회의, 훈련을 위한 회의를 잘 이끌기 위한 특정한 활동에 대하여 소개한다.

1) 좋은 회의와 나쁜 회의의 특성들

나쁜 회의는 길고도 지루한 회의이다. 참석자들을 소외시키고, 아무것도 이루어내지 못한다. 혼란스럽고, 중요한 정보가 누락된 채로 어떤 결정이 내려진다. 사람들로 하여금 과업 수행이 부적절하다고 느끼게 하고, 개인과 지역사회 집단 간 반목을 증가시킨다. 실천가의 관점에서 본다면 회의 참석자들에게 불가능하다는 어떤 인상을 심어주는 것이야말로 가장 피해야 할 나쁜 회의의 속성이다.

반면에 좋은 회의는 기운을 북돋아 준다. 아주 빠른 속도로 논리적 흐름에 따라서 이슈를 옮겨서 다룬다. 의사결정을 위한 정보가 알맞은 때에 제공된다. 구성원들은 상호작용을 활발하게 하고 참여를 통해 잘 할 수 있다는 자신감을 갖는다. 회의를 통해 집단의 통일성을 키우고 우리가 이렇게 강한데 감히 누가 앞을 가로막을 것인가라는 자신감을 갖게 된다. 잘 운영되는 회의는 소수가 지배하지 않는다. 회의 운영자는 질서를 유지하면서도 민주적 참여를 높이는 방식으로 회의를 잘 운영하여 의사결정에 대한 참여자들의 만족도를 높이게 된다.

2) 준비와 성공적 회의

회의의 목적이 무엇이든 회의 준비가 필요하다. 회의 준비사항에는 장소, 장소의 크기, 집기의 배치, 음식제공 여부와 제공시간이 포함된다. 이런 결정이 내려지면 장소를 예약하고, 회의에 필요한 비품을 미리 정리한다. 회의의 예비 참석자들에게 회합을 알리기 위해 호별방문을 할 수도 있다.

여러 가지 준비사항들이 회의의 분위기를 좌우할 수 있다. 회의장소가 지역사회의 다양한 집단에게 중립적 장소인가? 특정 종교집단의 회당은 타 종교집단에게 불편할 수도 있고, 심지어 시청의 홀까지도 불편할 수 있다. 이런 점들을 고려해서 장소를 예약해야 한다. 회의장의 크기도 중요하다. 소규모 미팅일 경우에는 한 테이블에서 서로 얼굴을 마주보는 것이 연대감을 높일 수 있다. 또 회의장의 프라이버시가 보장될 필요가 있다. 예컨대, 전화기가 있어 벨소리로 회의가 방해받아서는 안 된다.

훈련이나 정보제공을 위한 회의 장소는 꼭 맞거나 약간 작은 규모가 좋다. 따라서 여분의 의자는 치우는 것이 좋다. 정회원이 참석하는 회의는 꽉 차 보여야하기 때문에 약간 작은 장소로 최소 참석 인원을 염두에 두고 방을 예약해야 한다. 많은 인원이 참석할 것이 예상된다면 높은 연단과 모든 사람이 연사를 볼 수 있도록 연설대가 필요하다. 눈길을 마주치고 친밀감을 느끼게 하기 위해서는 넓고 얕은 방이 좁고 깊은 방보다 청중과 연사 간의 거리를 좁히기 때문에 좋다. 음향 장치가 잘 되어 연사의 말이 잘 들릴 수 있어야 하고, 음향이 과도하게 반사되거나 흡수되는 장소를 피해야 한다.

계획을 위한 회의에서는 다양한 방안의 배치가 사회적 상호작용에 영향을 미친다는 것을 유의해야 한다. 커피 테이블을 중심으로 공간이 있는 방은 구성원 간 잡담을 자극한다. 마주보고 앉는 테이블은 논쟁의 각을 세우게 하고, 옆으로 앉는 좌석 배치는 협력을 북돋운다. 훈련을 위한 회의에서는 이동식 탁자를 배치하여 필요시 소집단으로 나누어 진행될 수 있도록 한다.

회의가 상당시간 지속된다면, 참석자들 간에 서로 소개할 시간을 가지는 것이 좋다. 특히 서로 다른 의견을 가진 참석자들이 있는 경우에는 서로 사교하는 시간을 갖도록 하여 잠재적 대립과 반목을 줄이도록 하는 것이 바람직하다. 아침 회의는 차 한 잔과 가벼운 잡담으로 시작하는 것도 좋다. 휴식시간에는 차를 마실 수 있도록 준비하여야 하고, 회의 중에 함께 식사할 기회를 가져서 유대감을 키우는 것도 좋다. 혼자 점심을 먹게 하거나, 끼리끼리 식사를 하러 나가도록 해서는 안 된다.

3) 회원회의

정회원들의 첫 모임은 몇 가지 목적을 가진다. 하나는 이슈에 관심을 가진 사람들이 적극적으로 참여하여 활동하도록 동원하는 과정으로서 의미를 갖는다. 조직을 구성하는 첫 모임에서는 조직의 목표가 무엇인지를 토론하고, 운영위원회의 구성원과 사무원을 선발한다. 그렇게 함으로써 조직의 전반적 질서를 세우고, 이후 활동에서 혼란을 줄이게 된다.

회원 회의는 캠페인 과정에서도 열게 되는데, 주로 구성원들을 활동의 대의에 집중시키고, 일이 진전된 것을 보여주고, 지금까지의 경과를 지역사회 전체에 알릴 목적으로 열린다. 보고서는 활자로 제출되지만, 회원들에게 구두로 소식을 발표하게 된다. 이런 모임을 통해서 활동의 동력을 유지하고, 새로운 구성원들을 격려하고, 잠재적 참여자들에게 대의를 전파한다. 조직운영 과정에서 회원 모임은 정기적으로 이루어져서 성과와 어려운 점을 토론하고, 새로운 직원을 선발하고, 운영위원회가 효과적으로 운영되는가를 점검한다. 이런 회의는 풀뿌리 민주주의의 근간이 되고 회원들이 내 조직이라는 의식을 가지고 책임 있게 활동하게 한다.

회의진행자는 정보가 효과적으로 전달되게 하면서도 참여자들이 열정적으로 의사소통을 하도록 균형을 유지해야 한다. 회의절차에 너무 엄격하게 고착되지 말고 참여자들의 열정을 허용해야 한다. 원활한 회의 진행을 위해 문서로 정리된 간단한 안건이 제출되면 도움이 된다.

첫 회의에서 실천가들이 서로를 소개하고, 그들이 보는 문제를 설명하고, 회비를 걷고, 조직의 정관과 운영 절차를 정한다. 조직원 간에 의견이 다를 경우에 분열을 막기 위해서 정관에서는 조직 구성원 중에서 누가 투표권한을 가지는가를 정해야 한다. 조직을 특정한 분파가 지배하게 되면 지역사회 조직은 와해되기 마련이다.

분파가 지배하는 것을 막기 위해서 최소 의사정족수(*quorum*)가 요구된다. 최소 의사정족수는 가능한 분파의 규모보다는 커야 한다. 그러나 의사정족수가 너무 많으면 회의를 열 수조차 없게 된다. 이 점을 고려하여 의사정족수가 결정되어야 한다. 분파의 지배를 막기 위한 또 한 가지 방안은 회의가 적어도 1개월 전에 고지되고 모든 구성원들에게 2주전에 통지되어야 한다는 것을 정관에 규정하는 일이다.

회의관련 주요 규칙은 회의의 질서를 유지하면서 충분한 공개토론을 하도록 해야 한다. 의장이 발언자를 지명하고 의장의 허락이 없으

[회의진행 상식]

1) 회의진행의 주요 원칙
① 회의공개의 원칙 ② 발언자유의 원칙 ③ 일사부재의의 원칙 ④ 다수결의 원칙
* 다수결의 형태: ① 과반수 ② 구성원 2/3 이상 ③ 종다수결 ④ 만장일치

2) 회의조건 표결방법
① 구두표결 ② 기립(거수) 표결 ③ 기명투표 ④ 무기명투표

3) 주요 회의용어
* 정회: 회의를 잠시 중단하는 것. 다시 계속하는 것을 속개라 함.
* 안건, 의안, 의제: 논의의 대상이 되는 모든 사안은 안건, 안건 중 형식적 요건을 갖추어 제출하는 것이 의안, 의사일정에 포함되어 심의중이거나 심의예정인 것은 의제.
* 동의: 어떤 의견을 일정한 형식을 갖추어 회의의 의제로 제출하는 것(일반적으로 제출자 이외에 한사람 이상의 재청이 있어야 동의안으로 성립된다).
* 수정동의(개의): 이미 나와 있는 원안에 원칙적으로 찬성하면서 그 내용 중 일부를 고치고자 하여 삽입, 삭제, 보완 또는 첨가하는 줄거리의 의견.
* 부의: 안건이 심의될 수 있는 상태에 있게 하는 것.
* 상정: 부의된 안건의 심의를 시작하는 것.
* 제의와 제안: 회장이 안을 제출하는 것은 제의, 회원이 안을 제출하는 것은 제안.
* 제안 설명: 동의자 또는 의안의 제출자가 그 제안 이유를 설명하는 것.
* 의사진행발언: 회의진행방법 등에 관하여 이의나 자신의 의견을 밝히기 위한 발언
* 축조심의: 의안의 한 조항씩 낭독하면서 심의하는 것
* 의사정족수: 개회를 위한 최소한의 출석인원
* 의결정족수: 의결에 필요한 최소한의 인원
* 호선: 특별한 형식 없이 선출하는 방식

4) 회의진행예시
① 개회선언: 의사정족수 충족여부 확인하여 충족되면 개회. 미달이면 유회를 선언.
"재적인원 ○명 중 ○명 참석으로 성원이 되었으므로 제○차 ○회의 개회를 선포합니다." 〈의사봉 3타〉
② 국민의례 ③ 회장인사 ④ 전 회의록 승인 ⑤ 보고사항
⑥ 의안채택: 사전에 보고(제출)된 안건과 당일 동의 성립된 안건을 의안으로 채택함.
* 회장: "○○○회원 외 ○인으로부터 「○○을 ○○하자」는 의안이 제출되었습니다. 본 의안 외에 오늘 정기회에서 다루고 싶은 의안이 있으면 제출해 주십시오."
→ 동의, 재청 받아 채택
⑦ 의안심의
* 순서: 의장이 의안을 하나씩 상정 〈의사봉 1타〉 → 제안 설명 → 질의답변 → 찬반토론 → 표결 → 가결 〈의사봉 3타〉
⑧ 폐회
* 동의, 재청, 가결의 순서를 밟아서 함 〈의사봉 3타〉

면 의사진행발언을 제외하고는 발언하지 못하게 하는 것이 회의진행의 기본규칙이다. 동의(*motions*)는 한 두 사람이 의견을 제안하는 것이다. 토론은 동의된 내용을 중심으로 이루어지며, 수정동의도 가능하다. 토론을 마치면 표결을 요청하고, 표결을 마치면 다음 안건으로 넘어간다.

일반적으로 부의된 안건에 대한 심의를 마치고 난 후에 기타 안건에 대한 제안과 토론이 있게 되는데, 제시된 안건이 중요한 경우에는 충분한 심의를 위하여 다음 회의로 넘겨지는 것이 일반적이다. 조직활동에 관한 일반적 전략은 회원 회의에서 다루어지지만, 구체적 전술에 관한 기획은 소규모 실행위원회에 넘기는 것이 바람직하다. 소규모 실행위원회의 구성원을 선발하기는 어렵다. 서로 잘 모르는 상황에서 급하게 선발하다 보면 초기부터 관여했던 회원을 중심으로 선발되게 되고 나머지 회원들은 오랫동안 소외되기도 한다. 이 문제를 해결하는 방안으로는 구성원들 간에 비공식적 모임을 몇 차례 갖고 난 후에 선발하는 방법과, 3~6개월 동안 운영되는 임시위원회의 구성 후 위원회를 영구적으로 조직하는 방법이 있다.

회의의 의장은 보통 조직의 지도자나 대표가 맡게 되는데, 화술이 좋고, 유머가 있으며, 감정을 잘 다스릴 수 있어야 한다. 지도자는 구성원들이 받아들이고 이해할 수 있는 비전, 꿈, 목적을 보여줄 수 있어야 하며, 목적이 이루어질 수 있다는 느낌을 구성원에게 자극할 수 있어야 한다. 회원 회의에서 의장이 해야 할 일은 다음과 같다.

- 집단목표에 대한 순수한 신념과 자신감, 능력을 보여줄 수 있어야 한다.
- 극적이고, 유머를 사용하고, 감정을 북돋을 수 있어야 한다.
- 조직 목적을 분명하게 하고, 목적을 이룰 수 있다는 분위기를 만

들어야 한다.

- 조직이 수행한 과업에서의 성공과 실패 경험을 공유함으로써 공통의 역사를 만들고, 신입회원에게도 조직에 대한 충성심을 형성한다.

4) 의사결정회의

전체 목적에 대한 결정은 전체 회원회의에서 결정되고 수정되지만, 구체적 사항에 관한 결정은 보통 소규모 집단에 위임되어 구체적으로 논의된다.

전문가들은 12명이 넘는 집단에서는 좋은 의사결정이 이루어지지 않는다고 지적한다. 소규모 집단에서의 의사결정이 다시 전체회의로 부의되어 결정된다면 소집단에의 결정이 민주주의의 다수결 원리에서 벗어나는 것이라고 볼 수는 없다. 대규모 집단은 의제를 깊게 다루지 못한다. 소규모 집단이 잘 수행할 수 있는 과업은 개방적 과업, 노동의 분업을 촉진하는 과업, 구성원들의 다양한 배경을 필요로 하는 과업이다.

지역사회조직이 직면하는 문제를 해결하기 위한 과업은 다음과 같은 특성을 지니고 있다. 즉, 문제해결에 관한 단 하나의 정답 또는 최선의 답은 없다. 문제와 그 해결책에 대해서 서로 다른 해석이 존재한다. 둘째, 과업이 다양하여 여러 기술이 요구되고, 따라서 일을 분업해야 한다. 이런 다양한 과업들(예를 들어 조사연구, 모금활동, 홍보, 회의운영 등)은 다양한 배경을 가진 구성원들이 참여할 때 잘 해결될 수 있다.

(1) 회의준비

의사결정을 위한 회의를 위해서 의제와 관련정보가 제공되어야 한다. 의제에 포함되는 각 항목들은 요점적으로 잘 정리되어야 하고, 각 항목과 관련한 자료들도 준비되어야 한다. 의제는 회의에 앞서 구성원들에게 보내져야 하고, 의장은 다른 사람들이 볼 수 있도록 사무실에 의제를 게시한다. 회의에서 다루는 의제는 여러 가지인데, 의제를 정리하는 데 필요한 몇 가지 권고사항은 다음과 같다.

- 일상적 사업이나 공지사항을 맨 앞에 다루어라. 가능하면 간략한 요약보고서를 제출하라.
- 중요한 의제는 시작 후 15분~20분 사이에 다루어라.
- 토론이 필요 없는 일상적 사업관련 항목들은 함께 묶어 동의가 필요한 의제로 일괄 제의하라.
- 길고 복잡한 항목들로 채워진 의제를 피하라. 각 항목별 소요시간을 예상하고 회의 시간이 1시간 30분이 넘지 않도록 구성하라. 2시간 이상 회의를 끌면 사람들이 돌아갈 것이다.

위와 같은 준비 자료들은 직원이 준비하고 직원은 회의에 참석하여 주로 회의장에서 여러 가지 지원을 하게 된다. 직원들은 정보요청에 답하거나 기술적 문제에 대하여 자문하고, 제안된 것들의 합법성여부에 관해 의견을 피력한다. 그러나 직원이 회의를 주도하지는 않는다.

아이디어를 얻고 집합적 의사결정을 잘 내리기 위해서는 적절하게 구조화된 지침이 있는 회의가 필요하다. 그러나 과도한 구조화와 지침이 부과되면 참여자들의 생각과 아이디어를 모으기 어렵다. 이를 위한 몇 가지 지침을 소개한다.

- 사람들이 기꺼이 참여할 정도로 소규모로 운영하라. 한 개의 큰 위원회보다 여러 개의 소위원회가 더 나은 선택이다.
- 참여하는 사람들이 평등하다는 것을 물리적으로 느끼게 하라. 상석이 있는 테이블보다는 원탁을 택하라.
- 비록 비공식 의제라도 의제를 가지고 회의를 시작하라. 의제를 설정함으로써 이슈에 대하여 생각하고 사람들로 하여금 뭔가 진전이 이루어지고 있다는 느낌을 준다.
- 한 번의 회의에서 모든 것을 끝내려고 하지 말 것. 첫 회의에서는 서로 친밀하게 사귀고, 서로 상대가 잘하는 분야에 대해서 아는 시간을 가져라.
- 회의시간 전후에 담화를 나눌 시간을 가져라. 인간적 교감이 효과적 집단활동을 촉진한다.
- 어떤 행동을 결정했을 때, 책임을 확실하게 분담하라. 그렇지 않으면 또 다른 회의를 소집해야 한다.

(2) 구조

의사결정 집단의 구조는 4단계를 거쳐서 서서히 성장한다. 첫 단계는 오리엔테이션이다. 구성원들이 서로를 개별적으로 평가하고 알아가는 과정이다. 둘째 단계는 형성단계이다. 집단의 지도력과 개인들의 역할이 결정되는 단계이다. 구성원들 간에 누가 가장 잘 조화를 이루고 누가 특정 주제에 정통한가를 알게 된다. 세 번째 단계는 조정단계이다. 집단의 목적이나 정보의 중요성이나 의미에 관해서 협상이 이루어지는 단계이다. 마지막 단계는 공식화 단계로 집단이 행동과정을 결정하고, 그런 활동을 조화롭게 지지하는 단계이다.

공식적 구조가(동의를 처리하는 규칙이나 기타 기술적 요구사항들) 너무 일찍 짜이면, 사람들이 오리엔테이션 단계를 성공적으로 마칠 시간을 충분히 갖지 못한다. 그러나 너무 늦게 짜이면 집단이 표류하게 되고 형성단계에 실제로 이르지 못한다. 집단과 집단 회의는 사람들이 아이디어를 기여할 만큼 충분히 구조화되어야 하지만 너무 구조화되어서 아이디어 자체보다도 규칙이나 절차에 초점이 두어져서는 곤란하다.

(3) 소집단에서의 지도력

지도자는 자신의 생각을 구성원에게 강요하지 않고 토론을 통해서 의사결정 집단을 운영할 수 있어야 한다. 지도자는 초기에 맡겨지는 것보다는 토론과정에서 자연스럽게 결정되는 것이 좋다. 그리고 과업에 따라서 서로 다른 지도자가 부상되어야 한다. 일반적으로 소집단의 리더십은 다음과 같은 일들을 잘 수행할 수 있어야 한다.

- 참신한 아이디어를 내는 데 기여하기
- 토론을 이끌어내기
- 다른 사람들로부터 독창적 생각을 끄집어내기
- 다른 사람의 아이디어를 비판적으로 평가하기
- 다른 사람이 가진 비판적 사고를 격려하기
- 추상적인 것을 구체적인 것으로 전환하고, 구체적인 것을 추상적인 것으로 전환하기
- 의제를 제안하기
- 명료화하기
- 요약하기
- 말로 동의를 표현하기
- 참여를 격려하는 분위기 유지하기
- 참여를 적절하게 조절하기

· 경청하여 타인을 격려하기

의사결정 집단에서 지도자는 이와 같은 기술을 잘 활용하는 것이 중요하다. 지도자는 흥분하여 거칠게 나오는 사람들에게 소리치며 대응해서는 안 된다. 정중하게 목소리를 낮추고 토론할 것을 요청한다. 그래도 회의진행이 어려울 정도가 되면 정회나 산회를 선포한다.

흔히 새로운 아이디어를 얻고 창의적 생각을 얻기 위해서 브레인스토밍 훈련이나 명목집단기법(*Nominal Group Techniques*, NGT)이 사용된다. 명목집단기법은 목소리가 낮고 발언을 꺼리는 구성원들의 참여를 높이는 방법으로도 이용된다. 유능한 지도자는 집단구성원에게 새로운 아이디어를 받아들이도록 조급히 강요해서는 안 된다. 효율적이고 잘 조화를 이루는 집단에서도 새로운 아이디어는 생성되었다가 버려지고 다시 또 태어난다. 새로운 아이디어가 집단 내에서 새로이 정제될 때까지 서서히 끓어오르기를 기다리는 데는 시간이 필요하다.

(4) 응집력과 만족의 문제와 집단사고

응집력이 높은 집단의 구성원은 만족도가 높고, 구성원의 만족도가 높은 집단은 응집력도 높다. 응집력이 높은 집단에서는 참여도가 높고, 아이디어를 더 자유롭게 발표하고, 집단의 성과를 자신의 것으로 받아들인다. 모임의 초기에는 동료의식과 조화로운 집단이라는 감정을 개발하는 것이 필요하다. 그러나 과도하게 응집력을 강조하는 것은 문제를 야기할 수 있다. 만일 수단(조화로운 회의)이 목적(의사결정)을 대치한다면 목적대치 현상이 생긴다. 아주 응집력이 강한 집단의 경우에 각 개인들은 그들 집단이 가진 원래의 신념체계를 지지하는 정보를 우선적으로 찾게 된다. 이런 현상은 제니스(Janis,

1982)가 지적하는 집단사고(*group think*)로 이어진다.

집단사고를 하는 집단의 구성원들은 그들의 신념과 반대되는 증거를 찾으려 하지 않는 경향이 있고, 반대하는 사람에게 아주 강하게 집단으로 압력을 가한다. 집단사고는 많은 실수를 낳고 조직에 해를 끼친다. 제니스는 집단사고는 집단의 힘을 과대평가하고, 반대되는 정보를 무시하고, 꺼리는 구성원에게도 합의를 강요하는 3가지 문제가 있다고 지적한다(Janis, 1982: 174~175). 이런 집단은 자신들은 약하지 않다고 생각하고, 아무런 잘못도 저지르지 않다고 생각하며, 행동이 초래할 윤리적 결과도 무시한다.

집단사고가 지나치면, 조직(집단)권력에 대한 자만심으로 적들을 악의 화신으로 간주하고, 효과적 행동에 필요한 정보를 수집하지 않고, 반대자들은 집단에서 추방된다. 결국은 적을 과소평가하고, 대안을 검토하지 않아서 조직은 실패하고 만다. 집단사고를 피하기 위해서는, 의사결정 집단에 다양한 성분을 가지고 다른 아이디어를 가진 사람들이 포함되어야 한다. 반대가 용인되어야 하고 거칠게 다루어져서는 안 된다. 집단이 과도한 갈등에 빠져서는 안 되지만, 건강한 수준의 반대는 좋은 의사결정을 예고하는 징표이다.

(5) 갈등

집단 간의 갈등을 잘 처리하는 법을 학습하지 않고는 집단사고를 피하더라도 집단의 응집력을 발달시킬 수 없다. 효과적 집단은 갈등 없이 잘 조화를 이룬다는 잘못된 관념이 널리 퍼져 있다. 이슈에 관한 의견의 불일치에 더하여 사람들 간에 인격의 충돌이 일어나면 그 갈등은 집단의 의사결정에 아주 파괴적 성격을 갖는다. 인격 충돌을 피할 수 있다면, 근본적 가치갈등은 존재하지 않으며, 의견의 불일치는 오히려 참여를 늘리고, 의사결정의 질을 높일 수 있다.

어떤 아이디어가 아무런 반대 없이 통과되게 하는 것보다는, 집단의 지도자는 제안에 대해 반대 의견을 내는 것을 오히려 장려해야 한다. 그러나 의견의 불일치가 인격이 아닌 이슈에 집중되도록 해야 한다. 정책에 관한 의견의 불일치에 대해서 지도자는 그 차이가 무엇인지를 밝히려 노력해야 한다. 그리고 어떤 정보가 더 필요한지를 조사해야 한다. 갈등을 다룸에 있어서 지도자는 갈등의 유형에 따라서 상이한 대응전략을 세워야 한다.

주장(*assertion*)에 대한 불일치가 발생할 경우에 지도자는 상황을 좀더 세부적으로 분해하여 접근할 필요가 있다. 예를 들어 다인종으로 구성된 지역사회에서 나는 A집단과 함께 일할 수 없다는 주장에 대해 그런 일반적 주장이 옳지 않다고 말하기보다는 그런 주장이 잘못된 것일 수 있는 개별 상황을 제시하는 것이 좋다. 즉 "Y씨와 함께 일하는 것은 어때요?"(사실 Y씨는 A집단의 구성원이다) 라고 묻자 "물론 Y씨는 예외이죠."라고 대답한다면, 인종적 문제로까지 갈등이 퍼지지 않는다.

합리적 추론을 둘러싼 갈등이 있을 수 있다. 이것은 어떤 결과를 낳은 상황에 대한 사실의 이해에 있어서의 차이로 발생한다. 이런 갈등은 상황과 결과를 연결하는 고리가 되는 사실의 전제에 대한 의견의 불일치로 발생한다. 해결을 위해서는 양자를 연결하는 사실의 전제에 대한 이해의 차이를 명확히 할 필요가 있다.

증거를 둘러싼 갈등이 있을 수 있다. 사실에 관한 갈등은 비교적 해결이 용이하다. 사실에 관한 증거를 수집하여 갈등을 해결할 수 있기 때문이다.

가장 해결하기 어려운 갈등이 가치를 둘러싼 갈등이다. 가치갈등의 간극을 메우기란 쉽지 않은 일이다. 낙태, 동성애 등의 문제가 여기에 해당될 것이다. 아마도 몇 몇 집단이 가치갈등으로 갈라서게 될 것이다. 중요한 것은 남아 있는 집단이 집단사고에 함몰되지 않도록 유의하는 일이다.

5) 훈련을 위한 회의

훈련회의에서 회의 운영, 기금 모금, 보도자료 준비, 성토대회 준비, 예산 편성 등을 학습한다. 훈련 다루는 주제에 따라서 그 규모가 다르다. 대규모 집단을 대상으로 강의가 이루어지기도 하고, 소규모의 워크숍이 필요할 때도 있다.

효과적 훈련세션은 한정된 시간 안에 필요한 정보와 기술이 잘 전달되도록 많은 준비가 필요하다. 교육자의 인격과 화술도 중요하다. 효과적으로 교육하기 위해서는 피교육생들에게 친숙한 사례나 준거가 제공되어야 한다. 예산편성을 교육하는 사람은 유사한 조직이나 피교육생과 직접 관련이 있는 조직의 예산을 다루어야 한다. 일반적으로 훈련가는 3가지 책임이 있는데, 기술을 배울 수 있도록 가리켜야 하고, 피 훈련생에 알맞은 현실적 교육목표를 세워야 하고, 열정과 충성심을 키울 수 있어야 한다.

(1) 기술익히기(*building skills*)

배운 것을 실천할 수 있는 기회를 훈련 세션에 마련해야 한다. 예컨대 모금 기술 훈련에서는 구성원 간에 서로 모금을 요청하는 역할을 실연해볼 수 있을 것이다. 모금을 간청하는 글을 쓰도록 해서 익명으로 발표하게 하고 나쁜 것이 아니라 좋은 글을 뽑고 그것이 왜 좋은 글인가를 논평하는 것도 좋은 방법이다. 훈련가가 기부를 요청하고 피교육생은 시민이 되어 역할 연기를 해보는 것도 좋은 방법이다.

(2) 현실적 교육(*be realistic*)

현실적 교육목표를 세우지 않으면 낙담하고 훈련세션 내내 힘이 점점 빠지게 된다. 모금훈련에서는 시민들이 집안에 발도 들이지 못하게 하는 경우도 있고, 집안에 들어오게 하더라도 지역사회 문제와 관계없는 이야기만 끈질기게 하는 경우도 많다. 때로는 위험한 지역을 지나야 할 때도 있기 때문에 혼자보다는 둘이 다니는 것이 좋을 수도 있다. 피부색이 다를 경우에 신뢰를 형성하기 어려운 경우가 있다는 것도 교육에서 고려되어야 한다.

(3) 열성과 충성심 키우기(*build enthusiasm and loyalty*)

훈련가는 교육 프로그램에 열성적이어야 하고 충성심을 가지고 있어야 한다. 무엇이 가능하고 바람직하고 성취가능한가를 훈련가는 알고 있어야 한다. 피 훈련생을 개인이 아니라 집단으로 대하며, 연대성을 키우도록 하고, 집단 토론이 이루어지도록 격려한다. 교육 내용이 지루하지 않도록 하고, 사람들이 흥미를 가질 수 있게 새로운 상황을 설정하고 또 모의실험을 해볼 수 있도록 하라. 집단을 근린지역 팀과 시청 팀으로 나누어 협상을 해보도록 한다. 세밀하게 관찰하고 논평을 하게 되면, 강의 방법보다 훨씬 효과적으로 교육할 수 있다. 훈련가가 열정적이면 피교육생도 열정적이 된다.

제 9 장

옹호

이 장에서는 지역사회복지실천 현장에서 사용될 수 있는 기술로서 옹호의 개념과 유형을 소개하고, 거시적 실천 수준에서 옹호의 활용과 관련된 원칙과 지침에 대하여 기술한다. 다음으로는 거시적 실천 수준의 옹호활동의 전형으로 입법관련 로비활동과 입법옹호에 대하여 설명한다. 끝으로 거시적 수준의 사회복지실천에서 옹호를 위해서 사용할 수 있는 구체적 기술로서 설득, 대변, 청문, 고충처리, 이의신청, 표적을 궁지에 몰기, 정치적 압력, 청원에 대하여 간략하게 소개한다.

1. 개념과 의의

옹호란 클라이언트나 시민의 이익 혹은 권리를 위해 싸우거나(*championing*), 대변하거나, 방어하는 활동이다. 사회복지사가 공무원이나 의사결정자들을 상대로 클라이언트들의 대의(大義, *cause*)를 증진시키기 위해 행하는 활동이 옹호이다(Kirst-Ashman & Grafton, 2001: 352). 옹호는 '개별적 문제'를 '공공의 쟁점'으로, 혹은 '개인적 문제'를 '사회적 쟁점'으로 전환시킨다. 또한 '비인간적 상황'에 대하여 미시적 또는 거시적 수준에서 도전하거나 혹은 문제제기를 한다.

옹호는 대의옹호(*cause advocacy*)와 사례옹호(*case advocacy*)로 구분하여 볼 수 있다. 대의옹호란 스스로 자신을 옹호할 능력(자원, 재능, 기술)이 부족한 집단들을 위한 것으로서, 거시적 실천에서 주로 적용된다. 이것은 여러 집단과 제도를 포괄하면서 사회적 조건을 개선시키는 것을 지향한다. 시민권 확보를 위한 입법운동, 장애인이나 기타 위험에 처한 인구집단의 권리를 위한 투쟁 등이 좋은 사례라고 할 수 있다. 사례옹호는 개별사례나 클라이언트에 대한 옹호를 말한다. 사회복지사의 실천영역에서 서비스 전달을 보증하고, 특정 담당 클라이언트를 위해 자원과 서비스를 확보하는 것을 강조한다. 직접적 서비스 실천에서 옹호는 종종 클라이언트를 지지하고 대변하는 활동이기도 하고, 클라이언트가 스스로를 대변하는 자기옹호이기도 하다(Hardcastle et al., 1997: Ch. 12). 이것은 미시적 실천에서 주로 적용된다. 동일한 문제를 가진 사람들이 많아지면 사례옹호에서 대의옹호로 옹호활동이 전환할 수 있다(Kirst-Ashman & Grafton, 2001: 353).

미국사회복지사협회(NASW) 윤리강령에서는 옹호를 사회복지사의 의무로 규정하고 있고, 한국사회복지사협회(KASW) 윤리강령에서도 4장 "사회복지사의 사회에 대한 윤리기준"에서 옹호를 사회복지사의 사회와 클라이언트에 대한 의무로 규정하고 있다.[1] 이는 인간의 가

---

1) 한국사회복지사협회 윤리강령(http://kasw.or.kr/intro/principles.htm).
- 사회복지사는 인권존중과 인간평등을 위해 헌신해야 하며, 사회적 약자를 옹호하고 대변하는 일을 주도해야 한다.
- 사회복지사는 필요한 사회서비스를 개발하기 위한 사회정책의 수립/발전/

치와 존엄성 및 권리를 존중하는 사회복지의 전통과 사회복지전문직의 가치와 부합한다. 거시적 수준에서의 옹호활동이 갖는 최대의 장점은 단순히 위기상황에 대처하는 것을 넘어서서 문제의 핵심을 공격한다는 점에 있다. 옹호를 통해서 사회복지사들은 문제 해결에 적극적으로 참여했다는 의식을 가지게 되고, 클라이언트들은 자신의 문제를 해결할 수 있도록 권력을 키우고 문제해결 기술을 익힘으로써 '자기효능감'을 키울 수 있게 된다.

이같이 옹호는 사회복지의 오랜 전통이지만 관여하기를 주저하는 이들도 있다. 억압을 받고 있는 사람들이나 위기에 처한 사람들을 옹호하는 것은 종종 저항의 형태로 나타나기 때문이다. 기관장들도 이사들이나 재정후원자들이 이것을 현실에 대한 도전으로 여길까봐 꺼리기도 한다. 옹호의 성과를 예측하기 어렵다는 점도 옹호활동을 활성화시키지 못하는 또 다른 이유가 된다. 그래서 사회복지사가 스스로 자신의 추진력에 대해 확신을 갖지 못하는 경우가 많은 것도 문제이다. 그런가 하면, 실제로 옹호를 통해서 변화가 일어났을 때, 그것이 미칠 영향에 대한 우려도 옹호활동에 걸림돌로 작용한다(Kirst-Ashman & Grafton, 2001).

옹호의 효과성을 제한하는 중요한 요소는 인간문제 및 사회문제는 속성상 큰 변화를 회피하는 경향이 있다는 점이다. 또 인간은 주어진 시점에서 일부의 문제를 다룰 수 있을 따름이며, 변화의 첫걸음을 내딛을 뿐이라는 것이다. 예컨대, 19세 청소년의 투표권 획득을 위해

입법/집행에 적극적으로 참여하고 지원해야 한다.

- 사회복지사는 사회환경을 개선하고 사회정의를 증진시키기 위한 사회정책의 수립/발전/입법/집행을 요구하고 옹호해야 한다.
- 사회복지사는 자신이 일하는 지역사회의 문제를 이해하고, 그것을 해결하는 일에 적극적으로 참여해야 한다.

옹호활동을 하여 입법화에 성공한 경우, 다음 과제로서 이들 청소년들을 선거에 참여하도록 이끌어내는 일은 또 다른 활동을 요구하는 것으로 변화는 매우 서서히 이루어진다고 볼 수 있다. 또 국가의 복지재정 삭감 요구가 큰 상황에서 새로운 프로그램을 도입하자는 옹호활동은 여건이나 환경 조성이 되지 않아서 어려움을 겪기도 한다. 또 다른 제한요인은 우리 자신의 용기부족과 문제대응 방법에 대한 지식의 부족, 냉담한 태도가 억압에 대처하고 사회 경제적 정의를 설득시키는 일을 진척시키는 데 가장 위험한 저해요인이 된다.

2. 옹호의 유형

사회복지 실천에 있어서는 문제 상황과 기관의 사정에 따라서 다양한 수준의 옹호활동이 필요하다. 예를 들어 과밀교실 문제를 해결하기 위해서 부모는 아동을 대리하여 납세자로서 자기옹호를 할 수 있다. 동시에 사회복지사는 학교 이사회나 동창회에 서신을 보내 과밀교실 문제 해결을 호소할 수 있다. 또 관심이 있는 부모들을 모이게 하여 기자회견을 하도록 할 수도 있고, 학부모와 함께 등교거부운동을 할 수도 있다. 더 나아가서 사회복지사는 동맹을 형성하여 재산세에 교육세를 부과하도록 조세제도 개선을 요구할 수도 있다. 옹호는 자신이나 다른 개인을 돕는 방법에서부터 어떤 집단이나 계급을 도와 제도를 근본적으로 변화시키는 것에 이르기까지 다양한 수준에서 이루어진다. 이와 같이 사회복지실천에서 사용되는 옹호는 ① 자기옹호(*self-advocacy*), ② 개인옹호(*individual advocacy*), ③ 집단옹호(*group advocacy*), ④ 지역사회옹호(*community advocacy*), ⑤ 정책 또는 정치적 옹호(*political/policy advocacy*), ⑥ 체제변환적 옹호(*advocacy for systems change*)로 분류할 수 있다(Hardcastle et al., 1997: 354~368). 어떤 수준의 옹호전략을 선택하는가는 결국 문제를 어떻게 규정하는가에 따라서 다르며, 옹호의 수준에 따라 사용되는 옹호방법과 기술이 다르다.

1) 자기옹호

사회복지실천에서 자기옹호는 자조 혹은 자조집단이 스스로 돕는 것으로 사회복지사는 클라이언트들에게 지식을 제공하고 격려한다. 시민들이 무언가 활동을 시작할 때 행정적이고 기술적 지원(자원봉사자 공급, 회의실 제공, 서기 역할)을 하고, 보다 중요한 것은 그들의 노력을 인정하고 격려하는 일이다. 또 특히 유사한 쟁점에 관한 정보를 공유하는 일이 중요하다.

2) 개인옹호

클라이언트가 감옥에 있거나 질병에 걸려서 스스로를 돌볼 수 없는 경우에는 사회복지사는 그들이 표현한 욕구를 중시하고 그들을 대신하여 옹호활동을 한다. 그러나 건강한 사람이나 자유로운 사람이라고 항상 자신을 옹호할 수 있는 것은 아니다. 개인옹호나 가족옹호는 그들을 대신하여 조직이나 제도 혹은 정책에 영향을 미치고자 한다. 일단 옹호하기로 결정하면 클라이언트가 주눅이 들게 해서는 안 된다. 그러나 클라이언트가 사회복지사에게 의존하게 만들지 말아야 한다.

3) 집단옹호

자조집단을 구성하여 스스로를 옹호하는 것은 자기옹호이며, 여기서 집단옹호는 희생자 집단을 위한 옹호자의 활동을 의미한다. 여러 사람들이 같은 방식으로 위험에 처해 있고, 공동의 문제를 해결하기 위해 같은 해결책을 찾고 있다면, 집단옹호를 시작할 수 있다. 대상 집단이 구성되어 있을 수도 있고 집단옹호 과정에서 구성하기도 한다. 사회복지사는 집단구성원을 잘 알아야 하고 집단의 역동성을 이해해야 한다. 때로는 사회복지사들이 서로 대면하지 못하고 흩어져 있는 사람들을 옹호해야 하는 경우도 있는데 이때는 자연스럽게 정치적 옹호활동으로 넘어가야 한다.

4) 지역사회옹호

지역사회옹호는 사회사업(*social work*) 영역에서 이미 1900년대 초반부터 이루어졌다. 지역사회를 옹호하는 활동에서는 주민을 모으고 조직화하는 기술이 핵심적 기술이다. 실천가들이 사람들을 모으는 방법은 다양하다. 일일캠프 개최, 소지역파티, 건강달리기 등의 모임, 재활용 모임 등의 다양한 방법이 상황과 이슈에 따라 이용될 수 있다. 지역주민들이 스스로 지역사회를 옹호하기도 하고, 지역사회를 대표하여 다른 사람들이 옹호하기도 한다. 지역사회 수준에서의 옹호는 서로 다른 집단들을 공통의 가치를 중심으로 함께 모이게 하는 점에서 강점이 있다.

5) 정치옹호와 정책옹호

정치옹호와 정책옹호는 사회정의와 복지를 증진시키기 위해서 입법영역, 행정영역, 사법영역에서 다양한 형태로 행할 수 있다. 입법영역에서의 옹호활동은 특정 법안의 통과를 저지하거나 특정 법안을 제안하여 통과하도록 하는 것이다. 이와 같은 입법옹호활동에서는 로비가 중요한 기술로 사용된다. 정책옹호를 통해서 어떤 정책이 통과되었다고 하더라도 그 정책이 실현되는 것과는 서로 다른 일이다. 이 영역의 옹호활동과정에서는 클라이언트를 증인으로 활용할 수 있다. 그러나 사회복지사는 증인으로 나서는 클라이언트나 시민들에게 정보를 제공하는 한편, 증언으로 불이익을 받지 않도록 잘 보살펴 주어야 한다.

6) 체제변환적 옹호

체제변환이란 넓고 근본적인 제도상의 변화를 의미한다. 사회를 구성하는 많은 체제들은 구성원인 시민들과 사회체제 전체에 영향을 미친다. 예를 들어 사회의 고용체계, 의료체계, 대중매체체계 등이 구성원들의 삶에 영향을 미친다. 사회체제에 대한 도전은 일상적으로 일어나는 일이지만, 좀더 큰 체제인 자본주의체제나 가부장체제에 대한 도전도 끊이지 않고 일어나고 있다. 미국에서 샤베즈(Cesar Chavez)가 이주 농업노동자들과 함께 펼친 조직화운동의 예나, 우리나라에서 양성평등을 이루기 위한 여성운동이 이런 체제변환적 옹호활동에 속한다고 볼 수 있다. 양성평등과 같은 체제변환적 옹호활동들은 일단 그것이 성공하게 되면, 시간의 흐름에 따라서 넝쿨손처럼 뻗어나가 직장·교육·공무담임권 등에서의 성차별 폐지 운동으로 구체화되면서 지역사회 옹호, 정책옹호 등의 방식과 결합하게 된다.

3. 거시적 실천 수준에서의 옹호[2)]

1) 옹호기회

앞 절에서 살펴본 바와 같이 옹호활동은 개별적으로는 달성할 수 없었던 목표를 함께 달성할 수 있도록 관심사나 문제가 비슷한 사람들을 조직화하는 일, 새로운 서비스 계획이나 특정 프로그램에 기관이 자원을 할당하는 방법을 수정하는 일, 제도, 지역사회, 기타 수준에서 정책과 법령을 바꾸도록 노력하는 일 등 다양한 방식으로 다양한 수준에서 이루어지고 있다.

사회의 취약계층을 대변하는 옹호활동에 쏟는 관심은 기관에 따라 다르다. 우리나라에서 전통적이고 전형적인 사회복지기관들은 사회의 취약 계층에 대한 옹호활동보다는 직접적 서비스 제공에 초점을 두고 있는 경우가 많다. 또 간혹 옹호활동이 존재한다고 하더라도 자기옹호나 개인옹호의 수준을 넘어서는 옹호활동이 활발하지 못하다는 것이 필자들의 판단이다. 좀더 거시적 수준에서 이루어지는 지역사회옹호, 체제옹호활동들은 전형적인 민간 사회복지 기관이나 조직들의 몫이기보다는 시민사회단체의 몫이었다. 외국인 노동자의 보호, 보육서비스의 확대, 사회체제 전반에 걸친 성차별 폐지, 성매매여성에 대한 사회적 보호활동, 장애인의 사회적 차별을 철폐하기 위한 활동에서 사회복지기관은 거시적 수준에서의 옹호활동을 주도적으로 전개하지 못하고, 애써 외면하거나 방관자로서 머무르거나 기껏해야 성명서 발표 등에 소극적으로 참여하는 수준에 머무르는 것이 일반적이었다.[3)]

---

2) 이 부분은 애쉬만과 그래프톤의 저서(Kirst-Ashman & Grafton, 2001: 360~365)를 주된 참고문헌으로 삼아 우리의 현실을 반영, 재정리한 것이다.

우리나라에서 대부분의 사회복지기관이 거시적 수준에서의 옹호활동에 대한 사명감이 없다면, 그 기관에 근무하는 사회복지사가 사회체제나 사회제도의 변화를 추구하는 옹호활동에 헌신하기를 기대하기 어렵다. 이 경우에 사회복지사는 기관의 활동과는 별개로 클라이언트에 대한 전문직의 사명과 윤리에 토대를 두고 자신의 관심분야에 관련한 거시적 수준의 옹호활동에 대한 동기를 부여받아 시민사회단체에 회원으로 참여하여 활동하는 방법을 선택할 수도 있을 것이다.

2) 거시적 수준에서의 옹호의 원칙

옹호는 개인, 집단, 조직을 표적으로 이루어진다. 옹호활동에서 표적은 선출직 또는 임명직 공무원, 공공 및 민간 사회복지기관, 입법기구, 사법제도, 정부기구 등이 될 수 있다. 이 표적들을 대상으로 한 거시적 수준의 옹호에서 지켜야 할 몇 가지 원칙들을 열거하면 다음과 같다.

첫째, 클라이언트에 대한 사회적 서비스의 접근성을 증대시키기 위해 노력해야 한다. 제공하고 있는 서비스가 실제로 도움이 되고 있는지를 확인하지 않고 단순히 서비스를 제공하는 일은 불충분하다. 기관으로 하여금 도움을 필요로 하는 모든 사람들에게 서비스를 제공하는 방안을 찾도록 기관을 대상으로 옹호활동을 해야 한다. 서비스

---

3) 예를 들자면 2000년 9월 19일 발생한 군산시 대명동 화재참사와 2001년 1월 29일 발생한 군산시 개복동 화재참사가 있다. 성의 산업화와 성매매여성 인권침해 문제를 사회쟁점으로 부각시킨 이 사건을 계기로, 한국여성단체 연합 및 각 지역 여성단체연합은 약 3년여에 걸쳐 옹호활동과 사회운동을 지속적으로 전개했는데, 그 결과 2004년 3월 2일 〈성매매방지법〉이 통과되었다.

자체는 훌륭하나 클라이언트들의 여건상의 제약(시간, 거리, 장애인에 불편한 건물구조 등) 때문에 이를 이용하지 못하는 경우가 있다면, 기관의 서비스 정책이나 시설을 개선하도록 해야 한다.

둘째, 클라이언트 집단의 존엄성을 손상시키지 않는 서비스 전달을 촉구하여야 한다. 클라이언트들이 서비스를 받기 위해 수치심을 느끼거나 당황스러워하는 상황에 처하도록 해서는 안 된다. 서비스를 받기 위해 좁은 공간에서 많은 사람들을 오래 기다리도록 한다거나, 프라이버시가 확보되지 않은 공간에서 상담을 받는 상황을 피할 수 있도록 해야 한다.

셋째, 서비스 수혜자격을 가진 모든 사람들이 동등하게 접근할 수 있도록 노력해야 한다. 기관의 위치, 대중교통 수단, 서비스 비용 때문에 서비스 수혜자격을 지니는 사람들 간에 서비스 이용에서 차별이 발생하는 상황을 피해야 한다.

3) 거시적 옹호를 위한 지침

거시적 수준의 옹호활동에서 따라야 할 일반적 지침은 다음과 같다.

① 하고자 하는 일을 합리적으로 하라. 어떤 조직을 변화시키려는 경우에 구성원의 가치, 신념까지 변화시키기 위해 투쟁할 수도 있을 것이다. 그러나 해당 조직의 현상유지를 바라는 사람들의 생존까지 위협하는 수준의 총체적 변화를 시도하기보다는 꼭 필요한 변화를 이루는 데 역점을 두는 것이 현실적인 경우가 많다.

② 사회복지사가 홀로 활동하기보다는 팀을 통한 활동이 보다 나은 성과를 가져올 수 있다. 다른 사람들과 함께 활동하는 것이 영향력과 힘을 증대시킬 수 있다.

③ 옹호자가 되려면 확고한 신념이 있어야 한다. 항상 사람 좋은 사람이어서는 안 된다. 때로는 적을 만들기도 하지만 오늘의 적이 내일의 동지가 될 수 있음을 알아야 한다. 체제의 변화를 위해서는 확고한 신념으로 주장을 내세울 수 있어야 한다.

④ 융통성은 약점이 아니라 강점이다. 상황에 따라서 융통성과 따뜻함과 부드러움을 활용할 수 있어야 한다.

⑤ 때로는 성공할 수도 있고 실패할 수도 있음을 수용해야 한다. 절반의 성공과 절반의 실패도 유의미한 것이다.

⑥ 다양한 전략을 사용하도록 준비한다. 옹호활동이 항상 대결 전략을 채택하는 것만은 아니다. 승리 아니면 패배라는 이분법적 접근만이 아니라 타협·설득·중재 등의 다양한 전략을 활용한다.

4. 입법관련 로비활동 및 입법옹호[4)]

1) 로비활동 및 입법옹호의 개념

로비활동(*lobbying*)은 개인이나 이익집단이 현재 논의가 진행 중인 법안(정책) 결정 과정에 자신들의 입장을 보다 더 반영시키기 위해 주

---

4) '입법옹호'는 정책옹호(*policy advocacy*)의 한 가지 유형으로 지역복지 실천가들에게 중요성이 커지고 있어 별도로 강조하였다. 최근 사회서비스 관련 정책이 증가함에 따라 이익집단들의 정책지원 실천(*policy practice*)에 대한 관심도 증가하고 있다. 특히 정책옹호(*policy advocacy*)는 관련 정책들의 입법화, 지속성, 개정 등에 대한 집단들의 다양한 옹호 유형을 담고 있다. 대표적인 정책옹호 유형은 투표(선거) 활동(*ballot-based*) 옹호, 입법(*legislative*) 옹호, 정책분석(*analytic*) 옹호, 내부개정(*troubleshooting*) 옹호가 있다(Jansson, B. 2003, "Effective Policy Advocate").

요 의사결정자(중앙 또는 지방의원, 고위관료, 정치가, 정당 등)를 설득해가는 활동이다(Hardina, 2002).

지역복지 실천가들은 특정 법안의 통과나 반대 또는 개정을 위해 의사결정자들과 접촉을 갖는다. 이때 의사결정자들에 대한 영향력을 증가시키기 위해 우편, 전화, 이메일 및 대면접촉 등의 수단을 동원한다. 또 사회적으로 인정받는 전문 로비스트를 선정하여 다양한 채널을 통해 고위직 의사결정자(지방자치단체장, 정당 고위의원, 지역사회 유지 등)와의 접촉을 시도한다.

입법옹호는 사회복지사나 지역사회복지실천가가 다양한 분야의 클라이언트나 시민들을 위해 활동하는 것이란 점에서 대의적 옹호(*cause advocacy*)와 유사한 개념이다. 거시적 옹호에 속하는 이 입법옹호는 특히 특정영역의 클라이언트에 혜택을 주기 위한 법률개정에 관여하는 것으로, 가장 기본적 형태는 의원들에게 원하는 방향으로 법이 통과되기를 촉구하는 것으로 볼 수 있다(Hardcastle et al., 1997; Kirst-Ashman & Hull, 2001).

입법옹호는 그 주요 대상이 지역사회의 약자나 소수자, 사회복지서비스 대상 집단들이라는 점에서 억압받는 대상의 권리신장을 위해 전개되는 로비활동의 한 부분으로 볼 수도 있다. 의원들은 제한된 정보를 가지고 많은 법안들을 다뤄야 하는데, 법안내용들이 복잡하기 때문에 전문성을 가진 입법적 옹호자가 논리적 주장이나 지역사회 욕구에 관한 객관적 정보를 통해 의원들을 움직일 수 있다는 것이 입법옹호의 주요 전제이다.

입법관련 로비활동이나 입법옹호를 위해서는 이 활동 참여자들이 법안의 내용, 의사결정자들의 정치적 입장, 그리고 무엇보다 입법절차에 대해 충분히 숙지하고 있어야 한다. 법안이 발제되어 어느 위원회에서 논의되고 있는지, 정치활동과 민감한 사안인지, 언제 지역사회 주민들의 행동이 필요한지 등에 관한 사항들은 로비활동에 필수적이다. 하디나(Hardina, 2002)는 로비활동 참여자들이 충분히 숙지해야 할 사항들을 다음과 같이 제시하였다.

① 의사결정과정 관련 입법절차
② 관련 법안이 논의되는 입법과정 단계
③ 법안의 발제자 또는 후원자, 다른 동조 의원 및 법안지지 이익집단
④ 법안을 심의할 상임위원회
⑤ 법안 반대 의원 및 반대 이익집단
⑥ 과거 유사법안의 심의 결과
⑦ 법안을 둘러싼 의원과 이익집단 간의 협력관계
⑧ 의원이나 이익집단들의 기득권 및 법안제정(반대)에 따른 이익
⑨ 로비참여자와 의원을 연결해줄 의회 직원 및 관련인사

입법옹호의 현실적 장애요인은 다음과 같다(Kirst-Ashman & Hull, 2001). 첫째, 모든 법안들이 다 회기 내에 통과되는 것은 아니란 점이다. 법률의 심사 및 제정을 위한 회기는 짧고 대기 중인 법안은 많기 때문에 한 시점에 통과되지 않으면 다음 회기에 다시 활동을 펼쳐야 한다. 둘째, 해당 법률과 상관없는 정치적 사안들과 관련을 맺는 입법기관의 특성상, 로비활동의 결과에 대한 예측이 쉽지 않다는 점이다. 상임위원회의 구성원이나 집권정당이 바뀔 수도 있고, 또 의원의 개인적 입장도 바뀔 수가 있다. 따라서 법안이 다수에게 이로운 내용을 담고 있어도 경제상황, 의원이나 정당의 정치적 입장 변화, 심지어 의원의 개인적 선호 등에 따라 입법화가 이뤄지지 않을 수도 있다. 또 법사위의 판단과 대통령(지방조례의 경우는 단체장)의 거부

권 행사 등에 의해 결정이 번복될 수 있다.

2) 입법옹호의 단계

하드캐슬 등(Hardcastle et al., 1997)은 입법옹호를 위한 전반적 과정을 다음과 같이 제시한다. 이 과정을 우리나라 국회 입법과정에 적용하여 살펴보면 다음과 같다.

① 법령초안의 작성: 법률초안의 작성을 위해서는 법률지식 및 기존의 관련법률·정책·프로그램 등에 대한 숙지가 필요하다. 법률전문가가 초안을 작성하되, 주요 용어의 뜻을 명백히 할 필요가 있다.

② 법안 지지자의 물색, 확보, 유지: 법안의 자연적(정치권력과 무관한)인 지지자들(법안에 흥미가 있거나 법안통과로 이득을 보게 될 사람들)의 확인이 요구된다. 동시에 중립 및 반대세력 파악도 중요하다. 초기에 중립적이었던 사람은 지지자로 전환될 가능성이 있고, 법안지지자들 사이에서도 지지이유가 다를 수 있으므로(지지조항이 다른 경우처럼), 이를 조정하는 작업이 필요하다. 접촉대상은 지지자와 반대자 모두를 포함해야 하며 정치가 및 관련 사회복지조직의 지지도 확보해야 한다.

③ 법안 후원의원 섭외: 법안소개(입안)와 통과까지 노력해줄 의원이나 정당 관련자를 확보해야만 한다. 우선 고려대상이 된 의원들의 성향 등을 과거부터 면밀히 분석하고 그 의원들의 지위는 안정적인지도 검토해야 한다. 특히 다수당 측 의원을 지지자로 하는 것이 유리하다.

④ 법률입안[5]: 확보된 의원에게 의회 회기 전에 또는 최소한 회기

초반에 입안을 요청한다. 입안 시기가 빠를수록 로비기간 및 법인수정 시간을 어느 정도 확보할 수 있다. 법안제출 동시에 우편, 이메일, 전화, 전문 로비스트를 활용하여 법령홍보 및 압력행동을 대대적으로 개시해간다.

⑤ **법안 지지세력 확장을 위한 이익집단과의 협력구축**: 잠재적 지지자들 중에는 법안제출 사실 자체를 모르는 사람들도 있고, 관심은 있지만 자신의 영향력에 대한 확신이 부족한 사람들도 있을 수 있다. 이익집단과의 안정된 협력구축을 통해 잠재적 지지자의 동의를 이끌어내야 한다.

⑥ **법안의 가치에 대한 대중설득**: 어느 정도 지지세력이 갖춰지면 언론 활용, 공개포럼 개최, 직접적 대면접촉 등을 통해 대중에게 이 법령의 가치를 홍보하여 설득하는 데 주력해야 한다. 앞서 언급되었듯이 입법과정은 정치적 의사결정 과정이므로 여론에 의해 이익집단의 법안에 대한 영향력이 크게 달라질 수 있다.

⑦ **입법부의 상임 분과위원회[6]에 영향을 미치도록 노력함**: 실제 결정을 내리는 기구인 상임위원회에 앞의 모든 노력들이 영향을 끼칠 수 있도록 노력해야 한다.

---

5) 우리나라 국회의 경우 법률입안은 국회의원과 정부가 할 수 있다(헌법 제 52조). 초안이 작성된 법률안은 법제실의 검토 및 수정보완을 거치고, 비용추계서를 첨부하여 제출하도록 되어있다. 의원발의 법안은 국회의원 10인 이상의 찬성을 얻어 연서하여 의장에게 제출하며, 정부안의 경우는 국무회의 심의를 거쳐 대통령 명의로 제출하도록 되어있다.

6) 국회의장은 법률안이 제출되면 이를 의원에게 배부하게 하고 본 의회에 보고한 후 소관 상임위원회에 회부하여 심사하게 한다(국회법 제 81조 참조). 이때 특정법안의 경우는 상설 소위원회를 설치하여 심사하기도 한다. 소관 상위위원회가 심사를 마친 후에는 이를 법제사법위원회에 회부하여 위헌여부, 타법과의 저촉여부, 현행 법령체계와의 정합성 및 표현의 체계성 등을 검토 받게 되고 이후 국회의장에게 최종 제출되어 본 회의에 상정된다.

⑧ 법안통과를 위해 다른 의원들에게 영향을 미치도록 노력함: 상임위원회나 총회에서는 중립적 의원의 지원확보도 중요하다. 본회의에서는 소속 위원회의 위원장 또는 지명받은 위원이 본회에 보고한 후 법률안의 질의, 토론을 거쳐 표결이 이루어진다. 따라서 상임위원회를 통과한 후 본회의 표결 전까지가 입법옹호의 최종 노력이 투입될 시점이라 하겠다.

5. 옹호의 기술[7)]

옹호를 위한 여러 가지 기술들 중에서 자주 사용될 수 있는 핵심적인 중요한 기술 몇 가지를 간략하게 소개한다.

1) 설득

설득(*persuasion*)은 변화 대상인 표적체계가 새로운 결정을 내릴 수 있도록 추가적 정보를 제공하는 형태로 이루어질 수 있다. 호프만과 샐리(Hoffman & Sallee, 1994)는 설득의 세 가지 방법을 제시하고 있다. ① 유도질문(*inductive questioning*)이다. 표적체계로 하여금 당초의 계획을 재고할 수 있도록 하는 일련의 질문을 던지는 일이다. 누군가가 잘못 된 정보를 바탕으로 결정을 내렸다고 확신할 경우, "그러한 정보를 공식 기록에서 확인할 수 있는지"를 묻고, 이어서 "구두로 제공된 정보와 공표된 정보가 일치하는가를 면밀하게 확인했는지"

---

7) 이 부분은 애쉬만 · 그래프톤(Kirst-Ashman & Grafton, 2001: 365~369)과 하드캐슬 등(Hardcastle et al., 1997: 376~381)을 참고로 우리의 현실을 반영, 재정리하였다.

를 물을 수 있다. ② 어떤 쟁점에 대해 상반된 주장을 함께 제기하는 일이다. 옹호자가 파악하고 있는 사실과 견해는 물론, 상대방이 파악한 사실과 견해, 관심사 등에 대해 이해하고 있는 바를 함께 제시하는 것이다. 이것의 이점은 상대방의 입장을 이해하지만, 그럼에도 옹호자의 견해가 타당함을 알리는 효과를 갖는다. ③ 집요성이다. 저항에 부딪혀도 포기하지 않고 끈질기게 설득하는 것이다.

설득은 특정 클라이언트나 대의(*cause*)에 관해서 유리한 해석을 촉구하고, 마케팅하고, 노력하는 일이다. 다양한 실천상황(예컨대, 프로그램 개발, 사례분석회의, 계획의 집행)에서 설득이 사용되고 있다. 타인을 설득시키기 위한 주요 원칙을 몇 가지 제시하면 다음과 같다 (Hardcastle et al., 1997: 377). ① 원하는 바를 분명히 하라, ②사실자료들을 파악하고 그것들이 활용되도록 하라, ③ 활용할 권력의 원천에 대해 이해하라, ④ 연습하라, ⑤ 통상적이고 편안한 복장을 갖추라, ⑥ 분명하고 단순하며 시각적 이미지를 활용하라, ⑦ 감정과 논리에 호소하라, ⑧ 시선을 맞추어라.

2) 대 리

사회가 복잡해지면서 각자의 모든 문제를 스스로 처리할 지식과 능력을 갖추기 힘들어지므로 이끌어줄 경험 있는 사람이 필요하다. 대리(*representation*)는 한 사람이 다른 사람에게 요청을 하여, 요청받은 사람이 대리인이 되는 데에 동의하고, 두 사람이 관계의 성격에 대해 결정하고 나면 시작된다. 누군가를 대리한다는 것은 그 사람의 관점을 취하게 되는 것을 의미한다. 의사소통, 클라이언트의 실질적 바람과 욕구(사회복지사가 판단하는 것이 아닌)의 발견, 클라이언트로 하여금 진행과정을 지원하도록 가르치고 동기화시키는 일 등은 숙련이 필요하다.

대리의 주요 원칙은 다음과 같다. ① 문제당사자 외에 누군가가 관여될 필요가 있는지 판단하라, ② 당신이 아는 바를 클라이언트와 공유하라, ③ 당신의 클라이언트가 바라는 바를 발견하여 확인하라 ④ 선택대안들을 제시하고 클라이언트로 하여금 바람직한 것을 선택하게 하며 중요한 순서를 정하도록 하라, ⑤ 특수한 상황에 대해 파악하라, ⑥ 추진과정의 공식화 수준을 결정하라, ⑦ 서로 조정하라 ⑧ 분할통치 전술에 대비하라, ⑨ 당신에 대한 "채용"과 "해고"의 권한을 클라이언트에게 주어라(Hardcastle et al., 1997: 377~378).

3) 청문, 고충처리, 이의신청

이것은 수급자격이 있으면서도 혜택이나 권리를 누리지 못하는 클라이언트나 클라이언트 집단이 공평하게 처우받을 수 있도록 하는 행정절차를 가리킨다. **청문**(*fair hearing*)은 클라이언트가 의사결정자의 결정에 대해 기관 측에 공정한 청문을 통지하는 것으로 의사결정이 정책을 어기고 있는지 부당하게 이루어졌는지 등을 판단하는 것이다. 의사결정이 위법하거나 부당한 경우에 조사관이 규정이나 절차를 따를 것을 지시하게 된다. **고충처리**(*grievances*)도 역시 정책을 어긴 의사결정자에 대처하는 방법으로 보통 기관내부에서 직원이나 클라이언트의 불만이나 고충을 수리하여 처리하는 공식적 절차로 활용된다. **이의신청**(*complaints*)은 기관의 행위에 대하여 불만이나 이의가 있을 경우에 흔히 관계 법령에 의해서 규정되는 행정상의 절차이다. 때로는 공식적으로 고충처리나 이의신청을 제기한다는 것만으로도 의사결정을 뒤집을 수도 있다. 이런 공식적 행정절차가 없는 경우에는 변호사로부터 조언을 받아서 행동할 수 있다.

우리나라에서 이런 행정절차에 관한 일반법으로 〈행정절차법〉(법률 6839호) 이 있다. 행정절차법에서는 행정청의 처분에 관하여 이해관계 당사자에게 청문 · 공청회 · 의견제출 등의 방법으로 행정의 공정성 · 투명성 · 신뢰성을 확보하고 국민의 권익을 보호하기 위한 기본절차를 규정하고 있다(행정절차법 1조, 2조). 청문은 행정청이 어떤 처분에 앞서 당사자 등의 의견을 직접 듣고 증거를 조사하는 절차를 말한다. 공청회는 행정청이 공개적으로 토론을 통하여 어떠한 행정작용에 대하여 당사자, 전문지식과 경험을 가진 자, 그리고 기타 일반인으로부터 의견을 널리 수렴하는 절차를 말한다. 의견제출은 행정청이 어떠한 행정행위에 앞서 당사자 등이 의견을 제시하는 절차로, 청문이나 공청회에 해당하지 아니하는 절차를 말한다. 다른 개별법에 특별히 다른 규정이 없는 한 행정절차법상의 청문 · 공청회 · 의견제출 방법을 통하여 사회복지사들은 옹호활동을 할 수 있을 것이다. 법령의 구체적 내용에 관하여서는 법제처 홈페이지 법령정보를 참조하면 된다(http://klaw.go.kr).

4) 변화의 표적을 궁지에 몰기

흔히 사람들은 자신에 대한 스스로의 평가와는 다른 평가를 타인으로부터 들었을 때 당황하게 된다. 어떤 조직이나 그 구성원도 자신들이 클라이언트의 욕구에 민감하다고 생각하는데 외부에서 아니라고 하면 당황스러울 것이다. 반대세력이 매체를 이용하여 그들의 실패를 지적할 경우 매우 당황할 것이다. 표적을 궁지에 몰아세움(*embarrassing the target*)으로써 표적을 바람직한 방향으로 변하도록 설득하는 데 효과도 있을 수 있고, 반대로 더 심한 저항을 초래할 수도 있다. 기관이 소홀히 하고 있는 바에 대해 피케팅을 하거나 전단을 배포하는 일도 표적을 당황스럽게 하는 효과를 갖는다. 대상기관의 사무실이나 복도 등을 물리적으로 점거하는 연좌농성이나 시위도 표적을 당황스럽게(혹은 불편하게) 하는 전술이다.

5) 정치적 압력

정치적 압력(*political pressure*)은 공공조직을 대상으로 할 때 효과적이며, 그 목적은 새로운 법을 통과시키도록 한다거나, 새로운 프로그램을 개발하게 한다거나, 지역사회 주민 조직에게 이로운 정책을 강구하고 시행하도록 하는 것이다. 정치적 압력은 정부가 변화의 요구에 대해서 비교적 개방적이며, 주민의 참여에 대해 비교적 공평한 기회를 보장한다는 전제에서 출발한다. 공공조직들(조세의 지원을 받는)은 그들을 통제하는 정치인들의 반응에 대해 민감하다. 의회 의원을 접촉하여 그들로 하여금 문제의 실상을 파악하여 행정 관료에 압력을 가하도록 요청하는 것이 효과적이다. 공공재정의 지원을 받는 기관들은 의원들의 조사를 싫어하고, 의원들은 재선을 위해 유권자의 부탁을 듣지 않을 수 없는 구조이기 때문에 지역사회에서 선출직 공무원인 의회 의원을 상대로 정치적 압력을 행사하는 것이 효율적이다.

정부의 정책형성과정은 ① 이슈를 논의대상으로 삼는 단계 ② 해결대안을 설계하는 단계 ③ 법안의 통과를 추진하는 단계 ④ 실천을 하도록 영향력을 행사하는 단계 등 네 가지 단계로 구분할 수 있다. 사회행동조직은 이들 각 단계에 압력을 가할 수 있고, 또 가해야 한다(최일섭·류진석, 2001: 252~254).

첫째 단계에서 사회행동조직은 이슈가 국회에서 법안으로 상정되도록 한다거나 공청회에서 의견을 개진할 기회를 갖는 등의 활동에 치중하게 된다. 둘째 단계는 문제에 대한 가능한 해결방안들을 내놓는 것으로 지역사회행동조직은 어떤 문제가 법안으로 제출되기 전에 자신들의 견해를 정치인들이나 정부 관료들에게 알리는 것이 필요하다. 또 법안을 직접 성안(成案)하여 의회의원들에게 그것을 제안하도록 할 수도 있다. 셋째 단계는 법이나 규정이 통과되도록 압력을 넣는 단계이다. 이 단계는 전통적 로비활동으로서 의원들을 접촉한다거나, 편지를 쓴다거나, 전화를 건다거나, 위원회 등에서 증언하는 등의 활동이 포함된다. 이 단계의 활동에서는 조직의 규모, 결속력, 선거당락에의 영향력 등이 중요한 요소가 된다. 따라서 조직은 그 자체의 힘도 강해야 하지만 정치인들에게 영향력을 행사하기 위해서 동맹관계의 조직들을 규합하는 것도 필요하다. 넷째 단계는 법이나 규정을 실천하도록 영향력을 행사하는 단계이다. 이 단계에서 사회행동조직은 지역사회주민들을 위해 어떤 법이 보다 강력하게 집행되도록 한다거나, 평등하게 집행되도록 한다거나 또 실제로 집행될 수 있도록 압력을 행사하는 것이다. 그러므로 이 단계에서의 압력은 정치인들보다는 관리들에게 압력을 가하는 것이 더 중요시된다.

6) 청 원

일반적으로 청원(*petitioning*)은 특정 조직이나 기관이 일정한 방향으로 조치해줄 것을 요청하는 다수인의 요구를 담은 서명지를 전달하는 활동이다. 서명지의 서명은 가가호호 방문을 통해서 또는 많은 사람들이 모이는 거리나 대형 할인상품점이나 미용실 등에서 받는 것이 일반적이다. 청원 서명서는 비교적 쉽게 받을 수 있기 때문에 서명을 통한 청원에 대하여 표적체계가 심한 압력을 받지 않는 것으로 알려져 있다. 따라서 공적으로 서명을 제출하여 공적 기록으로 남겨지게 하는 것이 효과적이다.

우리나라에서는 〈청원법〉(법률 5454호) 에서 헌법상의 권리인 청원권 행사에 관한 사항을 규정하고 있다. 청원을 할 수 있는 사항으로는 피해의 구제, 공무원의 비위의 시정 또는 공무원에 대한 징계나 처벌의 요구, 법률·명령·규칙의 제/개정 또는 폐지, 공공제도 또는 시설의 운영, 기타 공공의 권한에 속하는 사항에 대하여 청원을 할 수 있다(청원법 4조). 청원은 서명·날인한 문서로 하여야 하며, 다수인이 할 경우에는 3인 이하의 대표자를 선임하면 된다(동법 6조). 적법하게 수리된 청원서는 주관관청이 이를 성실·공정·신속히 처리하고 그 결과를 청원인에게 통지해야만 한다(동법 9조).

제 4 부

한국 지역사회복지 현장

제 4 부는 지금까지 다룬 모든 이론적 수준의 논의와 외국의 경험들에 관한 정보를 우리 사회의 구체적 현실에 접목시켜 보는 부분이자 이 책의 마무리에 해당된다.

먼저, 지역사회복지실천의 법적 · 제도적 환경의 변화를 다룬 제 10 장에서는 지역사회복지 현장의 법적 · 제도적 환경변화와 그것이 지역사회복지에 주는 의미를 분석한다.

제 11 장에서는 직접적 서비스기관 혹은 사업에 해당되는 사회복지관, 지역사회정신보건시설, 지역사회서비스투자사업, 지역자활센터, 재가장기요양기관 등을 다룬다.

제 12 장의 협의 · 조정 · 지원기관에서는 사회복지협의회, 사회복지공동모금회, 자원봉사센터 등을 다루며, 제 13 장에서는 사회복지시설의 운영과 사회화 문제를 언급한다.

제 14 장의 사회운동적 접근은 이론적 논의와 사례를 함께 다루는데, 사례는 이슈중심 운동 및 지역중심 운동으로 구분하여 싣는다.

제 15 장에서는 우리나라 지역사회복지 현장의 동향을 정리하고 발전과제를 모색하면서 제기해봄직한 논점들을 제시한다. 독자들의 자율적인 학습을 유도하고자, 전반적으로 질문을 던지는 형식을 취한다.

제 10 장

지역사회복지실천의 제도적 환경

유능한 지역사회복지실천가가 되기 위해서는 지역사회의 사회복지 관련 법적·제도적 환경에 대해서 잘 아는 것이 매우 중요하다. 1991년부터 지방자치가 본격적으로 실시된 이래 지역사회복지실천의 제도적·법적 환경은 분권화와 지방화를 강조하는 방향으로 변화되어 왔으며, 사회서비스 전달에서 민·관 협력이 강조되고 있다. 특히 2003년 〈사회복지사업법〉 개정, 2005년 분권교부세 도입, 2006년 사회서비스 확대, 2012년 희망복지지원단 설치, 2012년 〈사회보장기본법〉 전면 개정에 따른 사회서비스의 제도화, 2014년 〈사회보장급여의 이용·제공 및 수급권자 발굴에 관한 법률 제정〉 등을 검토함으로써 이러한 변화의 흐름과 구체적인 내용을 살펴볼 수 있을 것이다. 이 장을 학습함으로써 사회복지사들은 이런 변화들이 주민들의 삶의 질과 복지에 미치게 될 영향이나 함의를 이해하고 이를 지역복지 실천에 적절히 활용할 수 있게 될 것이다.

1. 제도적 환경의 최근동향

2000년대 이후 지역사회복지실천의 법적, 제도적 환경의 변화는 소용돌이의 장이라 할 정도로 매우 급격하고 변화무쌍한 것이었다. 그러한 급격한 변화 속에서도 변화의 큰 흐름은 분권화, 지방화, 민관협력을 지향하며 나름대로의 방향성을 가지고 흘러가고 있다고 할 수 있다. 제도변화의 큰 흐름을 간략히 소개하면 다음과 같다.

첫째, 2003년 개정 〈사회복지사업법〉에서 '지역복지체계의 구축'을 법의 목적으로 명시하여 사회복지사업 실천의 핵심적인 단위가 지역임을 최초로 명시하였다. 이를 위해서 〈사회복지사업법〉에 '재가복지'라는 장을 신설하였고, 지역복지계획 수립을 지방자치단체에 의무화하였다. 또한 기초자치단체 수준의 지역사회에서 민관협치(*governance*)를 강화하는 기제로 '지역사회복지협의체' 제도를 도입하는 등 사회복지서비스 공급 중심축을 지방으로 이동하는 계기가 마련되었다. 2012년에 사회보장기본법 개정으로 기존의 '사회복지서비스' 및 '관련 제도'를 포괄하는 '사회서비스'가 새롭게 제도화되었다. 이에 따라 지방자치단체가 수립하는 지역사회복지계획을 사회서비스를 포괄하는 '지역사회보장계획'으로 수립하고, '지역사회복지협의체'를 '지역사회보장협의체'로 확대 개편하는 방향으로 관련법[1]이 제정되어 2015년 7월 1일부터 시행된다.

둘째, 사회복지서비스의 지방이양과 함께 2005년부터 도입된 분권교부세제도가 2014년 말에 공식적으로 폐지되어 보통교부세에 통합된 점이다. 이에 따라 해당 사회복지사업에 관한 예산편성에서 지방자치단체의 자율성이 확대된 셈인데, 이런 확대된 자율성이 지방재

1) 〈사회보장급여의 이용·제공 및 수급권자의 발굴에 관한 법률〉(법률 제12935호, 2014. 12. 30. 제정, 시행일 2015. 7. 1.)

정운용과 사회복지 현장에 어떤 형태로 작용할 것인가에 주목해야 한다. 다른 한편, 2010년 이후에 대규모 사회복지서비스 사업들이 마련되면서 국가 전체적으로는 복지재원의 확보가 초미의 관심사로 등장하였고, 중앙정부와 지방자치단체 간 재정분담을 둘러싼 갈등이 증폭되고 있다. 따라서 지방의 사회복지재정 구조의 변화에 대한 이해와 이에 대한 대처가 필요하다.

셋째는 지역사회복지서비스 전달체계와 관련된 변화이다. 사회복지직 공무원의 증원과 배치를 통한 공공전달체계의 전문화를 위한 시도들이 지속되고 있다. 또한 주민생활지원 체제로의 지방행정조직의 개편과 그 이후에 공공부문과 민간부문의 협력과 통합을 강화하기 위한 이른바 '원스톱' 서비스를 포함하는 '희망복지지원단'이 구성되는 등 공공전달체계 개선을 위한 노력이 지속되고 있다. 2006년 이후 사회서비스 확대를 통한 일자리 창출이라는 정책이념을 추구하면서 바우처 방식의 소비자 중심의 재정지원체계가 도입되었고, 민간영리사업자들이 사회서비스 시장에 진입하면서 지역사회에서의 민간부문의 구성과 행태에서 변화가 시작되었다. 이와 같은 변화가 전체 지역사회 수준에서 광의의 민간부문에 미칠 영향이나 민간부문 간의 협력에 미칠 영향이 무엇인지에 대해 충분한 논의와 검토가 필요하다. 따라서 지역사회복지실천가들은 지역복지 수준과 실천활동에 직·간접으로 영향을 미치는 이러한 법과 제도 변화가 지역사회복지실천에 어떤 영향을 미칠 것인가를 이해하고 분석하는 역량을 키울 필요가 있다.

2. 제도변화의 양상

1) 사회서비스 공급 중심축의 지방 이동

(1) 개요

우리나라에서 사회복지서비스에 관한 일반법으로 〈사회복지사업법〉이 1970년에 제정되었는데, 이 법의 변천 내용을 살펴보면 사회복지서비스에 관한 정책의 큰 흐름을 이해할 수 있다. 지역사회복지의 실천과 관련하여 가장 의미 있는 사회복지사업법상의 변화는 2000년대 초반에 이루어졌다. 2003년 7월 30일 개정 사회복지사업법(법률 제6960호)에서는 '지역사회복지의 체계'를 구축하는 것을 법의 목적으로 규정하였다. 지역사회복지의 체계를 구축하기 위해서 당시 법에 새롭게 규정된 주목할 만한 내용은 크게 네 가지이다. 구체적으로는 ① 지방자치단체의 지역사회복지계획 수립 의무화, ② 지역사회복지협의체 구성, ③ 재가복지서비스 장을 신설(3장의 2)하여 재가복지서비스를 시설보호에 우선하여 제공하고 가정봉사원의 양성을 규정, ④ 사회복지서비스를 필요로 하는 자에 대하여 개인별 보호계획을 수립하고, 동 보호계획에 따라 사회복지서비스를 제공하도록 한 것이다.[2)]

---

2) ① 지역사회복지체계 구축을 법의 목적으로 규정(1조), ② 사회복지서비스와 보건서비스의 연계규정 신설(4조 2항), ③ 사회복지사업에 관한 중요사항과 지역사회복지계획을 심의·건의하는 기능을 수행하는 지역사회복지협의체를 구성(7조의 2), ④ 시·군·구 및 시·도 차원의 지역사회복지계획 수립을 의무화하고 이를 지역보건계획과 연계하여 수립하도록 규정(15조의 3에서 15조의 6), ⑤ '재가복지'라는 장을 신설하여 가정봉사서비스와 주간·단기보호서비스 등의 재가복지서비스를 제공하고 가정봉사원 육성 등을 규정하고, 재가복지서비스를 시설보호에 우선하여 제공할 것을 규정(3장의 2), ⑥ 사회복지서비스의 실시에 관하여 별도로 제 2장의 2를 신설하여 지방정부의 책임을

이러한 변화는 지역사회 중심의 사회복지사업을 효율적으로 추진하기 위한 기반을 소성하려는 최초의 입법조치로 지역사회복지 정책에서 지방화의 첫걸음을 내딛는 의미를 갖는 중요한 것이었다고 할 수 있다.

그런데 2012년 〈사회보장기본법〉이 전면 개정되어[3] 사회보장제도가 사회보험, 공공부조, 사회서비스로 새롭게 분류되었다. 새롭게 규정된 사회서비스는 구 사회보장기본법에 규정된 사회복지서비스와 관련 제도를 포괄하는 개념으로 이해되면서[4] 사회복지사업법을 비롯한 관련 법제를 정비할 필요성이 제기되었다. 이에 따라서 〈사회보장급여의 이용·제공 및 수급권자의 발굴에 관한 법률〉(이하 '사회보장급여법'으로 약칭)이 제정[5]되었다.

〈사회보장급여법〉은 사회보장급여[6]의 신청, 수급자격의 조사, 급여의 결정·제공 등 사회보장급여의 이용 및 제공을 위한 기본적 절차를 규정하고 있어 사회보장급여의 이용 및 제공에 관한 일반법의 성격을 가진 법이다. 사회보장급여의 이용, 대상자 발굴, 지원, 대상자 관리와 관련하여 핵심적인 내용을 요약하면, ① 신청, 조사, 급

강화하고 보호대상자별 보호계획의 수립을 규정한(33조의 5) 것이 개정법의 주요 골자이다.

3) 법률 제11238호, 시행 2013. 1. 27., 개정 2012. 1. 27.

4) 개정 〈사회보장기본법〉의 사회서비스의 개념에 대한 학술적인 논의는 남찬섭(2012) 참조.

5) 〈사회보장급여법〉은 사회복지사업법이 규정하고 있는 지역사회복지계획 수립·시행 관련 조항(사회복지사업법 1장의 2)을 삭제하도록 하고, 지역사회복지협의체 관련 조항, 사회복지업무의 정보화 관련 조항, 사회복지위원회 조항, 복지위원 조항, 사회복지서비스의 실시에 관한 조항들을 개정 사회보장기본법에 부합하는 방향으로 그 명칭을 새롭게 규정하였다.

6) 〈사회보장기본법〉 제3조 제1호에 따른 사회보험, 공공부조, 사회서비스 제도를 통하여 제공하는 현금, 현물, 서비스 및 그 이용권을 말한다.

여의 결정, 제공에 있어서 직권신청을 인정하고 지원계획을 수립하여 맞춤형 급여를 제공할 수 있도록 하였고, ② 복지사각지대를 줄이기 위하여 사회보장급여가 필요한 지원대상자를 발견할 때 신고하도록 의무를 규정하고, ③ 지원대상자 발굴을 촉진하기 위하여 민관협력에 관한 사항을 규정하고 있으며, 또한 ④ 수급권자 등의 지원을 위해서 지원계획을 수립하고, 수급권자에게 상담·안내·의뢰 등을 실시하고, 이의신청을 할 수 있도록 하였다. ⑤ 사회보장급여의 관리는 적정성을 확인하고 수급자의 변동신고 및 급여의 변경·중지·환수 등의 조치에 관해 규정하고 있다. 그리고 ⑥ 사회보장정보시스템 운영 전담기구로 '사회보장정보원'을 두도록 하고 있다. 사회보장에 관한 운영체계와 관련하여서는 2003년도 개정 사회복지사업법의 입법취지와 마찬가지로 지역사회를 중심으로 하여 ① 지방자치단체의 지역사회보장계획 및 연차별 시행계획 수립·시행을 의무화하였고, ② 시·도 사회보장위원회와 시·군·구 지역사회보장협의체를 설치하고, 읍·면·동 단위로 복지위원을 위촉하며, 시·군·구에 사회보장 사무 전담기구를 조례로 설치할 수 있도록 하였다. 또한 주목할 만한 것은 ③ 지역 간 사회보장 균형발전을 위해서 지역사회보장균형발전센터를 설립하고 비용을 지원할 수 있으며, 사회보장 특별지원구역을 운영할 수 있도록 하고 있어 중앙정부가 지방자치단체 간 사회복지의 균형 발전을 위해 개입할 여지를 둔 것은 진일보한 입법이라 하겠다.[7)]

---

7) 약칭 '사회보장급여법'은 2015년 7월 1일 시행예정인 법으로, 2015년 1월 현재 아직 법의 집행을 위한 세부적인 시행령이나 시행규칙이 마련되지 않은 상황이다. 따라서 이 제도의 운영에 관한 세부적 논의는 진행하기 어렵다. 그러나 〈사회보장급여법〉에 규정된 내용이 사회복지사업법과 입법의 내용과 취지 면에서 유사하기 때문에, 지난 10년간의 〈사회복지사업법〉에 의한 정책실천 경험과 논의에 기초하여 함의를 조심스럽지만 짚어볼 수 있을 것이다.

(2) 지역사회보장계획 수립의 의무화

사회복지사업법에서는 시·군·구와 시·도 단위에서의 지역사회복지계획 수립을 의무화하고 시·도지사와 보건복지부 장관이 시·군·구와 시·도에 서비스계획의 조정을 권고할 수 있도록 하였다. 사회복지사업법과 거의 유사하게 '사회보장급여법'에서도 시·도지사와 시·군·구청장이 지역사회보장계획을 4년마다 수립하고, 매년 연차별 시행계획을 수립하도록 규정하고 있다. 지역사회보장계획의 수립책임은 시·도지사 및 시장·군수·구청장이 진다. 지방자치단체 등은 지역주민 등 이해관계인의 의견을 들은 후 지역사회보장협의체의 심의와 해당 시·군·구 의회의 보고를 거쳐서 시·도지사에게 제출해야 된다. 시·도지사는 시·군·구의 지역사회보장계획을 지원하는 내용 등을 포함한 특별시·광역시·특별자치시·도·특별자치도(이하 '시·도'라 한다) 지역사회보장계획을 수립하여, 시·도 사회보장위원회의 심의와 해당 시·도 의회의 보고를 거쳐 보건복지부 장관에게 제출하여야 한다. 이 경우 보건복지부장관은 제출된 계획을 사회보장위원회에 보고하도록 되어있다. 보건복지부장관 또는 시·도지사는 지역사회보장계획의 내용이 대통령령으로 정하는 사유에 해당하는 경우에는 시·도지사 또는 시장·군수·구청장에게 그 조정을 권고할 수 있다. 이 경우 보건복지부장관은 관계 중앙행정기관의 장의 의견을 들을 수 있다.

시·군·구 지역사회보장계획에 포함될 내용은 ① 지역사회보장 수요의 측정, 목표 및 추진전략, ② 지역사회보장지표, ③ 지역사회보장의 분야별 추진전략, 중점 추진사업 및 연계협력 방안, ④ 지역사회보장 전달체계의 조직과 운영, ⑤ 사회보장급여의 사각지대 발굴 및 지원 방안, ⑥ 지역사회보장에 필요한 규모와 조달 방안, ⑦ 지역사회보장에 관련한 통계 수집 및 관리 방안, ⑧ 그 밖에 대통령령으로 정하는 사항으로 지방자치단체의 책임을 강조하고 있다고 할 수 있다.

한편 시·도 지역사회보장계획은 기초지방자치단체의 균형발전을 지원하고 조정하기 위한 역할과 기능에 주목하여 ①시·군·구 사회보장이 균형적이고 효과적으로 추진될 수 있도록 지원하기 위한 목표 및 전략, ②지역사회보장지표의 설정 및 목표, ③시·군·구에서 사회보장급여가 효과적으로 이용 및 제공될 수 있는 기반 구축 방안, ④사회보장급여 담당 인력의 양성 및 전문성 제고 방안, ⑤지역사회보장에 관한 통계자료의 수집 및 관리 방안, ⑥그 밖에 지역사회보장 추진에 필요한 사항을 포함하도록 하고 있다. 경과조치로는 〈사회복지사업법〉 제15조의 3에 따라 수립·시행 중인 지역사회복지계획은 이 법 시행 후 최초로 지역사회보장계획을 수립하기 전까지는 지역사회보장계획으로 본다고 규정하고 있다.

지역사회보장계획이 잘 수립되고 운영되기 위해서는 다음과 같은 점들이 고려되어야 한다.

①계획의 수립은 지방자치단체의 책임으로 민간의 참여를 통하여 이루어져야 한다. 또한 지역사회 욕구조사에 근거하여 연차별 사업계획과 재정계획이 함께 마련되어야 한다.

②지방자치단체가 책임 있는 지역사회보장계획을 수립하기 위해서는 계획에 따른 재정운용계획이 필수적으로 뒤따라야 한다.

③지방자치단체가 지역주민의 욕구에 부응하는 독자적인 지역사회보장계획을 수립하기 위해서는 사용용도를 엄격하게 규제하고 있는 현재의 국고보조금제도 개편이 필요하다. 또한 재정력이 부족한 지방자치단체의 사회보장재정을 확보해줄 수 있도록 지방자치단체의 재정력을 강화하는 방안이 수립될 필요가 있다.

(3) 지역사회보장협의체의 운영

① 민관협치와 네트워크 강화

〈사회보장급여법〉에서도 지방자치단체의 역할과 책임강화와 아울러 중요 정책결정에서 민관의 협치를 강조하여 〈사회복지사업법〉 상의 지역사회복지협의체를 대체하여 지역사회보장협의체를 구성하도록 하고 있다. 그리하여 〈사회복지사업법〉에 따른 지역사회복지협의체를 지역사회보장협의체로 본다는 경과조치를 취하고 있다. 특히 법 제14조에서 지원대상자를 발굴하고 보호함에 있어서 지역사회보장협의체가 민관협력의 창구로서 역할을 수행하도록 하고, 이에 대한 비용지원을 할 수 있도록 규정하고 있다.

지역사회보장협의체는 민·관 협치기제인 동시에 서비스 네트워크를 활성화하기 위한 기제로 시·군·구 단위 외에 읍·면·동 단위에도 지역사회보장협의체를 구성하여 운영할 수 있도록 규정한 것이 주목할 만하다. 지역사회보장협의체는 지역의 사회보장을 증진하고, 사회보장과 관련된 서비스를 제공하는 관계 기관·법인·단체·시설과 연계·협력을 강화하기 위해 설립(법 제41조) 되었다. 이와 같은 목적 달성을 위해서 시·군·구 지역사회보장협의체는 ① 시·군·구의 지역사회보장계획 수립·시행 및 평가에 관한 사항, ② 시·군·구의 지역사회보장조사 및 지역사회보장지표에 관한 사항, ③ 시·군·구의 사회보장급여 제공에 관한 사항, ④ 시·군·구의 사회보장 추진에 관한 사항, ⑤ 읍·면·동 단위 지역사회보장협의체의 구성 및 운영에 관한 사항, ⑥ 그 밖에 위원장이 필요하다고 인정하는 사항을 심의·자문하는 기능을 수행한다.

이와 같이 사회보장협의체는 지역의 사회복지에 관련된 중요 정책결정과정에 참여하여 협력하고 비판하며 견제하는 역할을 제도적으로 보장하고 강화하며, 민관 네트워크를 강화하여 서비스 공급에서 효율성과 효과성을 높이려 도입되었던 지역사회복지협의체의 설립 취지를(김영종, 2005; 백종만, 2004b) 온전히 계승한다고 볼 수 있다.

지방자치단체가 지역사회보장계획을 수립할 때에 민·관 협의체인 지역사회보장협의체의 심의를 받도록 의무화한 것은 사회보장 관련 서비스 생산과 공급에서 주된 일선 전달체계를 차지하고 있는 다양한 민간부문 공급자와 서비스 소비자의 이해와 요구를 반영하는 것으로 참여민주주의의 확대로 볼 수 있다.

② 지역사회보장협의체의 구성

지역사회보장협의체의 구성에 관하여 2015년 1월 현재까지 세부적인 지침이나 규정이 마련되지 않아 구체적인 구성과 운영에 대하여 상술할 수는 없다. 그러나 법 제41조에서 지역사회보장협의체에는 실무집행을 위해 실무협의체를 두도록 하였고, 읍·면·동 단위 지역사회보장협의체를 구성하도록 하였다. 이와 같이 과거 지역사회복지협의체가 대표협의체와 실무협의체만으로 구성되었던 것에 비해서 지역의 단위를 한 단계 더 낮추어서 협의체를 구성하도록 한 것은 수급자의 발굴 기능을 강화하기 위한 조치로 보인다.

협의체의 각급 조직·운영에 관한 사항은 보건복지부령이 정하는 바에 따라 해당 시·군·구의 조례로 정하도록 하고 있다. 지역사회보장협의체의 효율적인 운영을 위하여 보장기관의 장은 필요한 인력 및 운영비 등 재정을 지원할 수 있도록 하였다. 지역사회보장협의체와 실무협의체의 구성에 관한 세부사항은 다음과 같다.

㈀ 지역사회보장협의체

협의체의 위원은 시장·군수·구청장이 임명 또는 위촉하도록 되어있다. 위촉은 사회보장에 관한 학식과 경험이 풍부한 사람, 지역의 사회보장활동을 수행하거나 서비스를 제공하는 기관·법인·단체·시설의 대표자, 비영리민간단체지원법 제2조의 비영리민간단체에서 추천한 사람, 복지위원의 대표자, 사회보장업무를 담당하는 공무원 중에서 하도록 되어있다. 과거 지역사회복지협의체는 지방자치단체 대표, 주민 및 수요자 대표, 사회복지이용시설 및 생활시설장, 보건소장, 학계 전문가, 관련단체 대표 등으로 구성하였음을 상기해볼 때, 앞으로 제정될 보건복지부령에서도 공무원, 서비스 제공기관 대표, 사회보장 수급자, 주민대표, 전문가가 포함되도록 규정할 것으로 예상된다. 특히 지역사회보장협의체 구성에서 지방자치단체장의 참여를 확보하는 것이 바람직하다. 지방자치단체장의 관심과 지원을 유도하고, 이를 통하여 공공의 참여와 지원을 강화할 수 있기 때문이다. 단, 이들의 참여가 다른 공공부문 참여자와의 위상조정문제 및 관의 강력한 주도 위험 등으로 어려움을 겪을 수 있으므로 그 참여는 민간부분의 의장을 두는 공동의장의 형태를 취하여 상징적이면서도 민의 주도가 가능한 구도가 되도록 할 수 있다.

(ㄴ) 실무협의체

실무협의체의 구성과 운영에 대해서도 지역사회복지협의체의 운영 경험을 반영하여 세부적으로 보건복지부령이 마련될 것으로 예측된다. 지역사회복지협의체는 지역사회의 다양한 실무자의 참여를 확보하고 의견수렴과 활동을 촉진하기 위하여 실무분과와 실무팀을 구성·활용하였고, 일정한 성과가 있었기 때문에 이러한 경험을 지역사회보장협의체의 실무협의체의 구성에 반영할 수 있을 것이다. 인적자원이 풍부하지 못한 지역이라도 실무협의체에는 중간관리자 수준에서 참여하고, 실무분과 또는 실무팀에는 일선 실무자가 참여하도록 하는 방안이 효과적이다.

③ 지역사회보장협의체의 운영

과거 지역사회복지협의체가 지역사회의 사회복지 발전에 기여하는 전달체제로서 기능하기 위한 몇 가지 고려사항이(김영종, 2005; 이재완, 2001) 지역사회보장협의체의 조직과 운영에도 반영되어야 한다.

첫째, 자치단체장이 협의체 구성원을 선임하는 임명권의 행사로 인해 지역사회복지협의체가 관변단체의 성격을 띠고, 공공의 민간에 대한 지배 내지는 통제의 목적으로 왜곡될 가능성도 있다는 점이다. 이러한 우려를 불식시키기 위해서는 대표성 있는 민간의 참여가 전제되어야 하고, 이를 위해 지역사회보장협의체의 구성과정에서 구성원 선발의 절차적 민주성을 확보하기 위한 지역사회의 노력이 무엇보다도 필요하다.

둘째, 지역사회보장협의체는 단지 공공과 민간의 협력관계가 형성되고 있음을 상징적으로 과시하는 수단에 그칠 수가 있다. 사회보장 관련 서비스에 관한 상당한 권한과 책임이 주어졌더라도 그것을 적절히 뒷받침할 만한 인력이나 행정기구가 부재하다면, 지역사회보장협의체의 기능은 여전히 상징적 존재 이상의 의미를 부여하기 어렵다. 협의체의 실행기구(예를 들어, 실무자협의체라 하더라도 그것을 위한 공간, 인력지원, 예산 등이 필요함) 유지를 위한 물적·인적 비용들을 감당할 수 있는 재정을 적극적으로 지원해야 할 것이다.

셋째, 지역사회보장협의체가 실질적으로 기능하기 위해서는 무엇보다도 지역사회 내의 다양한 사회보장 주체들(서비스 공급자들뿐만 아니라 사회복지활동가나 수요자 집단 등도 포함)의 존재와 다양한 활동들이 전제되어야 한다. 네트워크의 구성을 위해서는 일차적으로 네트워크를 구성하는 요소들이 먼저 확보되어 있어야 한다. 기초 자치단체 중 군 지역에는 적정한 네트워크를 구축할 만큼의 다양한 지역복지 주체들이 존재하고 있지 못하다. 따라서 지역사회보장협의체를 구성하는 동시에 지역복지를 실천하는 서비스조직들(공공과 민간 포함)을 확충해 나아가야 할 것이다.

넷째, 지역사회보장협의체가 실질적으로 기능하기 위해서는 지역사회 내의 공공 서비스기관뿐만 아니라 민간 서비스기관이 활성화되어야 한다. 특히 민간 서비스기관이 부족한 농어촌 지역은 공공기관이 중심이 되어 서비스전달체계를 구축하고 민간기관의 활성화를 위한 지원을 해야 한다.

2) 사회보장재정의 구조와 분권화

(1) 지방자치단체의 재정구조: 세입과 세출

지방자치단체의 재정 전반과 세입, 세출에 대한 기초적인 지식을 습득하는 것은 지방정부를 상대로 지역사회복지실천을 하는 데 있어서 유용한 도구로 사용될 수 있을 것이다.

① 세입구조

우선 지방자치단체의 세입구조를 이해하기 위해서 우리나라 지방자치단체의 재정원천을 이해할 필요가 있다. 다음의 요약정리에서 보는 바와 같이 지방자치단체의 재원은 크게 의존재원과 자주재원으로 구성된다. 의존재원은 지방자치단체 스스로 마련하지 못하고 중앙정부로부터의 이전지출에 의존하게 되는 재정수입을 말한다. 여기에는 지방교부세와 국고보조금이 있다. 이와 달리 지방자치단체에서 자체적으로 충당하는 재원이 자주재원에 해당된다.[8] 자주재원은 지방세와 세외수입으로 구성된다. 지방자치단체의 재정부담 역량은 '재

---

8) 행정자치부의 재정고에서는 '자주재원' 개념을 달리 사용하고 있다. 여기서는 지방세와 세외수입을 합한 것을 '자체수입'으로 표현하면서, 중앙정부나 상급 지자체로부터 교부된 지방교부세와 조정교부금을 합한 것을 자주재원이라 칭하고 있다(www.lofin.mospa.go.kr). 재정고의 이러한 용어규정에도 불구하고, 이 책에서는 일반적인 용례를 따른다.

[지방정부의 재정원천에 대한 이해]

□ 지자체의 일반재원 = 의존재원 + 자주재원

1) 의존재원

① 지방교부세: 국가가 재정적 결함이 있는 지방자치단체에 교부하는 이전재원으로, 지방행정의 건전한 발전과 지방자치단체 간 재정불균형 완화를 꾀함. 지방정부가 자율적으로 사용할 수 있음. 보통교부세, 특별교부세, 부동산교부세, 소방안전교부세 등이 있음(〈지방교부세법〉).

② 국고보조금: 국가가 특정한 정책사업을 지방정부로 하여금 처리하도록 하기 위하여 교부하는 이전재원. 국가가 용도와 요건 및 지방비 대응분담비율 등을 지정할 수 있음(〈지방재정법〉, 〈보조금 관리에 관한 법률〉).

2) 자주재원 = 지방세 + 세외수입

① 지방세(〈지방세기본법〉 제7조, 제8조)

구분		보통세	목적세
특광 별역 시시	시	취득세, 레저세, 담배소비세, 지방소비세, 주민세, 지방소득세, 자동차세.	지역자원시설세, 지방교육세
	구	등록면허세, 재산세	
도	도	취득세, 등록면허세, 레저세, 지방소비세	지역자원시설세, 지방교육세
	시군	담배소비세, 주민세, 지방소득세, 재산세, 자동차세	

* 단, 광역시의 군 지역은 도세와 시군세의 적용을 받음

② 세외수입: 수익자 부담금, 재산수입, 수수료, 사용료·임대료, 공기업 수입, 잡수입(기부금·몰수금·벌금·과료)

□ 지자체의 재정역량 비교지표

1) 재정자립도 = (지방세+세외수입) ÷ (자치단체 일반회계 예산) ×100

2) 재정자주도 = (지방세+세외수입+지방교부세+조정교부금) ÷ (자치단체 일반회계 예산) ×100

· 조정교부금 : 광역시도가 관내 시·군 혹은 자치구 사이의 재정격차를 해소하여 균형적인 행정서비스를 제공하기 위한 제정조정제도

3) 재정력지수 = (기준재정수입액) ÷ (기준재정수요액)

[보조금의 이해]

1) 보조금의 개념

"보조금"이란 국가 외의 자가 수행하는 사무 또는 사업에 대하여 국가(〈국가재정법〉 별표 2에 규정된 법률에 따라 설치된 기금을 관리·운용하는 자를 포함한다)가 이를 조성하거나 재정상의 원조를 하기 위하여 교부하는 보조금(지방자치단체에 교부하는 것과 그 밖에 법인·단체 또는 개인의 시설자금이나 운영자금으로 교부하는 것만 해당한다), 부담금(국제조약에 따른 부담금은 제외한다), 그 밖에 상당한 반대급부를 받지 아니하고 교부하는 급부금으로서 대통령령으로 정하는 것을 말한다.

2) 보조금의 대상 사업 및 기준보조율 등(보조금 관리에 관한 법률 제9조)

보조금이 지급되는 대상 사업, 경비의 종목, 국고보조율 및 금액은 매년 예산으로 정하며, 다만, 지방자치단체에 대한 보조금의 경우 다음 각 호에 해당하는 사항은 대통령령으로 정한다.

1. 보조금이 지급되는 대상 사업의 범위
2. 보조금의 예산 계상 신청 및 예산 편성 시 보조사업 별로 적용하는 기준이 되는 국고보조율(이하 "기준보조율"이라 한다)

3) 차등보조율의 적용(보조금 관리에 관한 법률 제10조)

① 기획재정부장관은 매년 지방자치단체에 대한 보조금 예산을 편성할 때에 필요하다고 인정되는 보조사업에 대하여는 해당 지방자치단체의 재정사정을 고려하여 기준보조율에서 일정 비율을 더하거나 빼는 차등보조율을 적용할 수 있다. 이 경우 기준보조율에서 일정 비율을 빼는 차등보조율은 〈지방교부세법〉에 따른 보통교부세를 교부받지 아니하는 지방자치단체에 대하여만 적용할 수 있다.

② 차등보조율의 적용기준은 그 적용대상이 되는 지방자치단체의 재정자주도, 분야별 재정지출지수, 그 밖에 대통령령으로 정하는 사항으로 하며, 각 적용기준의 구체적인 산식은 대통령령으로 정한다.

③ 기획재정부장관은 제2항의 차등보조율의 적용으로 인한 국고보조금의 추가적인 소요예산과 관련된 사항을 국회에 보고하여야 한다.

4) 지방비 부담의무(보조금 관리에 관한 법률 제13조)

지방자치단체의 장은 보조사업에 대한 지방자치단체의 지방비 부담액을 다른 사업에 우선하여 해당 연도 지방자치단체의 예산에 계상하여야 한다.

5) 용도 외 사용금지

① 보조사업자는 법령, 보조금 교부 결정의 내용 또는 법령에 따른 중앙관서의 장의 처분에 따라 선량한 관리자의 주의로 성실히 그 보조사업을 수행하여야 하며 그 보조금을 다른 용도에 사용하여서는 아니 된다.

② 간접보조사업자는 법령과 간접보조금의 교부 목적에 따라 선량한 관리자의 주의로 간접보조사업을 수행하여야 하며 그 간접보조금을 다른 용도에 사용하여서는 아니 된다.

③ 제1항 및 제2항에도 불구하고 제31조제4항에 따라 보조금 초과액을 반납하지 아니하

고 활용하는 경우에는 유사한 목적의 사업에 사용할 수 있다.

6) 보조사업 내용 변경
보조사업자는 사정의 변경으로 보조사업의 내용을 변경하거나 보조사업에 드는 경비의 배분을 변경하려면 중앙관서의 장의 승인을 받아야 한다. 다만, 중앙관서의 장이 정하는 경미한 사항은 그러하지 아니하다.

□ 보조금 지급 대상사업의 범위와 기준보조율(보조금 관리에 관한 법률 시행령 제4조)
① 법 제9조 제1호에 따른 보조금이 지급되는 지방자치단체의 사업의 범위 및 같은 조 제2호에 따른 기준보조율(이하 "기준보조율"이라 한다)은 별표 1과 같다. 다만, 별표 2에서 정한 지방자치단체의 사업은 보조금 지급 대상에서 제외한다.
② 기준보조율은 해당 회계연도의 국고보조금, 지방비 부담액, 국가의 재정융자금으로 조달된 금액, 수익자가 부담하는 금액과 그 밖에 기획재정부장관이 정하는 금액을 모두 합한 금액에서 국고보조금이 차지하는 비율로 한다.

□ 차등보조율 기준의 적용(보조금 관리에 관한 법률 시행령 제5조)
① 법 제10조에 따라 기준보조율에 일정 비율을 더하는 차등보조율(이하 "인상보조율"이라 한다)은 기준보조율에서 20%, 15%, 10%를 각각 더하여 적용하고, 기준보조율에서 일정 비율을 빼는 차등보조율은 기준보조율에서 20%, 15%, 10%를 각각 빼고 적용하며, 그 적용기준과 각 적용기준의 구체적인 계산식은 〔별표 3〕과 같다.
② 인상보조율은 재정사정이 특히 어려운 지방자치단체에 대해서만 적용한다.
③ 기획재정부장관은 인상보조율의 적용을 요구한 지방자치단체에 대하여 보조금을 교부하는 경우에는 해당 지방자치단체의 재정운용에 대하여 필요한 권고를 할 수 있다.

정자립도', '재정자주도' 및 '재정력지수' 등과 같은 몇 가지 지표로 비교할 수 있다.

지방자치단체의 재정규모를 국가재정의 규모와 비교하기 위해 중앙재정, 지방재정, 지방교육재정이 국가 총재정 규모에서 차지하는 비율을 살펴볼 필요가 있다. 해마다 조금씩 차이가 있지만, 2009년부터 2014년까지의 각 재정이 차지하는 비율의 평균값은 대략 55.7%, 33.8%, 10.5%로 중앙재정의 규모가 지방재정의 규모보다 약간 큰 편이라 할 수 있다. 한편 국가재정의 기본이 되는 조세부담률(조세부담률 = 조세 ÷ GDP × 100)의 2008년에서 2012년까지 5년간의 평균값은 19.94%로 국세부담률이 15.7%, 지방세부담률이 4.24% 이다. 조세부담률을 기초로 국세와 지방세의 규모를 추정하면 조

〈표 10-1〉 2013년 지방자치단체 세입예산

항 목 명	금액(백만 원)	비율(%)
지방세수입	53,747,023	34
지방교부세	31,460,015	20
지방채 및 예치금회수	4,096,037	3
세외수입	33,412,361	21
보조금	34,173,234	22

세 수입에서 지방세가 차지하는 비중은 약 21.3% 정도이고 국세는 78.7% 정도가 된다. 국가 전체 재정에서 지방재정의 규모(교육재정 포함)가 전체 재정수요의 45.3%를 차지하는 데 비해서 가장 중요한 지방세 수입이 크게 부족하기 때문에 지방자치단체의 재정 부족분을 중앙정부가 재정이전을 통해서 보충하게 된다. 지방자치단체 전체 세입예산에서 각 재원이 차지하는 비중을 2013년 말 순계예산기준으로 살펴보면 다음과 같다(〈표 10-1〉 참조).

전체 세입에서 가장 규모가 큰 것은 지방자치단체의 지방세수입(34%)이고, 다음으로 보조금수입(22%)과 세외수입(21%), 지방교부세수입(20%)이 비슷한 수준이고 지방채 및 예치금 회수(3%)가 세입의 극히 일부가 되고 있다. 전체세입에서 의존재원(보조금과 지방교부세)이 차지하는 비중은 약 42%에 달하고 있어 지방자치단체의 사업 수행에 중앙정부에의 재정 의존이 매우 높다는 것을 알 수 있다.

② 세출구조

다음으로 지방자치단체 전체 예산에서 사회복지예산이 차지하는 비중의 추이를 보면 매년 가파르게 증가하고 있다. 최근 7년간의 추이를 보면, 2008년 17.5%에서 2010년에는 19%로, 2013년에는 23.1%로 증가하다가 2014년에는 26.1%로 크게 증가하였다. 이와 같이 지방자치단체의 사회복지분야[9] 예산이 급증한 것은 중앙정부의 사회복지분야의 국고보조사업이 크게 증가하였기 때문이다. 특히 2013년에서 2014년간에는 사회복지예산의 비중이 3% 포인트가 증가하였는데 이는 보육료지원사업과 기초연금제도의 확대가 기여한 바가 크다(〈표 10-2〉 참조).

이와 같은 사회복지예산 비중의 증가비율은 지방자치단체가 중앙정부에 비해서 더 큰 것으로 나타난다. 이는 〈표 10-3〉에서 보는 바

〈표 10-2〉 지방자치단체 사회복지예산 비중의 추이

(단위: %)

2008년	2009년	2010년	2011년	2012년	2013년	2014년
17.5	18.3	19.9	20.9	21.3	23.1	26.1

주: 일반회계, 순계, 결산기준
자료: 지방재정고

〈표 10-3〉 중앙과 지방의 사회복지예산의 추이(2007~2013년)

(단위: 조 원, %)

구분		2007	2008	2009	2010	2011	2012	2013	연평균 증가율
중앙정부	정부총지출(A)	238.4	262.8	284.5	292.8	309.1	325.4	342.5	6.3
	사회복지재정(B)	61.4	68.8	74.6	81.2	86.4	92.6	97.1	7.9
	비중(B/A)	25.8	26.2	26.2	27.7	28.0	28.5	28.1	
지방자치단체	순계예산(C)	112.0	125.0	137.5	139.5	141.0	151.1	156.9	5.9
	사회복지예산(D)	17.3	21.7	24.1	26.5	28.5	30.9	35.0	12.6
	비중(D/C)	15.4	17.4	17.5	19.0	20.2	20.5	22.3	

자료: 윤영진(2013. 47쪽).

9) 사회복지 분야: 8개 부문(기초생활보장, 취약계층지원, 보육·가족 및 여성, 노인·청소년, 노동, 보훈, 주택, 사회복지일반)

와 같이 사회복지재정규모의 증가율이 예산규모의 증가율보다 크게 나타나고 있으며, 또 중앙정부의 사회복지예산 증가율보다 지방자치단체의 사회복지예산 증가율이 더 가파르게 증가하고 있음을 알 수 있다. 그 배경으로는 사회복지 분야 국고보조사업의 수행에서 지방자치단체의 대응비용 증가가 핵심적인 것이다(정창수, 2014).

〈표 10-4〉는 2007년에서 2012년까지 사회복지분야 국고보조사업과 대응 지방비 부담의 추이를 보여준다. 사회복지분야의 국고보조사업은 거의 다 의무지출 국고보조사업으로 기초보장급여, 기초노령연금, 영·유아보육료지원, 장애인 연금, 장애수당 등이 차지하는 금액이 크다. 이와 같이 새로운 대규모 국고보조사업이 도입되거나 기존의 국고보조사업이 확대됨에 따라 지방정부의 매칭비용이 증가된 것이 지방정부의 사회복지비 지출 증가의 주된 요인으로 작용해왔다. 요컨대, 지방정부의 사회복지 재정부담 증가에 끼친 분권교부세의 영향은 크지 않았던 것이다(윤영진, 2013; 지은구, 2013; 최성은, 2013; 하능식, 2013). 이와 같이 지방재정에서 필수적으로 지출되어야 할 국고보조사업에 따른 지방재정 지출의 증가로 지방정부가 사회

〈표 10-4〉 사회복지분야 국고보조사업과 대응 지방비 부담(2007~2012)

(단위: 조 원, %)

	2007	2008	2009	2010	2011	2012	연평균 증가율
정부 총지출	238.4	262.8	301.8	292.8	309.1	325.4	6.4
보건복지부 일반회계예산	11.5	15.9	19.3	19.3	20.5	22.0	13.9
국고보조사업(복지부 소관)	7.8	11.7	13.9	13.7	14.7	15.5	14.7
대응 지방비 부담	2.8	5.1	6.1	6.2	6.7	7.4	21.5
의무지출 국고보조사업 대응지방비	3.1	3.9	4.1	4.9	5.1	5.4	12.1

주: 각 년도 예산 기준

자료: 보건복지부(2012. 8), 재인용 정창수(2014)

복지 관련 재정을 확보하는 데 어려움을 겪게 되고, 이것이 중앙정부의 국고보조사업의 기준보조율을 인상하라는 요구로 나타나기도 하였다. 2014년 보육료지원사업의 국고보조율 인상요구를 둘러싸고 서울시와 중앙정부 간에 발생한 정치적 갈등은 중앙정부의 사회복지재정은 물론이거니와 지방의 사회복지재정 확충에 대한 논란을 증폭시키는 계기가 되었다.

(2) 분권교부세 도입, 폐지, 그리고 그 이후

2003년 참여정부는 지방분권 정책의 일환으로 '지방재정의 자율성 강화'를 위하여 국고보조금 제도의 개선과 재정운영의 자율성 확보를 추진하였다. 전자에는 보조금사업의 정비 및 재원자주화, 포괄보조금제 운영 등이 세부사항으로 포함되며, 후자에는 지방예산편성지침 폐지와 지방채개별승인제도 폐지 등이 포함되었다. 이런 배경에서 국고보조금 사업 총 533개(12.7조 원) 중에서 163개 사업(1.1조 원)은 지방이양, 126개 사업(3.6조 원)은 국가균형발전특별회계 사업으로 이관하고, 233개 사업(7.9조 원)은 국고보조사업을 유지하는 것으로 결정되었다. 2005년에 보건복지부의 지방이양 대상사업은 총 67개 사업 5,959억 원이고, 국고보조사업으로 유지되는 것은 71개 사업 4조 3,409억 원이었다.[10] 위와 같이 국고보조금 정비에 따라 지방으로 이양된 사무에 필요한 재정을 지방정부에 이전하기 위하여 2004년 12월 30일 지방교부세법을 개정하여 분권교부세를 신설하였다(제3조). 분권교부세는 보통교부세로의 이전을 전제로 지방이양사업이 정착될 때까지만 운영되는 것임을 분명히 하려는 것으로, 2009년도까지 한시적으로 운영한 후 2010년도에는 보통교부세로 통합·

---

10) 지방이양사업 목록과 국고보조사업 목록은 〈부표 1〉과 〈부표 2〉를 참조.

운영하도록 설계하였다.

분권교부세의 재원을 마련하기 위하여 지방교부세율을 내국세 총액의 18.3%에서 19.13%로 상향조정하여 내국세 총액의 1만분의 83에 해당하는 액(0.83%)을 재원으로 하였는데, 2005년 말에 국고보조금 보전재원 부족분 0.11%를 반영하여 내국세의 0.94%로 상향조정하였다. 사회복지분야의 국고보조금사업의 정비내역을 보면 주로 생활시설 운영과 이용시설 운영에 관련된 국고보조사업이 지방이양사업으로 결정되었다. 국고보조사업으로 유지된 시설운영과 관련된 사업은 부랑인시설운영과 건강가정지원센터운영, 한센양로시설운영 등의 사업뿐이고, 장애인 직업재활시설, 장애인생활시설운영, 노인복지회관운영, 노인시설운영, 아동시설운영, 입양기관운영, 모자복지시설운영, 사회복지관 운영 등 주요 이용시설 운영사업들이 지방이양사업으로 결정되었다.

그러나 국고보조사업으로 유지된 사업과 지방이양사업으로 결정된 사업 간에 일관된 원칙이 적용되었는지 의문이 제기되었으며, 지방의 부담 증가에 따라 지방자치단체 간에 이양사업에 대한 지원규모에서 차이가 발생하는 등 지역적 형평성의 문제가 제기되었다. 또한 지방이양사업에 필요한 재정수요 증가를 충분하게 고려하지 못한 결과 지방비 부담비용의 증가율이 분권교부세 규모의 증가율보다 크게 나타남으로써 지방자치단체의 재정압박에 대한 우려가 현실화되었다(곽채기, 2008). 분권교부세는 그 설계와 운영상의 문제점이 여러 연구논문들과 정부의 정책감사에서 지적되었고, 사회복지현장에서는 지방이양사업을 중앙으로 환원해야 한다는 문제제기가 지속되었다. 학계에서는 분권교부세 제도를 폐지하고 지방이양 사업을 재조정하는 방향에서 개별보조금을 포괄보조금으로 전환하여 국고보조금 제도로 운영하자는 안과 사회복지교부금 안을 중심으로 하는 여러 개선안들이 연구・발표되었다(백종만, 2008; 곽채기, 2008; 보건복지가족부, 2008).

그러나 정부 부처 간의 이견을 좁히지 못하고 2014년 말까지 5년 더 분권교부세를 연장하여 시행하게 되었는데, 이후에 학계와 중앙정부에서의 제도개선 논의는 수면 아래로 잠복하였다. 그러나 사회복지실천 현장에서는 장애인, 노인, 정신요양, 아동 주거시설 관련 협회를 중심으로 국고보조사업으로의 환원을 요구하는 정책포럼과 정책로비활동이 전개되었다. 그 결과 2014년 12월 31일 지방교부세법이 개정되어 노인양로시설, 정신요양시설, 장애인주거시설사업은 2015년 1월 1일부터 국고보조사업으로 환원되었다. 또한 개정 지방교부세법은 한시적으로 도입된 분권교부세가 2015년 1월 1일부터 폐지되어 보통교부세로 통합・운영됨에 따라 보통교부세를 교부받지 않았던 지방자치단체가 종전에 분권교부세로 교부되던 재원을 보전할 수 있도록 2015년부터 2019년까지 5년간 보통교부세를 교부받을 수 있게 하려는 목적으로 지방교부세법이 개정되었다.

이와 같이 2015년 1월 1일 시행되는 개정 지방교부세법에 따라 종전의 분권교부세가 보통교부세로 통합됨으로써 해당사업들에 관한 지방의 예산편성에서 지방자치단체는 아무런 제약을 받지 않아 재정운영에서 자율성이 더 확대되었다. 앞으로 확대된 재정 자율성이 사회복지 현장에는 어떤 형태로 작용할 것인가에 대하여 관심을 가져야 한다. 분권교부세 도입 이후 해당사업들에 관한 재정집행을 둘러싼 마찰이 적지 않았고, 이 사업들에 관한 재정투입 수준의 지자체 간 격차 문제가 부각되기도 했다. 국고보조금 체제로 환원시켜달라는 사회복지 현장의 요구도 드셌다. 반면 보통교부세로 흡수됨으로써 사회복지부문에 불리한 결과를 초래할 수 있다는 우려도 제기되었다. 여기에 2010년 이후 지방자치단체의 재정부담을 가중시키는 대규모

[분권교부세 폐지에 따른 보통교부세 지급 등에 관한 특례]

□ 〈지방교부세법〉 부칙 제2조

① 제9조의2의 개정규정 및 법률 제7257호 지방교부세법 일부개정법률 부칙 제2항에 따라 보통교부세에 통합되는 분권교부세 중 기준재정수입액이 기준재정수요액을 초과하여 보통교부세가 교부되지 아니한 지방자치단체에 대하여 이 법 시행 전에 분권교부세로 교부되던 금액은 제6조에도 불구하고 해당 지방자치단체에 2015년부터 2019년까지 보통교부세로 교부한다. 이 경우 2015년도 교부액은 2014년도에 교부된 분권교부세액 중 다음 각 호의 사업에 교부된 금액을 제외한 금액으로 하고, 2016년부터 2019년까지의 교부액은 2015년도 교부액에 해당 연도의 내국세 증감률을 곱한 금액을 지급하되, 제5조에 따른 교부세 정산이 발생하는 경우에는 이를 반영한다. 2020년도 이후에는 보통교부세가 교부되지 아니하는 지방자치단체의 재정여건을 감안하여 필요한 조치를 할 수 있다. 제1항에 따라 2015년에 보통교부세로 교부하는 총 금액은 1,253억 원으로 한다.

1. 〈노인복지법〉 제32조 제1항 제1호 및 제47조에 따른 양로시설 지원사업
2. 〈장애인복지법〉 제58조 제1항 제1호 및 제79조 제2항에 따른 장애인 거주시설 지원사업
3. 〈정신보건법〉 제3조 제5호 및 제52조 제4항에 따른 정신요양시설 지원사업

② 제1항에 따라 2015년에 보통교부세로 교부하는 총금액은 1,253억 원으로 한다.

③ 제1항 및 제2항에도 불구하고 기준재정수입액이 기준재정수요액을 초과하여 보통교부세가 교부되지 아니한 지방자치단체의 수에 변동이 있는 경우에는 대통령령으로 정하는 기준에 따라 제1항에 따른 교부액을 달리 지급할 수 있다.

국고보조사업들이 늘어나 재정상의 어려움에 더욱 직면하게 될 것이 예상된다. 복지재정의 확보문제는 지방자치단체만의 문제가 아니라 중앙정부의 문제이기도 하다.

현재의 사회보장분야 확대에 따른 지방재정 문제를 해결하기 위해서는 국가재정의 문제와 통합적으로 그 해결방안을 바라볼 필요가 있다. 현재 우리가 직면한 재정상의 문제는 폐지된 분권교부세제도의 문제를 초월한 것이다. 현재의 문제 상황에 대한 대안을 생각하면 다음과 같다.[11]

11) 이하는 백종만(2014)의 내용을 중심으로 다시 정리한 것이다.

지방재정의 위기상황을 가속시키는 것은 분권교부세 도입 시에 이양된 67개 사업에 대한 지방자치단체의 부담 증가보다도 최근에 큰 규모로 증가한 국고보조사업들이다(윤영진, 2013; 최성은, 2013). 보건복지부의 2012년도 국고보조사업예산 중 사업내역별 재원규모가 1천억 원 이상이 되는 사업은 17개, 21.5조 원으로 금액기준 전체의 90.4%를 차지하며, 이러한 사업이 국비에서 차지하는 비중은 90.7%, 지방비에서 차지하는 비중은 87.8%에 달하여 전체사업에서 압도적인 비중을 차지하고 있다. 보건복지부 국고보조사업 중 가장 큰 규모를 차지하는 것은 의료급여경상보조(5.2조 원), 영유아보육료지원(4.8조 원), 기초노령연금지급(4.0조 원), 기초생활생계급여(3.0조 원)의 순이다. 이에 비해 지방비는 영유아보육료지원이 2.4조 원으로 가장 많은데 이는 영유아보육료지원사업의 낮은 국고보조율에 기인하며, 다음으로 의료급여경상보조(1.3조 원), 기초노령연금지급(1조 원), 기초생계급여(0.6조 원) 순으로 나타난다. 이러한 대규모 국고보조사업은 모두 서울과 지방이 다른 기준보조율을 적용받고 있으며, 이들 중 8개 사업은 차등보조율 적용사업이다(하능식, 2013).

따라서 이 사회복지분야의 국고보조사업들에 대한 획기적인 개혁이 이루어져야 할 필요가 있다. 정책논의는 급증한 대규모 국고보조사업을 수행함에 있어서 중앙-지방 간 행·재정관계에서 지방의 자율성을 최대한 존중하면서도 지방의 복지재정을 확보해주는 최선의 중앙·지방 간 행·재정관계를 정립하는 일에 집중될 필요가 있다. 해결책으로는 그동안 정책에 적용되었던 "(분권)교부세 - 단위사업별 국고보조금"이라는 이분법이 아닌 "(분권)교부세 - 다양한 수준의 포괄보조금 - 단위사업별 개별국고보조금"이라는 삼분법의 프레임을 염두에 두고 구체적인 대안을 모색할 필요가 있다(이재원, 2011b). 이러한 삼분법의 프레임을 전제로 단기적으로는 기준보조율을 개선해야 하고, 서울-지방 간 상이한 보조율이 적정한 수준인지 재검토할 필요가 있다. 또 차등보조율 제도의 경우도 좀더 정밀한 설계가 이루어질 필요가 있다는 지적이다. 구체적으로는 국민기본선을 확보하는 공공부조의 성격을 갖는 국민기초생활급여, 의료급여, 기초연금급여, 보육료지원 등의 사업을 개별적인 국고보조사업의 틀로 정비하고, 이들 관련 국고보조사업의 경우에는 중앙정부의 기존 보조율을 대폭 상향조정할 필요가 있다. 특히 사회복지서비스 분야에서 포괄보조금 제도를 확대하여 도입하는 것은 향후 지역사회보장계획의 수립을 실질화할 수 있는 계기가 될 수 있다.

장기적으로는 정부 간 재정관계를 재정립해야 한다. 지방세가 차지하는 비중은 조세 총액의 21.9%이지만 지방재정지출은 42.8%(교육재정 포함 56.3%)로 점진적 증가추세에 있어 재정조달책임과 지출책임 간의 간격이 확대되고 있다. 지금과 같은 이전재원 중심의 지방재정 확충으로는 자치단체의 주민에 대한 재정책임성은 낮아지고 중앙정부에 대한 책임성만 강화되고 있는 현실이다. 그리고 최근 사회복지분야의 국고보조사업이 급증하면서 지방비 부담이 과중하고, 국고보조사업이 개별보조사업으로 운영되어 여러 가지 문제를 야기하고 있다. 국세와 지방세의 세원배분체계도 2010년 지방소비세 도입 이후 큰 변동이 없고, 국고보조금 기준보조율 체계는 1986년 이후 거의 변화가 없으며, 지방교부세율도 한번 정체하면 거의 변동이 없어 자치단체 유형별 재정환경의 변화의 차이를 반영하기가 쉽지 않다. 이런 여러 가지 문제들을 해결하기 위해서는 장기적 관점에서 중앙-지방 간 재정관계를 종합적으로 재검토해서 새로운 재정제도를 설계할 필요가 있다. 새로운 중앙-지방 재정관계를 구축하기 위한 기본 정책방향은 다음과 같다.

첫째, 중앙재정 대비 지방재정 총량의 비중을 증가시킬 필요가 있다. 사회복지 중심의 지방재정 수요 팽창에 대비하기 위해 국가재정을 지방으로 이양함에 있어서 이전 재원의 비중을 낮추고 세원의 조정을 통해 지방세의 비중을 높이는 방향으로 제도개혁이 이루어질 필요가 있다. 그러나 노령화 등에 따른 복지·의료·사회보장 등 국가적 사무의 중요성이 커지고 있는 상황에서 지방재정의 확대가 어디까지 이루어지는 것이 바람직한가에 대한 고려가 있어야 한다(정창수, 2014). 이는 곧 사회보장에 대한 책임에서 중앙정부와 지방정부 간 적정한 역할분담 관계에 대한 장기적 정책선택과 연계되어서 지방재정의 확대를 고려해야 한다(김필헌, 2013)는 주장과 동일선상에 있다고 할 수 있다.

둘째, 포괄보조금을 확대하여 제도화하고, 매칭형인 개별국고보조금은 국민기본선을 확보하는 것이 중요한 공공부조성 사업, 예를 들어 노령기초연금, 기초생활보장급여, 의료급여, 아동양육수당 등 의 예산은 중앙정부의 재정부담을 더욱 확대하는 방향으로 운영할 필요가 있다(최성은, 2013; 하능식, 2013).

물론 이와 같이 중앙·지방 간 재정관계를 재정립하는 것만으로 모든 문제가 해결될 수 있는 것은 아니다. 재정분권화의 정도에 맞도록 지역 단위에서 사회복지서비스 공급역량을 강화하기 위한 행정적·제도적 개선 노력이 있어야 한다. 예산편성에만 제한적으로 이루어지는 참여예산제도를 중기재정계획 및 투융자 심사와 같은 예산과정 전반으로 확대할 필요가 있다. 또한 지방정부의 사회보장전달체계의 개편을 통한 행정역량의 강화, 복지정책에 대한 시민사회의 관심과 참여 강화, 사회서비스 관련법에서 서비스 급여의 임의조항을 강행규정으로 개정하는 노력이 동시에 진행될 필요가 있다.

(3) 서비스 분권화에 따른 중앙정부 및 지방자치단체의 과제

① 중앙정부의 과제: 지방 간 서비스균형발전을 위한 역할

중앙정부는 지방의 자주재정을 강화하려는 노력과 함께 재정분권화의 부작용을 최소화하며 지역 간 서비스 수요와 공급 능력의 격차를 시정하여 균형발전을 이루도록 하는 역할을 수행해야 한다. 〈사회보장급여법〉에서도 중앙행정기관의 장 및 시·도지사는 시·도 및 시·군·구 간의 사회보장의 차이를 최소화하기 위하여 예산 배분, 사회보장급여의 제공기관 배치 등에 필요한 조치를 취할 의무를 부과하고 있다(법 제45조). 이를 위하여 '지역사회보장균형발전지원센터'를 설치운영하고, 지방자치단체에 비용을 지원할 수 있으며, 취약지역을 '사회보장특별지원구역으로 선정하여 지원할 수 있도록 하고 있다(법 제46조~제48조).

그러나 근본적으로는 지방의 자주재정을 중장기적으로 강화하는 것이 핵심과제라 할 수 있다. 사회보장제도 중에서 사회서비스의 경우에는 구체적 서비스의 기획과 집행에서 지방자치단체가 중심적 역할을 해야 한다는 데에 대체로 합의가 이루어지고 있다. 그러나 지방정부 간의 재정격차가 크고, 특히 도시지역과 군지역 간의 재정격차와 서비스 공급 능력(각종 시설이나 기관), 서비스 수요에서 불균형이 일어나고 있는 현실을 감안한다면 보조금의 운영을 합리적으로 조정할 필요가 있다.

② 지방자치단체의 과제

지방정부 수준에서도 사회보장 재정을 확보하려는 노력과 함께 특히 사회서비스에 대한 책임성을 강화할 수 있도록 집행역량을 제고하기 위한 노력이 있어야 한다. 이를 위해서 사회복지 전담인력의 전문성을 강화하여야 한다. 또한 공공서비스의 대행자, 보충적 서비스 공급자, 보완적 서비스 공급자로서 활동하는 민간부문이 지역사회보장계획의 수립과 집행 및 평가 과정에 실질적으로 참여할 수 있도록 제도적 정비가 이루어질 필요가 있다. 예컨대 현재 진행되고 있는 지역사회보장협의체가 민관협력의 기제로 잘 작동할 수 있도록 해야 한다. 이를 위해서는 지방정부가 지역사회보장협의체의 구성과 운영에서 시민참여를 보장하고 민주성과 대표성이 확보될 수 있도록 노력해야 한다. 지역사회복지계획을 수립하고 민간서비스 공급자와의 협력적 동반자관계를 형성하기 위해서는 규제와 지도감독 위주의 행정관행을 변화시켜야 한다. 이를 위해서 사회서비스 사무담당공무원에 대한 체계적 교육훈련 프로그램이 마련될 필요가 있다.

3) 사회서비스전달체계의 변화

(1) 사회서비스 전달체계 개편의 흐름

지난 1980년대 후반 이후 사회복지전달체계 개편을 위한 노력은 1987년에 사회복지전담공무원 제도를 도입하면서 전문성을 부여하는 체계를 갖추는 정책에서 출발하였다. 이후 1995~1999년의 보건과 복지의 통합을 위한 보건복지사무소 시범사업운영, 2004~2005년의 사회복지사무소 시범운영을 거쳐 2006년에는 보건/복지/고용/문화/평생학습/생활체육/주거 등 주민생활과 밀접한 7대 영역의 서비스를 통합적으로 제공할 목적으로 주민생활지원서비스체계로의 개편이 이루어졌다. 최근의 변화는 2010년 사회복지통합관리망(행복e음) 개통과 2011년 7월 12일 발표된 사회복지직 공무원 증원과 '희망복지지원단' 설치 등을 통해 사회복지 공급의 통합성과 현장성을 강화하는 정책을 도입한 것이다(김영종, 2012). 최근 정부가 추진한 사회복지전달체계 구축방안은 대체로 주민들의 일상 삶의 터전인 지역사회를 중심으로 주민들의 다양한 복지서비스욕구를 충족시키기 위해서는 삶의 각 영역을 포괄하는 다양한 서비스(보건·복지·문화·고용·주거·교육·생활체육·여가 등)가 지역사회에서 제공되어야 한다는 것이다. 또한 이 서비스들이 공급자 중심으로 분절적이고 비연속적으로 제공되는 것이 아니라 수요자인 주민들의 욕구를 중심으로 지역사회에서 통합적으로 제공되어야 한다는 것이다. 지역을 중심으로 주민들의 다양한 삶의 욕구를 통합적으로 충족시킨다는 정책은 2000년대 초반 사회복지사업법(법률 제6960호, 2003. 7. 30, 일부개정)에서 지역사회복지의 체계의 구축을 명시하여 공식화되었고, 지금도 정책기조는 유지되고 있는 것으로 판단된다.

최근 제도개혁을 통해 우리나라가 추진하고 있는 전달체계 개편 전략은 공공전달체계의 재구조화라는 과거의 좁은 관점에서 벗어나 지역단위의 서비스 시스템 개편을 중심으로 하는 전략으로 변화 중이다(강혜규, 2011a). 2003년 사회복지사업법 개정 이후 제도적 이상으로서 지역사회복지체계의 구성요소는 ① 지방정부의 역할 강화(지역사회복지 계획 수립, 보호대상자별 보호계획에 따른 보호의 실시, 국고보조사업의 지방이양 등), ② 자발적 부문(지역사회 공동체 부문)의 서비스 제공자로서의 역할과 서비스 공급에 관한 의사결정에 참여, ③ 공공부문과 민간부문의 상호협력체계를 구축을 통한 수요자 중심의 통합적 서비스 제공을 추구한다고 할 수 있다.

(2) 지역중심 서비스 전달체계로의 개편

2000년 중반 이후 사회복지서비스의 제도화가 급속하게 진전되면서 공공부조 중심의 전달체계 개편 논의가 사회(복지)서비스를 중심으로 한 개편 논의로 급속하게 변화하였다(강혜규, 2011a). 2011년 7

월 12일 정부는 사회복지전담 공무원을 증원하고, 중앙정부 차원에서는 서비스 중복을 방지하기 위한 제도 개선과 사회복지통합관리망의 확대 개편을, 지방자치단체 차원에서는 '희망나눔지원단'을 설치하여 통합사례관리를 추진한다는 개편안을 발표하였다. 이러한 체계 개편은 지방자치단체의 사회(복지) 서비스 전달체계가 안고 있는 할거주의, 민관협력 미흡, 전문인력 부족이라는 문제점들[12]을 해결하기 위해서 추진된 것이다(보건복지부보도자료; 박경숙, 2012; 강혜규, 2012; 홍인정, 2010).

① 사각지대 발굴과 맞춤형 서비스 제공을 위한 복지담당공무원 확충

정부는 지자체의 사회복지담당공무원 7,000명을 2014년까지 단계적으로 충원하였다. 2012~2014년 확충기간 중에는 사회복지직 신규채용 배치(70%)와 행정직의 복지업무 재배치(30%)를 병행추진하여

---

12) ① 할거주의: 복지부 등 13개 중앙부처가 292개 사업을 추진하고 있는데, 복지서비스가 공급되는 현장에서는 이 서비스들이 개인별로 통합적으로 상호 연계되어 제공되지 않고 있어 서비스의 중복이 발생하고, 여러 기관을 방문하는 데서 오는 접근성의 문제가 발생하고 있다. 또한 서비스별 선정기준 41개가 지나치게 복잡하고 다양한 것이 문제로 지적되고 있다.

② 협력체계 미흡: 지역사회에 존재하는 공공, 민간비영리, 민간영리 등을 포괄하는 부문들 간의 협력체계가 미비하여 서비스 연계와 통합적인 서비스 제공이 이루어지지 않고 있다. 사례관리에서 공공과 민간 간의 협력이 잘 이루어지지 않고 있으며, 민관의 협력이나 서비스 조정기능도 취약한 것으로 조사되었다.

③ 전문인력 부족: 사회(복지) 서비스가 급속하게 팽창하면서 전문인력에 대한 수요가 급격하게 팽창하였지만 인력의 수급은 정체되고 있다. 2010년 6월 현재 총 22,461명의 사회복지담당공무원이 복지서비스 전달을 담당하고 있는데, 그중 사회복지직은 10,335명으로 읍면동당 1.6명, 시군구당 19.3명이 근무하고 있다. 이들이 과중한 업무부담에 상담과 사례관리를 실질적으로 수행하는 데 어려움을 겪고 있다.

이에 따라 읍·면·동은 사회복지직 공무원이 현재보다 2배 수준(1.6명→3.0명)으로 증원 배치되어 찾아가는 서비스를 활성화하고, 시·군·구는 통합사례관리의 활성화와 사회복지통합관리망의 안정적인 운영을 지원할 수 있을 것을 기대하였다.

② 중앙정부 차원의 구조·기능 개선

복지재정의 누수방지 등 효율적 활용을 위해 13개 부처 292개 복지사업 중 중복수급 금지대상(156개 유형)을 선정, '사회복지통합관리망'에 반영하여 동일 또는 유사한 사업의 혜택을 중복해서 받을 수 없도록 조치하였다. 또 복지사업별로 다양한 선정기준(41개)을 '소득인정액' 및 '최저생계비·전국가구평균소득' 등으로 표준화[13]하여, 대상자 선정 등 사업집행상의 혼선을 해소하도록 하였다. 아울러 사회복지통합관리망과 복지정보공유시스템을 사회복지통합관리망으로 통합운영하고, 정보연계범위를 중앙부처에서 지자체·민간복지자원까지 단계적으로 확대하는 등 시스템의 효율성을 제고해 나아가고 있다. 복지와 일자리사업을 체계적으로 기획·시행하기 위해, 앞으로 복지사업은 복지부, 일자리사업은 고용부에서 총괄·조정하는 역할을 수행할 수 있도록 업무 추진절차를 개편하였다.

그간 복지·일자리사업이 부처별로 분산 시행됨에 따라 사업 대상·기준·규모·시기 등이 제각각으로 설계되어 추진됨에 따라 사업의 비효율성이 발생하였으나, 사업추진에 앞서 복지부 및 고용부와 사전협의 절차 등을 거침으로써 정부 내 사업이 체계적으로 조정되어 추진될 수 있을 것으로 기대된다.

13) 소득인정액≤최저생계비의 100%·120%·150%·200% 등으로 제시한다.

〈그림 10-1〉 중앙정부의 서비스 전달체계 개편에 따른 업무개선 흐름도

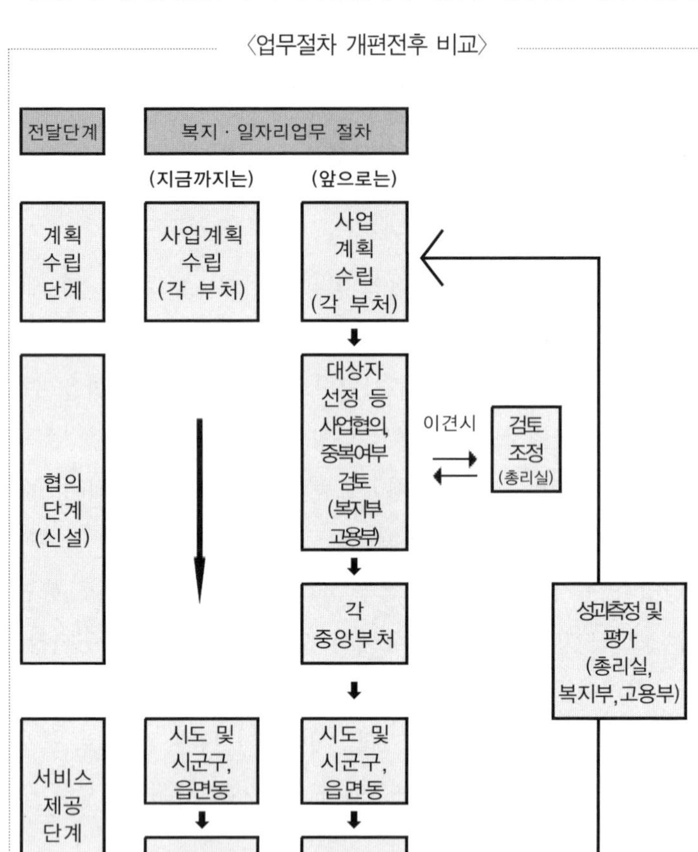

③ 지방자치단체 차원의 구조 · 기능 개선

지방자치단체는 충원된 사회복지직 배치를 통해 기존 시 · 군 · 구 서비스 연계팀을 확대 · 개편하여 '희망복지지원단'을 설치 · 운영하면서 복지종합상담 및 통합사례관리를 강화해 나가기로 하고 이를 추진하여 개편을 완료하였다. 또한 지역사회복지협의체가 지역사회 내에서 민관협력의 중추적 기능을 수행할 수 있도록 상근간사를 의무적으

로 배치하고 보건·복지 외에 고용·주거·교육 등 핵심서비스를 포괄할 수 있도록 기능을 확대하는 방향으로 개편을 추진하였다.

희망복지지원단은 지역단위에서 수요자 중심의 사회복지서비스의 통합을 이루고자 하는 취지로 도입된 것으로 기존의 분절적 지원에서 벗어나 복지·보건·고용·교육 등 다양한 서비스를 통합적·맞춤형으로 연계하여 제공함으로써 대상 가구의 복합적 욕구에 효과적으로 대응하여 복지체감도를 향상시키고자 하는 것이다. 이를 위해서 지역단위 맞춤형 서비스 제공체계의 컨트롤 타워 기능을 수행하며, 또한 통합사례관리, 지역 공공·민간자원 관리, 긴급복지, 개별사례관리 사업 및 방문형서비스 사업 연계·협력체계 구축, 읍·면·동 주민센터의 복지업무 지도감독 등에서 컨트롤 타워 기능을 수행하도록 설계되었다. 또한 통합사례관리를 통해 차상위 계층의 빈곤전락을 예방하고, 자활대상자 등에 대한 탈빈곤 지원에 초점을 둔다. 읍·면·동은 지역주민을 위한 공공 종합복지서비스 수행기능을 강화하여 상담을 내실화하고, 복지정보 종합안내, 지역주민의 권익옹호 역할을 수행하도록 하며, 찾아가는 서비스를 활성화하고자 하였다.

정부는 희망복지지원단 체계를 통하여 다음과 같은 기대효과를 노리고 있다. 첫째, 서비스 중심의 복지행정 수행이다. 지자체 복지행정을 현금급여에서 서비스 중심으로 전환하고, 지역주민의 복지욕구에 능동적으로 대처함으로써, 폭 넓고 질 좋은 복지대상자별 맞춤형 서비스를 제공한다는 것이다. 둘째, 복지대상자의 복지체감도 향상이다. 서비스제공기관 등에 대한 접근성을 높여 이용의 편리성 확보하고, 다양한 서비스의 복합적 제공 및 서비스의 전문성 확보로 복지대상자의 만족도를 제고한다는 것이다. 셋째, 신규인력 충원 및 지자체 인력 재배치를 통해서 사회복지담당 공무원의 업무 부담을 완화한다. 넷째, 복지자원의 효율적 활용이다. 민간자원 발굴·연계 등 적극적인 민관 협력으로 지역사회 실정에 맞는 사회안전망 구축 및 지역복지 문제 완화를 꾀한다.

〈그림 10-2〉 희망복지지원단 업무 수행체계도

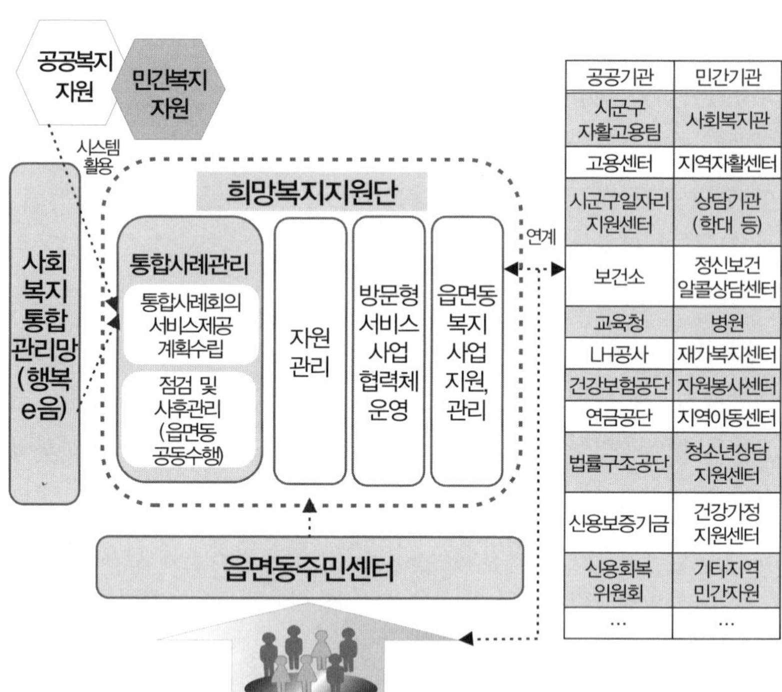

① 복합적인 욕구를 가진 사례관리대상자 의뢰(주민센터→희망복지지원단)
② (희망복지지원단) 심층욕구조사, 통합사례관리회의 실시 및 종합서비스제공계획 수립, 모니터링
* 읍·면·동 주민센터와 방문형서비스 체계화 등을 통한 사후관리지원체계 연계협력
③ (민관협력) 지역사회복지협의체를 중심으로 공공 및 민간 협력 강화를 통한 지역단위 통합서비스 제공체계 구축
④ (시스템) 사회복지통합관리망(행복e음), 복지자원관리시스템을 통한 대상자 통합관리

〈그림 10-3〉 통합사례관리시스템

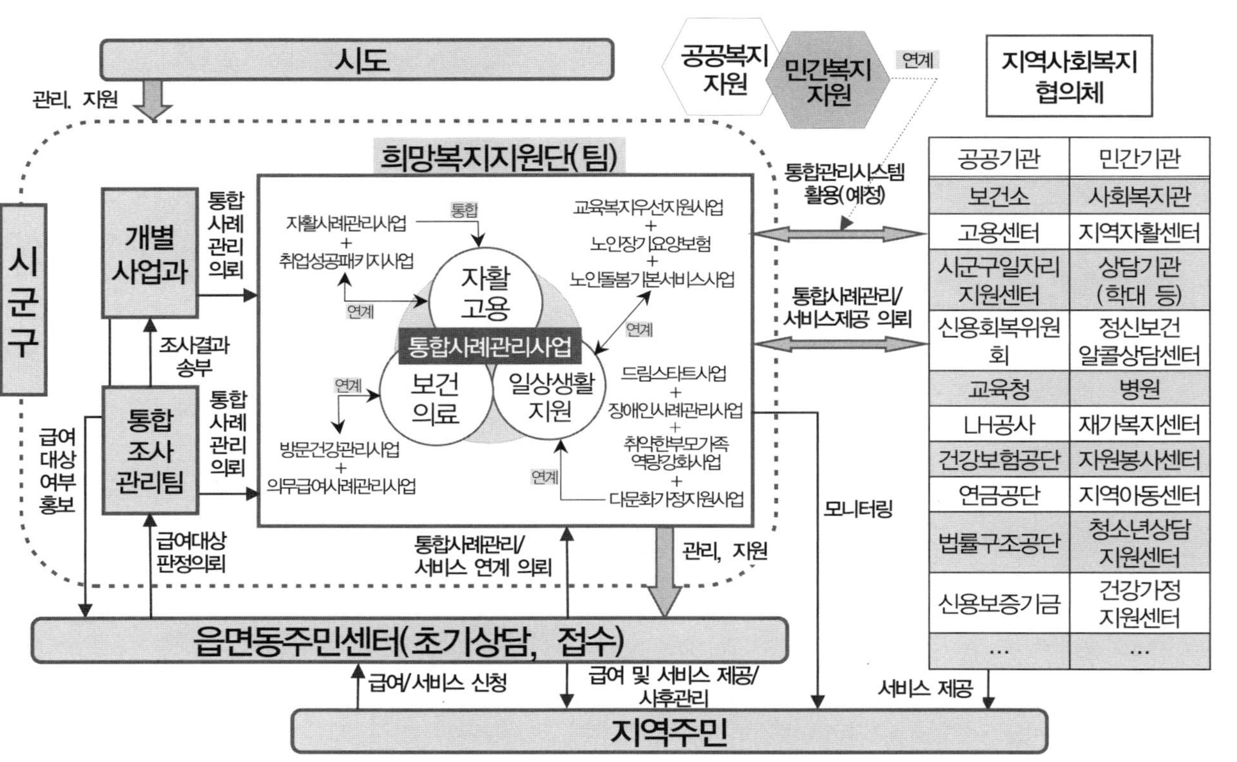

(3) 지역사회복지체계 구축과 전달체계 개선 과제

① 중앙정부 차원에서 추진해야 할 정책과제

첫째, 통합적인 서비스 전달을 위한 정책조정체계가 구체적으로 실효성 있게 마련되어야 한다(김영종. 2012; 홍경준. 2011). 전달체계 개편안에는 복지재정의 누수방지를 위해서 중복수급금지 대상사업을 선정하여 사회복지통합관리망에 반영하고 있으나 이는 소극적 조정 방안이라고 할 수 있다. 복지부와 고용부 간의 일자리사업과 복지사업의 상호조정 계획을 언급하고 있으나 기타 서비스 정책이나 프로그램에 대해서도 중앙 부처 간의 사전 정책조율이 필요하다. 전달체계 개편안에는 포함되지 않았으나, 개정 사회보장기본법에서는 복지부 장관에게 각 부처가 시행하는 각종 사회보장제도에 관한 사전의견 조율을 할 수 있는 권한을 부여하고 있다. 사회보장기본법상의 권한을 구체적으로 실효성 있게 실행하기 위한 세부적인 프로그램을 시급하게 마련할 필요가 있다.

둘째, 지역사회복지체계의 구축이 지방의 자율성과 책임성을 기초로 가능하다고 하더라도 중앙정부는 사회(복지)서비스에 관한 국가적인 표준을 만들고, 이들 국가적인 기준이나 표준에 미달하는 지방자치단체에 대한 감독과 지원업무를 수행할 필요가 있다. 지방자치단체 간 재정격차가 크고 사회(복지)서비스 인프라 격차가 큰 상황에서 공공부문의 인프라를 더욱 확충하는 방식과 민간부문의 인프라 확충을 유도할 수 있는 여러 가지 행정적·재정적 지원방안을 마련해야 할 것이다.

셋째, 지역사회복지체계의 구축이 중앙정부의 재정책임을 지방에 전가하는 수단으로 잘못 사용되어서는 안 된다. 우리의 지방재정이 열악하고 격차가 큰 상황에서 재정책임은 중앙정부와 지방자치단체가 적정한 수준에서 분담하면서도 지방의 자율성을 보장해주는 재정 지원방식을 모색해야 한다.

넷째, 지역사회복지체계를 구축한다고 하여도 모든 사회복지서비스에 대한 공급체계를 지방자치단체 수준의 지역사회에 맡기는 것이 적절하지 않을 수도 있다. 사회복지서비스 프로그램별로 정부가 서비스의 특성과 발전단계를 고려하여 적절히 집권과 분권의 정도를 선택적으로 결정할 필요가 있다.

다섯째, 지방자치단체의 희망복지지원단의 성공여부는 지역사회보장협의체를 매개로 하는 공사협력모델에 입각한 서비스 공급에서의 네트워크 활성화에 달려있다. 민관협력의 기제가 긍정적인 효과를 산출하는 방향으로 작동하기 위해서는 개편될 지역사회보장협의체를 통한 민관의 협동적인 거버넌스(*governance*)의 확립 등이 요구된다. 그간의 협력 경험이 부족하였던 다양한 사회서비스 분야가 지역사회보장협의체를 통하여 어떻게 협력을 이루어낼 수 있을지가 앞으로 풀어야할 과제이다.

② 지방자치단체 차원에서 추진해야 할 정책과제

첫째, 지역사회중심의 복지체계의 구축을 위해서는 기초자치단체 수준의 사회(복지)서비스 기획역량을 강화할 필요가 있다. 특히 공식적으로 지역사회보장계획을 수립하고 심의하는 지역사회보장협의체를 지원하고 육성하려는 노력이 필요하다. 이를 위해서 전념하는 민간 간사를 채용하는 것과 협의체의 구성에서 절차적 민주성을 확립하는 것이 매우 중요하다(이재완 · 김승용. 2012).

둘째, 농어촌 지역 등 민간부문의 서비스 공급역량의 절대량이 부족한 지역에서는 광역자치단체가 인접지역의 민간자원을 공동으로 활용할 수 있는 시스템을 구축하고 이를 지원하는 정책을 마련하는 것도 중요하다. 농어촌 지역 등 민간 인프라의 부족한 지역에서는 공공행정체계의 서비스 공급역량을 강화하고 확대할 필요가 있으며, 광역자치단체와 중앙정부가 이에 대한 지원책을 마련할 필요가 있다.

3. 지역사회복지실천의 대응과제

앞으로 예상되는 지역사회보장 정책 환경의 변화를 예상해보면 다음과 같다. 첫째, 공공의 지역사회(복지)서비스 공급체계로서 복지 관련 행정조직이 확대될 것이다. 사회복지 행정조직은 시군구 수준의 기초자치단체에서 국민기초생활보장급여와 기본적 사회(복지)서비스를 공급하게 될 것이다. 둘째, 사회(복지)서비스 기획과 집행에서 지방의 역할이 강화될 것이다. 셋째, 지역사회수준에서 각종 전문사회(복지)서비스기관의 설치가 증가할 것이다. 넷째, 사회(복지)서비스 공급에서 영리기업의 진입장벽이 완화, 장려될 것이다. 다섯째, 사회복지법인 외에 비영리 시민사회단체나 조직들의 지역사회복지 활동 참여가 확대될 것이다. 여섯째, 비공식부문, 특히 가족과 이웃을 통한 복지욕구충족이 계속 장려될 것이다. 또한 사회복지공동모금의 활성화, 자원봉사활동의 장려로 민간자원 동원의 양과 질이 한 단계 높아질 가능성이 커질 것이다. 이런 변화와 관련하여 민간사회(복지)서비스부문 전반에 걸쳐서 요구되는 자세나 역할을 몇 가지 제안하고자 한다.

1) 공공부문의 서비스를 보완하는 서비스 개발 및 강화

우선 공공전달체계가 강화되면 공공과 민간의 협조관계(*partnership*)를 체계적으로 사회(복지)서비스를 수행할 수 있어야 한다. 또한 그동안 공공부조 서비스 중심으로 이루어지던 공공서비스 전달체계에서 대인 사회서비스 제공을 강화하게 될 것으로 예상됨에 따라, 민간 사회(복지)서비스 기관들은 과거와 같이 일반적인 대인 사회서비스를 제공하는 것을 넘어서 공공부문이 제공하지 못하는 좀더 전문화되고 특수한 서비스를 제공할 수 있는 보완적 서비스 능력을 가져야 할 것이다. 또 공공부문의 서비스 제공 총량의 부족을 보충하는 보충적 서비스 제공을 계속해야 할 것이다.

2) 종사자들의 직무능력 개발과 책임성 강화

사회서비스 기획과 집행에서 지방의 역할 강화는 필연적으로 민간부문의 서비스 기획능력과 집행능력 강화를 요구하게 될 것이다. 또 사회보장서비스의 기획과 집행과정에 민간부문의 적극적이고 실질적인 참여가 강조되고 확대되어야 할 것이다. 지방 수준에서 민간의 사회복지 기획 참여와 자율성이 강화됨에 따라, 필연적으로 민간기관 운영에서의 민주성과 책임성에 대한 요구가 이전보다 더욱 커질 것으로 예상된다. 기관 운영의 민주성을 강화하기 위해서는 사회(복지)서비스시설의 운영에 주민참여를 확대해야 하고, 책임성 제고를 위해서는 서비스의 전문성을 강화하기 위해 노력해야 한다. 이를 위해 종사자들의 직무수행 능력을 계발하고, 시설운영 계획을 수립하며, 서비스 계획을 수립할 때는 지역주민들과 서비스 이용고객의 욕구를 실질적으로 반영할 수 있어야 한다.

3) 지역사회 종교·시민단체 등과의 상호협조

앞으로 지역사회 단위에서 사회서비스 시설들은 종교·시민단체 등과 상호 협조적 역할을 수행해야 한다. 종교·시민단체들은 자신들이 모금한 기금과 인력을 중심으로 소외계층에게 즉각적이고 융통성 있게 응급구호 서비스를 제공할 수 있는 장점을 발휘하고 있으나, 서비스 제공에서 전문성과 체계성이 결여되어 복지서비스의 효과성은 떨어질 수 있다. 반면에 전문 사회서비스 기관들은 전문화된 프로그램을 통해 지역주민들에게 복지서비스를 제공해왔다. 종교기관과 시민단체들과 같은 다양한 민간 주체들이 사회복지실천 현장에 합류함으로써 다양한 서비스가 제공되고 지역사회의 서비스 제공 총량이 증가하는 것은 매우 바람직한 일이다. 지역사회 단위의 사회서비스 주체들은 이들과의 네트워크를 강화하여 상호 협력적이고 보완적 관계로 발전시켜나가야 한다.

4) 복지관련 연계망 구축기반 마련

지역단위에서 공공·민간, 복지·보건·고용·문화·기업 등 공동체가 형성되어 지역의 복지문제를 해결해갈 수 있도록 지역단위 복지관련 연계망(*network*)의 구축 기반을 마련해야 할 것이다. 이는 관련기관 간 협력으로 지역단위의 복지자원 활용을 효율화하고, 복지수요에 기초하여 종합적 서비스 제공 계획 수립, 지역자원 동원 배분, 연계서비스 제공이 활성화되도록 하는 것이다. 이때 민간자원이 풍부한 도시지역에서는 민간부문에서, 복지자원이 취약한 농촌지역에서는 공공부문에서 모임의 동력을 부여하며 주도할 수 있도록 지역특성이 반영된 모형 및 역할이 개발되어야 할 것이다. 기초 행정단위인 읍·면·동 지역에 설치될 지역사회보장협의체는 네트워킹을 강화하는 기제로 작동할 것을 기대한다.

5) 사회적 옹호활동의 강화

진정한 주민자치는 지방자치단체의 일방적 통치가 아니라 시민사회를 포함한 지역사회의 주요 구성인자들 간의 협력적 네트워크 구축을 통한 협치(*governance*)로 이루어질 수 있다. 시민사회의 부분으로서 민간사회(복지)서비스부문은 공공부문의 파트너로서 협치구조에서 확실한 발언권을 가져야 할 것이다. 민간부문은 시민사회의 일원으로 예산요구나 감시와 같은 방법으로 재정분권화의 틀 속에서 간접적 참여를 행하는 방법이 있는가 하면, 지역사회보장협의체의 일원으로 지역사회보장계획의 수립에 직접 관여하는 방법도 있다.

지역사회복지의 제도적 환경은 소용돌이의 장이라 할 수 있다. 이런 사정에 비해 민간사회복지계는 물론 다수의 시민사회단체들도 이러한 변화에 민감하지 못한 실정이며, 분권화의 움직임 자체가 "참여와 분권"이라는 흐름이 아닌 "배제와 집권"이라는 틀 속에서 전개되는 역설적 모습을 보여주기도 하였다. 지체된 대중의 참여의식은 제도를 통해 촉진될 수 있다고 본다. 주민참여의 통로를 넓히는 주민투표·주민소환·주민소송 등을 활성화하여 이용해야 하는 이유도 여기서 찾을 수 있을 것이다(감정기, 2005).

이런 맥락에서 분권화와 관련하여 시민참여와 시민운동을 통한 대응이 필요할 것이다(백종만, 2004b; 김영종, 2005; 감정기, 2005). 복지를 사회적 권리로 확대하려는 복지운동의 동력을 시민사회로부터 이끌어내는 것이 중요하다. 특히 사회복지사들은 시민사회로부터 복지권 확대의 동력을 이끌어낼 변화의 주도자로서 시민사회의 운동조직에 직·간접으로 참여[14]함으로써 옹호자·조직가·전문가로서의 역할을 수행해야 할 것이다.

14) 우리나라의 사회복지조직들은 대부분이 정부의 재정지원을 받아 서비스를 공급하는 직접적 서비스 조직이다. 개별 사회복지사들이 모 조직을 통하여 집단적으로 복지권 운동을 할 수 있는 여건이 아니다. 따라서 전문가 조직인 사회복지사협회가 사회복지사들을 대표해 부분적으로는 복지권 운동의 주체로 활동할 수 있을 것이다. 필자는 사회복지사들이 시민사회단체에 회원으로 가입하여 복지권 운동을 활성화시키는 데 기여하는 것도 현실적 대안이라고 본다.

〈부표 1〉 보건복지부 국고보조금 중 이양대상 사업(2004년 7월 현재)

(단위: 백만 원)

총 67개 사업 5,959억 원

대상사업	예산	대상사업	예산
1. 정신요양시설운영	30,186	35. 노인일거리마련사업	759
2. 사회복귀시설운영	6,189	36. 지역사회시니어클럽운영	3,060
3. 공공보건인력개발	663	37. 재가노인복지시설운영	11,735
4. 공공보건사업	800	38. 노인시설운영	100,614
5. 대도시방문보건사업	1,000	39. 노인복지회관신축	3,687
6. 지역봉사사업	1,167	40. 아동시설운영	65,291
7. 장애인복지관운영	31,041	41. 결연기관운영	1,448
8. 장애인재가복지센터운영	2,089	42. 입양기관운영	143
9. 장애인주간보호시설운영	1,901	43. 아동보호전문기관운영	1,682
10. 장애인단기보호시설운영	759	44. 가정위탁지원센터운영	717
11. 공동생활가정운영	1,405	45. 소년소녀가장지원	3,952
12. 의료재활시설운영	1,829	46. 가정위탁양육지원	5,376
13. 장애인체육관운영	365	47. 퇴소아동자립정착금	600
14. 시각장애인심부름센터운영	2,035	48. 결식아동급식	10,935
15. 시각장애인재활지원센터운영	569	49. 아동보호전문기관설치	100
16. 청각장애인(수화통역센터운영)	954	50. 모자복지시설운영	6,004
17. 정신지체인(자립지원센터운영)	378	51. 모자복지시설퇴소자자립정착금	335
18. 장애인해피콜봉사센터운영	130	52. 미혼모중간의집운영	279
19. 장애인특별운송사업	374	53. 사회복지관운영	14,886
20. 편의시설설치시민촉진단	354	54. 재가복지봉사센터운영	3,596
21. 청각장애아동달팽이관수술	750	55. 사회복지전담공무원인건비	80,937
22. 여성장애인가사도우미	224	56. 공익근무요원인건비	1,756
23. 장애인생활시설운영	107,204	57. 업무보조공익요원인건비	2,609
24. 장애인직업재활시설운영	14,786	58. 푸드뱅크운영장비지원	357
25. 장애인복지관기능보강	5,171	59. 노숙자보호	9,276
26. 장애인체육관기능보강	2,500	60. 쪽방생활자지원	388
27. 장애인지역사회재활시설차량	328	61. 중소도시보건소신축	2,000
28. 장애인생활시설치과유니트	240	62. 지체장애인편의시설센터운영	360
29. 경로당운영	23,597	63. 장애인정보화지원센터운영	304
30. 경로당활성화	440	64. 노인복지회관운영	3,709
31. 경로식당무료급식	7,672	65. 재가노인복지시설개보수	189
32. 저소득재가노인식사배달	5,854	66. 결연기관PC구입비	10
33. 노인건강진단	514	67. 사회복지관기능보강	5,000
34. 치매상담센터운영	292		

자료: 정부혁신지방분권위원회(2004), 국고보조금 정비방안.

〈부표 2〉 보건복지부 국고보조금 중 국고보조 유지사업(2004년 7월 현재)

(단위: 백만 원)

총 71개 사업 43,409억 원			
대상사업	예산	대상사업	예산
1. 임산부 및 영유아 건강검진	78	37. 노인시설 기능보강	83,735
2. 선천성대사이상검사 및 환아관리	2,378	38. 노인치매요양병원	19,134
3. 미숙아 및 선천성이상아치료비	1,008	39. 경로연금	214,500
4. 노인의치보철사업	6,607	40. 아동복지시설 운영	800
5. 치아 홈 메우기사업	1,206	41. 입양정보센터 운영	17
6. 구강보건실 설치	1,238	42. 입양아동양육보조금	487
7. 한방지역보건사업	433	43. 아동시설 기능보강	5,071
8. 장애인의료재활시설 기능보강	2,014	44. 저소득 모부자가정 지원	8,813
9. 장애인직업재활시설 기능보강	6,877	45. 모자복지시설 기능보강	1,532
10. 그룹홈 형태 아동보호	215	46. 부랑인시설 기능보강	2,966
11. 부랑인시설 운영	14,642	47. 장사시설 설치	12,557
12. 권역별재활센터 건립	2,000	48. 성병관리	256
13. 건강가정지원센터 운영	150	49. 에이즈환자 진료비	1,620
14. 국가조기암 검진사업	7,803	50. 결핵사업	156
15. 소아백혈병 의료비지원	1,250	51. 전염병관리자교육	565
16. 원폭진료소 운영	27	52. 전염병관리요원 교육훈련	293
17. 희귀난치성질환자 의료비	28,533	53. 감염질환 역학조사	8
18. 정신요양시설 기능보강	5,231	54. 예방접종관리	6,783
19. 사회복귀시설 기능보강	1,111	55. 주요전염병표본감시(경상)	954
20. 국민기초생활급여	1,677,051	56. 급성전염병환자 격리치료비	265
21. 자활근로사업	162,432	57. 예방접종 약품비	151
22. 자활 및 사회적응 프로그램	1,221	58. 전염병표본감시(자본)	280
23. 자활후견기관 운영	24,627	59. 한센장애인 보호시설 운영	1,815
24. 의료급여	1,880,673	60. 한센장애인 간이양로시설 운영	590
25. 재활보조기구 교부사업	1,141	61. 한센양로자생계비 지원	691
26. 장애인의료비	11,111	62. 한센시설 및 단체 지원	1,500
27. 장애인자녀학비	2,272	63. 한센병 재활지원	873
28. 장애인수당지급	66,449	64. 생물테러관리(경상)	350
29. 장애인아동부양 수당	1,039	65. 농어촌보건소 지원	22,007
30. 장애인등록 진단비	272	66. 취약 가정사례 관리시범	135
31. 장애인생산품판매시설 운영	445	67. 지역암센터 설치비	9,000
32. 장애인생활시설기능 보강	15,119	68. 자활지원제도 개선시범	900
33. 장애인생산품판매시설 설치	210	69. 장애인특별운송사업차량 구입	75
34. 장애인체육대회(경상)	560	70. 노인인력운영센터설립 운영	12,234
35. 장애인체육대회(자본)	600	71. 사회복지사무소시범사업 운영	1,200
36. 사할린한인 지원	574		

자료: 정부혁신지방분권위원회(2004), 국고보조금 정비방안.

제 11 장
직접적 서비스 기관 및 사업

지역사회를 서비스 제공의 기반으로 삼으면서 대상자들의 개별적 욕구에 따라 이들에게 직접적인 서비스를 제공하는 기관들은 다양하다. 그 가운데 이른바 '이용시설'의 범주에 드는 것만 들어보아도 특정 인구집단을 대상으로 특수한 서비스를 제공하는 기관이 있고, 특정 인구집단을 대상으로 하되 종합적인 서비스를 제공하는 기관이 있는가 하면, 종합사회복지관과 같이 서비스 대상과 종류가 모두 포괄적인 기관이 있다. 여기서는 이들 가운데 다른 사회복지 분야에서 더 깊게 다룰 만한 내용은 가급적 피하면서 지역사회복지의 주요 관심사가 될 수 있다고 보는 기관들을 중심으로 살펴보고자 한다.

1. 사회복지관

1) 개념정의

〈사회복지사업법〉 제2조 제5호에서는 "사회복지관이란 지역사회를 기반으로 일정한 시설과 전문인력을 갖추고 지역주민의 참여와 협력을 통하여 지역사회 복지문제를 예방하고 해결하기 위하여 종합적인 복지서비스를 제공하는 시설"이라고 규정하고 있다. 서비스 제공의 수단으로서 시설을 갖추고 있다는 점에서 '시설'로 분류되며, 서비스 이용자가 그 시설에 거주하는 것이 아니라 필요에 따라 드나들며 서비스를 이용한다는 점에서 '거주시설'이 아닌 '이용시설'로 다시 분류된다.

2) 설치 및 운영의 근거

(1) 사회복지관의 설치

① 국가, 지방자치단체 또는 그 이외의 자는 사회복지시설을 설치·운영할 수 있다(〈사회복지사업법〉 제34조 제1, 2항).

② 〈사회복지사업법〉 제34조 제1, 2항에 따른 시설 중 사회복지관은 지역사회의 특성과 지역주민의 복지욕구를 고려하여 서비스 제공 등 지역복지증진을 위한 사업을 실시할 수 있다(같은 법 제34조의5 제1항).

(2) 사회복지관 서비스 및 운영

① 우선적인 서비스 대상(〈사회복지사업법〉 제34조의5 제2항 제1~5호)

② 사회복지관의 설치·운영·사업 등에 대한 세부사항(같은 법 시행규칙 전반)

(3) 임대단지 내 사회복지관 설치

① "복리시설"의 정의(〈주택법〉 제2조 제9호)

② "기타복리시설"로서의 사회복지관의 설치 등(〈주택건설기준 등에 관한 규정〉 제5조 제6호, 같은 규정 제7조 제6항)

(4) 세부지침

보건복지부가 매년 회시하는 《사회복지관 운영관련 업무처리 안내》.

3) 역 사

- 1906년: 원산 인보관운동에서 사회복지관사업 태동
- 1921년: 서울에 최초로 태화여자관 설립
- 1926년: 원산에 보혜여자관 설립
- 1930년: 서울에 인보관 설치
- 1975년: 국제사회복지관연합회 회원국 가입
- 1976년: 한국사회복지관연합회 설립(22개 사회복지관)
- 1983년: 사회복지사업법 개정으로 사회복지관 운영 국고보조
- 1988년: 사회복지관 운영·국고보조사업지침 수립
- 1989년: 주택건설촉진법 등에 의해 저소득층 영구임대아파트 건립시 일정규모의 사회복지관 건립을 의무화
- 1989년: 사회복지법인 한국사회복지관협회 설립
- 2004년: 9월 〈사회복지관설치운영규정〉 폐지
- 2004년: 9월 〈사회복지사업법 시행규칙〉 개정으로 이듬해부터 지방이양사업으로 전환
- 2012년: 1월 〈사회복지사업법〉에 사회복지관의 설치에 관한 조항(제34조의5) 신설

4) 목 적

사회복지관은 사회복지서비스 욕구를 가지고 있는 모든 지역사회 주민을 대상으로 보호서비스, 재가복지서비스, 자립능력 배양을 위한 교육훈련 등 그들이 필요로 하는 복지서비스를 제공하고, 가족기능 강화 및 주민상호 간 연대감 조성을 통한 각종 지역사회문제를 예방·치료하는 종합적 복지서비스 전달기구로서 지역사회 주민의 복지증진을 위한 중심적 역할을 수행하여야 한다(《사회복지관 운영관련 업무처리 안내》).

5) 구 성

(1) 직원의 배치

사회복지관에는 법이 정하는 사무 분야와 사업 분야별로 이를 수행할 수 있는 직원을 각각 두거나 겸임할 수 있도록 하되, 직원의 수는 사회복지관의 규모 및 수행하는 사업을 고려하여 정하여야 한다(〈사회복지사업법시행규칙〉 제23조의2 제1항).

(2) 운영위원회 설치

〈사회복지사업법〉 제36조에서 규정하고 있는 시설 운영위원회 설치에 관한 사항은 사회복지관에도 적용된다. 제1항에서 규정하는 운영위원회의 심의사항은 다음과 같다. ① 시설운영계획의 수립·평가에 관한 사항 ② 사회복지프로그램의 개발·평가에 관한 사항 ③ 시설종사자의 근무환경 개선에 관한 사항 ④ 시설거주자의 생활환경 개선 및 고충처리 등에 관한 사항 ⑤ 시설 종사자와 거주자의 인권보호 및 권익증진에 관한 사항 ⑥ 시설과 지역사회와의 협력에 관한 사항

⑦ 그 밖에 시설의 장이 회의에 부치는 사항.

운영위원회의 위원은 ① 시설의 장 ② 시설 거주자 대표 ③ 시설 거주자의 보호자 대표 ④ 시설 종사자의 대표 ⑤ 해당 시·군·구 소속의 사회복지업무를 담당하는 공무원 ⑥ 후원자 대표 또는 지역주민 ⑦ 공익단체에서 추천한 사람 ⑧ 기타 전문적인 지식과 경험이 풍부한 사람 등의 어느 하나에 해당하는 사람 등 8개 범주에서 관할 시장·군수·구청장이 임명하거나 위촉하되(같은 법 제36조 제2항), 같은 범주에 해당하는 위원이 2인을 초과하면 안 된다(같은 법 시행규칙 제24조 제1항).

운영위원회의 위원은 위원장을 포함하여 5명 이상 15명 이하의 위원으로 구성하며(같은 법 시행규칙 제24조 제1항), 위원의 임기는 3년으로 하되 연임할 수 있고, 보궐된 위원의 임기는 전임자의 남은 기간으로 한다(같은 법 시행규칙 제24조 제4항).

6) 기능 및 사업운영

(1) 기능과 사업

사회복지관의 기능과 사업 분야는 〈표 11-1〉과 같이 구분하며, 관장은 이 중에서 지역사회의 특성과 지역주민의 복지욕구를 고려한 사업을 선택하여 수행한다(〈사회복지사업법 시행규칙〉 제23조의2 제3항 및 관련 〔별표 3〕). 사업 분야별 사업 및 내용에 대해서는 해당 별표에서 자세히 설명한다.

〈표 11-1〉 사회복지관의 기능과 사업

기 능	사 업 분 야
사례관리	① 사례발굴 ② 사례개입 ③ 서비스 연계
서비스 제공	① 가족기능 강화 ② 지역사회보호 ③ 교육문화 ④ 자활지원 등 기타
지역 조직화	① 복지 네트워크 구축 ② 주민 조직화 ③ 자원 개발 및 관리

(2) 운영의 원칙

사회복지관이 행하는 사회복지사업은 인도주의와 서비스를 필요로 하는 자의 존엄유지를 전제로 다음 각 호의 기본원칙에 따라 수행되어야 한다.

① 지역성의 원칙: 사회복지관은 지역사회의 특성과 지역주민의 문제나 욕구를 신속하게 파악하여 사업계획 수립시 반영하여 지역사회의 문제를 해결하고, 이에 따른 서비스를 제공하여야 하며, 지역주민의 적극적 참여를 유도하여 주민의 능동적 역할과 책임의식을 조장하여야 한다.

② 전문성의 원칙: 사회복지관은 다양한 지역사회 문제에 대처하기 위해 일반적 프로그램과 특정한 문제를 해결할 수 있는 전문적 프로그램이 병행될 수 있도록 지식과 기술을 보유한 전문인력이 사업을 수행하도록 하고, 이들 인력에 대한 지속적인 재교육 등을 통해 전문성을 증진토록 하여야 한다.

③ 책임성의 원칙: 사회복지관은 서비스 이용자의 욕구를 충족하고 지역사회 문제를 해결하는 데 있어 효과성을 극대화하기 위하여 최선의 노력을 기울여야 한다.

④ 자율성의 원칙: 사회복지관은 다양한 복지서비스를 효율적으로 제공하기 위하여 사회복지관의 능력과 전문성이 최대한 발휘될 수 있

도록 자율적으로 운영하여야 한다.

⑤ 통합성의 원칙: 사회복지관은 사업을 수행함에 있어 지역 내 공공 및 민간 복지기관 간에 연계성과 통합성을 강화시켜 지역사회복지 체계를 효율적이고 효과적으로 운영되도록 하여야 한다.

⑥ 자원활용의 원칙: 사회복지관은 주민욕구의 다양성에 따라 다양한 기능인력과 재원을 필요로 하므로, 지역사회내의 복지자원을 최대한 동원·활용하여야 한다.

⑦ 중립성의 원칙: 사회복지관은 정치활동, 영리활동, 특정 종교활동 등에 이용되지 않게 중립성이 유지되어야 한다.

⑧ 투명성의 원칙: 사회복지관은 자원을 효율적으로 이용하고 운영과정의 투명성을 유지하여야 한다.

(3) 사업의 대상

사회복지관은 모든 지역주민을 대상으로 사회복지서비스를 실시하되, 다음 각각의 주민에게 우선 제공하여야 한다. ① 〈국민기초생활보장법〉에 의한 수급자 및 차상위계층 ② 장애인, 노인, 한부모가족 및 다문화가족 ③ 직업 및 취업 알선이 필요한 사람 ④ 보호와 교육이 필요한 유아·아동 및 청소년 ⑤ 기타 서비스 우선제공의 필요가 있다고 인정되는 사람(〈사회복지사업법〉 제34조의5 제2항).

(4) 운영재정

사회복지관 운영재원은 〈지방교부세법〉 및 〈지방재정법〉 등에 의하여 지원한다. 다만, 다른 법령(사업지침 등을 포함한다)에 의하여 별도로 허가된 사업을 수행하는 경우 해당 법령에 의하여 지원하는 운영경비는 별개의 것으로 본다. 또 지방자치단체의 장은 지역주민에게 보다 많은 양질의 복지서비스를 제공하기 위하여 필요하다고 인

〈표 11-2〉 연도별 사회복지관 수

년도	'14	'13	'12	'11	'10	'09	'08	'07	'06	'05	'04	'03	'02	'01	'00
개수	442	438	437	428	420	416	410	407	397	394	383	363	356	351	338

자료: 한국사회복지관협회

〈표 11-3〉 운영주체 유형별 사회복지관 수(2015년 1월 기준)

운영주체	사회복지법인	재단법인	사단법인	학교법인	지자체직영	시설관리공단	의료법인	계
개수	319	52	11	25	29	6	1	443

자료: 한국사회복지관협회

정하는 경우 그 사업에 소요되는 운영경비를 별도로 지원할 수 있다. 아울러 사회복지관 운영주체(법인 등)도 자체재원을 확보하여 사회복지관 운영비를 추가로 지원할 수 있도록 노력하여야 한다. 운영경비의 집행은 지원조건 및 '사회복지법인 및 사회복지시설 재무·회계규칙'의 규정에 의한다.

7) 현황과 연구과제

(1) 현황

사회복지관협회가 밝히는 전국의 사회복지관 수의 연도별 추이는 〈표 11-2〉와 같다. 한편 2015년 1월 현재 복지관 수는 443개이며, 운영주체별 분포는 〈표 11-3〉과 같다. 전체의 72%가 사회복지법인에 의해 운영되고 있다.

(2) 연구과제

직접적 서비스를 종합적으로 제공하는 대표적 지역사회복지 기관으로서 성격을 갖는 사회복지관은 장애·노인·여성·아동 등 문제영역별 복지관이나 재가복지시설들과의 업무상 연계와 역할분담을 어떻게 해야 할 것인가가 중요한 과제가 되고 있다. 특히, 지방비의 지원에 대한 의존도가 높은 관계로 재정분권화의 영향을 직접적으로 받을 수 밖에 없어 향후 다양한 운영상의 어려움을 겪게 될 개연성도 없지 않다. 이러한 사회복지관 발전방안 모색을 위해 현황과 문제점을 분석할 때 주안점으로 삼을 만한 이슈들을 열거해보면 다음과 같다.

① 지역사회복지에서 차지하는 사회복지관의 위상과 역할을 염두에 둘 때, 현재 사회복지사업법 및 동 시행규칙과 보건복지부의 업무지침 등에 근거하고 있는 법규체제는 적절한가? 독립적 법령을 마련하여 그 규정을 보다 체계화하고 항구화할 필요는 없는가?

② 현재 주류를 이루고 있는 종합사회복지관 형태는 과연 바람직한가? 문제 및 욕구의 영역별로 특화한 형태의 복지관을 확대시킬 필요성에 대해서는 어떻게 생각하는가?

③ 거대도시, 중소도시, 농어촌 등으로 대별해보았을 때, 복지관은 지역별로 균형 있게 설치되어 있는가? 만약 그렇지 못할 경우, 이러한 문제의 원인과 해소방안은 무엇인가?

④ 우리 사회의 특성과 서비스의 효율성·효과성 등을 감안할 때, 소수의 대규모 복지관을 배치하는 방안과 다수의 중소규모 복지관을 배치하는 방안 가운데 어느 편이 더 적합한가? 현실은 어떤가?

⑤ 업무나 대상의 중복 가능성이 큰 여타의 유관 사회복지시설 혹은 기관들과의 업무상 연계와 역할분담은 적절히 이루어지고 있는가? 그리고 이를 실현하기 위한 방안은 무엇인가?

⑥ 현재 수행하고 있는 복지관의 제반 사업들은 복지관 본연의기능이나 목적을 완수하기에 충분하며, 지역사회의 특수성과 주민욕구를 적절히 반영하고 있는가?

⑦ 이사회, 운영위원회, 직원회의 등은 적절히 가동되고 있으며, 재정공개를 비롯한 운영의 전반적 수준은 만족할 만한가?

⑧ 근접해 있는 복지관들 사이의 업무상 협력이나 조정은 적절히 이루어지고 있는가?

⑨ 중앙정부 및 지방자치단체의 재정지원은 적정수준이라 할 수 있는가? 그리고 재정문제를 극복할 수 있는 현실적 방안은 무엇인가?

⑩ 종사자들의 전문적 역량은 어떠하며, 근로환경과 처우수준 및 업무 만족도 등은 어떠한가?

⑪ 복지관 운영에 대한 지역사회의 참여도는 어느 정도인가? 서비스 이용자의 욕구충족도나 서비스만족도는 어떠한가?

2. 지역사회 정신보건시설

1) 개념정의

지역사회 정신보건사업은 정신장애인들의 탈시설화에서 더 나아가 한 개인이 자신의 치료나 서비스를 받는 데에 자유, 자기결정권, 자율성, 존엄성을 가지고 심신의 통합이 최대한으로 보장되도록 하는 것을 근본목적으로 삼고 있다(양옥경, 2006).

이 사업에 관한 법률상의 구체적인 개념규정은 없지만 〈정신보건법〉 제13조 ①항에 근거하여 이해하자면, 우리나라의 지역사회 정신보건 사업은 국가 및 지방자치단체가 보건소를 통하여 정신보건시설 간 연계체계 구축, 정신질환의 예방, 정신질환자의 발견·상담·진료·사회복귀훈련 및 이에 관한 사례관리 등을 행하는 사업을 가리키는 것이라 볼 수 있다.

우리나라의 지역사회 정신보건 관련시설로는 보건소, 정신건강증진센터, 사회복귀시설, 낮병원 등이 포함된다. 이 책에서는 이 가운데 의료서비스의 비중이 큰 보건소와 낮병원을 제외하고, 사회서비스의 비중이 큰 정신건강증진센터와 사회복귀시설을 중심으로 다룬다.

정신건강증진센터는 앞서 언급한 〈정신보건법〉 제13조 제1항에 따른 지역사회정신보건사업의 실시를 위하여 시·군·구 단위로 정신질환자의 발견, 상담, 진료, 사회복귀훈련 및 이에 관한 사례관리 등을 실시하기 설치·운영되는 시설이다(같은 법 제13조의2).

사회복귀시설이란 〈정신보건법〉에 의하여 설치된 시설로서, 정신질환자를 정신의료기관에 입원시키거나 정신요양시설에 입소시키지 아니하고 사회복귀촉진을 위한 훈련을 행하는 시설을 말한다(제3조 제4호).

2) 설치 및 운영의 근거

(1) 관련시설 개념정의

“정신보건시설”(〈정신보건법〉 제3조에서 제2호) 및 “정신질환자 사회복귀시설”(동 제4호)에 대한 개념정의.

(2) 지역사회정신보건사업의 수행

이 사업에 관한 국가 및 지방자치단체의 기획·조정·수행 근거(〈정신보건법〉 제13조 제1항), 관련 사업에 대한 국가 및 지자체의 책무와 수행방법(같은 법 제13조 제2, 3항), 보건복지부 장관에 의한 ‘중앙정신보건사업지원단’과 시·도지사에 의한 ‘지방정신보건사업지원단’의 설치(제6항).

(3) 정신건강증진센터의 설치

지역사회정신보건사업의 실시를 위해 시·군·구 단위로 정신건강증진센터를 설치하며(현행 법률에는 '정신보건센터'로 표기되어 있음), 그 설치 재원은 국가 및 지방자치단체가 부담하여야 함(〈정신보건법〉 제13조의2).

(4) 사회복귀시설의 설치·운영

국가 및 지방자치단체 및 그 외의 자에 의한 사회복귀시설 설치·운영 근거(〈정신보건법〉 제15조 제1, 2항), 사회복귀시설의 시설기준, 수용인원, 종사자 수 및 자격, 설치운영의 절차(같은 법 제15조 제4항 및 시행규칙 제10조와 관련 〔별표 4〕〔별표 5〕〔별표 6〕), 사회복귀시설의 종류 및 사업(같은 법 제16조 및 시행규칙 제10조의2와 관련 〔별표 6〕).

3) 역사

- 1970년대: 국내 최초로 정신과 낮병원 개설
- 1986년: 지역사회중심의 정신장애인 재활시설 '태화 샘솟는집' 개원
- 1980년대 종반: 연세대학이 강화도에서 지역사회를 단위로 한 정신보건사업 시범사업 실시
- 1990년대 초반: 지역사회정신보건에 대한 정부의 관심 가시화
- 1995년: 〈정신보건법〉 제정(1997년 시행), 서울시 일부 구에서 지역사회 정신보건사업 시작
- 1997년: 중앙정부에서 정신보건 서비스 기획과 추진을 담당하는 정신보건과 신설. 사회복귀시설 운영지원 시작
- 1998년: 정신보건 발전 5개년계획 수립, 모델형 정신보건센터

운영사업 4개소 시작
- ◦1999년: 장애인복지법 개정으로 정신질환이 법정 장애범주에 포함됨.
- ◦2000년: 알코올상담센터 시범사업 시작
- ◦2001년: 사회복귀시설 1차 평가
- ◦2002년: 아동청소년 정신보건사업 시작
- ◦2005년: 사회복귀시설 운영비 보조 지방이양
- ◦2008년: 기본형과 모델형 정신보건센터를 표준형으로 통합, 광역형 신설
- ◦2013년: '정신보건센터'를 '정신건강증진센터'로 명칭 변경

4) 목적

정신건강증진센터는 지역사회 중심의 통합적인 정신질환자 관리체계를 구축함으로써 정신질환의 예방과 치료 및 재활을 꾀하고 나아가 국민의 정신건강 증진을 도모하기 위한 시설로서(법 제4조 제2항), 정신질환자의 발견·상담·진료·사회복귀훈련 및 사례관리 등을 실시하려는 데에 구체적인 목적이 있다.

사회복귀시설은 정신의료기관에 입원시키거나 정신요양시설에 입소시키지 아니한 정신질환자에게 사회적응훈련, 직업훈련 등 재활훈련을 실시함으로써 이들의 사회복귀를 촉진하려는 데에 목적이 있다.

5) 설치 및 구성

(1) 정신건강증진센터

① 국가 또는 지방자치단체가 설치할 수 있으며, 인구 20만 명당 1

개소 기준으로 시·군·구에 설치되는 기초 센터와 시·도 단위로 사업을 수행하는 광역형으로 구별된다.

② 센터의 이용은 당해 시·군·구 주민이 할 수 있으며, 미설치 지역 주민은 인접 시·군·구 센터를 이용할 수 있다. 이용 우선순위는 국민기초생활보장 수급권자 및 차상위계층, 이주여성 및 자녀, 새터민 등 취약계층에 둔다. 이들이 전체 이용자의 1/2 이상이 되도록 노력하여야 한다.

(2) 사회복귀시설

① 〈정신보건법〉 제15조 제1, 2항에 따르면, 사회복귀시설의 설치 및 운영은 국가, 지방자치단체, 사회복지법인, 기타 비영리법인 등이 할 수 있다.

② 〈정신보건법〉 제16조와 같은 법 시행령 제4조의2 및 시행규칙 제12조에 따르면, 시설의 종류로는 정신질환자 생활시설, 정신질환자 지역사회재활시설, 정신질환자 직업재활시설, 중독자 재활시설, 정신질환자 생산품판매시설, 정신질환자 종합시설 등이 있다. 각 시설의 구체적인 종류와 사업은 시행규칙 〔별표 6의2〕에서 상세히 규정하고 있다. 한편, 시설이용의 형태에 따라 통원하며 서비스를 이용하는 이용시설, 일정기간 시설에 입소하여 서비스를 받는 입소시설, 이용·입소 병행시설, 소수의 정신장애인들이 집단을 이루어 가정과 유사한 거주공간에서 생활하는 주거시설 등으로 나누기도 한다.

③ 입소·이용대상은 만 15세 이상으로 정신의료기관의 정기적인 치료를 받고 있는 만성 정신질환자로서, 사회적응훈련이 필요하고 자해 및 타해의 우려가 적은 자를 우선으로 한다. 국가나 지방자치단체가 설치·운영에 필요한 비용을 보조하는 시설은 국민기초생활보장법에 의한 수급권자를 우선하여 입소·이용하도록 하여야 한다.

6) 기능 및 사업운영

(1) 정신건강증진센터

① 운영형태는 기초 혹은 광역 지방자치단체의 직영형과 정신의료기관이나 정신보건사업을 목적으로 하는 비영리법인 등에 위탁하는 위탁형이 있다.

② 기본업무: 광역 및 기초 정신건강증진센터는 기획, 중증 정신질환 관리, 정신건강 증진사업, 정신보건 환경조성 등의 서비스를 공통적인 기본 서비스 영역으로 하며, 지역 특성에 따른 특화사업을 수행할 수 있다.

③ 서비스 우선순위: 취약계층 우선, 중증정신질환자의 사회복귀와 재활을 위한 관리 및 지원사업 우선, 고위험군 조기발견 사업 중 아동과 청소년의 정신보건사업 우선 등의 원칙을 둠.

④ 운영예산: 표준형과 광역형 모두 국비 50%, 지방비 50% 이상으로 보조율이 배정되며, 액수는 광역형이 표준형의 약 6배 수준이다. 지방비 중에서는 시도가 50% 이상 부담하도록 한다.

(2) 사회복귀시설

① 시도지사 또는 시장・군수・구청장은 사회복귀시설 운영전반에 대한 지도감독을 반기마다 1회 이상 실시하여야 한다. 시장・군수・구청장은 시도지사를 거쳐 이러한 지도감독의 결과를 다음 반기가 시작되는 달의 말일까지 보건복지가족부 장관에게 보고하여야 한다.

② 운영비 지원의 책임은 지방으로 이양되어, 국가가 정한 지원권고 기준에 따라 지원한다.

7) 현황과 연구과제

(1) 현황

보건복지부 자료에 의하면, 2013년 12월말 현재 전국의 정신건강증진센터는 총 200개이며, 이 가운데 광역센터는 11개소(국비 10, 지방비 1)이고 기초센터는 189개소(국비 164, 지방비 25)이다. 같은 자료에 따르면 사회복귀시설은 255개에 이른다(보건복지부, 《2014년 정신건강사업 안내》).

(2) 연구과제

① 지역사회 정신보건 서비스에서 공공부문과 민간부문 사이의 바람직한 역할분담 형태는 어떤 것인가?

② 정신건강증진센터와 사회복귀시설 및 기타 유관 시설들 사이에 서비스의 중복이나 누락을 초래하는 일은 없는가? 적절한 역할분담 및 협력을 이룰 방안은 무엇인가?[1)]

③ 현재의 지역사회 정신보건 시설들의 서비스 접근성과 효과성은 어떻게 평가할 수 있는가? 이런 서비스의 확대로 인하여 실제로 병원 병상의 수, 입원 정신장애인의 수, 그리고 재원기간 등은 실제로 감소되고 있는가? 혹 정신건강증진센터가 적절히 기능을 수행하지 못한다면, 그것은 법률상의 지위가 분명하지 못하기 때문은 아닌가?

---

1) 양자의 바람직한 역할분담 형태에 대한 견해들 중에는 극명한 대립을 보이는 경우도 있다. 예컨대 정신건강증진센터는 보다 대중적이고 광범위한 영역을 포괄하는 공중정신보건 실천체계이며, 사회복귀시설은 개별화된 집중적인 임상서비스를 제공하는 소규모 시설로 규정하는 입장이 있는가 하면(양옥경, 2000), 반대로 정신건강증진센터가 퇴원한 정신장애인의 지역사회 복귀를 돕는 임상적 기능을 하고, 사회복귀시설은 사회적 서비스를 제공하는 기능을 하는 것이 바람직하다고 보기도 한다(서미경, 2006).

④ 지역사회 정신보건사업에 지역사회가 참여할 여지는 있는가? 어떤 형태로 참여하는 것이 가능하겠는가? 참여를 저해하는 요인은 무엇인가?

⑤ 시설별 인력배치는 적절하며, 인력의 전문성은 긍정적으로 평가할 만한가? 인력양성 및 훈련체계는 적절한가? 각 시설 내의 종사자간 업무분장 상황은 어떠한가?

⑥ 중앙과 지방의 정신보건사업지원단과 같은 시설 편제상의 기구나 조직들은 각각 그 기능을 원활히 수행하고 있는가?

3. 지역사회서비스 투자사업

1) 개념정의

지역사회서비스 투자사업은 중앙정부가 전국을 대상으로 일괄 실시하는 국가주도형 서비스 제공방식에서 탈피하여, 지자체가 지역특성 및 주민수요에 맞는 사회서비스를 발굴·기획하는 사업이다. 서비스 수요자에 대해 바우처를 지원하여, 원하는 서비스 제공기관을 선택하도록 함으로써 공급자 주도 방식에서 탈피하게 하는 성격을 지닌다.

이러한 지역사회서비스 투자사업은 광의의 사회서비스의 한 형태로서의 성격을 지니며, 사회서비스의 한 단위사업인 '지역자율형 사회서비스투자사업'의 세 가지 내역사업 가운데 하나에 속한다. 개념들 사이의 관계를 좀더 자세히 설명하면 다음과 같다.

먼저, 보건복지부가 주관하는 전자바우처 방식의 사회서비스에는 노인돌봄서비스, 장애인사업, 지역자율형 사회서비스 투자사업, 장애아동 가족 지원, 임신출산 진료비 지원 등의 단위사업들이 있다.

이 가운데 지역자율형 사회서비스 투자사업에는 다시 세 가지 내역사업이 있는데, 여기에는 '지역사회서비스 투자사업' 외에 '산모/신생아 건강관리지원사업'과 '가사간병 방문지원사업'이 있다. 지역사회서비스 투자사업은 지방자치단체에 의해 자체개발되는 것으로서, 이 사업들은 보건복지부의 가이드라인 내에서 시・도가 자율적으로 개발하여 추진하도록 하고 있다.

〈그림 11-1〉 지역사회서비스 투자사업의 성격

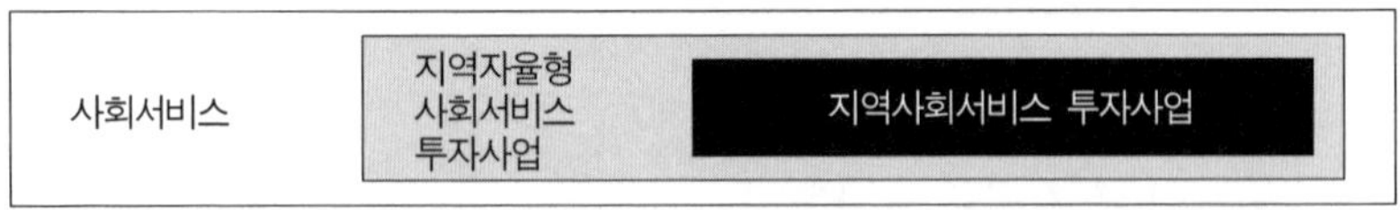

〈그림 11-2〉 지역자율형 사회서비스 투자사업의 구성

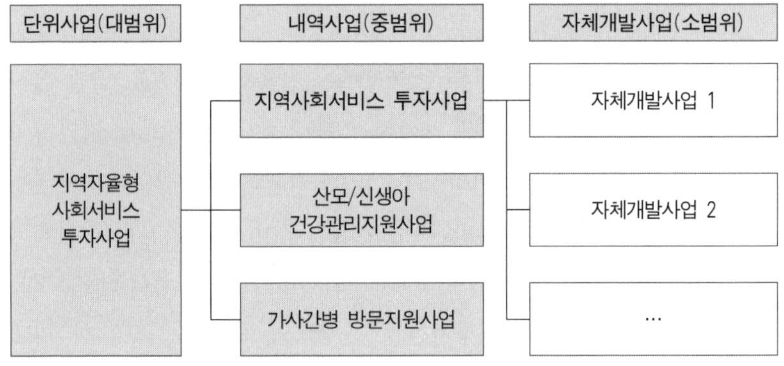

2) 설치 및 운영의 근거

(1) 사회서비스 및 사회서비스이용권 개념정의

〈사회보장기본법〉 제3조, 〈사회적기업 육성법〉 제2조, 〈사회서비스 이용 및 이용권 관리에 관한 법률〉 제2조 제1호 및 제4호.

(2) 사회서비스이용권의 운용

〈사회서비스 이용 및 이용권 관리에 관한 법률〉 제2장.

(3) 사회서비스 제공자의 자격, 등록, 준수사항 등

〈사회서비스 이용 및 이용권 관리에 관한 법률〉 제3장.

3) 역 사

- ○2006년: 7월 사회서비스향상기획단 등 전담조직 구성
- ○2007년: 1월 사회서비스 확충 실행전략 마련
- ○2007년: 2~4월 전자바우처 시스템 구축. 이때 장애인활동보조, 노인돌봄(종합), 지역사회서비스 투자사업 등 최초도입
- ○2011년: 8월 〈사회서비스 이용 및 이용권 관리에 관한 법률〉 제정. 같은 해 12월 시행
- ○2012년: 1월 〈사회보장기본법〉 전면 개정, 익년 1월 시행
- ○2012년: 7월 "차세대 전자바우처 운영체계"로 전환. 8월에 지역사회서비스 투자사업 등 4개 사업이 지정제에서 등록제로 전환됨

4) 목 적

보건복지부는 다음과 같이 이 사업의 목적을 제시한다. 첫째, 지역별·가구별로 다양한 특성과 수요에 부합하는 차별적인 서비스를 지자체가 주도적으로 발굴·집행함으로써, 지역주민이 체감하고 만족하는 사회서비스를 제공한다. 둘째, 시장형성 가능성이 높은 분야를 발굴하고 수요자의 구매력을 보전함으로써, 지속가능한 사회서비스 시장의 형성 및 일자리 창출을 도모한다. 셋째, 인적자본의 형성, 건강투자, 고령근로 촉진 등 사회투자적 성격의 사업을 집중 지원하여, 미래 성장동력의 확보 및 사회경제적 자립기반을 확충한다.

5) 지역사회서비스 지원단 운영

(1) 설치목적

지역특성에 맞는 사회서비스를 발굴·기획하고 지자체 사업관리 및 지역사회서비스 품질향상을 지원하는 전문체계를 구축하려는 것이다.

(2) 운영방향

① 포괄보조 전환에 따른 지자체의 사업 조정·기획 지원 강화.
② 포괄보조 대상 내영사업에 대한 분석·제안기능 강화.
③ 지역특성에 맞는 서비스 개발역량 강화 및 자체 표준 매뉴얼 마련.

6) 사업추진

(1) 자체개발 사업계획(기준정보) 수립

① 시・도지사 혹은 시・군・구청장이 수립주체가 된다.

② 계획수립 주체는 사업개시 전 이용자 선정기준, 서비스 내용, 바우처 생성정보, 바우처 단가 등 서비스 제공에 필요한 정보 등이 포함된 사업별서비스 제공계획(기준정보)을 수립한다.

(2) 이용자 선정의 절차

① 신청 및 접수: 읍・면・동에서 시행

② 상담 및 욕구조사: 읍・면・동에서 시행

③ 소득조사: 시・군・구에서 시행

④ 이용자 선정: 시・군・구에서 시행

⑤ 통지: 시・군・구가 읍・면・동을 통해서 통지

⑥ 이의제기: 60일 이내 이의제기 가능

(3) 서비스 이용 및 자격관리

① 서비스 이용대상: 지자체장으로부터 이용자로 선정되어 사회서비스 이용권이 지급된 자는 〈사회서비스 이용 및 이용권에 관한 법률〉 제16조에 따라 등록된 제공자에게 서비스를 제공받을 수 있다.

② 서비스 신청: 지역 내 서비스 제공기관을 선택하여, 유선 또는 방문 등을 통해 서비스 이용을 신청한다.

③ 서비스 이용제한: 1인당 동시에 2개의 서비스까지 이용이 가능하며, 유사중복사업으로 분류된 사업은 중복수혜가 불가하다.

④ 서비스 지원기간: 사업계획(기준정보)에 반영된 사업별 지원기간은 1년을 초과할 수 없다.

⑤ 이용자 자격기간: 이용자 자격기간은 서비스 개시월로부터 사업별 서비스 지원기간으로 한다. 이 기간은 재판정을 통해 최대 5년까지 연장할 수 있다.

(4) 서비스 실시절차

① 상담 및 욕구조사 ② 서비스 제공(이용) 계획 수립

③ 서비스 제공(이용) 계약 ④ 서비스 실시

⑤ 모니터링 및 평가 ⑥ 서비스 종료

7) 현황과 연구과제

(1) 현황

〈사회서비스 전자바우처〉 홈페이지 서비스 검색창 게시자료에 의하면, 2015년 1월 현재 진행 중이거나 종료된 지역사회서비스 투자사업의 사례가 총 2,057건 검색된다.

(2) 연구과제

① 수요자 지원 방식인 바우처 방식이 서비스 이용자와 제공자 사이의 관계를 왜곡시키는 점은 없는가?

② 서비스 공급기관과 인력의 분포를 포함한 지역사회의 사정의 편차에 따른 서비스 접근성의 형평성 문제는 어느 정도인가?

③ 지역사회서비스 투자사업은 지역사회의 특성과 대상자 층의 욕구를 실질적으로 적절히 반영하며 충족시키고 있는가?

④ 서비스의 양과 질은 수요자 혹은 이용자의 욕구를 충족시키기에 충분한가?

⑤ 사회서비스 일자리는 안정적인 편이며 그 급료는 적정한 수준인가?

4. 지역자활센터

1) 개념정의

지역자활센터는 보건복지부가 〈국민기초생활보장법〉을 근거로 주관하는 자활사업의 지원체계를 구성하는 사업체로서, 넓은 의미로는 법 제15조의2에서 규정한 '중앙자활센터'와 제15조의3에서 규정한 '광역자활센터' 및 제16조에서 규정한 기초 지방자치단체 차원의 '지역자활센터'가 포괄되며, 좁은 의미로는 이 가운데 세 번째 '지역자활센터'만을 가리킨다.

2) 설치 및 운영의 근거: 〈국민기초생활 보장법〉

(1) 중앙자활센터의 설치와 사업 등:
법 제15조의2, 시행령 제21조의4 및 제21조의5

(2) 광역자활센터의 설치와 사업 등:
법 제15조의3, 시행규칙 제26조의2～제26조의5

(3) 지역자활센터의 설치와 사업 등:
법 제16조, 시행령 제22조, 시행규칙 제27～30조

3) 역사

○1995년: '한국보건사회연구원'이 자활지원센터의 필요성 제기
○1996년: 6월 시범 "자활지원센터" 5개소 설치운영
○1999년: 9월 〈국민기초생활보장법〉 제정, 이듬해 10월 시행

○2004년: 1월 광역자활센터 3개소 시범사업 실시
○2006년: 12월 〈국민기초생활보장법〉 개정으로 "자활지원센터"를 "지역자활센터"로 명칭변경
○2008년: 중앙자활센터 설립 허가 및 운영. 광역자활센터 3개소 증설
○2009년: 광역자활센터 1개소 증설
○2010년: 지역자활센터 5개소 추가지정하여 247개로 확대
○2012년: 지역자활센터 사례관리사업 실시(50개소). 광역자활센터(7개소) 법적 근거 마련
○2013년: 광역자활센터 10개소로 확대

4) 목적

(1) 중앙자활센터

자활지원을 위한 조사·연구 및 프로그램 개발·평가, 민간자원 연계 등의 기능수행 및 자활관련 기관 간의 협력체계 구축 등의 지원 업무를 전담하여 자활사업 지원체계의 전문성 및 효율성을 제고함.

(2) 광역자활센터

기초단위에서 단편적으로 추진되고 있는 자활지원체계의 한계를 보완하면서 광역단위의 자활사업 인프라를 구축하여, 종합적이고 효율적으로 사업을 추진함으로써, 그 효과성을 제고하고 활성화를 도모함. 중앙과 지역의 센터를 연결하는 역할을 수행함.

(3) 지역자활센터(기초)

지역자활센터는 근로능력이 있는 국민기초생활보장 수급자 및 차

상위계층에 속한 저소득층에게 집중적이고 체계적인 자활 서비스를 제공함으로써, 이들의 자활의욕을 고취하고 자립능력 향상을 지원하는 등과 같은 자활촉진에 필요한 사업을 수행하는 핵심 인프라로서의 역할을 수행하도록 함.

5) 설치 및 지정

(1) 중앙자활센터

① 법 제15조의2에 근거하여 법인으로 설치함.

② 법 시행령 제21조의4에 근거하여 정관을 작성하여 주된 사무소의 소재지에 설립등기를 함으로써 성립함.

(2) 광역자활센터

① 지정대상: 지역사회복지사업 및 자활지원사업의 수행능력과 경험 등이 있는 사회복지법인 등 비영리법인과 단체.

② 지정신청절차: 지정을 받고자 하는 자는 서류를 갖추어 관할 시·도지사를 거쳐 보건복지부장관에게 신청하고, 보건복지부는 서류심사와 필요시 현지조사 등을 통해 지정결정을 함.

(3) 지역자활센터(기초)

① 지정대상: 광역자활센터와 동일함.

② 지정절차: 지정을 받고자 하는 자는 서류를 갖추어 시장·군수·구청장 및 시·도지사를 거쳐 보건복지부장관에게 신청하고, 보건복지부는 서류심사와 필요시의 현지조사 등을 통해 지정결정을 함.

6) 기능 및 사업운영

(1) 지역자활센터(기초) 운영 기본원칙 :
"지역자활센터 운영지침" 제3조 제2항

① 참여주민 고유성과 존엄성 ② 주민 자발성
③ 독립성 ④ 기준시설 확보
⑤ 전문가에 의한 사업수행 ⑥ 지역사회 제반자원 활용
⑦ 사업실행 평가

(2) 단위센터별 사업
① 중앙자활센터(법 제15조의2)
㈀ 자활지원을 위한 조사・연구・교육 및 홍보 사업
㈁ 자활지원을 위한 사업의 개발 및 평가
㈂ 광역자활센터, 지역자활센터 및 자활기업의 기술・경영지도 및 평가
㈃ 자활관련기관 간의 협력체계 및 정보네트워크 구축・운영
㈄ 취업・창업을 위한 자활촉진 프로그램 개발 및 지원
㈅ 그 밖에 자활촉진에 필요한 사업으로서 보건복지부장관이 정하는 사업

② 광역자활센터(법 제15조의3)
㈀ 시・도 단위의 자활기업 창업지원
㈁ 시・도 단위의 수급자 및 차상위자에 대한 취업・창업 지원 및 알선
㈂ 지역자활센터 종사자 및 참여자에 대한 교육훈련 및 지원
㈃ 지역특화형 자활프로그램 개발・보급 및 사업개발 지원
㈄ 제16조에 따른 지역자활센터 및 제18조에 따른 자활기업에

대한 기술·경영지도

(ㅂ) 그 밖에 자활촉진에 필요한 사업으로서 보건복지부장관이 정하는 사업

③ **지역자활센터**(법 제16조)

(ㄱ) 자활의욕 고취를 위한 교육

(ㄴ) 자활을 위한 정보제공, 상담, 직업교육 및 취업알선

(ㄷ) 생업을 위한 자금융자 알선

(ㄹ) 자영창업 지원 및 기술·경영지도

(ㅁ) 제18조에 따른 자활기업의 설립·운영 지원

(ㅂ) 그 밖에 자활을 위한 각종 사업

7) 현황과 연구과제

(1) 현황

기초 지자체 차원의 지역자활센터는 시·군·구에 1개소씩 설치하는 것을 목표로 하고 있으며, 2014년 2월 현재 전국에 247개소를 지정·운영하고 있다. 시도별, 규모별, 유형별 분포는 〈표 11-4〉 및 〈표 11-5〉와 같다. 한편, 광역자활센터는 2014년 말 현재 16개 시·도에 설치되어 있다.

〈표 11-4〉 시도별 지역자활센터 지정현황(2014년)

계	서울	부산	대구	인천	광주	대전	울산	세종	경기	강원	충북	충남	전북	전남	경북	경남	제주
247	31	18	9	11	9	5	5	1	32	16	12	14	18	22	20	20	4

자료: 한국자활시설협회

〈표 11-5〉 규모별 및 유형별 지역자활센터 현황(2014년)

구 분	계	확대형	표준형	기본형
계	247	64	123	60
도시형	126	49	59	18
도농복합형	55	14	33	8
농촌형	66	1	31	34

자료: 한국자활시설협회

(2) 연구과제

① 지역자활센터를 통해 제공되는 일자리의 임금이나 고용안정성 등의 사정은 센터의 목적을 성취하기에 충분한가?

② 개별 지역자활센터의 프로그램은 참여자 및 지역사회의 특성을 고려하거나 반영하고 있는가?

③ 지역자활센터에서 제공하는 일자리의 업무환경은 어떠한가?

④ 지역자활센터 평가지표는 실제로 자활사업이 필요한 사람들을 우선적으로 참여시키도록 하는 유인을 제공하고 있는가?

⑤ 지역자활센터의 운영과 관련한 보건복지부와 고용노동부 사이의 협력체제는 어떠한가?

5. 재가장기요양기관

1) 개념정의

2000년대 들어 첨예한 사회적, 정치적 쟁점의 하나로 부각되어 논의가 계속된 끝에 사회보험 방식을 근간으로 한 〈노인장기요양보험법〉이 통과되어 2008년 7월부터 시행되기에 이르렀다. 이에 따라 65

세 이상의 노인으로, 혼자 일상생활을 영위하기 어려운 경우 서비스의 내용과 제공시간 등에 따라 차등적으로 부과되는 비용의 일부를 지불하며 서비스를 받을 수 있게 되었다. 국민기초생활보장 수급권자는 물론 본인부담 없이 서비스, 곧 요양급여를 받을 수 있다. 이러한 제도의 도입에 따라 새로운 형태의 서비스 제공기관으로 대두하게 된 것이 '재가장기요양기관'이다. 제도의 취지와 기관의 운영방식 등에 재가복지와 지역사회보호의 원리가 내포되어 있어, 지역사회복지 논의에서 관심을 가질 만하다고 보아 간략히나마 언급해두고자 한다.

한편, 〈노인장기요양보험법〉 제2조에서는 '재가장기요양기관'을 포함하는 '장기요양기관'을 구분해서 용어정의를 하고 있다. 이에 따르면, '장기요양기관'이란 법 제31조에 따라 지정을 받은 기관 또는 제32조에 따라 지정 의제된(신고한) '재가장기요양기관'으로서 장기요양급여를 제공하는 기관을 말한다.

2) 설치 및 운영의 근거

기본법은 〈노인장기요양보험법〉이며, 〈국민건강보험법〉 제79조, 제80조, 제83조, 제87조부터 제89조까지, 제91조는 시효, 기간의 계산, 자료의 제공, 공단 등에 대한 감독, 권한의 위임 및 위탁, 업무의 위탁, 단수처리 등에 관하여 준용한다. 〈노인복지법〉 상의 노인복지시설 유형에 관한 규정도 참조의 대상이 된다.

3) 제도도입 경과

○ 2001년: 대통령 광복절 경축사에서 제도도입 언급
○ 2002년: 대통령선거 공약사항에 포함

○2003년: 3월 '공적노인요양보장 추진기획단' 설치. 1년 활동
○2004년: 3월 '공적노인요양보장제도 실행위원회' 구성. 1년 활동
○2005년 7월~2008년 6월: 3차례 시범사업 실시
○2006년: 2월 정부입법 국회제출
○2007년: 4월 국회통과, 공포. 2008년 7월 1일 시행
○2014년: 7월 3등급 체계에서 5등급 체계로 개편

4) 목적

고령이나 노인성 질병 등의 사유로 일상생활을 혼자서 수행하기 어려운 노인 등에게 신체활동 또는 가사활동 지원 등의 장기요양급여를 제공함으로써, 노후의 건강증진 및 생활안정을 도모하고, 가족의 부담을 덜어주어 국민의 삶의 질을 향상시키려는 데에 목적을 두고 있다.

5) 설치 및 구성

장기요양기관은 다음과 같은 지정이나 신고의 절차를 거쳐 설치·운영될 수 있다. ① 〈노인복지법〉상 '노인요양시설'과 '노인요양공동생활가정'은 시군구청장의 지정을 받는다. 이 유형에 드는 시설들은 재가장기요양기관의 범주에는 들지 않는다. ② 〈노인복지법〉상 '재가노인복지시설'은 〈노인장기요양보험법〉상의 시설과 인력기준을 갖추어 시군구청장의 지정을 받는다. ③ 법 제23조 제1항 제1호의 재가급여 중 어느 하나 이상에 해당하는 장기요양급여를 제공하고자 하는 자는 시설 및 인력을 갖추어 법 제33조가 규정하는 재가장기요양기관을 설치하고 시장·군수·구청장에게 이를 신고하여 절차에 따라 장

기요양기관으로 인정을 받는다.

6) 기능 및 사업운영

노인장기요양보험제도에 의한 급여는 크게 재가급여와 시설급여로 구분된다. 재가장기요양기관은 이 가운데 재가급여를 제공하는 기관이다. 재가급여에는 ① 방문요양 ② 방문목욕 ③ 방문간호 ④ 주·야간보호 ⑤ 단기보호 ⑥ 기타 재가급여 등이 있다. 보건복지부가 제시한 서비스 전달 및 청구·지급체계는 다음 〈그림 11-3〉과 같다.

〈그림 11-3〉 서비스 전달 및 청구·지급체계

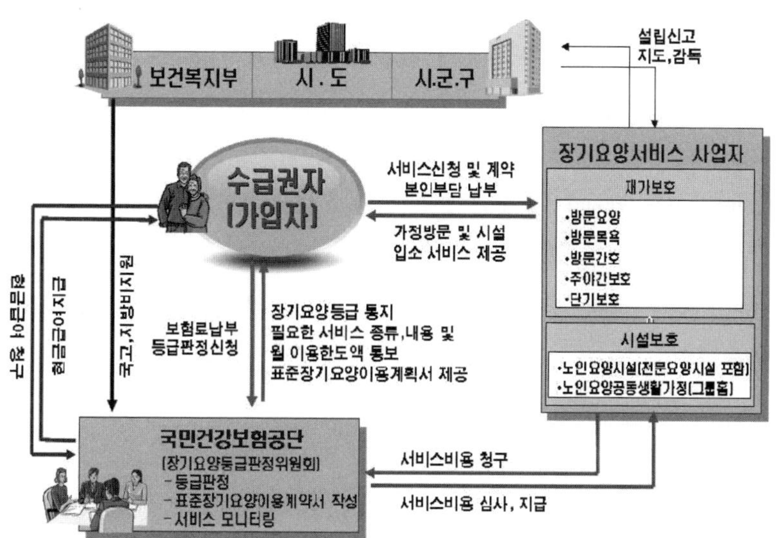

7) 현황과 연구과제

(1) 현황

국민건강보험공단의 노인장기요양보험 홈페이지의 장기요양기관 검색 페이지에 등재되어 있는 기관현황을 보면, 2015년 1월 현재 전국에 재가장기요양기관 11,926개소가 등록되어 있는 것으로 확인된다.

(2) 연구과제

① 사회보험제도에 의해서 제공되는 서비스를 서비스 제공기관 상호 간 및 제공자 상호 간의 경쟁이라는 시장원리에 따라 제공하는 서비스 전달체계가 지니는 장점과 단점은 무엇인가?

② 장기요양 인정신청 절차와 인정등급체계 등은 합당한가?

③ 재가장기요양기관 설치의 요건과 절차는 지나치게 까다롭거나 느슨하지는 않은가?

④ 제공되는 서비스의 내용과 양 및 질은 제도의 목적을 실질적으로 달성하는 데에 충분한가?

⑤ 급여에 따른 비용부담의 체계와 집행절차 등은 합당한가?

⑥ 제도에 대한 수급자와 서비스 제공기관 및 제공자들의 인식은 어떠한가?

제 12 장

협의 · 조정 · 지원기관

이 장에서는 직접적 서비스를 제공하지는 않지만, 그러한 직접적 서비스기관을 간접적으로 지원하거나 협의 · 조정하는 기능을 하는 기관들을 다룬다. 사회복지협의회는 대표적 협의 · 조정기관이며, 사회복지공동모금회와 자원봉사센터는 지원하는 성격을 갖는 기관이다. 여기서도 현행법령을 포함한 공식적 자료 중심으로 제시하였으며, 학생들의 기관별 자료수집이나 분석에 지침이 될 질문들을 던지고 있다. 출처를 밝히지 않은 정보들은 대부분 법령이나 관계부처 지침 등을 참조한 것이다.

1. 사회복지협의회

1) 개념정의

'한국사회복지협의회'는 자체 홈페이지를 통해서 스스로를 "사회복지사업법에 의거하여 설립된 공익법인으로서, 민간 사회복지 증진을 위한 협의조정, 정책개발, 조사연구, 교육훈련, 자원봉사활동의 진흥, 정보화 사업, 사회적 취약계층을 위한 사업수행을 통해 우리나라의 사회복지 증진과 발전에 기여하는" 단체라고 설명하고 있다. 순수한 민간 차원의 조직으로서, 직접적 서비스를 제공하는 조직이라기보다는 이러한 조직들 사이의 협의·조정을 추진하는 것을 주된 기능으로 한다는 점에서 2차적 조직이라 볼 수 있다. 전국 혹은 지방 차원에서 사회복지와 관련된 민간부문을 대표하면서, 공공부문과는 협력적 파트너로서의 역할을 하는 조직이라고 볼 수 있다.

2) 설치근거: 〈사회복지사업법〉 제33조

① 중앙, 시·도, 시·군·구 사회복지협의회의 설치근거 및 설치목적(〈사회복지사업법〉 제33조 제1항)
② 각급 사회복지협의가가 사회복지법인으로 설립됨(같은 법 제33조 제2항)
③ 각급 사회복지협의회의 조직과 운영(같은 법 시행령 제12조~제18조)

3) 역사

○1952. 2. 민간 사회사업기관 모임인 〈한국사회사업연합회〉로 시작
○1961. 6. 16개 사회복지단체를 병합한 〈한국사회복지사업연합회〉로 개칭
○1970. 5. 사회복지법인 〈한국사회복지협의회〉로 개칭

○ 1983. 5. 개정 〈사회복지사업법〉에 따라 법정단체화
○ 1985. 시 · 도 사회복지협의회 설립
○ 1998. 12. 시 · 도 사회복지협의회 독립법인으로 재조직
○ 2003. 7. 시군구 사회복지협의회 독립법인 설립근거 제정
○ 2006. 11. '사랑나눔 실천운동' 사업위탁기관 지정
○ 2007. 5. 국가복지정보센터, 6월 사회공헌정보센터 개설
○ 2009. 1. '기타공공기관' 지정

4) 목 적

① 〈사회복지사업법〉 제33조 제1항: 사회복지에 대한 조사연구, 정책건의, 관련 기관단체 간 연계 · 협력 · 조정, 소외계층 발굴 및 민간 사회복지 자원과의 연계 등을 수행한다.

② 한국사회복지협의회 정관: 사회복지에 관한 조사연구와 각종 복지사업을 조성하고, 사회복지사업과 활동을 조직적으로 협의 조정하며, 사회복지에 대한 국민의 참여를 촉진시킴으로써 우리나라의 사회복지 증진과 발전에 기여한다.

5) 구 성

(1) 회원(사회복지사업법 시행령 제13조)

① 중앙협의회 회원은 ㈀ 시 · 도협의회의 장, ㈁ 사회복지법인 및 사회복지사업과 관련 있는 비영리법인의 대표자, ㈂ 경제계 · 언론계 · 종교계 · 법조계 · 문화계 · 교육계 및 보건의료계 등을 대표하는 자, ㈃ 기타 사회복지사업 수행에 필요하다고 인정되어 중앙협의회의 장이 추천하는 자 등이 될 수 있다.

② 시 · 도협의회 회원은 ㈀ 시 · 군 · 구협의회의 장, ㈁ 당해 지역에 주된 사무소가 있는 사회복지법인 및 사회복지사업과 관련 있는 비영리법인의 대표자, ㈂ 당해지역의 경제계 · 언론계 · 종교계 · 법조계 · 문화계 · 교육계 및 보건의료계 등을 대표하는 자, ㈃ 그 밖에 지역사회의 복지발전을 위하여 시 · 도협의회의 장이 추천하는 자 등이 될 수 있다.

③ 시 · 군 · 구협의회 회원은 ㈀ 당해지역에 주된 사무소가 있는 사회복지법인 및 사회복지사업과 관련 있는 비영리법인의 임직원, ㈁ 당해지역에 주된 사무소가 있는 사회복지시설의 종사자, ㈂ 당해 지역의 경제계 · 언론계 · 종교계 · 법조계 · 문화계 · 교육계 및 보건의료계 등에 종사하는 자, ㈃ 그 밖에 지역사회의 복지발전을 위하여 시 · 군 · 구협의회의 장이 추천하는 자 등이 될 수 있다.

(2) 임원 (사회복지사업법 시행령 제14조)

① 각 단위 협의회는 임원으로 대표이사 1인을 포함한 15인 이상 30인 이하(시 · 군 · 구협의회의 경우에는 10인 이상 30인 이하)의 이사와 감사 2인을 둔다.

② 이사와 감사의 임기는 3년으로 하되, 각각 연임할 수 있다.

③ 임원의 선출방법과 그 자격요건에 관하여 필요한 사항은 정관으로 정한다.

(3) 이사회 (사회복지사업법 시행령 제15조)

① 각 협의회에 정관이 정하는 바에 따라 각 협의회의 업무에 관한 중요사항을 심의 · 의결하는 이사회를 둔다.

② 이사회의 운영에 관하여 필요한 사항은 정관으로 정한다.

6) 기능 및 사업

(1) 기능

① 민간부문 사회복지를 망라하는 조직으로서, 대내적으로는 협의 조정의 기능을 하며 대외적으로 민간부문 사회복지계를 대표하고 대변하는 기능을 한다.

② 민간 사회복지기관 중 유일한 '기타공공기관'(〈공공기관의 운영에 관한 법률〉 제5조) 이자 보건복지부 주요 복지정책의 시행위탁기관으로서, 정부의 사회복지사업을 뒷받침하는 조사연구, 교육훈련, 사회복지 조성 등의 고유 목적사업을 통해 공공 사회복지 증진 업무를 효과적으로 수행하며, 정부정책과 민간사업의 연계협력을 조성하는 전달자 및 중재자로서 기능을 수행한다.

③ 사회복지시설, 기관, 단체 상호 간의 이슈 및 여론, 사회복지 동향 및 흐름 등에 관한 사회복지계의 입장을 대변하고 협의·조정하는 창구로서의 기능을 수행하며, 사회복지조성을 위한 각종 민간자원 활용과 연계, 사회서비스 사업의 효과적 수행 등의 기능을 수행한다.

(2) 사 업 (사회복지사업법 시행령 제12조)

① 공통업무: 모든 단위의 협의회가 공통으로 수행하는 업무들은 다음과 같다.

(ㄱ) 사회복지에 관한 조사연구 및 정책건의
(ㄴ) 사회복지에 관한 교육훈련
(ㄷ) 사회복지에 관한 자료수집 및 간행물 발간
(ㄹ) 사회복지에 관한 계몽 및 홍보
(ㅁ) 자원봉사활동의 진흥
(ㅂ) 사회복지사업에 종사하는 자의 교육훈련과 복지증진
(ㅅ) 사회복지에 관한 학술도입과 국제사회복지단체와의 교류

② 조직단위에 따라 구별되는 업무

㈀ 중앙협의회: 보건복지부장관이 위탁하는 사회복지에 관한 업무 및 기타 중앙협의회의 목적달성에 필요하여 정관으로 정하는 사항.

㈁ 시·도협의회: 시·도지사 또는 중앙협의회가 위탁하는 업무 및 그 밖에 시·도협의회의 목적달성에 필요하여 정관으로 정하는 사항.

㈂ 시·군·구협의회: 시·도지사, 시장·군수·구청장, 중앙협의회 또는 시·도협의회가 위탁하는 업무 및 그 밖에 시·군·구협의회의 목적달성에 필요하여 정관으로 정하는 사항.

③ 구체적인 개별 협의회 사업은 위에서 제시된 법률상의 규정을 기초로 각각의 내부 정책 및 의사결정 절차를 거쳐 결정된다.

7) 현황과 연구과제

(1) 현황

2015년 1월 현재 전국단위의 '한국사회복지협의회'와 16개 시·도 협의회 및 세종특별시협의회가 구성되어 있고, 공식집계 자료가 없어 각 시·도 사회복지협의회의 홈페이지 수록 자료를 통해 확인된 시·군·구협의회는 대략 150여 개로 추산된다.

(2) 연구과제

여기서는 사회복지협의회가 안고 있는 문제점과 해결과제 등을 구체적으로 나열하기보다는 문제점을 발견하고 과제를 설정하기 위해 협의회의 제반상황들을 분석할 때 주목해야 할 측면들을 제시해 두고자 한다. 분석은 단위별 협의회 각각에 대해 이루어질 것인바, 공통적으로 요구되는 주안점들은 대략 다음과 같다.

① 회원참여의 폭은 넓으며 다양한 분야들이 망라되어 있는가? 특히 일반주민 대표의 참여수준은 어떠하며 그 장애요인은 무엇인가?

② 협의회의 기능과 업무를 수행하기에 충분한 인력과 적절한 조직체계를 갖추고 있으며 재정사정은 양호한가?

③ 공공부문과의 관계는 적절하게 형성 · 유지되고 있는가? 특히 지방에서 공사부문의 관계양상은 어떠한가?

④ 수행되는 업무는 단위별 협의회의 기능에 걸맞은 것인가? 직접적 서비스 관련 사업을 위탁운영하는 것은 바람직한가?

⑤ 인지도와 신뢰수준 및 주민참여도 등에서 지역사회와의 관계는 어떠한가? 특히 지역사회 내 각종 시민단체들과의 수평적 협력관계는 어떠한가?

⑥ 정책 및 의사결정의 절차는 합리적이며 회원들의 적극적인 자발적 참여를 자극할 만한가?

⑦ 사무국 종사자들에 대한 처우수준은 어떠하며 종사자들의 전문적 역량과 사기는 어떠한가? 회원과 사무국 직원의 관계는 원만하며 협조적인가?

⑧ 시 · 군 · 구협의회 설립 및 운영상황은 어떠하며, 중앙협의회에서 시 · 군 · 구협의회에 이르기까지의 관계는 적절하며 원만한가? 시군구협의회가 활성화되지 못하고 있는 이유는 무엇인가?

⑨ 각 단위 협의회의 재정구조는 어떠하며, 그 규모는 필요에 충분히 부응할 만한가?

⑩ 일본과 같은 외국의 사회복지협의회 구조와 기능 및 운영방법 등과 우리나라의 협의회가 다른 점은 무엇인가?

2. 사회복지공동모금회

1) 개념 및 의의

사회복지공동모금회는 기부문화의 정착 및 확산, 배분사업을 통한 민간복지의 발전을 위해 〈사회복지공동모금회법〉에 의해 설립된 법정 민간모금 및 배분 전문기관이다. 일반적 측면에서 공동모금이 갖는 의의라면 민간재원에 의한 공공재원의 보완, 지역사회의 참여를 통한 사회적 책임 공유, 모금의 조직화에 의한 기부자 부담의 중복성 해소, 민간부문의 자율성 확대 등을 들 수 있고, 현행 공동모금회의 구체적 의미로는 지역사회모금을 민간주도로 전환시키게 된 점과 사회복지에 대한 민간부문의 역할을 재설정할 계기를 마련했다는 점을 지적할 수 있다.

2) 설치 및 운용의 근거: 〈사회복지공동모금회법〉

① 설치목적: 사회복지공동모금사업을 관장한다(법 제4조).

② 설치형태: 전국단위의 '사회복지공동모금회'는 법 제4조와 〈사회복지사업법〉 제2조 제3호에 따른 사회복지법인으로 설립하며, 시 · 도 단위의 공동모금회는 법 제14조의 규정에 따라 전국단위 모금회의 지회 형태로 설립한다.

3) 역사

사회복지공동모금회가 법정단체로 자리 잡기까지의 과정을 간략히 기술해보면 다음과 같다. 1951년 11월 17일 제정된 〈기부금품 모집

금지법〉을 통해 모금행위 허가제가 채택됨에 따라 재해구호 모금과 같은 긴급을 요하는 모금행위 이외의 사회복지재정을 위한 모금행위는 사실상 금지됐었다. 공동모금 제도가 도입된 것은 1970년 1월 1일자로 공포된 〈사회사업법〉의 제정과 함께 한국사회복지협의회가 조직되고 1년 후인 1971년 11월 12일 사회복지법인 '한국사회복지공동모금회'가 설립되면서부터였다. 이때에는 모금을 위해 주무장관인 보건사회부장관의 허가와 함께 〈기부금품모집금지법〉 제3조에 따른 내무부장관의 허가를 얻어야 했다.

1975년부터 정부주도하에 불우이웃돕기 모금 성금을 사회복지기탁금관리규정(보건사회부 훈령 제 226호)에 의해 관리하게 되었다. 이후 1980년 〈사회복지사업기금법〉을 제정하여 이웃돕기성금, 장애자성금, 불우아동 결연후원금 등을 '사회복지사업기금'으로 통합하여 보건사회부가 직접 관리하도록 하였다. 이에 따라 1981년부터는 관주도형의 불우이웃돕기 운동이 전개되었던 것이다.

1992년 12월부터는 전국경제인연합회, 상공회의소, 한국신문협회, 한국방송협회, 대한적십자사 등 전국 규모의 20개 주요 민간경제 · 사회단체들이 중심이 되어 '이웃돕기운동추진협의회'를 결성하고 모금활동을 추진했다. 이때 실무는 한국사회복지협의회가 담당하였는데, 이즈음부터 '사랑의 열매'를 만들어 배포하기 시작했다. 중앙모금분은 '사회복지사업기금'으로 편입하고, 각 지방 모금분은 각 지방의 이웃돕기 성금으로 편입시켰다. 민간에 의해 조성된 사회복지사업기금을 정부의 보건복지부 및 지방자치단체가 관리 · 운용하였던 셈이다. 그런 가운데 정부가 이 자금을 선심행정 등에 오용하는 일이 생겼고, 국가예산을 투입하여야 공공부조성 사업에 지출하는 점이 문제로 지적되기 시작했다.

이에 공동모금이 민간주도로 전개되어야 한다는 주장이 대두되었고, 급기야 1994년 2월 23일 감사원이 이웃돕기성금을 감사하는 일이 발생했다. 이를 계기로 보건복지부는 공동모금법안 기초작업을 시작하였고, 사회복지계 등과 수차례의 토론회 및 공청회를 가진 끝에 〈사회복지공동모금법〉이 1997년 2월 임시국회에서 본회의에 통과되기에 이르렀다. 이 법을 근거로 사회복지 법인 성격의 중앙 및 지역 공동모금회가 1998년 7월까지 전국에 설립되었고, 정부는 이 법에 따라서 1998년 7월 이후 공동모금회에 이웃돕기 성금의 적립금을 이관하게 되어, 비로소 공동모금이 민간부문으로 넘겨지게 되었다. 그러나 활동을 시작한 지 불과 6개월 남짓 된 1999년 3월 9일 제202회 임시국회에서 종전의 법이 〈사회복지공동모금회법〉으로 개정되고 4월 1일부터 시행되면서, 시도단위의 지방모금회는 중앙모금회의 지회 수준으로 그 지위가 격하되어 지금에까지 이르고 있다.

4) 목적

공동모금회의 목적을 법 제2조의 용어정의 규정에서 유추하여 보자면, 공동모금회는 사회복지사업 기타 사회복지활동의 지원에 필요한 재원을 조성하기 위하여 기부금품을 모집하는 것을 목적으로 한다고 볼 수 있다.

법률상의 목적은 아니나, 일반적으로 이러한 공동모금이 갖는 의미에 비추어서 관념적 차원의 목적을 나열해보면 다음과 같다. 첫째, 지역사회주민들의 자발적이고 적극적 참여를 통한 상부상조정신과 시민참여정신을 고양하고 주민복지의식을 고취시킨다. 둘째, 조직적이고 체계적이며 일원화된 모금활동을 통하여 모금의 효율성을 꾀하고 모금액을 증대시킨다. 셋째, 객관적이고 공정하며 전문적이고 투명한 배분을 통하여 기금활용의 효과성 및 형평성을 확보한다. 넷째,

민간차원에서의 재원확보를 통하여 민간사회복지기관 및 시설의 자율성과 전문성을 제고한다. 다섯째, 지역의 자주성과 자발성을 바탕으로 한 지역사회복지 증진의 가반을 강화한다.

5) 구성

법 제7조 내지 제11조에서는 임원에 관한 규정을 하고 있으나, 이 내용은 생략하고 여기서는 분과실행위원회의 구성 및 지방 지회에 관한 규정을 요약해서 옮긴다.

① 분과실행위원회: 법 제13조는 모금회의 기획, 홍보, 모금, 배분업무에 관한 사항을 심의하기 위하여 해당분야의 전문가와 시민대표 등으로 구성되는 기획분과실행위원회, 홍보분과실행위원회, 모금분과실행위원회 및 배분분과실행위원회를 둔다고 규정하고 있다. 이 분과실행위원회는 위원장 1인을 포함하여 20인 이내의 위원으로 구성하되, 다만 모금분과실행위원회는 20인 이상의 위원으로 구성하도록 하여 배분업무의 상대적 비중이 큼을 반영하고 있다.

② 지회: 법 제14조에 의하면 모금회에 지역단위의 사회복지공동모금사업을 관장하기 위하여 특별시 · 광역시 · 특별자치시 · 도 · 특별자치도에 사회복지공동모금지회를 두도록 되어 있고, 이에 따라 각 시도에 지회가 결성되어 있다.

6) 기능 및 사업

(1) 기능

민간자원을 동원하여 민간 사회복지사업을 지원하고 지역사회의 긴박한 사회복지 수요에 대응함으로써 공공부문 사회복지를 보완하고 민간부문 사회복지에 재정적으로 기여하는 기능을 한다.

(2) 사업

법 제5조에 규정한 주요 사업들을 보면, ① 사회복지공동모금사업, ② 공동모금재원의 배분, ③ 공동모금재원의 운용 및 관리, ④ 사회복지공동모금에 관한 조사·연구·홍보 및 교육훈련, ⑤ 지회의 운영, ⑥ 사회복지공동모금과 관련된 국제교류 및 협력증진사업, ⑦ 다른 기부금품모집자와의 협력사업, ⑧ 기타 모금회의 목적달성에 필요한 사업 등을 하게 돼 있다. 이 가운데 중요한 위치를 차지하는 모금과 배분 등에 대해 좀더 부연하고자 한다.

① 모금사업

모금은 크게 연말집중모금과 연중모금 캠페인으로 나누어 이루어진다. 연말 집중모금은 '이웃돕기'라는 종래의 취지를 계승한 방식으로 신문이나 방송과 같은 대중매체의 협조 아래 캠페인 형태로 이루어지며, ARS를 통한 모금도 병행된다. 연중모금은 아너 소사이어티, 유산기부, 직장인 나눔, 착한가게, 행복주식거래소, 연금나눔, 방송나눔, CSR(기업 사회공헌) 등을 통하여 이루어지고 있다.

모금회가 집중모금을 하고자 할 경우에는 모집일부터 15일 전에 그 내용을 보건복지부장관에게 보고하도록 하고 있으며(법 제18조 제5항), 모금액이 1천만 원 이상일 경우 모금액의 크기에 따라 행정자치부장관 혹은 시도지사에게 등록하도록 한 〈기부금품의 모집 및 사용에 관한 법률〉 제4조와 동법 시행령 제2조의 적용을 받지 않는다. 또 모금회는 사회복지사업이나 그 밖의 사회복지활동 등을 지원하기 위한 재원을 조성하기 위해 복권을 발행할 수 있으며, 이러한 복권의 발행에 관해서는 〈사행행위 등 규제 및 처벌 특례법〉의 적용을 받지 않는다(법 제18조의2).

② 배분사업

배분사업은 신청사업(프로그램, 기능보강), 기획사업, 긴급지원사업, 지정기탁사업 등으로 종류가 구분된다. 이에 대한 보다 자세한 사항은 모금회의 배분안내 자료를 참조하기 바란다. 배분을 하기에 앞서 모금회는 매년 8월 31일까지 다음 회계연도의 공동모금재원의 배분기준을 정하여 이를 공고하여야 한다. 이때에는 배분대상, 배분한도액, 배분신청 기간 및 신청서 제출 장소, 배분심사기준 등을 명시하여야 한다(법 제20조).

모금회는 접수한 배분신청서를 배분분과실행위원회에 회부하여 배분금액 · 배분순위 및 배분시기 등을 심의하도록 하여야 하며, 그 심의결과에 기초하여 배분계획을 수립하여야 한다(법 제22조). 또한 각 회계연도의 공동모금재원의 배분을 종료한 날부터 3개월 이내에 전국적으로 배포되는 1개 이상의 일간신문에 그 배분결과를 공고하여야 하며, 이외에 다양한 방법과 매체를 통하여 그 배분결과를 알려야 한다(법 제24조)고 하여 공개원칙을 명시하고 있다.

③ 재정지출 원칙

법 제25조는 모금회가 관장하는 재원의 사용원칙을 규정하고 있는데, 공동모금재원은 사회복지사업 기타 사회복지활동에 사용하도록 하고 있다. 각 회계연도에 조성된 공동모금재원은 당해 회계연도에 지출하는 것을 원칙으로 하되, 재난구호 및 긴급구호 등 긴급히 지원할 필요가 있는 때를 대비하여 각 회계연도의 공동모금재원의 일부를 적립하는 경우는 예외로 한다. 한편, 기부금품 모집과 모금회의 관리 · 운영에 필요한 비용은 직전 회계연도 모금총액의 1백분의 10 범위 내에서 이사회의 의결을 거쳐 사용할 수 있도록 하며(법 제25조 제4항), 1백분의 15 범위 내에서 사용하도록 한 <기부금품의 모집 및 사용에 관한 법률> 제13조와 동 시행령 제18조의 적용을 받지 않는다.

7) 현황과 연구과제

(1) 현황

연간 모금액수는 매년 꾸준히 증가하는 액수이며, 2013년의 총모금액은 5,668억 원에 이른다. 기부자 유형을 기업과 개인으로 구분하였을 때에는 2013년의 경우 기업모금이 약 53.0%로서 개인모금에 비해 높은 비중을 보이는 추세는 지속되고 있다.

연도별 배분실적을 보면, 매해 배분금액이 모금액에 대해 차지하는 비율이 일정하지 않음을 보여준다. 모금액보다 많은 액수가 배분된 2010년의 예가 있는가 하면, 2013년은 유례없이 낮은 69.4%의 비율을 보이고 있다. 배분형태별로는 지정기탁이 가장 큰 비중을 차지하면서 대체로 그 비율이 증가하는 추세를 보이고 있고, 배분대상별로는 지역사회(2013년의 경우 39.6%)와 아동청소년(24.2%) 부문이 상대적으로 높은 비중을 차지한다.

〈표 12-1〉 연도별 모금실적

(단위: 억 원)

구분	2008	2009	2010	2011	2012	2013
합계	2,703	3,318	3,395	3,692	4,159	5,668
중앙회	1,264	1,584	1,713	1,859	2,055	2,639
지회	1,439	1,734	1,682	1,834	2,104	3,029

〈그림 12-1〉 2013년 주요 모금현황

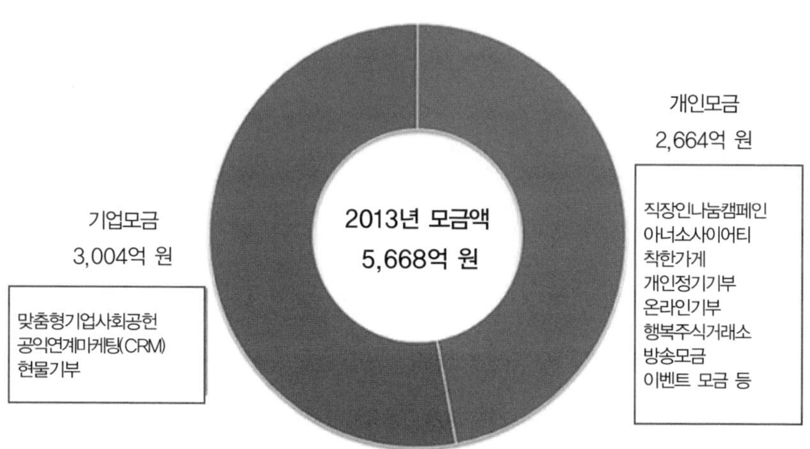

〈표 12-2〉 연도별 배분실적

(단위: 억 원)

구 분	2008	2009	2010	2011	2012	2013
합 계	2,503	2,901	3,421	3,193	3,494	3,935
신청사업	101	94	100	104	88	91
기획사업	800	958	951	783	902	870
긴급지원	202	209	231	208	185	185
지정기탁	1,400	1,640	2,139	2,098	2,319	2,789

〈그림 12-2〉 2013년 배분대상별 배분현황

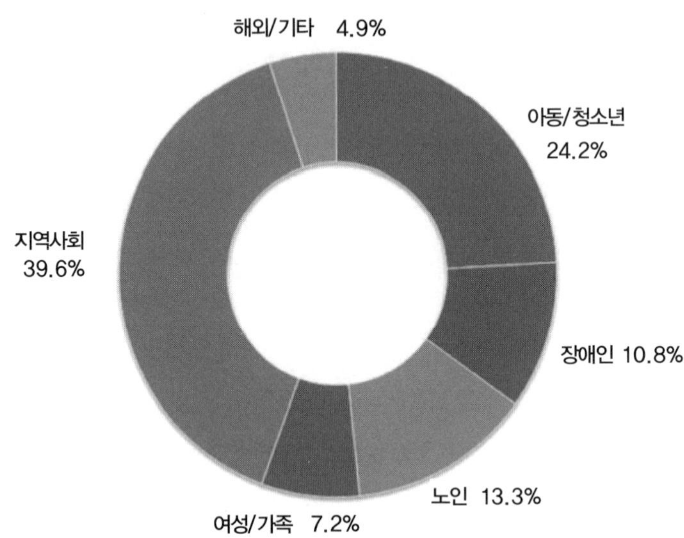

(2) 연구과제

우리나라 공동모금회사업의 발전과제를 모색하기 위해 현황과 문제점을 분석할 때에 주안점을 둘 필요가 있는 사항들을 나열해보면 다음과 같다.

① 현재 이루어지고 있는 모금절차와 방법은 적절한가? 다시 말해서 모금방법을 좀더 다양하게 개발하여 연중모금을 강화할 필요는 없으며, 공동모금에 참여하는 주체들도 좀더 다양화할 필요는 없겠는가? 필요하다면 어떻게 그것을 실현할 것인가?

② 배분과정에서 지회의 자율성, 배분기준의 공정성, 배분금 관리의 투명성, 배분대상 간의 형평성, 배분금의 실효성 등은 보장되고 있는가?

③ 긴급사업 지원과 같이 공공부문의 책임을 대행하는 측면이 없지

않은 지금의 상황은 정당성을 갖는가?

④ 기획사업의 합리성은 지지할 만한가?

⑤ 공동모금회의 공공부문과의 관계설정은 적절하며, 운영비용의 지출은 합리적인가?

⑥ 직원의 숫자는 적절하며 전문성은 확보되어 있는가?

⑦ 공동모금 및 모금회에 대한 사회구성원들의 인식수준은 어떠하며, 이를 개선 혹은 제고하고 자발적 기부문화를 발전시켜 나가기 위한 효과적 방안은 모색되고 있는가?

⑧ 중앙모금회와 지회의 관계와 역할분담은 적절하고 합리적인가?

⑨ 기부금품모집규제법은 공동모금회 활동에 걸림돌이 되고 있는가, 혹은 개별모금의 난립을 막아줌으로써 보호막이 되고 있는가?

⑩ 사회복지협의회와 분리시키고 있는 지금의 방식과 사회복지협의회의 사업으로 편입시키는 방식 중 어느 쪽이 더 효율적이며 공동모금의 사회적 의미를 살리는 길인가?

⑪ 보다 근본적 수준의 질문으로, 사회복지에 대한 공공부문 책임의 지속적 확대가 요구되는 상황에서 공동모금과 같은 자발적 민간자원 동원에 관심을 쏟는 일은 과연 바람직한가? 어느 정도의 역할을 기대하며, 민간부문에서 어느 정도 에너지를 투여하는 것이 옳겠는가?

3. 자원봉사센터

1) 개념정의

자원봉사가 사회복지에서 공공부문과 전문적 민간부문 및 시장부문을 보완하며 중요한 몫을 담당하게 되어 감에 따라, 우리 사회에도 이에 대한 정책적 관여나 지원의 필요성이 제기되기에 이르렀고, 그것을 뒷받침할 법령의 제정을 둘러싼 논의가 이어진 끝에 드디어 2005년 6월 30일 국회에서 〈자원봉사활동기본법〉이 통과되어 2006년 2월 5일부터 시행되고 있다. 이 법이 자율적인 민간활동을 규제하거나 자원봉사의 순수성을 훼손시키는 측면에서가 아니라, 자원봉사의 긍정적 요소들을 더욱 진작시키는 측면에서 그 효력을 발휘해줄 것이 기대된다.

이 법에 따라 일정한 법적 지위를 가지고 지역사회 혹은 전국 단위로 자원봉사활동을 조직화하는 일을 담당하게 된 것으로 자원봉사센터를 꼽을 수 있다. 법률에 규정된 바를 중심으로 이에 대해 살펴보고자 한다. 법 제3조의 용어정의에 따르면, 자원봉사센터란 자원봉사활동 개발·장려·연계·협력 등의 사업을 수행하기 위해 법령과 조례 등에 따라 설치된 기관·법인·단체 등을 말한다.

2) 설치근거

① 자원봉사센터의 설치 및 운영: 〈자원봉사활동기본법〉 제19조[1)]
② 자원봉사센터 장의 자격요건과 센터의 조직 및 운영: 같은 법 시행령 제14조 및 제15조.

---

1) 자원봉사센터는 근거법의 마련과 무관하게 1993년부터 설립되어 활동해 왔고, 1996년부터 행정자치부가 비영리민간단체 지원제도에 의거하여 지원해 왔으나, 늦게나마 이 법률이 제정됨으로써 향후 실질적 근거법으로서의 성격을 지니게 된 셈이다.

3) 역사

자원봉사센터는 1993년도에 7개소가 개소되기 시작하였으며, 1996년부터 행정자치부의 지원이 이루어짐에 따라 설치가 활성화되었다. 행정자치부는 1996년부터 특별교부세를 자치단체에 교부하여 자원봉사센터 설치사업을 지원한 것이다. 한편, 1999년 7월에 전국의 센터들이 연계된 한국자원봉사센터 연찬회를 처음 개최한 것을 계기로, 2000년 12월에는 사단법인 한국자원봉사센터협회가 창설되었다.

자원봉사활동을 행정 및 재정적으로 지원하고 진흥하기 위한 법적 근거마련에 대한 논의가 오래 전부터 계속되어 왔으나 자발적이고 무보수를 원칙으로 삼는 자원봉사를 인위적 제도에 의해 지원하는 것은 그 정신을 퇴색시키는 셈이 된다는 반론에 부딪혀 성사되지 못했다. 1990년대 초 공동모금법이 입안될 당시에 함께 추진되었으나 막바지에 무산된 바 있는데, 2000년대 초 이래 재개된 관련 단체들과 전문가들의 필요성 제기가 정치계와 행정자치부를 움직인 결과 양측이 제출한 법안을 절충한 대안이 국회를 통과하여 2005년 6월 30일 〈자원봉사활동기본법〉이 빛을 보게 되었다.

4) 목적

자원봉사센터는 자원봉사자를 개발 · 육성하고, 적재적소에 배치하며, 효과적으로 자원봉사 인력을 유지 · 관리하는 것을 목적으로 하고 있다(이성록, 2005). 법률에 규정된 목적은 앞서 언급한 법 제3조의 용어정의에서 밝힌 바와 같이 자원봉사활동의 개발 · 장려 · 연계 · 협력 등의 사업을 수행하려는 것으로 되어 있다.

5) 설치 및 운영

〈자원봉사활동기본법〉 제19조에 따르면, 국가기관 및 지방자치단체는 자원봉사센터를 설치할 수 있으며, 이를 법인으로 하여 운영하거나 비영리 법인에게 위탁하여 운영하여야 한다고 규정하고 있다(제1항). 그러나 자원봉사활동을 효율적으로 추진하기 위하여 필요하다고 인정할 때에는 국가기관 및 지방자치단체가 운영할 수 있다고 부연한다(제2항). 그리고 국가는 자원봉사센터의 설치·운영이 활성화될 수 있도록 적극 노력하여야 하며, 지방자치단체는 자원봉사센터의 운영에 필요한 경비를 지원할 수 있다고 규정한다(제3항). 자원봉사센터의 운영형태는 크게 직영형과 위탁형으로 구분할 수 있으며, 세부적으로는 〈표 12-3〉과 같이 분류된다.

〈표 12-3〉 자원봉사센터 운영형태 분류

운영형태		분류요건
직영	완전 직영형	운영주체가 지자체이며, 지자체 내부조직에 센터조직 포함됨. 직원 모두 공무원. 소장은 자치단체장 또는 없음
	혼합 직영형	운영주체는 지자체이나, 실제 운영조직은 별도의 조직임. 직원 모두 민간인이며 소장은 비상근 민간인
위탁	단체 위탁형	운영주체가 민간단체이며, 직원 모두 민간인, 소장은 단체대표가 겸직
	협의회 위탁형	운영주체가 자원봉사단체협의회이며, 실제 운영조직은 협의회 사무국임. 직원 모두 민간인. 소장은 협의회장이 겸직
	별도 법인형	운영주체가 사단법인, 직원 모두 민간인, 소장은 법인대표가 겸직

6) 기능 및 사업

자원봉사활동기본법 시행령 제15조는 자원봉사센터의 사업을 시도센터와 시군구센터로 나누어 규정하고 있다. 먼저 시도센터는 ① 특별시 · 광역시 · 도 지역의 기관 · 단체들과의 상시협력체계 구축, ② 자원봉사 관리자 및 지도자의 교육훈련, ③ 자원봉사 프로그램의 개발 및 보급, ④ 자원봉사 조사 및 연구, ⑤ 자원봉사 정보자료실 운영, ⑥ 시 · 군 · 자치구 자원봉사센터 간의 정보 및 사업의 협력 · 조정 · 지원, ⑦ 그 밖에 특별시 · 광역시 · 도 지역의 자원봉사 진흥에 기여할 수 있는 사업(제4항) 등의 사업을 한다.

시 · 군 · 자치구 자원봉사센터는 ① 시 · 군 · 자치구 지역의 기관 · 단체들과의 상시협력체계 구축, ② 자원봉사자의 모집 및 교육 · 홍보, ③ 자원봉사 수요기관 및 단체에 자원봉사자 배치, ④ 자원봉사 프로그램의 개발 · 보급 및 시범운영, ⑤ 자원봉사 관련정보의 수집 및 제공, ⑥ 그 밖에 시 · 군 · 자치구 지역의 자원봉사 진흥에 기여할 수 있는 사업 등을 행한다(제5항). 각 지방자치단체는 자원봉사센터의 조직 및 운영 등에 관한 사항을 조례로 정하도록(제6항) 위임규정을 두고 있다.

한편, 안전행정부가 회시한 "자원봉사센터 운영지침"에서는 '중앙자원봉사센터'의 기능을 ① 자원봉사 정책개발 및 연구 ② 중앙 단위 자원봉사기관 · 단체와의 협력체계 구축 ③ 지역 자원봉사센터 지원 및 협력 ④ 지역 자원봉사센터 관리자 교육 · 훈련 ⑤ 자원봉사 프로그램 개발 · 보급 ⑥ 자원봉사 정보자료실 운영 ⑦ 자원봉사 국제교류 및 협력 ⑧ 나눔포털(www.1365.go.kr) 위탁운영, ⑨ 그 밖에 자원봉사 진흥에 기여할 수 있는 사업 등으로 제시하고 있다(안전행정부, 2014).

7) 현황과 연구과제

(1) 현황

자원봉사센터 현황을 설치단위별로 보면, 2013년 말 기준으로 중앙자원봉사센터 1개소, 시·도 자원봉사센터 16개소, 그리고 세종특별자치시를 포함한 시·군·구 자원봉사센터 229개소 등 총 246개소가 운영되고 있다. 운영형태별 실태를 보면, 최근 3년간 중앙센터에서부터 시·군·구 센터에 이르는 전체 숫자에는 변동이 없이 246개선을 유지하고 있음이 확인된다. 유형별 추이를 보면, 순수직영이 조금씩 감소하는 추세이며 혼합직영이 미세하게 증가하나, 직영 전체의 수는 감소하는 추세이다. 위탁형도 감소하는 반면, 법인형이 대체로 증가하는 양상을 띤다.

〈표 12-4〉 자원봉사센터 운영형태별 실태

연도	계	순수직영	혼합직영	위탁	법인
2011	246	72	73	63	38
2012	246	67	76	55	48
2013	246	65	77	54	50

자료: 안전행정부

(2) 연구과제

우리나라 자원봉사의 확대와 적절한 역할정립, 그리고 자원봉사센터 사업의 바른 자리매김과 활성화 등에 관심을 두면서 제기해볼 수 있는 질문들을 나열해보면 다음과 같다.

① 우리 사회에서 자원봉사가 담당할 역할을 공공, 시장, 전문 영

역의 역할과 견주어 어떻게 설정하는 것이 바람직하겠는가?

② 자원봉사활동을 지역별 및 전국적으로 효과적이며 효율적으로 관리하고 지원하기 위한 제도적 기초로서 현행 〈자원봉사활동기본법〉은 적절한가? 혹 자원봉사에 대한 공공부문의 개입이 지나치다고 판단할 여지가 있는가?

③ 난립 양상을 띤 개별 자원봉사 단체와 협의조직들을 연계시키고 조정할 방안의 필요성과 추진방법에 대해 어떻게 생각하는가?

④ 현행 자원봉사센터의 정체성 및 사회적 역할은 적절히 설정되어 있다고 보는가? 운영체계는 잘 가다듬어져 있는 편인가?

⑤ 자원봉사센터 종사자의 수, 전문성, 처우 등은 어떠한가? 종사인력에 대한 교육 및 훈련의 체계는 어떠한가?

⑥ 자원봉사에 관여하는 기관에 따라 정부의 상이한 부처들로부터 감독을 받는 관계로 업무의 중복, 업무추진 원칙 간의 마찰, 재정지원의 비형평성 등과 같은 문제가 발생할 가능성은 없는가?

⑦ 자원봉사센터와 협의체들의 운영재정 규모는 적절한가?

⑧ 자원봉사센터와 협의체들은 지역사회내의 다른 단체들과 원활한 협력관계를 형성하고 있는가?

⑨ 자원봉사자들에 대한 상해보험이나 인증보상제와 같은 인센티브제는 적절히 개발되어 활용되고 있는가?

⑩ 자원봉사 실태와 관련된 전반적 자료가 체계적으로 생산·관리되지 못하는 주된 이유는 무엇이며, 적절한 대안은 무엇인가?

⑪ 현재의 자원봉사 기관 및 협의체들은 변화하는 사회상황에 능률적이며 유연하게 대처하고 있는가?

제 13 장

사회복지시설과 지역사회 : 시설의 사회화

1. 사회복지시설과 지역사회복지

1) 사회복지시설 개관

먼저 사회복지시설의 의미를 우리나라의 〈사회복지사업법〉 규정에 근거하여 간략히 살피고, 시설운영에 관한 정부의 기본시책을 보건복지가족부 지침을 중심으로 소개하고자 한다. 이렇게 간략히 다루는 것은 이 장에서 사회복지시설에 대해 언급하는 목적이 그 운영 전반에 대해 깊이 있게 살피려는 데에 있지 않기 때문이다. 다만 시설의 사회화가 지역사회복지의 중요한 과제임을 밝히고, 그것의 확대를 위한 방안을 모색하는 데에 실마리로 삼을 만한 판단자료를 제공하려는 데에 이 장의 주된 목적이 있다.

(1) 사회복지시설의 개념과 유형

〈사회복지사업법〉 제2조의 규정에 의하면, 사회복지시설이란 "사회복지사업을 행할 목적으로 설치된 시설"을 말한다. 여기서 "사회복지사업"이라 함은 법 제2조 제1호에서 열거하고 있는 사회복지 관련 법률들에 의한 각종 복지사업과 이와 관련된 자원봉사활동 및 복지시설의 운영 또는 지원을 목적으로 하는 사업을 말한다. 이러한 사회복지시설의 종류를 관련법과 주무부처에 따라 구분하면 다음 표와 같다. 사회복지시설의 사회화와 관련된 논의는 시설의 세부종류 가운데 주로 생활시설과 관련되나, 이용시설라고 해서 결코 무관한 것은 아니다. 사회화의 의미를 살핀 후에 이 점을 따져보는 것이 좋겠다.

(2) 사회복지시설 운영시책

정부는 사회복지시설 운영과 관련한 여러 가지 시책들을 통해 시설이 본연의 목적에 합당하게 운영되어 사회적 책임을 다하도록 유도하고 있다. 그 가운데 사회화를 촉진하기 위한 시책들이 포함되어 있는 것은 말할 것도 없다. 시책의 골자를 정리해보면 다음과 같다.

① 국가나 지방자치단체 외의 자가 시설을 설치·운영하고자 할 때에는 인력과 설비요건을 갖추어 시장·군수·구청장에게 신고해야 한다(법 제34조).

② 사회복지시설의 장은 상근하여야 한다(법 제35조).

③ 사회복지시설의 민주성과 투명성 제고 및 생활자 권익향상 등을 위해 시설운영위원회를 설치·운영하여야 한다. 위원은 서비스 이용자, 지역주민, 후원자 대표, 공무원, 종사자, 전문가 중에서 시설장이 추천하고, 관할 시장·군수·구청장이 임명 또는 위촉한다(법 제36조).

④ 사회복지시설 종사자에게는 정년이 적용된다. 시설장은 65세이며, 기타 종사자는 60세이다.

⑤ 인권침해 등으로 정상적 운영이 불가능한 시설은 시·군·구청

장이 1회 적발만으로 시설폐쇄를 명할 수 있다(시행규칙 제26조의2).

⑥ 봉급 및 수당은 개별시설과 지방자치단체 예산사정 등에 따라 편성하되, 시간외 근로수당, 퇴직금, 4대 보험 등의 경우 〈근로기준법〉 및 개별법령을 준수하도록 한다.

⑦ 후원금을 받은 때에는 법이 정하는 양식으로 영수증을 후원자에게 즉시 교부한다. 후원금은 후원자가 지정한 용도 외에 사용하지 못하나, 지정후원금의 15%는 후원금 모집, 관리, 운영, 사용, 결과보고 등에 필요한 비용으로 사용할 수 있다. 비지정 후원금은 시설의 운영비로 사용하되, 간접비 비율이 50%를 초과하지 못한다. 후원금 사용내역은 연 1회 이상 후원금을 낸 자에게 통보한다.

⑧ 종사자의 채용은 15일 이상의 공고를 포함한 공개모집 방법으로 하여야 한다. 사정에 따라 7~15일로 조정할 수 있다.

⑨ 시설 종사자의 근로에 대해서는 근로기준법에 의한 기준을 적용하여 기본생활을 보장하고, 관리의 효율성과 민주성을 기한다.

⑩ 〈사회복지사업법〉 제43조의2 및 동 시행규칙 제27조의2의 규정에 따라 3년마다 1회 이상 의무적으로 평가를 받는다.

⑪ 재정은 '사회복지법인 재무·회계규칙'에 따라 엄정하게 관리해야 한다. 절차에 따라 편성한 예산안은 시·군·구청장에게 제출하고 게시판과 인터넷 등에 20일 이상 공고한다. 결산보고서도 이와 같이 한다. 법인 및 시설회계 예산은 세출예산이 정한 목적 외에는 사용하지 못한다. '관' 간의 전용 및 동일 '관' 내 '항' 간의 전용은 법인 이사회의 의결을 할 수 있다. 동일 '항' 내 '목' 간의 전용은 법인 대표이사 및 시설의 장이 할 수 있다. '관·항' 전용의 경우에는 관할 시장·군수·구청장에게 전용조서를 제출해야 한다. 세출예산 중 불가피한 사유가 있을 때에는 법인 이사회의 의결로 다음해로 이월할 수 있다.

〈표 13-1〉 사회복지시설의 종류

소관부처	시설종류	세부종류		관련법
		생활시설	이용시설	
보건복지부	노인복지시설	▪ 노인주거복지시설 ▪ 노인의료복지시설 ▪ 학대피해노인 전용쉼터	▪ 재가노인복지시설 ▪ 노인여가복지시설 ▪ 노인보호전문기관 ▪ 노인일자리지원기관	노인복지법
	복합노인복지시설	▪ 농어촌지역에 한해 노인복지법 제31조의 노인복지시설을 종합적으로 배치한 복합노인복지시설 설치·운영이 가능		농어촌주민의 보건복지증진을 위한 특별법
	아동복지시설	▪ 아동양육시설 ▪ 아동일시보호시설 ▪ 아동보호치료시설 ▪ 자립지원시설 ▪ 공동생활가정	▪ 아동상담소 ▪ 아동전용시설 ▪ 지역아동센터 ▪ 아동보호전문기관 ▪ 가정위탁지원센터	아동복지법
	장애인복지시설	▪ 장애유형별 거주시설 ▪ 중증장애인 거주시설 ▪ 장애영유아 거주시설 ▪ 장애인 단기거주시설 ▪ 장애인 공동생활가정	▪ 장애인지역사회 재활시설 ▪ 장애인직업재활시설 ▪ 장애인의료재활시설 ▪ 장애인생산품판매시설	장애인복지법
	어린이집		▪ 어린이집	영유아보육법
	정신보건시설	▪ 정신요양시설 ▪ 정신재활시설 중 생활시설	▪ 정신재활시설 중 이용시설	정신건강증진 및 정신질환자 복지서비스 지원에 관한 법률
	노숙인시설	▪ 노숙인 자활시설 ▪ 노숙인 재활시설 ▪ 노숙인 요양시설	▪ 노숙인 종합지원센터 ▪ 노숙인 일시보호시설 ▪ 노숙인 급식시설 ▪ 노숙인 진료시설 ▪ 쪽방상담소	노숙인 등의 복지 및 자립지원에 관한 법률
	사회복지관 결핵·한센시설	▪ 결핵·한센시설	▪ 사회복지관	사회복지사업법
	지역자활센터		▪ 지역자활센터	국민기초생활 보장법
여성가족부	성매매피해 지원시설	▪ 일반지원시설 ▪ 청소년지원시설 ▪ 외국인지원시설 ▪ 자립지원 공동생활시설	▪ 자활지원센터 ▪ 성매매피해상담소	성매매방지 및 피해자보호 등에 관한 법률
	성폭력피해 보호시설	▪ 성폭력피해자 보호시설	▪ 성폭력피해상담소	성폭력방지 및 피해자보호 등에 관한 법률

〈표 13-1〉 계속

소관부처	시설종류	세부종류		관련법
		생활시설	이용시설	
여성가족부	가정폭력보호시설	▪ 가정폭력피해자 보호시설	▪ 가정폭력상담소 ▪ 긴급전화센터	가정폭력방지 및 피해자보호 등에 관한 법률
	한부모가족 복지시설	▪ 모자가족복지시설 (기본, 공동, 자립) ▪ 부자가족복지시설 (기본, 공동, 자립) ▪ 미혼모자가족복지시설 (기본, 공동) ▪ 일시지원복지시설	▪ 한부모가족 복지상담소	한부모가족 지원법
	다문화가족지원센터		▪ 다문화가족지원센터	다문화가족지원법
	청소년복지시설	▪ 청소년쉼터 ▪ 청소년자립지원관 ▪ 청소년치료재활센터 ▪ 청소년회복지원시설		청소년복지지원법

자료: 보건복지부

⑫ 국가나 지방자치단체 혹은 사회복지법인 이외의 자가 설립·운영하는 소규모 '개인운영시설'에 대해서는 별도의 완화기준이 적용되었으나, 2009년 12월 31일자로 적용이 종료되었다.

2) 지역사회복지 관점에서 보는 사회복지시설

이 책의 1장에서 규정한 바와 같이 지역사회복지를 '지역사회를 접근의 단위로 하여 그 구성원들의 복지를 실현하려는 사회적 노력'이라고 이해할 때, 사회복지시설을 통하여 서비스 이용자들의 복지를 실현하려고 하는 노력들도 이 범주에 포함된다고 보는 것이 옳다. 이용시설뿐 아니라 생활시설 혹은 거주시설도 마찬가지이다. 비록 오래전부터 생활시설을 지역사회와 분리시켜 이해하는 시각이 이어져 내려오긴 하였으나, 오늘날의 시설은 더 이상 지역사회와 유리된 존재로 이해할 수 없게 되었기 때문이다. 이 장에서 논의하고자 하는 '시설 사회화'의 관념이 이러한 이해를 뒷받침하며, 앞에서 소개한 우리나라 정부의 사회복지시설 운영지침에서도 시설과 지역사회의 소통적 관계를 충분히 시사하고 있다. 요컨대, 지역사회복지를 둘러싼 담론에서 이용시설과 생활시설을 포괄하는 사회복지시설에 관한 이슈가 의미 있는 일부로 포함되는 것이 마땅하다는 것이다. 이 책은 이렇게 파악하는 일차적 계기를 사회복지시설의 사회화 관념에서 구한다.

2. 사회복지시설의 사회화

1) 사회복지시설 사회화의 개념

시설사회화(*socialization*)의 개념을 명확히 정의하는 것은 결코 간단한 일이 아니다. 그것은 무엇보다 이 개념의 뜻을 논자마다 달리 규정한 채 사용하고 있기 때문이다. 특히 이 개념의 의미는 시설과 지역사회 사이의 관계 속에서 파악되는데, 그러한 관계의 형태와 범위 및 내용에 대한 이해가 논자마다 차이를 보이고 있다는 점이 이처럼 개념 규정을 어렵게 하는 주된 이유가 되고 있다. 여기서는 우선 이러한 상이한 개념 규정의 몇 가지 예를 비교하는 가운데, 이 연구를 위한 개념의 정의를 시도하고자 한다.

사회복지시설의 사회화는 관련 개념들인 탈시설화(*de-institutionalization*), 정상화(*normalization*), 지역사회보호(*community care*) 등과는 달리,[1] 미국이나 유럽보다 주로 일본에서 사용하는 개념으로 판

---

1) 여기서 '관련 개념'이라 표현한 것은 이들 용어 사용의 맥락이 종종 중첩되고 있기 때문이다. 그러나 이들의 의미는 서로 구별되는데, 다만 이에 대한 자

단된다. 일본에서 사회복지 시설의 사회화란 용어가 처음 사용된 것은 1951년 〈전국사회복지사업대회〉였다. 대회 개최 이후 1960년대를 거쳐 1970년대에 이르기까지 시설사회화에 대한 폭넓은 논의와 다양한 프로그램이 제시되었다(박태영, 1995). 이러한 움직임의 배경에는 시설의 격리수용 방식에 대한 반발이 있었다.[2] 즉, 폐쇄적 시설운영으로 인한 지역사회와의 괴리, 시설생활자의 인권 침해, 시설생활자의 퇴소 후 사회적응 실패, 시설병(*hospitalism*)의 발생 등 비경제적·비합리적·비효과적·비사회적 부작용들이 대두했다(이종복, 1999).

이렇게 등장한 시설사회화는 논자에 따라 다양한 의미로 해석되고 있는데, 시설의 지역화 또는 시설이 지역사회에 개방되고 지역사회의 지지를 받는 것이라는 설명이 그 하나다(右田紀久惠·井岡勉, 1996: 246; 감정기·조추용, 1998에서 재인용). 이와는 달리 보다 확장된 의미로 정의를 내리기도 하는데, 사회복지시설의 사회화란 사회보장제도의 일환으로 사회복지시설이 시설 이용자의 인권보장 및 생활구조의 옹호라는 공공성의 관점에서 시설내 처우내용을 향상시킴과 동시에 지역사회에서 발생하는 복지욕구를 충족시키기 위하여 그 시설이 소유하고 있는 장소·설비·기능·인적 자원 등을 지역사회에 개방·제공하고, 또 지역사회에서 이뤄지는 각종 활동에 응하는

세한 논의는 이 연구의 취지를 벗어난다고 보아 생략하고자 한다.

2) 일본에서 시설의 사회화를 촉진시킨 배경을 좀더 구체적으로 보면, ① 종래 수용시설의 격리보호로부터 벗어나 사회복귀를 하기 위해 폐쇄적 상황을 거부하기 시작한 시설 이용자와 그 가족, ② 이 점을 이론적으로 인식하기 시작하고, 아울러 사회화되는 것이 시설 이용자의 치료·교육·원조 등을 위해서 필요하다는 것을 인식하기 시작한 시설관계자, ③ 사회변동 속의 생활불안에 따라 사회자원으로서 사회복지시설을 자신에게 필요한 것으로 느끼기 시작한 지역주민, ④ 이러한 동향을 감지하거나 활용하여 지역사회 지향성을 두기 시작한 복지행정 등이 지적되고 있다.

방식으로 사회복지 시설과 지역사회가 상호작용하는 과정이라는 설명이 그 예이다(秋山智久, 1978; 감정기·조추용, 1998에서 재인용).

국내학자의 경우 박태영은 시설사회화를 시설과 지역사회가 상호교류를 통한 동질화와 시설이 지역사회 일원으로 용인되고, 시설이 지역사회의 유용한 기관으로서의 역할을 수행하며, 시설이 폐쇄적이고 특정한 사람들만의 사적 상황으로부터 지역사회에 열려진 사회적·공동적 상황으로의 변화를 의미한다고 규정하고 있다(박태영, 1995). 이종복은 시설을 지역사회의 다양한 생활 기능의 일부로서 정착시키며 시설 생활자의 보호를 향상시킴과 동시에 지역주민의 복지를 향상시키고 시설과 지역사회의 관계를 심화시키는 것이라고 설명하고 있다(이종복, 1999).

위의 개념들을 보면 몇 가지 강조되는 요소들을 발견할 수 있다. 즉, 시설과 지역사회와의 관계 발전, 시설운영과 공간·시설·장비의 지역사회에 대한 개방, 주민과 지역사회의 시설에 대한 민주적 참여, 시설이 지역사회의 기능적 일부가 될 것 등을 강조하고 있으며, 시설의 복지서비스 대상 범위를 넓게 파악하고 있다는 점이다. 또한 시설의 공익성과 함께 지역사회의 서비스 제공 능력을 인정하면서 이들을 이용하고자 한다. 따라서 사회복지 시설의 사회화란 사회복지 시설의 운영 전반을 지역사회에 개방하고, 지역사회의 구성원들이 개별적 및 조직적 형태로 그 운영에 참여시키며, 시설서비스의 영역을 시설 생활자뿐만 아니라 지역사회 구성원에까지 확장하고, 지역사회의 자원을 폭넓게 활용함으로써, 지역사회와의 관계를 유기적으로 발전시켜 가는 과정이나 현상으로 정의할 수 있겠다.

시설사회화 실태를 파악하기 위해서는 이 개념을 조작적으로 구체화할 필요가 있다. 이를 위하여 이 개념을 구성하는 하위요소를 규정해보고자 하는 시도들이 여러 논자들에 의해 이루어진 바 있다. 비교적 근자에 이루어진 몇몇 국내 연구의 예들을 들어보면, 먼저 이종복은 시설사회화의 영역을 서비스의 사회화, 운영의 사회화, 기능의 사회화로 구분한다(이종복, 1999).

감정기·진재문(2000)은 좀더 세분화하여 다음의 다섯 영역으로 나눈다. ① 시설설비 및 서비스의 개방, ② 재정공개와 주민의 시설운영 참여 등을 포함하는 시설운영의 개방, ③ 시설 생활자의 지역사회 참여, ④ 시설의 지역사회활동 참여 및 지원, ⑤ 지역사회자원의 활용 등이 그것이다.

이 밖에 이병록(2004)은 처우의 사회화, 기능의 사회화, 운영의 사회화, 문제의 사회화, 공적 행정과의 연계 등의 다섯 가지를 구성요소로 나누고, 곽병은(2006)은 자원의 이동에 초점을 두어 처우의 사회화, 운영의 사회화, 기능의 사회화 등의 세 영역으로 단순화시켜서 분석에 활용하며, 김문동·이희선(2008)은 시설 생활자의 처우향상, 시설운영의 민주화, 지역사회에 대한 서비스 제공, 공공행정과의 연계 등으로 구분하는가 하면, 강환세·마은경(2008)은 처우·기능·운영·정보·자원 등의 사회화로 구분한다. 지금까지 대부분의 연구들이 중복되는 자료들을 참조하면서 이루어진 관계로 개념의 규정이나 세부 구성요소의 설정에서 일부 표현의 차이는 보일지언정 내용상 큰 차이가 발견되지 않는다. 후속 연구자들에게서도 유사한 경향이 거듭될 가능성이 다분하다.

2) 연구동향과 과제

사회복지시설의 사회화를 다룬 국내연구의 동향들을 일별해보면, 시설 사회화의 개념정립에 역점을 두면서 일정 범주에 속하는 시설들의 사회화 수준을 기술적으로 다룸으로써 그동안 다소 침체되어 있던 사회화 관련 논의가 이어지게 된 계기가 된 연구들을 우선 들 수 있다(박태영, 1995; 감정기·조추용, 1998; 이종복, 1999).

이어서 진행된 연구들은 시설의 사회화를 종속변수로 삼아 그것에 영향을 끼치는 시설 내외적 요인들을 규명하려 한 연구(감정기·진재문, 2000; 이병록, 2004)와 시설의 사회화를 독립변수로 삼아 그것이 시설 생활자의 삶의 여러 측면에 끼치는 영향을 분석하려 한 연구(이병록, 2004; 곽병은, 2006; 김문동·이희선, 2008; 강환세·마은경, 2008)로 크게 나뉜다.

연구의 대상으로 삼은 시설로는 노인복지시설과 장애인복지시설이 주로 선택되는 경향이 있으며, 분석에 사용되는 변수로는 시설의 목적사업·규모·역사·인력상황 등과 같은 내부요인, 지역사회 환경요인, 서비스의 질, 그리고 시설 생활자의 삶의 질·생활만족도·우울 등이 선택되는 경향을 보인다. 시설의 사회화에 대한 관심이 끊이지 않고 있는 점은 그것이 시설 서비스의 발전에 가져올 긍정적인 영향을 고려할 때 매우 고무적인 일이다. 그러나 시설의 사회화가 시설 생활자와 지역사회에 대해 끼칠 것으로 가정하는 관념적 차원의 이해와는 달리, 실제로 진행된 연구들을 통해서 밝혀진 바들은 정책이나 실천영역에 대해 그다지 괄목할 만한 시사점을 제공하지 못해온 것으로 보인다.

몇 가지 우리 사회의 상황적 특수성을 고려한 좀더 심도 있는 연구들이 시도될 필요가 있다. 사회화의 수준을 측정하기 위해 개념을 조작화하고 측정수단을 체계화하려는 시도는 필요하다. 그러나 시설 생활자의 특성과 시설의 유형 혹은 시설의 지리적 위치 등을 고려할 때, 단순히 산출되는 사회화의 수준이 높을수록 보다 바람직한 상태라고 가정하는 것은 피할 필요가 있다.

분석단위의 문제도 있다. 시설이 분석의 단위가 될 수도 있지만, 시설 생활자나 종사자 개개인이 단위가 될 수 있다. 하나의 분석에서 이들이 뒤섞여 사용된다면 방법론상의 문제를 야기할 수 있다. 양적 분석에 기울어져 있는 기존의 연구경향도 아쉬움이 있다. 시설 생활자들의 특성과 시설이라는 환경이 지니는 특성을 고려할 때, 이른바 질적 연구의 범주에 드는 대안적 자료수집과 분석의 방법이 더욱 적절할 수도 있다는 것이다. 시설 생활자들이 조사의 대상일 뿐 아니라 조사의 적극적 동참자가 되는 참여행동연구(*participatory action research*)도 좋은 대안적 연구방법이 될 것이다.

지역사회와의 관계를 초점으로 삼는 것이 시설 사회화에 관한 연구인만큼, 연구의 대상에 지역사회를 포함하는 것도 비중 있게 검토하는 것이 바람직하다. 시설에 대한 지역사회의 인식 및 태도 여하가 시설 사회화에 중요한 영향을 끼칠 수 있는 요소가 될 것이기 때문이다. 이때 지역사회란 구체적으로 어디의 누구를 지칭하는 것인가에 대한 고민도 아울러 필요할 것이다.

마지막으로, 사실규명을 넘어서 시설 사회화를 통해 생활자에게 긍정적인 결과를 가져오기 위해서는 무엇을 얼마나, 그리고 어떻게 바꾸어야 할 것인가에 대해 전술적 차원의 답을 줄 수 있는 연구가 기대된다. 연구가 연구로서 끝나지 않도록 하기 위함이다. 바꾸어야 할 대상은 시설내부뿐 아니라 시설외부에도 있으리라 가정한다면, 분석의 소재는 지금보다 더 확대될 수 있을 것이고, 이에 따라 분석방법의 정교화가 요청될 것이다. 시설의 외부이든 혹은 내부이든, 지금까지의 연구가 시설 사회화의 가장 큰 걸림돌을 외면한 채 혹 변죽만 울린 것은 아니었는지 숙고해볼 필요도 있다.

제 14 장

사회운동적 접근

우리사회는 1987년 6월 시민항쟁 이후 시민사회의 성숙과 정치민주화가 급속하게 이루어지면서 사회운동이 급속하게 확대되는 계기를 맞게 되었다. 이후 전국 혹은 지역사회 단위의 사회복지운동도 크게 성장하였고, 이로써 사회복지제도의 변화와 발전을 견인하는 데에 크게 기여하였다. 이 장에서는 이러한 운동적 접근을 통해 지역사회복지의 일반적 목적성취에 기여하는 경우들을 살펴본다.

1절에서는 먼저 사회운동의 한 부문운동으로서 사회복지운동의 의미와 현황을 정리해본다. 2절에서는 우리나라 사회복지운동의 특성과 발전과제 등을 검토한다. 3절에서는 이슈중심의 운동사례들을 다루는데, 전국을 대상으로 활동하는 운동사례들과 지역중심의 운동사례들, 복지운동 네트워크 사례들, 그리고 마을만들기, 도시재생, 로컬푸드 등을 소개한다. 마지막 4절에서는 사회적 경제의 의미와 그 전형적인 운동 유형들인 사회적 기업, 협동조합, 마을기업, 지역화폐운동 등을 개념정의와 동향을 중심으로 간략히 제시한다.

1. 사회복지운동의 의미와 현황

1) 사회운동의 의미

사회운동을 가장 포괄적으로 정의하자면 사회나 어떤 집단의 변화를 가져오거나 혹은 변화에 저항하기 위해 상당한 지속성을 갖고 비교적 조직적·체계적으로 이루어지는 다중에 의한 운동이다(조돈문, 1995: 10). 저자들은 사회복지운동의 의미와 성격을 사회운동-사회복지운동이라는 상호 연관된 개념들의 위계관계 내에서 파악하고자 한다. 즉, 사회복지운동은 사회운동의 한 부문운동으로 파악할 수 있을 것이다.[1)]

사회운동이란 개념과 용어가 처음 등장한 것은 19세기 유럽대륙에서이다. 이 무렵 사회운동은 대체로 산업혁명 이후에 나타난 노동자계급의 이념적이고 반체제적 저항운동을 가리키는 개념이었다.[2)] 그러나 1920~30년대를 전후하여 각국에서 참정권이 보편화되고 정부가 사회복지의 생산과 전달자의 역할을 담당하게 됨으로써 사회운동은 사회 전체의 구조개혁보다는 국가적 혜택의 몫을 찾으려는 움직임으로 변화하게 되었고, 따라서 점차 사회개혁 성격을 띠게 되었다. 1960년대에 들어서는 국가의 제도와 기구 그리고 행정절차가 더 중앙집권화되고 전문화·관료화되는 경향에 대응해서 사회운동이 반

---

1) 지역사회복지운동은 사회복지운동의 추진단위를 지역사회로 특정화한 개념으로 파악할 수 있을 것이다. 이전에는 14장을 지역사회복지운동이라고 하였으나, 지역사회복지실천이 꼭 근린지역이나 지방단위에서 이루어지는 것이 아님을 고려하여 개정판에서는 14장을 사회운동적 접근이라고 명명하였다.

2) 사회운동의 '고전적' 개념은 기존 사회질서와 구조에 대한 근본적이고 포괄적 변화를 추구하는 대중적·집단적 움직임으로 혁명과 같은 개념으로 이해되고 있다(다음백과사전 http://enc.daum.net).

(反) 관료적이고 대중적이며 소수집단의 이익을 대변하는 성격을 가진 운동으로 변화하였고, 이런 사회운동의 성향을 '신사회운동'으로 부르고 있다.

'구사회운동'이 기존의 민중운동, 노동운동, 계급운동, 지역사회운동, 재야운동 등의 개념을 포괄하는 개념으로 사용된다면, '신사회운동'은 시민운동,[3] 이슈중심운동, 지역시민운동 등을 포괄하는 개념

〈표 14-1〉 구사회운동과 신사회운동의 비교

	구사회운동	신사회운동
성 격	구조적 문제분석에서 출발	생활의 문제에서 출발
기 조	경제, 사회, 국가, 군사적 안정	생활의 질, 평등, 개인적 자아실현, 참여, 인간적 권리에 기초
활동내용	경제적 불평등과 정치적 억압을 벗어나기 위한 구조개혁과 좀더 근본적인 사회 전체적 민주화를 추구 이를 위해 민중의 정치세력화를 시도	정치적 목표보다는 시민사회 내적 목표, 즉 부정부패추방, 촌지 없애기, 의식개혁, 생활공동체 운동을 지향, 점진적 제도개선
영 역	생산영역 (생산현장)	소비영역 (생활현장)
계급성	계급운동	범 (탈) 계급적 운동
부 문	노동운동, 농민운동	환경, 반핵, 인권, 소비자 여성운동, 전문직업인 운동, 지역주민, 청년운동
주 체	노동자, 농민, 빈민 등 경제적 이해관계와 관련된 직접적 피해 당사자 중심	지식인, 화이트칼라, 자영업자 등의 중간층이나 학생, 주부, 노인 등의 노동시장, 주변층, 청년세대 중심
문제해결 방식	파업, 시위, 농성 (급진적 운동방식)	캠페인, 국민홍보, 강연회 (온건하고 합법적 운동방식)

출처: 대구사회연구소, 1995: 289.

3) 서구사회의 신사회운동이 우리나라에서의 시민운동을 포괄하는 개념으로 볼 수 있는가에 대해서는 의견이 일치되지는 않는다. 송호근 (1997) 은 한국의 시민운동을 신사회운동으로 규정하면서 상호대체될 수 있는 개념으로 보는 반면, 조희연 (1999) 은 한국의 시민운동은 신・구사회운동의 혼합물로 파악되기 때문에 신사회운동의 개념만으로 시민운동을 포괄하기는 어렵다고 본다.

으로 사용된다(최병두, 1994: 280~288). 기본적으로 '구사회운동'의 구조적 배경이 생산영역에서 발생하는 자본주의의 모순을 변혁하고자 한 것이라면, '신사회운동'은 소비의 영역에서 발생하는 생활상의 문제를 반영하는 데에서 출발하고 있다. '구사회운동'과 '신사회운동'은 〈표 14-1〉에서 보듯이 운동의 성격, 내용, 영역, 주체, 문제의 해결방식 등에서 차이점을 보인다. 그러나 구사회운동과 신사회운동에 대한 도식적인 구분이 갖는 현실 적합성에 대한 비판도 있다.[4]

2) 사회복지운동의 의미

사회복지운동이 사회운동의 한 부문운동에 속한다면, 그것은 '신사회운동'인가 '구사회운동'인가? 한국의 사회복지운동 역사를 정리한 이영환(2005)은 한국사회의 사회복지운동은 '구사회운동'의 성격을 가지는 운동부터 '신사회운동'의 형태를 띤 것에 이르기까지 다양한 성격과 폭넓은 스펙트럼을 지닌 운동으로 파악하고 있다.[5]

주체를 중심으로 보면 시민운동, 노동운동, 주민운동, 도시빈민운동뿐만 아니라 사회복지종사자 운동이나 복지당사자(장애인, 노인, 아동, 여성 등) 운동을 포괄한다. 비록 1980년대 이후 사회복지운동의 활성화가 주로 시민운동조직에 의해서 주도되긴 하였지만, 그렇

---

4) 근원적으로 사회운동의 출발점은 생산영역에서의 자본주의의 구조적 모순이라고 볼 수 있는데, 신사회운동에서 관심을 갖는 소비영역의 문제 역시 생산현장에서의 모순을 그대로 반영하고 있는 것으로 이해할 수 있기 때문에 신사회운동을 단순히 "이데올로기적 편협성"에 기초하여 엄격하게 구분하여 파악하는 것은 피해야 할 태도라며, 현실적합성의 차원에서 신사회운동을 받아들이는 입장도 있다(유팔무·김호기, 1995).

5) '비판과 대안을 위한 사회복지학회'가 발간한 《한국의 사회복지운동》(이영환 편, 2005)에서 한국사회복지운동을 정리하여 소개하고 있다.

다고 하여 사회복지운동을 시민운동의 전유물로 볼 것만은 아니다.[6] 사회복지의 발전은 시민운동만이 아니라 노동운동(한국노총, 민주노총)이나 농민운동(전농), 여성운동(여성단체연합), 빈민운동(전민련, 주거연합)과 같은 '민중운동'에 의해서도 발전되고 강화되어왔다(이영환, 2005a: 23~61).

사실상 서구사회에서 사회복지 변천의 역사는 자본주의의 역사와 맥락을 같이하며, 사회복지의 발전은 상당부분 자본주의체제에서 계급관계의 힘과 정치에 의해서 결정되었다(이인재, 2004: 15~19). 우리나라의 경우에는 1980년대 말까지만 해도 노동계급이 사회복지의 발전에서 주도적 역할을 수행하지 못했지만(감정기, 1994), 1990년대 초반 이후에 노동운동이 사회복지문제에 관심을 가지기 시작했고,[7] IMF 이후 노사정위원회를 거치면서 사회복지운동이 노동운동의 중요한 영역으로 성장하게 되었다(류만희, 2005). 이와 같이 다양한 주체에 의한 사회복지운동은 국가의 복지활동을 촉구하는 역할, 빈자와 시민대중을 위한 대변자의 역할, 정책과 행정에 대한 참여자, 감

---

6) 우리나라에서는 사회복지운동이 시민사회의 성장과 함께하였다는 점에서 사회복지운동의 이론적·경험적 전형을 시민사회운동에 찾고자 하는 경향이 있다(이영환, 2005b; 이인재, 2004; 남세진·조흥식, 1995).

7) 1990년대 초반 한국노총이 노동자의 이익을 실현함과 동시에 국민의 삶의 질을 향상시키기 위해 주택·의료·교육 등 생활의 전 영역에서 투쟁의 필요성을 제기함으로써 시작되었다(김연명, 1998; 류만희, 2005: 72에서 재인용). 민주노총은 1995년 출범과 함께 선언한 사회개혁투쟁의 일환으로 사회적 임금의 중요성이 부각되면서, 사회보장투쟁에 새로운 관심을 보이기 시작했는데, 이것이 한국에서 복지국가에 대한 노동운동의 영향력을 미치는 시발점으로 볼 수 있다. 특히 1990년대 중·후반부터 민주노총은 그동안의 전투적 노동조합운동에 대한 반성과 함께 사회개혁투쟁의 중요성을 인식하고, 적극적 사회개혁투쟁, 사회구조의 개혁 등을 전면에 내세우면서 본격적 노동운동의 복지정치를 전개한다.

시자의 역할, 민간의 복지활동 영역을 확장하는 역할을 수행함으로써 궁극적으로 사회복지 증진에 기여하였다는 점에서 의의를 가진다.

3) 사회복지운동의 동향

우리나라에서 사회복지운동은 1970년대 이후 대도시의 대규모 재개발사업을 위한 강제철거에 맞선 철거민들의 주거복지운동에 뿌리를 두고 있다(이인재, 2005: 233). 도시지역에서 활동하였던 빈민운동단체들은 외환위기 이후 자활운동과 실업극복운동에 적극적으로 참여하면서 더욱 다양한 모습으로 그 영역과 역할을 확대하여왔다. 특히 1995년 지방자치단체장 직선제 도입 전후에 복지를 운동의 중심 이슈로 내세우는 사회복지운동단체들이 생겨났고, 이들 운동단체들은 전국단위에서 혹은 지역단위에서 활동하고 있다. 특히 지역단위의 사회복지운동단체는 지역사회주민운동에 그 뿌리를 두고 있으며, 주민자주조직으로서 직접적 서비스 기능, 지역사회복지정책개발, 사회행동 등을 수행하여 왔다(김성기, 2002).

좀더 구체적으로 살펴보면, 1989년에 전국을 단위로 한 시민사회운동단체로서 경실련이 결성되었고 결성초기에 도시빈민의 주거문제를 제기함으로써 처음으로 시민사회운동에서 사회복지 문제를 다루기 시작하여 현재에도 사회복지 이슈를 중심의제의 하나로 삼아 활동하고 있다. 이어서 1994년 참여연대가 활동을 시작하였고, 산하의 사회복지위원회가 '국민생활최저선 확보'를 운동의 중심목표로 내걸고 활동하기 시작하였으며, 현재도 사회복지를 중심의제로 하여 시민운동을 활발하게 전개하고 있다.

광역단위 운동은 경기도의 '경기복지시민연대'를 비롯하여 부산, 대구, 인천, 광주, 울산 등지에서 발견되며, 기초단위 운동의 예로서는 서울 관악구의 '관악사회복지', 그리고 경기 성남, 안산과 충남 천안, 부산, 전북 군산 지역을 중심으로 한 지역별 사회복지운동단체들의 활동을 들 수 있다.

1990년대 이후 지역사회 수준에 시민운동단체들이 많이 등장하게 된 것은 지역주민운동에서 생활영역의 중요성을 인식한 데에서 찾을 수 있다. 즉 지역운동의 문제의식 변화와 지역운동의 영역 확장 차원에서 발전했으며, 이는 지방자치제도의 발전과 맥을 같이 한다. 지역사회복지운동단체들의 주요 활동내용은 서비스 제공 활동, 옹호활동, 당사자 동원 활동이라는 세 가지로 크게 분류해볼 수 있다(이인재, 2004a). 첫째, 서비스 제공 활동이다. 많은 지역복지운동단체들은 직접서비스 제공 활동을 하고 있으며, 또한 일반주민을 대상으로 하여 사회복지교육 프로그램을 운영하고 있다.[8] 둘째는 옹호활동이다. 옹호활동은 운동단체의 대표적인 활동으로, 지역사회단체와의 연대를 통해서 활동하기도 하고 혹은 독자적으로 이루어지고 있다. 이들 옹호활동은 지방정부의 정책감시, 예산감시 운동으로 혹은 조례제정 혹은 개정운동을 중심으로 전개되었다.[9] 셋째는 당사자 동원 및 주민조직화 활동이다. 당사자 동원과 주민조직화 활동은 서비스 전달과 옹호활동에 비해 상대적으로 미약하다.[10]

---

8) '관악사회복지'의 푸드뱅크사업, '천안 복지세상을 열어가는 시민모임'의 아동방과후교실 등 직접서비스 사업과 우리복지시민연합'의 참여사회복지학교, 경기복지시민연대의 사회복지학교 등이 있다.

9) '부산참여자치시민연대', 광주의 '참여자치 21', '경기복지시민연대', '우리복지시민연합' 등이 옹호활동을 하는 대표적인 지역복지운동단체의 예라고 할 수 있다. 조례제정운동은 과천시 공동육아협동조합 조합원들을 중심으로 시민단체들과 공동으로 과천시 보육조례를 개정한 사례, 충남 천안시의 '사회복지시설 민간위탁운영에 관한 조례' 제정의 사례 등이 있다.

10) '우리복지시민연합'과 '관악사회복지' 등 일부 역사가 있는 지역복지단체의 경우 주민조직화에 성공하였다. 그러나 대부분의 주민조직이 자원봉사조직이

2. 사회복지운동의 특성과 발전과제

1) 특성

이영환(2005a)은 우리나라에서 진행된 사회복지운동의 역사적인 발전과정을 고려하면서 그 특성을 다음 몇 가지로 정리하고 있다.

첫째, 1980년대 후반 정치적 민주화와 함께 본격적으로 발전하기 시작하였으며, 1990년대의 지구화 진전 및 그로 인한 제반 사회적 모순들(비정규직과 신빈곤 등의 증가)에 대응하여 성장하게 되었는데, 특히 1997년 말 외환위기는 복지운동 증폭에 중요한 계기가 되었다.

둘째, 사회복지운동의 주체가 다양하게 발전하였다. 먼저 농민운동은 1980년대 후반 의료보험시정운동을 통해 사회복지운동을 촉발하는 데 기여하였고, 민주노총을 중심으로 하는 노동운동은 1990년대를 지나면서 운동의 주력으로 부각되었다. 시민운동은 1990년대 중반 이후 중요한 역할을 담당하게 되었다. 경제정의실천시민연합과 참여연대와 같은 시민운동 조직들은 공공부조나 국민연금, 의료보험 등 전국적 차원의 제도개혁 이슈들을 다루는 데 있어 중심적 역할을 하였다. 시민운동과 노동운동의 결합은 1990년대 중반 이후 활발해졌는데, 시민운동 조직이 가진 사회복지 전문성과 노동운동 조직이 가진 대중적 운동역량의 결합에 따른 시너지 효과를 통해 복지운동에서 핵심동력을 형성하였던 것으로 평가되고 있다.[11] 장애인운동, 빈

며, '우리복지시민연합'의 경우 대학생자원모임, 사회복지학과 학생모임을, 관악사회복지의 경우 여성, 청소년, 직장인, 가족 모임을 두고 있다(김성기, 2002). 그러나 대다수 모임은 아직은 자조모임 수준이며, 지역복지 문제에 대응하는 주민자치 운동조직으로까지는 발전하지 못하고 있다.

11) 지역운동에 관해서는 이영환(2005) 제2장에 실린 이인재의 글 "지역복지운동의 성과와 과제"를, 노동운동과 사회복지의 관계는 같은 책에 실린 류만희의

민운동, 여성운동 등의 당사자 운동은 자신들의 고유과제를 중심으로 하면서 관련된 복지이슈에 적극적으로 대응하는 양상을 보여주었다. 이들은 노동운동이나 시민운동에 훨씬 앞서 여러 가지 조직적 발전을 이루었고, 사회복지와 관련된 맹아적 운동의 양상도 보여주었다. 사회복지당사자 운동 중에서 상대적으로 노인, 청소년, 아동복지 분야의 운동적 흐름이 약하게 나타나는데, 이는 곧 운동주체의 형성이 지연되었기 때문이라 할 수 있다.[12] 열악한 상황에서 일하는 사회복지종사자와 전문가 운동도 점진적으로 발전하였다. 1980년대 후반 사회복지 전담공무원들이 먼저 조직화되어 권익옹호와 사회복지전달체계 개선 등의 활동을 전개하여 많은 성과를 거두면서 잠재력을 보여주었다. 사회복지사들의 노동조합운동은 1980년대 후반 한차례 좌절을 겪으면서도 맥을 이어갔고, 2000년대 초반에는 산별노조 건설에 매진하고 있다. 사회복지 관련 각종 협회, 학회 등의 전문가들은 제도개선운동에 참여하거나 혹은 사회복지사들을 위한 전문직 확립을 위해 노력하였다.[13]

셋째, 사회복지 분야별로 전개된 운동은 명확히 구분되는 것은 아니지만, 사회보험과 같은 전국적 차원의 제도들은 시민운동이나 노동운동이 주로 담당하였고, 사회복지서비스는 지역운동이나 여성운동, 장애인 운동 등이 많은 관심을 기울였다. 노인이나 아동, 청소년 분야는 운동흐름이 약했던 반면, 기초생활보장법 제정운동과 같은 공공부조 분야는 빈민운동 등 각 부문운동들이 공히 관심을 기울인

글 "노동운동과 사회복지"를 참조.

12) 여성운동에 관해서는 강남식의 글 "여성운동과 사회복지"(이영환 편, 2005)를 참조. 장애운동에 대해서는 유동철의 글 "장애운동의 성과와 과제"(같은 책)를 참조.

13) 사회복지종사자 운동에 관해서는 심재호의 글 "사회복지노동조합운동의 성과와 과제"(이영환 편, 2005) 참조.

영역으로 볼 수 있다.

넷째, 운동의 전략과 전술 역시 다양하게 전개되었다. 제도개선을 위한 청원과 로비, 그리고 집회·시위·서명 등 다양한 사회행동 전술이 활용되었다. 특기할 만한 것은 공익소송과 같은 사법적 영역에서의 옹호활동이 전개되기 시작했다는 점이다. 운동 전략과 관련된 또 다른 발전으로, 선거 국면을 활용하는 방식이 보편화되었다는 점을 들 수 있다. 2000년 총선시민연대의 낙천·낙선운동 성공 이후 사회복지영역에서도 각 지역 및 분야별로 총선과 대선, 그리고 지방선거 등에서 후보자 초청토론회, 공약 발굴 및 공약 채택 운동 등이 조직적으로 전개되었다.

다섯째, 사회복지운동단체들이 정부와의 관계를 형성하는 방식도 다양하다. 노동운동과 일부 시민운동은 대결과 견제 그리고 협상전략을 견지하고 있다. 정부의 각종 위원회에 참여하는 등 협력관계를 유지하고 있지만, 보다 대등한 협상력을 개발할 필요가 있다. 이에 비해, 많은 단체들은 정부의 지원을 받거나 기관위탁에 참여하는 등 의존성이 강한 관계를 형성하고 있다.

여섯째, 운동단체들이 힘을 결집하기 위해 연대운동을 전개하는 것이 일반화되어 있다. 연대운동을 통해 사회적 공신력이 배가되는 등 여러 가지 효과를 기대할 수 있지만, 실제 수많은 단체들을 연결하고 효과적으로 동원하는 일은 쉬운 일이 아니어서 형식적 연대운동으로 전락하는 경우도 적지 않다.

일곱째, 그동안 복지운동의 주류를 형성한 것은 사회복지제도 도입 및 도입된 제도의 개혁을 위한 운동들이다. 이는 실용적 성격이 강한 사회복지분야의 운동에서 불가피한 현상이지만, 그 반대급부로 이념 지향적 운동이 빈곤하였다는 점을 지적하지 않을 수 없다. 즉, 사회복지운동이 어떠한 사회체제, 어떠한 복지모형을 추구해야 하는 것인지를 고민하기보다는 당면한 제도적 문제의 해결에 급급해 왔다는 것이다.

2) 발전과제

우리나라의 사회복지제도는 1980년대 이후 빠른 속도로 제도 도입과 적용범위 확대가 이루어졌지만 여러 가지 문제를 안고 있다. 비정규직의 대부분이 사회보장의 사각지대에 위치함으로써 정규직을 중심으로 설계된 사회보장제도의 기본골격이 위기에 처하고 있다. 이러한 구조적 취약성에 더하여 우리나라의 사회복지는 신자유주의 공세에 직면하고 있다. 신자유주의 공세는 복지제도와 재정지출의 축소와 사회보장제도의 민영화를 강조한다. 이러한 민영화 요구의 실현과 복지지출 삭감은 가뜩이나 취약한 사회보장제도의 사회안전망 기능을 훼손하게 된다.

이상과 같은 상황에서 신자유주의적 성장지상주의를 극복하기 위한 운동이념을 정립하는 것과 아울러, 실천적 사회복지운동에서 부문별 접근을 지양하고 사회의 총체적 변화를 통한 사회권 확보 노력이 필요하다. 이를 위해서는 시민사회운동진영과 노동운동 및 민중운동과의 적극적 연대를 강화하는 것이 필요하다.[14]

한편 지역주민들의 삶의 현장인 지역사회에서 지역을 중심으로

---

14) 연대활동은 90년대 중반 '의료보험통합운동'과 90년대 후반 〈국민기초생활보장법〉 제정 운동에서 경험한 바가 있고 그 후 이슈별로 다양한 연대활동이 전개되었다. 2000년대 이후에는 개별적 이슈 중심의 연대활동을 넘어서서 '복지국가 건설'이라는 큰 주제로 연대활동을 강화할 필요성에 대한 논의가 시작되었다. 2014년 10월 31일 참여연대 창립 20주년 기념 심포지엄으로 열린 "한국 복지국가운동의 어제, 오늘 그리고 내일"에서 복지국가 건설을 위한 연대의 필요성과 방안들이 논의된 바 있다.

하는 지역사회복지운동이 더욱 강화될 필요가 있다 지역사회복지운동의 발전역량을 키우기 위해서는 시민자치역량 강화가 필요하다. 자치역량 강화를 위해서는 주민들이 생활상의 문제에 관한 의사결정 과정에 적극적으로 참여하여 영향력을 행사하는 데 필요한 지식이나 정보를 습득하고, 주요 정책결정과정에 대한 지식을 토대로 적시적소에 개입하도록 주민역량을 키워낼 수 있어야 한다. 아울러 지역사회에서의 수평적 네트워크를 활성화시켜서 시민사회조직의 힘을 키우고, 사안에 따라서는 전국단위의 조직과 수직적 네트워크 활동을 강화할 필요가 있다(하승창, 2004). 이와 관련하여 지역사회실천가는 주민조직화에 초점을 두고 활동해야 하며, 지역공동의 복지의제를[15] 개발하여 지역복지운동단체 간 연대활동을 강화하고, 열악한 복지현장과 복지기관의 비리와 인권침해 등의 문제를 해결하기 위해서는 사회복지사 노동조합의 결성이 필요하고, 교육기관에서는 실천현장에 근거한 지역사회복지 교육이 이루어져야 할 것이다(이인재, 2005).

---

15) 공동의 복지의제로 지방자치단체 복지정책 분석 및 과제 제시, 예산 편성과정 추적 및 적극적 요구(지방의회/타 단체와의 연계, 상반기 중 예산편성 방향 정립 및 자료준비, 하반기 복지예산 제출), 지방자치단체 사회복지 표준분석 및 평가틀 제시, 지방의회 의정감시활동 및 조례 제·개정 건의활동이다. 지방 의회의 입법, 예·결산 심의, 지자체에 대한 행정사무감사 기능 등 의정감시활동 및 모니터링 등이 있다, 또 지역자활활동, 지역빈민운동, 지역실업극복운동, 협동조합운동, 기타 지역운동영역으로 지역사회복지활동의 장을 확대할 필요도 있다. 전통적 의미의 좁은 범주를 넘어서서 지역사회 환경, 주택, 교육, 교통 등 지역주민들의 삶의 질을 향상시킬 수 있는 모든 영역을 넓은 의미의 사회복지 영역으로 보아야 활동하는 것도 과제이다.

3. 운동적 접근의 사례

여기서는 사회복지 혹은 지역사회복지와 관련된 몇 가지 유형의 운동사례들을 예시하려 한다. 크게 이슈중심의 운동과 지역중심의 운동으로 구분하여 다루었다. 이슈중심의 운동에는 특정지역이 아닌 특정이슈(경제정의, 복지, 노동, 여성 등)를 중심으로 전개된 운동과 특정지역만이 아닌 복수의 지역에서 다발적으로 전개된 운동(도시재생, 마을만들기, 로컬푸드 등)이 포함되며, 지역중심 운동에는 특정지역의 특수한 상황을 배경으로 전개된 운동사례들이 포함된다.[16]

1) 이슈중심 운동사례

(1) 경제정의실천시민연합

1989년 7월 8일 경제정의를 실현함으로써 민주복지국가의 기틀을 마련하는 데 이바지할 목적으로 시민들이 자발적으로 결성한 단체로서 약칭은 경실련(CCEJ : Citizens' Coalition for Economic and Justice)이다. 한국사회의 경제정의와 사회정의를 실현하기 위한 평화적 시민운동을 전개함으로써 민주복지사회의 기틀을 마련하는 데 이바지함을 목적으로 하고 있다. 특히 무조건 정부정책을 비판하는 데 그치지 않고 나아가 구체적인 대안을 제시하여 시민의 동참을 이끌어내고, 입법화와 제도화를 촉구하여 토지공개념 관련 법률과 제도를 정착시키는 결실을 얻었다.

---

16) 여기서 다룬 운동사례들은 집필진이 임의적으로 선택한 것이므로, 범주별로 대표성을 띠는 운동사례들이 망라되었다고 할 수는 없다. 따라서 교육자나 학습자에 따라 다루는 사례를 자유로이 가감하여 재구성할 수 있을 것이다. 각각의 사례에 관한 세세한 내용을 파악하고 문제점을 발견하며 발전대안을 찾는 등의 작업도 학습자의 몫이다.

창립이래의 주요 활동은 부동산투기 근절 운동, 우리농업살리기 운동, 기업건전성평가 실시(KEJI), 금융실명제 도입 운동, 한약분쟁 조정, 한국은행 독립촉구, 세제개혁 운동, 부동산실명제 촉구 운동, 의정감시·의정평가 도입 운동, 살맛나는 도시만들기, 재벌개혁 운동, 주민소환제 도입 운동, 대선후보자 정책검증 및 정책선거 운동, 지방분권 국민운동, 지구촌빈곤퇴치 및 해외원조정책 개혁 운동, 출총제완화 반대 운동, 아파트값 거품빼기 운동, 공공갈등의 합리적 해소 운동, 의료사고 피해구제법 제정 운동, 공공요금 연체료 개선 운동, NGO 사회적 책임 운동, 일반의약품 약국 외 판매 운동, 재건축 재개발 투명성 강화 운동 등이다.[17)]

(2) 참여연대 사회복지위원회

1994년 9월 10일 출범한 참여연대는 시민들의 자발적인 참여로 정치권력과 경제권력을 감시하고 사회개혁을 위해 구체적인 정책과 대안을 제시하며 뜻을 함께하는 시민들과 연대함으로써 참여민주사회를 건설할 목적으로 창립된 단체이다. 공식 영문 명칭은 'People's Solidarity for Participatory Democracy'이다. 사회복지위원회는 참여연대의 산하기구의 하나로 활동하고 있다. 참여연대는 창립 직후 사회안전망 확보를 위해 '국민생활최저선 확보운동'을 시작한 이래 사법개혁운동, 부정부패척결운동, 재벌개혁소액주주운동, 작은권리찾기운동, 정치개혁을 위한 낙천낙선운동 등을 전개하였다. 2000년대 이후부터는 평화군축운동, 노동권보장운동 등으로 활동 분야를 넓혀 왔다.

특히 산하 사회복지위원회는 '국민생활최저선 확보운동'을 모토로 시민사회운동에 사실상 최초로 '사회권' 확보를 위한 전문 운동단체로

17) 보다 자세한 내용은 경제정의실천시민연합(http://www.ccej.or.kr)을 참조.

활동하였다. 출범초기부터 경제성장 일변도의 사회발전 전략이 한국사회의 미래를 담보할 수 없다는 시각을 전파하고 분배정책의 강화를 꾸준히 여론화시켰다. 90년대 후반까지 사회복지위원회의 주요 활동 목표이었던 '국민복지기본선' 확보 운동, 그리고 IMF 경제위기 이후에 더욱더 강조하기 시작한 '성장과 분배의 균형적 접근'을 전면에 내세우고, 다양한 대국민 홍보활동과 정책대안을 제시하는 운동을 전개하였다. 최근에는 경제민주화와 보편적 복지 확대를 위한 운동(2011~현재) 등을 전개하고 있다.[18]

(3) 전국민주노동조합총연맹

1995년 11월 12일 결성된 노동조합들의 전국적 조직으로 대한민국 노동조합의 상급단체 중 하나로 약칭은 민주노총이다. 민주노총의 활동은 '사회개혁투쟁'(1995~1999)을 시작으로 과도기적으로 혼용하여 사용된 '사회보장투쟁'이나 '사회임금투쟁'(2000~2002), 그리고 2003년 이후 '사회공공성투쟁'으로 재정립되어 현재에 이르고 있다. 민주노총의 기본과제에는 "우리는 사회보장제도와 주택, 교육, 의료제도를 개혁하여 전 국민의 인간다운 삶을 쟁취한다"고 규정하고 있으며, 출범초기부터 다양한 이름으로 "복지운동"을 전개해왔다.

창립초기에 '의료보험 통합운동'을 하였고, IMF이후 국민기초생활보장을 위한 법 제정운동, 고용보험확대 및 실업부조 도입 등 사회안정망을 확충하기 위한 연대활동을 전개했다. 2003년부터 시작된 국민연금 개악저지 투쟁은 2007년까지 이어졌고, 이후 기초연금 인상 등 국민의 안정적인 노후를 보장하기 위한 투쟁을 전개하였다. 또한 2005년 대의원대회 결의로 무상의료, 무상교육 투쟁을 핵심의제

---

18) 인터넷참여연대(http://www.peoplepower21.org) 참조.

로 설정한 이후, 의료·교육 시장화 정책에 대한 저지투쟁과 함께, 건강보험 보장성 강화, 무상급식과 각종 부담경비 폐지 등 보편복지에 대한 대중적 체감을 높일 수 있는 의제에 대한 운동을 전개하였다. 2008년 경제위기국면에서는 '총고용 보장확대(일자리 만들기/나누기/지키기)'라는 기조 하에 요양, 보육, 보건의료(공공병원, 보건지소 등, 간호인력 등), 교육 등 공공인프라를 확충해 비용유발적인 현재의 시장 중심적 복지공급구조를 개편하는 한편, 인력확충과 서비스 질 강화를 제기하였고, 이후에도 시장 중심적 공급구조 개편을 중요한 과제로 삼고 있다.

그러나 민주노총의 '복지운동' 역시 노동운동의 노선이나 전략적 수준에서 조직적으로 합의되었다기보다 제도적 수준의 의제별, 사안별, 시기별 현안 대응 중심으로 진행되어온 측면이 강하다. 다양하게 기획된 사업들도 현안 대응에 급급할 수밖에 없는 조건에서 지속적으로 추진되지 못했다고 평가할 수 있다. 그러나 복지의제에 대한 대응 및 민중·시민사회 진영과의 연대활동 강화는 매우 중요하게 생각하고 있다(참여연대 창립20주년 기념 심포지엄 자료집, 2014: 80~84).[19]

(4) 한국여성단체연합

한국여성단체연합은 성평등사회 실현, 남녀공동참여사회 실현, 여성복지 실현, 민주사회 실현, 통일사회 실현, 여성운동단체 간의 협력과 조직적 교류 등을 도모하기 위해 1987년 2월 18일 창립하였다. 그동안 한국여연은 가족법 개정, 영유아보육법 제정, 남녀고용평등법 개정, 여성인권 3법(성폭력특별법, 가정폭력방지법, 성매매방지법) 제정, 호주제 폐지 등의 활동을 통해 한국사회를 평등사회로 만들

19) 전국민주노동조합총연맹(http://www.nodong.org) 참조.

어나가기 위해 노력하였다. 2014년 현재 전국 7개 지부 29개 여성단체들의 연합단체로서 주된 활동내용은 아래와 같다.

- 성차별적 법, 제도 개선 활동
- 가부장적 의식, 관행 개혁 활동
- 여성의 인권증진 활동
- 여성고용 촉진 및 평등고용 및 일과 생활 양립을 위한 제도, 의식 개선 활동
- 여성의 복지 및 여성건강권 확충 활동
- 보육과 교육의 공공성 확대 요구 활동
- 풀뿌리 여성운동 확산을 위한 지원 활동
- 한반도 평화정착 및 통일을 위한 여성의 역할증진 활동 등.[20]

(5) 복지국가소사이어티

2007년 7월에 창립된 대한민국의 시민단체로 인간의 존엄, 사회적 연대, 사회정의가 최대한 실현되는 행복한 복지국가를 추구한다. 2014년 현재 복지국가 관련 정책 연구(*think tank*)의 기능과 복지국가 시민운동단체로서 활동을 동시에 수행하고 있다. 존엄, 연대, 정의를 3대 핵심가치로 두고 공정하고 투명한 경제와 혁신적 경제, 보편적 복지와 능동적인 복지를 4대 원리로 하고 있다.

주요 사업은 복지국가 관련 정책연구 사업, 연구된 결과를 책이나 각종 칼럼 등으로 정기적으로 국민들에게 알리는 복지국가 홍보사업, 복지국가에 대한 아카데미와 세미나 개최 등 각종 교육사업, 우리나라를 복지국가로 만들기 위한 건강보험하나로 운동, 적극적 증세 운동 등으로, 복지국가 관련 시민사회단체들과 함께 각종 연대 사업을

---

20) 한국여성단체연합(http://www.woman21.or.kr) 참조.

하고 있다.[21]

(6) 복지국가청년네트워크

복지국가청년네트워크는 청년들의 시각으로 사회문제를 바라보고, 미래세대 당사자인 청년들이 그에 대한 대안을 모색하자는 취지로 2012년 11월 설립되었다. 복지국가청년네트워크는 청년세대의 '복지국가' 의제를 전면에 내건 유일무이한 단체로서, 향후 한국사회를 이끌 차세대 청년세력을 친복지 세력으로 만드는 데 크게 일조하고 있다. 기존의 청년들의 시민사회 운동은 운동권이나 기존에 있던 학생회 또는 정당이 중심이 되는 구조였다. 때문에 일반 대학생들이나 청년들의 경우 접근하기에 부담스럽거나 어려움이 있었던 것도 사실이다. 이러한 구조에서 벗어나 일반 대학생들을 중심으로 단체를 구성하고 대중운동을 펼쳤다는 점에서, 복지국가청년네트워크는 다양한 청년들을 복지국가 세력으로 끌어들이는 데 일정 부분 기여했다고 할 수 있다. 대안으로서 '사회민주주의 이념에 입각한 보편주의 복지국가'를 제시하며, 한국사회에서 이러한 복지국가를 만들어 나가는 것을 단체의 미션으로 삼는다. 단체가 채택한 기본 운동 전략은 여섯 가지로, 복지국가 개념의 대중화, 체계적인 담론의 재생산, 어떤 복지국가인가에 대한 구체적 내용 마련, 세대 내 연대와 세대 간 연대 구축, 세계화·지식정보사회·탈산업의 시대에 걸맞은 복지국가 운동 전략수립, 청년세대를 넘어 기성세대 운동으로서의 복지국가 운동을 위한 준비 등이 그것이다.[22]

---

21) 복지국가소사이어티(http://www.welfarestate21.net) 참조.

22) 복지국가청년네트워크(http://wsyn.kr/xe/) 참조.

(7) 도시재생

도시재생(*urban regeneration or renaissance*)은 쇠퇴해가는 도시의 일부 혹은 전체의 물리적 구조의 쇄신을 비롯한 포괄적 재활성화를 통해 지속가능한 도시성장을 이룩하려는 데 초점을 둔 운동 내지 정책이다. 이것의 의미에 대한 이해는 매우 다양한데, 대개 도시의 재개발(*urban renewal, redevelopment*), 재활성화(*revitalization*), 쇄신(*renovation*), 재정비 등을 포괄하거나 넘어서는 용어로 이해하는 경향을 보인다(김홍관·강기철, 2008; 김용웅, 2007; 홍현욱, 2002). 그런가 하면, 도시 부흥(*urban renaissance*)과 같은 의미로 사용하기도 하며(정철모·노형규, 2009), 종래의 지역〔사회〕개발(*community development*)이 확대된 개념이자 주민참여를 통한 일종의 사회혁신인 것으로 보기도 한다(한영진, 2012).

우리나라 도시재생에 관한 기본법이라 할 〈도시재생 활성화 및 지원에 관한 특별법〉 제2조에서는 도시재생을 "인구의 감소, 산업구조의 변화, 도시의 무분별한 확장, 주거환경의 노후화 등으로 쇠퇴하는 도시를 지역역량의 강화, 새로운 기능의 도입·창출 및 지역자원의 활용을 통하여 경제적·사회적·물리적·환경적으로 활성화시키는 것"이라 규정한다. 또 〈도시재생사업단〉에서는 "산업구조의 변화 및 신도시와 신시가지 위주의 도시 확장 등으로 상대적으로 낙후되고 있는 기존 도시를 새로운 기능을 도입, 창출함으로써 경제적·사회적·물리적으로 부흥시키는 것"이라고 규정한다. 이와 같은 도시재생이 궁극적으로 이루고자 하는 바는 쇠락해가는 도시를 되살려 도시공간의 생활환경을 개선함으로써 이른바 '살고 싶은' 도시로 만들어가는 일이라 할 수 있다.

우리나라의 도시재생 관련법으로는 2005년 12월에 제정된 〈도시재정비촉진을 위한 특별법〉을 그 출발로 볼 수 있다. 이후 국토해양부는 2011년부터 시범 국가지원 사업으로 창원과 전주에 이은 부산과 천안 등에 도시재생 '테스트베드'(*test bed*)를 지정하여 추진하고 있다. 이러한 도시재생은 〈도시재생 활성화 및 지원에 관한 특별법〉이 제정(2013년 6월)됨으로써 기본법의 확립과 함께 새로운 국면에 접어들게 되었다.

(8) 마을만들기

우리나라의 마을만들기가 2000년대 들어 크게 확산된 데에는 1960년대부터 일본에서 시작되어 1980년대에 활성화된 주민주도형 마을만들기(마찌즈꾸리)의 성공사례들이 국내에 널리 소개된 것과 무관하지 않다고 보는 것이 일반적인 관측이다. 오늘날 마을만들기란 마을이 보유한 자원을 바탕으로 주민들의 주체적인 참여를 통해 지속적인 마을개선을 꾀하는 과정으로 이해하는 것이 무난하다(신중진 외, 2013). 이때 '마을'은 물리적인 범주뿐 아니라 마을공동체와 같은 사회적 환경을 포함하는 개념으로 이해되며, '만들기'란 물리적 상황과 같은 하드웨어 측면의 개선뿐 아니라 공동체의 회복과 같은 소프트웨어 측면의 개선을 포괄하는 것으로 이해하는 것이 좋다(윤혜영, 2013).

우리나라에서는 1980년대 말경부터 자생적인 유사운동이 일기 시작하였으며, 1990년대를 거쳐 2000년대로 넘어오면서 마을만들기의 해외경험들이 많이 알려지게 되고 이 사업의 공공성에 대한 인식도 점차 확대되었다. 2000년에는 처음으로 지방에서 마을만들기를 지원하기 위한 조례가 제정되기 시작했고, 2012년 3월 기준으로 전국 35개 지자체에서 조례를 갖추고 있는 것으로 파악되었다(윤혜영, 2013). 이 운동이 눈에 띄게 확대된 것은 2007년에 최초로 전국에 걸친 시범사업 대상지를 선정하여 당시의 국토해양부 지원 하에 추진하면서부터였다(신중진 외, 2013).

(9) 로컬푸드

글로벌 푸드(*global food*)의 폐해에 대응하는 대안으로 정책 및 시민운동 형태로 전개되고 있는 로컬푸드(*local food*)의 개념은 공간적 측면과 함께 사회적 측면에서 이해하는 것이 적절하다. 공간적 측면이란 운동단위로서 일정한 물리적 거리를 기준으로 삼는 지역성이 강조된다는 것이고, 사회적 측면이란 유통단계, 친환경성, 생산자와 소비자 사이의 신뢰성 등이 강조된다는 의미이다(이관률 외, 2013). 그래서 로컬푸드 운동이란 먹거리의 생산자와 소비자가 모두 지역주민이 되는 운동으로서, 지역 먹거리를 중심으로 생산자와 소비자 사이에 바람직한 관계를 구축해 나가기 위해 전개하는 모든 활동을 가리킨다. 여기에는 먹거리의 생산에서 유통을 거쳐 판매가 이루어지기까지의 과정이 지역사회 내에서 이뤄지며, 이를 통해 지역사회 구성원 상호 간의 유대강화와 신뢰구축을 꾀하게 된다(네모토마사쯔구, 2014). 이 운동은 식량주권의 확보, 가족소농 보호, 안전한 음식 보장, 종자 및 전통음식의 다양성 보존, 녹색성장, 농업 및 지역경제 회생, 생산자와 소비자 사이의 거리 좁힘 등의 효과를 불러온다는 점에서 의의가 있다(김종덕, 2009; 이관률 외, 2013).

우리나라에서 로컬푸드가 공공담론으로 부각된 데에는 정부의 정책적 관여와 관련이 있는 것으로 파악된다. 2008년도에 당시의 행정안전부가 지역혁신협의회의 지역발전 및 지역경제 활성화 분야의 사업으로 로컬푸드 시스템 구축을 우수사업으로 선정한 바 있고, 농림수산식품부가 저탄소 녹색성장 대책의 세부 추진계획의 하나로 로컬푸드 운동을 설정한 일이 그 예가 된다. 이러한 움직임은 지방자치단체와 NGO들이 관심을 보이면서 점차적인 확산의 길을 걷고 있다(김철규, 2009; 김지웅, 2013). 우리나라 로컬푸드 운동의 제도적 기반이 되는 법률로는 〈친환경농어업 육성 및 유기식품 등의 관리·지원에 관한 법률〉과 〈식생활교육 지원법〉 등이 있고, 현재는 농림축산식품부를 중심으로 관련정책이 추진되고 있다(권용덕, 2011). 그리고 2014년 10월 현재 전국에 61개 로컬푸드 직매장이 운영되고 있는데, 농림축산식품부 장관은 2015년 계획으로 로컬푸드 직매장 증설과 함께 로컬푸드 표준조례안 및 농산물 직거래 활성화 법률 제정 등을 통한 지원을 약속하기도 하여, 이에 대한 지원을 강화시켜나갈 것임을 시사한 바 있다.

2) 지역중심 운동사례

(1) 사회복지조직화사업(인큐베이터 활동): 천안 '복지세상'

1998년 6월 28일 '복지세상을 열어가는 시민모임'(이하 '복지세상')은 충남 천안시 및 인근 지역사회의 모든 시민들이 인간다운 삶을 누릴 수 있는 평등하고 정의로운 복지공동체를 시민 스스로의 힘으로 만들어가는 것을 목적으로 창립되었다. 타 지역단체들과의 차이점은 지역사회에서 사회문제가 발생할 경우, 해결책을 모색하는 과정에서 일회성 사건해결에 그치는 것이 아니라 당사자 위주의 주민조직화로 발전시켰다는 사실이다. '복지세상'은 이러한 활동을 사회복지 인큐베이터 활동이라 규정하고 있다.

몇 가지 구체적 사례를 들자면, 결식아동 문제해결과정에서 결성된 '미래를 여는 아이들', 미신고시설 다니엘의 집 비리사건 해결과정에서 결성된 '충남여성장애인연대(준)', 정신요양시설 구생원 비리사건 개입과정에서 결성된 '지역사회 정신건강을 생각하는 사람들의 모임' 등이 있다. 이러한 사례들은 지역사회복지운동단체의 존재의의를 확인시켜 주는 좋은 사례들이라고 할 수 있다.

이러한 사회복지 조직화사업은 복지세상이 지역사회복지의 현안들을 현장 활동을 통해 체득하고 해결방안을 구체화하는 계기가 되었으며, 조직화사업을 담당했던 실무자와 내부 운동지도자들에게 교육 및 훈련의 장을 제공하였다. 그리고 조직화활동은 다양한 지역사회 자원을 연계하는 기회를 제공하였는데, 특히 교회를 중심으로 한 종교기관과의 연계는 일정한 성과를 가져왔다. 또 하나의 성과는 일반시민들의 지역사회 참여를 발전시킨 것이다. 조직화사업에 자원활동가로 참여한 사람들이 차츰 조직의 의사결정구조에 동참하면서 지역사회복지운동의 활동가로 전환한 것은 좋은 사례가 된다(윤혜란, 2003).[23]

(2) 주민주체적 전통: 서울 '관악사회복지'

'관악사회복지'는 1995년 창립하여 빈민운동의 전통을 이어받아 지역주민주체의 활동전략을 지속적으로 전개해온 것으로 평가할 수 있다. 기본 사업으로는 푸드뱅크 사업, 해체가정 결연운동을 통한 서비스 제공은 물론이고, 정기적인 지역사회복지학교를 통해 지역주민은 물론이고 사회복지 현장실무자들과의 정체성을 공유하고 있다. 지역주민들의 권리보장을 위한 다양한 연대활동, 즉 보건의료 네트워크, 푸드뱅크 네트워크 등의 연대활동을 지속적으로 전개하고 있으며, 지역단체들과의 일상적 연대활동의 경험으로 2001년 12월 이후 관악구 내 시민사회단체들과 함께 지방자치연대를 만들어 지방선거에 참여하였다.

'관악사회복지' 활동의 지향이 나타나는 것이 주민조직화사업이다. 청소년 자원봉사활동모임 '햇살', 여성모임 '해오름', 사회인모임 '꿈꾼이' 청년모임 '오존' 등이 결성되어 활동하고 있다. 관악사회복지의 활동 초기에 시작된 청소년 자원봉사학교 프로그램을 통해 지역주민의

23) 복지세상을 열어가는 시민모임(http://www.welfare21.or.kr) 참조.

조직화 가능성을 인식하였고 이를 모태로 '햇살'이 결성되었다. '관악사회복지'는 설립 초기부터 지역사회복지자원 및 자원활동모임을 조직화하는 일에 집중하였다. 이 과정에서 지역사회역량 강화는 지역사회 주민 스스로의 문제해결에 있다고 보고, 주민들의 주체역량과 주민들 간의 공동체모임을 활성화하였다. 활동의 초점을 이웃과 지역사회 문제에 관심을 가지고 지속적으로 참여하는 청소년·여성·직장인·대학생 모임들을 활성화하는 것, 그 모임이 자치력을 가지고 스스로 지역사회에서 자신의 목소리를 내고 개방적 실천을 전개할 수 있도록 지원하는 것에 맞추었다. 2002년부터는 지역사회 빈곤문제 해결을 위해 지역주민들을 일상적으로 만날 수 있는 지역의 복지센터로서 '이웃사랑방'을 열었다(홍선, 2003). 또한 관악구의 의원, 한의원, 관악사회복지가 '건강지원네트워크'를 결성하여 본인부담금을 경감해주는 활동을 시작하였다. 그 외에도 '사랑방 품앗이' 활동, '햇살학교', '마을 정책연구 조사' 활동을 지속적으로 전개하고 있다.[24]

(3) 연대를 통한 지역사회복지운동: 대구 '우리복지시민연합'

1997년 IMF 구제금융 이후 한국사회는 시장만능 무한경쟁 속으로 급속히 빨려 들어가 양극화와 빈곤이 심화되었다. 이에 우리복지시민연합은 1998년 11월 200명의 회원으로 대구에서 창립되었다. 1991년 8월 사회복지시설연구회, 1994년 7월 우리사회복지연구회를 거쳐 대중적이면서 진보적인 복지운동을 펼치기 위해 우리복지시민연합을 만든 것이다(은재식, 1999). 1991년 사회복지시설연구회와 1994년 우리사회복지연구회 때에는 지역 기득권 복지세력에 맞서 참복지·참세상을 향한 촛불을 들었다면, 1998년 우리복지시민연합은 지역

24) 관악사회복지(http://www.kasw21.or.kr) 참조.

대안복지세력으로서 작지만 튼튼한 진지를 구축한 시기였고, 2010년 이후는 대안사회복지운동을 지역에서 전면적으로 일으키기 위한 시기라 할 수 있다.

'복지는 사회적 공기이며, 우리의 권리다. 복지를 제대로 누리자'라는 모토로 우리복지시민연합은 ① 사회양극화와 빈곤해소 ② 차별철폐와 인권보장 ③ 복지공공성 강화를 통한 대안적 복지모델 추구 ④ 시민참여와 사회연대를 통한 정의로운 사회 ⑤ 복지를 제대로 누릴 수 있는 지역사회 구축을 위해 노력하고 있다. 지역사회를 바꾸는 든든한 복지운동의 구심이 되고자 2009년부터 대안사회복지운동을 추진하기로 결의한 이후 전국 최초로 사회복지영화제를 매년 개최하고 있으며, 대안적 사회복지운동의 흐름을 선도하고자 대중강좌인 대안사회복지학교, 사회복지재정학교 등을 열고 있다. 또한 2010년 지방선거 이후 한국사회의 큰 흐름으로 자리 잡은 보편적 복지의 확대를 위해 전국 최하위 수준의 무상급식을 확대하는 운동을 주도했으며, 2014년에는 의료민영화 저지와 복지공공성 강화에 무게를 두고 활동하고 있다.[25]

(4) 예산분석을 통한 지역사회복지운동: 경기도 '경기복지시민연대'

1999년 창립한 '경기복지시민연대'는 사회복지학교 운영, 평택 에바다 재단비리 해결과정에의 참여, 장애인 편의시설 탐방, 청소년 자원활동가모임 등의 활동을 전개하였다. '경기복지시민연대'의 창립정신은 시민들의 힘을 모아 소외된 이웃과 모든 사람들이 인간다운 삶을 누릴 수 있도록 평등하고 정의로운 복지공동체를 만드는 것이다. 초창기의 활동은 사회복지정책 모니터 및 정책개발 활동으로 시

---

25) 우리복지시민연합(http://www.woriwelfarw.org) 참조.

작하였다. 경기도 사회복지정책 모니터 및 정책개발 활동 결과물인 '경기도 사회복지 10대 의제수립'을 통해 경기도 차원의 복지정책수립의 필요성을 절감하였고, 2002년 경기도의회 의정감시활동을 통해 경기도 예산분석의 필요성을 인식하게 되었다(송원찬, 2003). 그 이후 2003년도에 도민이 바라는 경기도 복지예산 만들기 사업을 시작한 이래 현재까지 동 사업을 진행해오고 있다. 예산분석사업 외에도 행정감시 활동, 지역사회복지협의체 모니터링, 사회복지대학, 정책토론회, 청소년 복지활동단, 사회복지 지도제작 및 기타 연대사업 등을 수행하고 있다.[26]

(5) 지역사회복지운동단체 네트워크[27]

지역사회복지운동단체 네트워크 결성은 '우리복지시민연합', '복지세상을 열어가는 시민모임', '관악사회복지', '경기복지시민연대'가 2003년 8월 21일 지역사회복지운동단체 활동가대회 1차 준비모임을 가진 이후 2003년 11월 14일~15일에 제1회 지역사회복지운동단체 활동가대회를 개최함으로써 본격화되었다. 이후 2005년 7월 21일에 '지역사회복지운동단체 네트워크' 발족 기자회견을 통해서 공식적으로 출범하였다. 성명서에서는 우리사회의 빈곤의 악순환과 양극화 현상을 목도하면서 더 이상 빈곤과 사회복지문제를 좌시할 수 없었던 지역의 사회복지운동단체들이 경쟁과 효율보다는 평등과 연대를, 시장보다는 국가와 지방정부의 역할과 책임을 더 강조하기 위해 '지역사회복지운동단체 네트워크'를 출범시킨다고 그 배경을 밝히고 있다.

이후 '지역사회복지운동단체 네트워크'는 상설적이고 수평적인 복지운동단체 간 연대체로 기능하면서 매년 공동의제를 채택하여 지역

---

26) 경기복지시민연대(http://kgwelfare24.cafe24.com) 참조.

27) 지역사회복지운동단체네트워크 기자회견 자료집, 2005년 7월 21일.

별, 더 나아가 전국적 공동실천전략을 수립하는 일에 집중하고 있다. 특히 2005년은 '지역사회복지협의체 감시와 참여활동'과 '지역사회복지예산 감시활동'을 공동의제로 채택하고, 이를 통해 주민참여를 통한 지방정부 복지행정개혁을 추진하는 지역사회복지운동의 원년으로 삼을 것을 선언하였고, 이후 지방선거에서 지역의 복지의제를 공동으로 개발하는 등 연대활동을 중심으로 현재까지 활동을 지속하고 있다.[28]

(6) 사회복지사 중심 운동: 서울 '서울복지시민연대'

2007년 11월 20일 천만 서울시민과 함께 참다운 복지공동체를 만들어나가며, 궁극적으로 우리사회에 복지국가가 확립되도록 하고자 하는 목적을 위해 설립되었다. 구체적인 실천전략으로 서울시의 각 복지 분야별 현황분석 및 발전방안 제시하며, 서울을 중심으로 하는 지역복지운동 전개하고, 중앙정부 복지제도의 올바른 발전을 위한 견제와 비판을 하며, 복지재정 확대를 위한 제반사업을 전개하고, 복지계 내부의 개혁을 견인하고, 지역복지활동가 역량강화 및 재생산 구조 확립과 사회복지발전을 위해 노력하는 개혁적 단체와의 연대를 제시하고 있다.

그동안의 주요 사업을 보면 정책사업으로 서울복지시민기준선 제안 및 참여지역 모니터링 활동,[29] 서울시정모니터링단 운영 및 예산평가단 활동, 서울시정과 관련 비판적 입장 견지 활동(무상급식, 용산참사, 노숙인 사업, 보육예산 등 사안별 성명전 및 이슈 파이팅, 지방선거

28) 지역복지운동단체 네트워크(http://cafe.daum.net/welfareact) 참조.

29) 2012년 전국 최초, 서울복지시민기준선 제안을 통하여 현재 서울시정에 적극 반영하고 있으며 2014년 현재 서울시의 복지정책 기조의 중요한 틀거리로 자리매김 하였다.

복지정책 관련 정책제안)을 수행하였다. 교육사업은 사회복지현장과 시민사회에 복지국가 담론 확산을 위해 복지관련 저명인사 및 전문가를 초청하여 특강 및 토론 형태의 '복지사랑방'을 개최(월 1회)하고 있다. 제 단체들과의 연대활동으로는 국민기초생활보장 지키기 연석회의, 기초노령연금 지키기 공동행동, 무상보육 이행 등 주요 이슈 관련 연대활동에 참여하고 있다.[30]

4. 사회적 경제

사회적 경제(*social economy*)는 신사회운동의 영향을 받아 대안적 혹은 연대적 경제라는 이름으로 확산되면서 사회의 주목을 끌게 되었다(정건화, 2012). 이것은 국가와 시장을 통해 해결되지 않는 문제들에 대해 당사자들 사이의 공동의 이익과 사회적 가치의 실현을 우선시하는 대안적 경제활동이며, 이러한 목적 추구를 위해 호혜성을 강조하는 공동체 중심의 활동과 협력적·연대적 행위를 강조한다(전지훈, 2014). 이러한 사회적 경제는 자본주의적 시장부문과 공공부문 사이에 위치하면서 자본주의적 기업조직과는 다른 원리로 작동하는 것으로 보는 견해도 있고(장종익, 2012), 자본주의 속에서 활동하면서 시장영역 및 공공부문과 부분적으로 중첩되는 것으로 파악하는 시각도 있다(정건화, 2012). 그런가 하면 이 부문 담론의 주도자로 일컬어지는 디푸르니(Defourny)는 국가, 시장, 공동체 등의 세 영역의 중간에 위치하는 것으로 보기도 한다(김영철, 2011에서 재인용). 이러한 사회적 경제의 대표적인 예로서는 사회적 기업, 협동조합, 마을기업, 지

---

30) 서울복지시민연대 홈페이지(http://seoulwelfare.org) 참조.

역화폐 등을 들 수 있다. 넓게는 새마을금고, 비영리적 시민단체, 자선단체 등의 사업 혹은 활동까지를 이 영역에 포함시키기도 한다.

우리나라에 사회적 경제의 범주에 드는 활동이 나타나기 시작한 것은 소비조합 활동이 나타나기 시작한 1950년대까지 거슬러 올라갈 수 있다. 이후 70~80년대를 거치면서 신용조합, 소비자협동조합, 생활협동조합 등의 민간부문 운동의 형태로 이어지다, 정부의 정책적 지원 아래 일자리 창출과 자활지원의 성격을 겸한 오늘날의 형태로 확대된 것은 2000년대 들어서이다. 2003년 일자리 창출사업의 시작, 2007년 〈사회적기업 육성법〉 제정, 2012년 〈협동조합기본법〉 제정 등을 거친 제도적 기반 확산과 더불어 사회적 경제의 많은 부분이 정부의 지원에 기댄 형태로 전개되고 있다. 이와 같은 사회적 경제의 과제라면 지역사회운동과의 접점 찾기를 통한 상호보완(강내영 외, 2012), 공공지원에 대한 의존성을 극복하고 자생력을 강화하는 일, 지속가능성을 높이는 일 등을 들 수 있다.

1) 사회적 기업

사회적 경제의 전형적인 형태에 속하는 것이 사회적 기업(*social enterprise*)이다. 이것의 개념에 대한 이해는 상황과 시각에 따라 다를 수밖에 없지만, 대체로 사회적 기업이 경제적 기능과 사회적 기능을 공유하는 기업 활동으로 보는 데에는 큰 이견이 없겠다. 경제적 기능이란 시장 참여를 통한 수익의 창출, 유급의 고용 등을 가리키며, 사회적 기능이란 실업해소, 소득증대 기여, 공익의 실현 등을 가리킨다(최석현 외, 2012). 2007년에 제정된 우리나라의 〈사회적기업 육성법〉에서는 “취약계층에게 사회서비스 또는 일자리를 제공하거나 지역사회에 공헌함으로써 지역주민의 삶의 질을 높이는 등의 사회적 목적을 추구하면서 재화 및 서비스의 생산과 판매 등 영업활동을 하는 기업"이라고 정의하여, 이와 같은 일반적 개념을 받아들이고 있다. 다만 이 법에 의한 육성 지원을 받을 자격을 정하기 위해 법 제7조에서 정한 인증을 받은 기업이어야 한다는 단서를 두고 있다.

우리나라에서 사회적 기업은 1998년 외환위기 이후 급증한 실업문제 해소를 위한 정부사업의 시작과 맥을 함께 한다(선남이·박능후, 2011). 그래서 취약계층의 일자리 창출과 사회서비스 제공을 겨냥하면서 양적 확대가 이루어져왔다(오단이, 2013). 현재는 〈사회적기업육성법〉 제20조에 근거하여 고용노동부 산하에 '사회적기업 진흥원'을 두어 사회적 기업가 양성과 사회적 기업 모델 발굴 및 사업화 지원, 모니터링과 평가, 네트워크 구축과 운영지원 등의 업무를 담당하고 있다. 여기서는 사회적 기업의 유형을 ① 일자리제공형 ② 사회서비스 제공형 ③ 지역사회공헌형 ④ 혼합형 ⑤ 기타 등으로 구분한다.[31]

2) 협동조합

협동조합의 대두배경이나 속성은 기본적으로 앞서 다룬 사회적 경제나 사회적 기업과 동일한 맥락에서 설명할 수 있다. 그래서 자본주의 형성초기에는 시장이 발전하지 않은 부문과 지역에서 경제적 약자들에게 신뢰를 기반으로 신용을 창출한 혁신적 기업이었고, 독과점 시장구조 속에서는 독과점을 제어하는 기능을 수행하는 기업이었으며, 지역사회의 개발을 매개하고 지역주민의 민주주의 역량과 연대의식을 함양하는 데에 기여하는 사회적 자본을 창출하는 기업인 것으로 이해된다(장종익, 2012).

---

31) 사회적기업 진흥원(http://www.socialenterprise.or.kr/) 참조.

우리나라 〈협동조합 기본법〉 제2조에서는 협동조합을 "재화 또는 용역의 구매·생산·판매·제공 등을 협동으로 영위함으로써 조합원의 권익을 향상하고 지역사회에 공헌하고자 하는 사업조직"이라고 규정하고 있다. 아울러 법에 따라 "협동조합연합회"를 두어 협동조합의 공동이익을 도모하도록 정하고 있다. 그리고 협동조합 가운데 특히 "사회적 협동조합"을 구분하고 있는데, 이것은 "지역주민들의 권익·복리증진과 관련된 사업을 수행하거나 취약계층에게 사회서비스 또는 일자리를 제공하는 등 영리를 목적으로 하지 아니하는 협동조합"이라고 규정한다. 이 역시 연합회를 둘 수 있도록 하였다.

협동조합에 대한 세계적 관심이 높음은 유엔이 2012년을 '협동조합의 해'로 정한 사실이 압축적으로 말해준다. 세계 전반에 걸친 경제위기 이후에 이것이 일자리 창출과 지속가능한 성장의 대안으로 떠오른 것이다(하승우, 2013). 우리나라의 협동조합 활동상황을 개관해보면, 농협, 수협, 신협, 소비자생협, 의료생협 등이 일찍부터 활동을 해온 위에, 〈협동조합 기본법〉 발효 이후 신설되는 협동조합들의 수가 지속적인 증가추세를 보이고 있음을 확인할 수 있다. 특히 법은 제15조에서 출자금 규모에 상관없이 5인 이상이면 협동조합을 설립할 수 있도록 함으로써, 이러한 활동의 활성화를 유도하고 있다. 또한 제11조에서는 기획재정부장관으로 하여금 협동조합에 대한 기본계획을 3년마다 수립하여 그 자율적인 활동을 촉진하도록 하고 있고, 제12조에서는 매년 7월 첫째 토요일을 '협동조합의 날'로 지정하고 있다.

3) 마을기업

마을기업(*community business*)이란 지역의 마을 단위를 기반으로 한 사업 활동으로서, 지역의 다양한 자원을 활용하여 지역문제를 해결함으로써 지역의 가치를 재발견하고 지역주민의 의사결정 참여를 통해 공동체를 회복하는 것을 목적으로 삼는다. 이를 위해 지역주민의 욕구에 적합한 서비스를 제공하고자 노력하며, 주민을 고용함으로써 고용창출 효과를 얻고, 수익을 지역사회로 돌리는 등의 활동을 행한다(한승욱, 2011). 행정자치부의 〈2015년 마을기업 육성사업 시행지침〉에 따르면 마을기업은 "마을주민이 주도적으로 지역의 각종 자원을 활용한 수익사업을 통해 지역공동체를 활성화하고 지역주민에게 소득 및 일자리를 제공하여 지역발전에 기여하는 마을단위 기업"이라 정의하고 있다. 앞에서 다룬 사회적 기업이 마을을 단위로 하여 운영이 되면 마을기업이 되는 셈이다. 이것은 민법에 따른 법인, 상법에 따른 회사, 협동조합 기본법에 따른 협동조합, 영농조합 등 다양한 형태의 법인 형태로 운영되는데, 기본적으로는 마을공동체를 구성단위로 한다는 점이 그 특징이다(김경희, 2013).

정부의 각 부처는 마을기업의 활성화를 위해 다양한 노력을 해온 것으로 보인다. 과거 지식경제부의 '커뮤니티 비즈니스', 행정안전부의 '자립형 지역공동체 사업', '지역공동체 일자리사업', '마을기업', '지역 풀뿌리형 사회적 기업 육성대책', 고용노동부의 '사회적 기업', 농림수산식품부의 '농어촌 공동체회사' 등이 그 예다(한승욱, 2011). 이런 일은 지역의 특성에 주목하는 관계로 지방자치단체와 긴밀히 협력하는 가운데 이루어지는 것은 물론이다. 더러는 지방자치단체의 주도로 이루어지기도 한다. 현재도 행정자치부는 '마을기업 육성사업'을 추진하여 지원하고 있는데, 최소 5인 이상이면 마을기업을 설립할 수 있도록 하되, 5인이면 모두 지역주민이며, 6인 이상일 경우 70% 이상이 지역주민이어야 한다고 규정하고 있다.

4) 지역화폐운동

20세기 후반 들어 서구에서 활발하게 확산되기 시작한 지역화폐운동의 한 유형으로 'LETS'[32]를 들 수 있다. 이것은 지역사회 단위의 대안경제이자 호혜적 성격을 갖는 교환체제 혹은 운동이다. 더러는 주류경제에서 이탈되거나 소외된 사람들을 위한 일종의 생존수단으로서, 더러는 전통적 상부상조의 전통을 현대적 필요에 맞추어 적용한 시도로서, 더러는 생태주의적 관심을 실천하려는 녹색시민운동의 하나로서 이러한 LETS를 선택했다. 우리나라에서도 그동안 '품앗이' 혹은 '레츠'라는 이름으로 유사한 활동들이 이루어져왔다.

서구에서 LETS는 대개 지역화폐운동(지역통화운동)의 형태를 띠었다. 이것은 일정 지역사회 내에서만 통용되는 화폐로 회원들 사이의 각종 자원을 교환하는 방식을 말한다(김형용, 1999; Barry & Proops, 2000). 이러한 LETS는 참여자들 사이에 호혜성이 실현된다는 점에서 자원봉사와는 다르며, 호혜성이 기록된다는 점에서 이웃 간의 상부상조와도 다르고, 또 LETS에 속한 누구에게도 빚을 갚을 수 있는 다자 간 교환제도라는 점에서 개인 간의 채무변제와도 다르다. 특히 이때의 교환은 반드시 당사자 간에 직접적으로만 이루어지는 것이 아니라, 순환적으로 이루어질 수 있다는 점에서 독특하다. 이자가 붙지 않으며 모든 회원들에게 공개되는 거래라는 점에서 은행계좌와도 다른 특성을 지니고 있다(Liesch & Birch, 2000: 6; 김형

---

32) 동일한 영문 약자를 사용하면서도 지역이나 연구자에 따라 사용하는 용어들은 다양하다. 몇 가지 예를 들어보면 다음과 같다. Local Exchange and Trading Systems, Local Exchange Trading Schemes, Local Economic Trading Systems, Local Exchange Transfer Systems, Local Employment Trading Systems.

용, 1999: 14).

LETS와 유사한 형태로서 아워즈(Hours)로 불리는 활동이 있다. 통상 LETS가 회원들의 계정을 통해서 거래내역을 관리하는 것과 달리, 아워즈는 한 시간의 노동력 제공을 1 '아워즈'(*hours*)로 표시하면서 노동력이 제공된 시간의 길이와 같은 단위의 지역화폐를 유통시키는 방식을 취한다. '아워즈'라고 칭하는 것은 교환의 가치가 사람이 투여하는 시간, 기술, 에너지에 의해 창출됨을 나타내기 위한 것이다.

또 다른 형태로 타임달러(Time Dollar)가 있다. 이것은 일종의 자원봉사은행으로서, 자원봉사활동의 가치를 시간으로 환산해서, 당사자들이 필요시에 이를 사용할 수 있도록 한 제도이다. 이것은 사람이 제공하는 서비스의 가치를 형태와는 상관없이 모두 동등하게 받아들여서, 봉사한 시간 수에 초점을 둠을 원칙으로 삼는다. LETS가 보통 교환되는 재화나 서비스의 가치에 따라 시장에서처럼 가격을 매긴다는 점과는 차이가 있다(김동배 · 김형용, 2001).

해외 최초의 지역단위 대안적 통화제도는 세계대공황 상황에서 1932년 오스트리아의 한 도시에서 시작된 것으로 알려져 있다. 비슷한 시기에 스위스와 미국 등지에서도 유사한 형태의 활동들이 등장하였는데, 일부는 정부의 제재로 중단되었으며, 일부는 여전히 존속하는 것으로 알려져 있다. 오늘날 널리 확산되고 있는 LETS 활동의 효시가 된 것은 1983년에 캐나다의 밴쿠버섬에 있는 커트니(Courtenay) 마을에서 마이클 린턴(Michael Linton)이 설립한 것인데, 이는 최근 활동이 침체되었지만 다른 도시에서 LETS들이 많이 세워져 활동 중이다. 세계 각지의 LETS들을 잇는 연계망 조직으로는 LETS-linkup과 UNILETS(United Nations International LETS)가 잘 알려진 편에 속한다.

우리나라에서는 최초로 1996년부터 《녹색평론》이 지역화폐운동을 소개하기 시작했고, 경제위기가 있었던 1997~1998년에 관심이 일기 시작하여 1998년 3월에 처음으로 '미래를 내다보는 사람들의 모임'이 미래화폐(*Future Money*)를 사용하며 지역화폐운동을 시작하였다. 이어서 불교 환경단체, 대학의 활동기관, 여성모임, 교육 관련 출판사, 사회복지관, 자원봉사센터, 동사무소 등이 주도하거나 활동의 단위가 된 레츠활동이 활발해지는 움직임을 보여 2000년대 초반까지 확산되는 추세를 보였으나, 지금은 크게 쇠퇴하여 몇 개만이 명맥을 이어가고 있는 상황이다(류동민 · 최한주, 2003). 이와 같이 침체의 양상을 보이는 이유로는 전담운영인력 부족, 거래품목의 단순화, 사회적 수요의 감소 등이 지목되고 있다(권희선, 2006).

제 15 장

지역사회복지의 동향과 과제

이 장에서는 오늘날의 우리나라 지역사회복지가 처한 위상을 최근의 주변 상황의 흐름 및 사회복지 영역의 포괄적 동향과 함께 간략히 정리한다. 이러한 동향에 대한 이해와 인식을 기초로 해서 향후 우리나라 지역사회복지의 발전방향 모색과 관련하여 제기해볼 수 있는 연구과제들을 제시한다. 이들 각각에 대해 답하는 것은 개별 학습자들의 몫이다.

1. 현대 한국 지역사회복지의 동향

1) 환경의 변화

우리나라 지역사회복지의 성격과 내용을 규정할 만한 환경의 변화를 거시적 맥락에서의 상황변화와 구체적 사회복지제도 환경의 변화로 구분하여 기술해보고자 한다. 지역사회복지의 전개에 영향을 미칠 수 있는 요소로서 전자가 다분히 간접적인 편에 속한다면 후자는 보다 직접적 형태를 띤다고 볼 수 있을 것이다.

(1) 거시적 맥락의 변화

거시적 맥락의 변화에 대한 사회복지계의 진단은 대체로 일치하는 것 같다. 대략 1980년대까지 우리 사회의 변화를 압축적으로 표현하는 용어로 즐겨 사용되었던 것이 "산업화"와 "도시화" 등이었다면, 1990년대 이후 지금에 이르기까지의 흐름을 나타내는 용어로는 "세계화", "지방화", "정보화" 등이 유행어처럼 회자되고 있다. 지역사회복지 관련 상황분석에서도 예외는 아니다(김성이 외, 1997; 오정수·류진석, 2004; 한국사회복지관협회, 2004). 우리도 이러한 추세를 따를 수밖에 없겠다. 그래서 우선 이 세 가지가 뜻하는 바에 대해 간략히 살펴본다.

첫째, 세계화(*globalization*)는 ① 지리적 경계의 중요성 약화, ② 정치·경제·사회·문화 등 각 영역 상호 간의 기능적 연계 및 통합, ③ 지구적(*global*)·국가적(*national*)·국지적(*local*) 수준의 상황과 삶에 일어나는 질적 변화 등을 포괄하는 다차원적 현상을 일컫는다(감정기 외, 2002). 그런데 이러한 세계화는 그러한 현상 자체로서만 중요한 의미를 지니는 것이 아니다. 그것이 신자유주의적 사조의 영향력 아래에서 진행되어왔다는 데 더욱 주목할 필요가 있다.

경쟁적 시장의 회복과 국제무역 및 자본시장의 개방, 국가기능의 감축, 그리고 그러한 결과로서의 나라 간 계층 간 불평등과 양극화 현상 등이 신자유주의적 세계화가 낳은 대표적 문제들이다. 이러한 현상은 농민들에게 즉각적인 피해를 입히게 되는 것과 같이 특정 지역이나 계급에 부정적 영향을 주었다. 뿐만 아니라 이러한 세계화 움직임 속에서 살아남기 위한 나라 간 블록 구축이나 협정, 강대국 거대자본 위주의 세계화에 저항하는 세계 NGO들의 움직임과 같은 새로운 형태의 공동체(*community*) 활동들이 활력을 띠게 되기도 했다.

그런가 하면, 신자유주의적 세계화는 사회복지의 이념과 원리 및 내용에도 영향을 미치고 있다. 보편주의가 후퇴하고, 능력과 기여에 따른 보상이라는 시장원리가 강화되며, 자발적 민간부문의 참여를 강조하고 있는 것이다. "감당가능한 복지국가"(*the affordable welfare state*)를 추구하면서 시민에게는 수급자일 뿐 아니라 제공자의 역할을 해주기를 기대하는 것이다. 그래서 이처럼 다양한 세계화의 면모들이 지역사회복지를 주목하게 만든 배경으로 작용하여 왔음을 이 책의 제1장에서 언급한 바 있다.

둘째로, 지방화(*localization*)란 전연 상반된 양상처럼 받아들여지는 세계화와 맞물려 진행되는 또 하나의 현상이다. 세계화 시대에는 국가가 관세나 무역정책을 통해 더 이상 보호막 역할을 할 수 없고, 개별기업이나 지방이 세계시장에 직접적으로 노출되기 때문에, 각 지방은 독립적 행위주체로서 지방이 스스로의 생존을 위해 경쟁력을 키우고 독자성을 개발해 나가야 한다. 이러한 상황을 반영하고 나아가 이에 대응하기 위한 기제로서 강조되고 있는 것이 지방화이다. 그렇기 때문에 지방화는 세계화와 동전의 양면과 같은 관계를 갖는 것으로 종종 비유된다. 중앙집권적 정책 및 의사결정 구조로부터 지방분권이 확대되는 현상도 이와 같은 맥락의 일부로 볼 수 있다. 우리나라에서 1990년대 초 지방자치제가 부활하게 되어 분권화 움직임이 가속화하고 있는 현상은 국내에서 지방화 담론을 더욱 활발하게 한 요소임은 말할 것도 없다. 이러한 지방화가 사회복지 논의의 한 축으로서 지역사회복지의 중요성을 부각시킨 배경이 됨을 이해하는 데에는 하등의 무리가 없다.

셋째로, 정보화(*informatization*)는 정보가 우리의 일상적 삶의 모든 영역에서 막대한 영향력을 행사하게 되는 현상을 말한다. 말할 것도 없이 정보화의 주역은 컴퓨터 관련 기술이며, 이를 통해서 이루지는 정보통신망 체계이다. 이것은 생산·유통·소비의 방식을 포함한 경제생활은 물론 사회·문화·의식 등의 영역에 새로운 적응기제를 요구하고 있다. 전개양상에 따라서 이와 같은 정보화가 기득권층의 지배를 더욱 공고히 하는 방편이 될 수도 있고, 반면에 지배구조를 획기적으로 변환시킬 수 있는 수단이 될 수도 있다. 마찬가지로 개별 사회구성원 차원에서도 정보접근의 가능성과 정보이용 능력의 차이 여하에 따라 정보화가 사회적 지위상승의 기회로 작용할 수도 있고, 반대로 부적응과 소외 혹은 배제를 안겨주는 장벽이 될 수도 있다. 지역사회복지와 관련해서 정보화가 갖는 또 하나의 의미라면, 이 책 제1장의 지역사회 개념정의에서 언급한 바와 같이 사이버 공동체(*cyber community*)나 가상공동체(*virtual community*) 같은 새로운 형태의 지역사회가 사회에서 중요한 기능을 행사하게 되었다는 점이다.

거시적 맥락의 변화로는 이상과 같은 세계화, 지방화, 정보화 외에도 중요한 의미를 갖는 것들이 적지 않다. 그 가운데 몇 가지만 들어보면, 인구구성의 고령화와 출산율의 저하로 인한 부양부담 증가, 탈산업화(*post-industrialization*)와 탈근대화(*post-modernization*)에 따른 생산방식과 생활양식의 변화 및 욕구의 다양화, 세계경제의 장기적 침체현상 등을 들 수 있다. 이러한 변화 혹은 시대적 특성들도 지역사회복지의 전개에 직간접적 기회(*opportunity*) 혹은 위협(*threat*) 요인으로 작용할 수 있다. 우리나라에만 독특하게 진행되고 있는 상황이라면, 점진적 정치적 민주화, 좌파 정당의 정치진출과 같은 정치역학의 변화, 시민의식의 성장 등을 들 수 있겠다.

(2) 사회복지제도 환경의 변화

지금까지 서술한 거시적 맥락의 변화에 더하여, 지역사회복지에 보다 직접적으로 영향을 미칠 수 있는 구체적 차원의 사회복지환경 변화들도 검토할 가치가 있다. 그런데, 이 점에 대해서는 이 책 제 10장에서 비교적 상세히 다룬 바 있는 만큼, 중복서술은 피하고자 한다. 다만 향후 논의를 고려해서 요지만 나열하자면 다음과 같다.

첫째는 사회복지서비스 공급 중심축이 지방으로 이동하고 있다는 것이다. 이는 거시적 맥락에서 다룬 지방화의 움직임과 무관하지 않다. 2003년 사회복지사업법 개정에 따라서 사회복지서비스 영역에서 지방정부의 역할이 강화되고, 지방자치단체의 지역사회복지계획이 의무화되고, 시군구단위에 지역사회복지협의체 설치가 의무화되었다. 그 후 2012년 사회보장기본법이 개정되면서 기존의 사회복지서비스와 관련 제도를 포괄하는 개념으로 사회서비스가 새로운 제도로 등장하게 되었다. 이에 따라 지방자치단체가 수립해야만 하였던 지역사회복지계획을 사회서비스를 포괄하는 지역사회보장계획으로 바꾸어 수립하도록 관련법이 제정되어 지방의 책임과 역할에 변화가 요청되고 있는 것이다.[1]

둘째는 사회복지서비스 사무의 지방이양과 함께 추진된 분권교부세제도가 2014년 말에 공식적으로 폐지된 점이다. 2015년 1월 1일 시행되는 개정 지방교부세법에 따라 종전의 분권교부세가 보통교부세로 통합됨으로써, 해당사업들에 관한 지방의 예산편성에서 지방자치단체의 자율성이 더 확대된 셈이다. 이제 관심은 이처럼 확대된 자율성이 지방재정과 사회복지 현장에 어떤 형태로 작용할 것인가 하는 쪽으로 쏠린다. 기실 분권교부세 도입 이후 해당사업들에 관한 재정

1) 〈사회보장급여의 이용·제공 및 수급권자 발굴에 관한 법률〉〔시행 2015. 7. 1.〕〔법률 제12935호, 2014. 12. 30. 제정〕

집행을 둘러싼 마찰이 적지 않았고, 이 사업들에 관한 재정투입 수준의 지자체 간 격차 문제가 부각되기도 했다. 국고보조금 체제로 환원시켜달라는 사회복지 현장의 요구도 드셌다. 보통교부세로 흡수됨으로써 사회복지부문에 불리한 결과를 초래할 수 있다는 우려도 제기되었었다. 이러한 난맥상을 거친 끝에 국고보조금으로 환원된 몇몇 사업을 제외한 나머지는 모두 보통교부세로 흡수된 것이다. 여기에 2010년 이후 지방자치단체의 재정부담을 가중시키는 국고보조사업이 늘어난 점이[2] 새로운 변수로 대두되었다. 이 때문에 지방자치단체와 중앙정부 사이에 재정분담을 둘러싼 정치적 갈등이 나타나기도 했던 점에 눈을 돌릴 필요가 있다는 것이다.

셋째는 공공 사회복지서비스 전달체계 개편을 위한 제도적 개선이 지속적으로 추구되고 있다는 것이다. 사회복지사무소의 제도화가 무산된 이후, 시·군·구와 읍·면·동 사회복지 행정이 주민생활지원체제로 전환되었으며, 지방자치단체의 사회서비스 집행 기능을 강화하고 분절된 서비스 체계를 통합시키기 위한 제도적 개선 노력이 지속되었다. 최근에 들어서 분절된 사회서비스전달체계가 지닌 문제점들을 해소하기 위한 중앙정부 수준에서의 서비스 통합 및 조정의 노력이 제도화되었으며, 지방자치단체 수준에서는 서비스 통합과 민관협력을 강화하기 위하여 희망복지지원단이 구성되는 등 서비스 전달체계 개선 노력이 지속되고 있다.

---

2) 기초노령연금, 보육수당 등 대규모 재원이 투입되는 사업의 증가로 재정동원과 재정분담을 둘러싼 갈등이 나타났다.

2) 지역사회복지의 변화

(1) 제도 차원

지역사회복지의 제도적 영역에서 최근에 전개되고 있는 변화를 들면 대략 다음과 같다. 이 가운데 일부는 위의 제도 환경의 변화에 관한 기술내용과 중복될 수 있다.

첫째는 재가복지 서비스의 발전이다. 사회복지관의 급증, 노인과 장애인 등을 위한 재가복지 시설 확충, 사회서비스 전자바우처제도의 확대 등이 그 대종을 이룬다. 이러한 일들이 전면 공공부문의 책임 아래 진행된 것이 아니라 사회복지법인, NGO, 영리기관 등과 같은 민간부문의 참여 아래 이루어졌다는 점을 주목할 필요가 있다.

둘째는 전술한 바와 같이 사회복지서비스 업무와 재정이 분권화되어 지방자치단체의 재정역량과 단체장의 재량이 지역사회복지 서비스의 크기와 질을 좌우하게 되어 부정적 요소가 더 크게 부각된 점이다. 분권교부세제도가 폐지되었으나 해당 사업과 관련한 지방정부의 재정을 보충해주는 제도적 개선책은 미미하다. 최근 들어 중앙정부가 주도하는 대규모 국고보조사업이 사회서비스 분야에 확대되면서 지방정부의 재정압박이 심해져서 중앙과 지방 간의 재정분담을 합리적으로 조정할 필요성이 증가하였고, 확대된 복지급여를 충족시키기 위한 국가 및 지방정부의 재정확대의 필요성과 방법에 대한 논의가 관심을 받고 있다.

셋째는 민간 지역사회복지 부문의 외형적 활성화이다. 사회복지법인을 통한 직접적 사회복지서비스 참여 확대, 법인으로서의 법적 지위 확보에 따른 시·군·구 사회복지협의회의 증설, 기부 및 봉사활동 참여 확대, 지역사회 단위 혹은 이해관계 중심의 자조적 혹은 사회행동적 사회복지운동의 확산 등이 그 내용이다.

넷째는 사회복지서비스 시설의 운영 합리화를 촉진하는 제도적 장치의 정비이다. 각종 시설 평가의 제도화, 생활시설 공통업무지침의 마련과 시행 등이 그 예가 된다. 이 중에는 서비스의 전문화, 재정공개, 운영위원회의 실질적 운용을 포함한 개방행정, 시설장 등 정년제 채택, 종사자 권익보호 및 근무환경 개선, 기부금 처리의 원칙 명문화 등이 포함되어 있다.

다섯째는 지역사회복지 서비스 전달체계의 변화이다. 이것은 앞에서 제도적 환경의 변화를 다루면서 언급한 바 있다. 사회복지직 공무원의 배치를 비롯하여 일선 공공행정을 전문화하고 분화시키려는 시도들이 계속되어왔다. 주민생활지원 체제로의 지방 행정개편에 이어 이제는 공공부문과 민간부문이 단일 서비스 기제 아래 가동될 이른바 '원스톱' 서비스 체제를 포함하는 '희망복지 지원단'이 구성되는 등 지역사회 수준에서 공공전달체계를 강화하기 위한 제도적 개선 노력이 계속되고 있다. 2006년 이후 사회서비스 확대를 통한 일자리 창출이라는 정책이념을 추구하는 가운데 이른바 바우처 방식의 소비자 중심의 재정지원체계가 도입되고, 사회복지서비스를 포괄하는 사회서비스 시장에서 민간 영리사업자들이 진입하게 되면서, 지역사회에서의 민간부문의 구성과 행태에서 변화가 일어나고 있다. 서비스 이용자 중심으로의 전환이라는 점은 긍정적일 수 있으나, 비영리 민간부문 중심으로 구성된 지역사회에 영리 민간부문이 진입하게 되면서 전체 지역사회 수준에서 광의의 민간부문에 끼칠 영향이나 민간부문 간의 협력 가능성 등에 대한 충분한 검토와 논의가 이루어져야 할 일이다.

(2) 실천 차원

지역사회복지실천 영역에서 접근의 관점에 변화가 일고 있는 것으로 보인다. 지역사회개발 모형의 중심적 접근방법이라고 할 조력적

(*enabling*) 접근에서 한 발 더 나아가 지역사회 구성원들의 욕구 실현을 위한 역량 혹은 권력을 강화하는 임파워먼트에 주목하는 방향으로 이행되어 왔다고 보는 것이다. 이 책의 실천관련 부문도 이러한 관점을 중심으로 다루려고 하였다.

그러나 이론적 수준의 이러한 경향과는 달리, 실천 현장에서는 이와 같은 경향이 실질적으로 반영되고 있는 것 같지 않다. 어떤 면에서는 지역사회의 각종 사회조직들이 자생적으로 전개하고 있는 조직적 움직임에 사회복지사가 '전문적'으로 개입하고 있다고 볼 만한 사례들은 많지 않고, 차라리 그들로부터 배우고 있다고 표현함이 적절한 상황이 더 많은 실정이다. 전문적 접근의 원리와 기법들의 현장 적용은 아직도 매우 기초적 수준에 머물러 있는 듯하다.

반면 실천가들 스스로의 조직화 및 사회운동 참여활동을 통해 지역사회복지에 일익을 담당하는 일은 어느 정도 이루어지고 있다. 각종 시민운동 참여, 사회복지사협회 활동 참여, 사회복지직 공무원들의 조직적 활동, 일부 사회복지사의 노동조합 결성 등이 그 예가 된다. 사회복지 실천가는 아니지만 교수 등의 전문가들이 시민운동이나 사회복지 관련 단체의 활동에 참여하여 지역사회복지의 구체적 내용에 영향을 미치고 있는 예도 이 범주에 포함시켜 이해할 수 있겠다.

지역사회복지실천 기관과 실천가들 사이에 선의의 경쟁 분위기가 조성되고 있는 점도 최근의 경향이라 볼 수 있다. 부족한 운영재원으로 감당할 수 없는 다양한 프로그램을 외부의 지원기관으로부터 지원받아 운영하기 위해 기획이나 마케팅 역량을 발휘해야 하는 상황이 그 이유이다. 뿐만 아니라, 비록 아직 불완전한 측면은 있겠으나 정기적 평가결과 역시 기관과 실천가의 역량을 가늠하는 척도가 되고 있어, 이에 대비한 자기개발 노력에 게을리 할 수 없는 상황도 그 이유가 된다.

(3) 교육 · 연구 차원

대학에서 지역사회복지 혹은 지역사회복지실천 과목은 그 위치를 꾸준히 지켜온 셈이다. 미국식 사회사업의 3대 방법에 속했던 이름대로 '지역사회조직론'으로 과목명이 불리던 시절은 말할 것도 없고, 이후에 '지역사회복지론'으로 과목 명칭이 변경된 이후에도 이 과목은 교육과정에서 사실상 필수과목으로서 위치를 지켜왔다. 사회복지사 1급 자격시험에서 일시 선택과목으로 채택된 적이 있었지만, 필수과목의 범위에 포함됨으로써 정상을 회복했다.

2000년대 들어 교과서 형태의 도서들이 급증하고, 일부 전문도서들이 출판되고 있으나, 용어나 개념의 사용에 난맥상을 보이고 있다고 표현함이 적합할 듯하다. 연구물들 중에는 추상수준이 높은 이론개발 차원의 것들보다는 현안에 답하는 실용적 성격의 것들이 대종을 이룬다. 전반적으로 미시적 실천의 분야에 비해 다양한 연구 성과들이 발표되지 못하고 있는 편이다.

2. 발전과제 모색을 위한 논점

지금까지 지역사회복지의 동향을 몇몇 영역으로 나누어 살펴보았지만, 이들 모두에 대해 명쾌한 발전과제를 여기서 제시한다는 것은 일견 무모한 일로 여겨진다. 세부주제나 영역별로 이루어지는 좀더 깊이 있는 연구에 기대를 걸어야 할 일이다. 따라서 여기서는 미래에 추구해야 할 바를 직접적으로 제시하기보다는, 추구하는 과정에서 우리가 착안해야 할 점들에 대한 저자들의 시각을 내비치는 선에서 이 책을 마무리하고자 한다. 그래서 우리는 여기서 답을 하기 보다는 오히려 다음과 같이 질문을 던진다.

첫째, 지역사회복지의 전반적 체계 속에서 이를 구성하고 있는 기구나 조직 각각의 기능과 이들 상호 간의 관계는 적절히 설정되며 가동되고 있는가? 이러한 질문을 다시 다음과 같이 세 차원으로 세분화해볼 수 있겠다.

먼저, 공공부문과 관련하여 다음과 같은 질문을 제기할 수 있다. 지역사회복지의 구체적 상황에서 광역 지방자치단체와 기초지방자치단체 사이의 기능 및 책임의 분담은 적절히 이루어지고 있는가? 각 단위 지방자치단체 내에서 부서들 사이의 업무상 협력체계는 원활한가? 이와 같은 질문은 희망복지지원단을 포함한 공공전달체계의 제도적 개선 노력이 적절한 것인가를 지속적으로 평가할 필요가 있으며, 중앙정부 차원에서의 제도적 개선 움직임과 노력을 지속적으로 모니터링할 필요가 있음을 가리킨다.

다음은 공공부문과 민간부문 사이의 협력관계에 대해 다음과 같은 질문을 해볼 수 있다. 광역자치단체의 각종 위원회는 적절히 구성되어 운용되고 있는가? 기초자치단체에 도입된 기존의 지역사회복지협의체가 지역사회보장협의체로 개편됨에 따라 요구되는 새로운 노력은 무엇인가? 지방자치단체와 사회복지협의회의 역학관계는 광역 및 기초단체 수준에서 각각 어떻게 평가될 수 있는가? 사회복지협의회 및 여타의 직능별 협의조직들은 회원들로부터 위임받은 권한을 지자체에 대해 적절히 행사하고 있는가?

마지막은 민간부문에 대한 질문이다. 시·군·구 사회복지협의회는 적절히 구성되어 가동되고 있으며, 시·도 사회복지협의회와의 역할분담이 적절히 이루어지고 있는가? 이들 각각에 대한 지역사회의 관심과 참여도는 어떤 수준인가? 사회복지관과 같은 직접적 서비스기관들과 사회복지협의회의 관계는 어떠한가? 직접적 서비스 기관들은 지역사회의 다양한 욕구에 부응할 만한 양적 및 질적 조건을 구비하고 있는가?

둘째, 사회복지계는 지방화와 관련된 상황의 변화에 적절히 대처하고 있는가? 다시 말해서, 지역사회복지 관련 기관과 종사자들은 거시적 사회환경의 변화가 사회복지 현장에 끼칠 수 있는 영향을 내다보거나 분석하면서 이에 적절히 대비 혹은 대처하고 있는가? 또한 중앙과 지방 간의 사회복지 관련 사무분장과 재정분담에 대한 정책적 논의에 관심을 갖고 적절하게 대응하고 있는가? 사회복지재정 확보와 관련한 정치권의 정책쟁점들을 파악하려 노력하며, 적절한 통로를 통해 사회복지계의 견해를 전달하고 관철시키려 노력하는가?

셋째, 정보통신의 발달과 함께 새로이 확산되고 있는 다양한 형태의 가상공동체를 지역사회복지의 주요한 접근단위로 설정하고, 이를 실천과정에 활용할 실질적 아이디어들을 개발하고 있는가? 그러기 위해 이러한 공동체가 갖는 조직적 특성에 대해 잘 파악하고 있는가? 그리고 정보접근에 제약을 받는 집단(고령자, 장애인, 저소득자, 정보취약지역 거주자 등)의 정보 접근성을 제고하기 위한 방안을 항상 염두에 두고 있는가?

넷째, 지역사회의 고유한 특성을 반영하며 거기에 충실한 전문적 접근법의 모색과 정착을 의미하는 토착적 전문화의 필요성은 사회복지실천의 모든 영역에서 요청받고 있다. 이 점을 전제로 할 때, 지역사회복지실천 기관과 실천가는 토착적 전문화를 위해 어떠한 노력을 기울이고 있는가? 기존의 지역사회복지실천의 모형들 가운데 우리사회에 적합한 모형이 특별히 있는가? 우리의 다양한 지역사회들이 갖는 상황적 특수성과 고유한 문제들을 반영할 수 있는 새로운 모형의 개발은 시도될 가치가 있겠는가? 기술과 기법은 또 어떠한가?

다섯째, 우리나라 지역사회복지 서비스의 주된 재원은 어디로 삼아야 하는가? 서비스의 유형이나 성격별로 각각 중앙정부 - 광역 지방자치단체 - 기초자치단체 - 실천기관이나 법인 등의 재정적 책임분담은 어떻게 되는 것이 바람직하며, 현실은 얼마나 거기에 근접해 있는가? 지역사회로부터의 기부금에 대한 의존도는 어느 정도이며, 바람직한 수준은 어느 선인가? 우리 사회의 기부문화는 어떠하며, 모종의 변화를 필요로 하는가? 지금의 상황에서 지역사회 자원을 동원하는 효과적 방법은 무엇인가?

여섯째, 지역사회복지의 여러 국면에서 지역사회구성원들의 참여가 갖는 의미는 무엇인가? 지역사회참여의 바람직한 형태는 무엇인가? 우리 사회에서 일반대중(*grass roots*)의 대폭적이고 직접적 참여를 기대하는 것은 비현실적인가? 현재 지역사회의 참여 수준은 어느 정도라고 평가할 수 있겠는가? 지역사회의 참여를 활성화할 수 있는 현실적 방안은 무엇인가?

일곱째, 이상 모든 실천적 차원의 의문들에 대한 답을 마련하는 데에 기초가 될 이론 혹은 지식체계의 정립을 위한 우리 사회의 노력은 어느 수준인가? 그리고 그 속에서 산출되는 성과는 괄목할 만한가? 연구 및 교육의 장에서 바뀌거나 보완되어야 할 점은 무엇인가? 지역사회복지에 관한 담론의 수준을 제고하고 현장의 실질적 접근방법들을 발전시키기 위해 실천가, 연구자, 교육자, 학생 등 각 관계자가 기울여야 할 구체적 노력은 무엇인가?

지금까지 우리나라 지역사회복지의 발전과제 모색과 관련해서 제기해볼 수 있는 질문들을 몇 가지 제한된 영역에서 제기해보았다. 사실 지역사회복지의 방대한 영역이 안고 있는 문제들을 이 정도의 질문으로 망라할 수 있는 것은 아니다. 다만, 학생들이나 연구자들이 우리나라 지역사회복지의 문제를 고민할 때 생각해볼 필요가 있는 논점들을 실마리 제공의 차원에서 제시하였을 뿐이다. 이제 마지막으로 우리나라 지역사회복지의 전체를 고민하는 데에 화두가 될 만한 질문 하나를 제기하면서 마무리할까 한다. 그 질문은 다음과 같다.

사회복지라는 큰 테두리 속에서 지역사회복지의 참 구실은 무엇이며, 우리나라에서 그것은 적절히 이행되고 있는가?

참고문헌

감사원, 2008, "감사결과보고서: 사회복지분야 지방이양사업 운영실태".

감정기, 1994, "노동복지문제에 관한 한국노동자의 참여적 역할과 역할의식", 《한국사회복지학》 24호.

_____, 2003, "품앗이형 장애자녀 보호체계에 관한 부모의 인식: Q-방법론적 분석", 《사회복지학 정체성의 위기와 도전》, 2003년 한국사회복지학회 추계학술대회자료집.

_____, 2005, "분권화와 지역사회복지", 경남지역 정책연찬회자료집.

_____, 2011, "도시재생의 동향에 대한 사회복지 관점에서의 조명", 《법정리뷰》 27(2): 207~225.

감정기·조추용, 1998, "통영·거제지역 사회복지시설의 사회화에 관한 연구", 경남대학교 지역문제연구원 연구보고서.

감정기·진재문, 2000, "사회복지시설의 사회화에 관한 경남지역 사례연구", 《상황과 복지》 8, 인간과복지.

감정기·최원규·진재문, 2002, 《사회복지의 역사》, 나남출판.

강내영 외, 2012, "사회적경제와 지역사회운동의 접점 찾기," 한국도시연구소 소액연구지원사업 연구보고서.

강수돌, 2002, "이윤과 권력을 넘어서는 레츠 운동", 《문화과학》 32: 127~147.

강혜규, 2004, "참여정부의 사회복지전달체계 관련정책의 시사점", 2004년 광주광역시 사회복지관협회세미나자료집.

강환세, 2004, "지역통화운동에 관한 사례연구: 사회감사 접근법을 중심으로", 경남대학교 사회복지학과 석사학위논문.

강환세·마은경, 2008, "노인복지시설 사회화와 시설노인의 생활만족도 및 우울과의 관계", 《노인복지연구》 39: 303~322.
경기개발연구원, 2003, "지방분권과 국가균형발전의 논리 적합성에 관한 연구".
고두갑, 2003, "국고보조금과 지방의 재정행동", 《한국지방재정논집》 8(2).
고성철, 2004, "국고보조금과 지방자치단체 사업평가의 연계 방안에 관한 연구: 중요국책사업에 대한 합동평가와의 연계를 중심으로", 2004년도 지방재정학회자료집.
고수현·김익균, 2003, 《지역사회복지론》, 대학출판사.
고윤희·문상호, 2008, "정신장애인의 참여와 서비스만족도 영향요인에 관한 연구", 한국행정학회 추계학술대회 발표논문집.
곽병은, 2006, "사회복지시설의 사회화와 생활자의 삶의 만족도에 관한 연구: 노인복지시설을 중심으로", 가톨릭대학교 문학박사학위논문.
곽채기 외, 2008, "사회복지분야 지방이양사업 평가 및 개선방안", 한국지방재정학회.
구자행, 2005, "시민운동과 자원봉사활동의 연계·협력", 한국자원봉사관리협회 4차 포럼자료, 2005년 4월 7일.
권용덕, 2011, "로컬푸드의 현실과 정책", 《경남정책 BRIEF》.
권희선, 2006, "지역통화운동이 갖는 경제교육적 함의에 관한 연구", 성공회대학교 교육대학원 석사학위논문.
김 현, 2002, "시민의 힘으로 조례를 바꾸다(과천시)", 《복지동향》 43.
김경희, 2013, "사회적 경제를 통한 지역혁신의 가능성과 한계: 마을기업과 협동조합을 중심으로", 《공공사회연구》 3(2): 126~150.
김동배·김형용, 2001, "지역통화운동이 지역사회 공동체의식 강화에 미치는 영향에 관한 연구", 《한국사회복지학》 45.
김문동·이희선, 2008, "장애인복지시설 서비스 질의 결정요인: 시설사회화 요인을 중심으로", 《한국정책과학학회보》 12(2): 1~28.
김범수, 1999, "사회복지사설의 현대적 변화체계", 최영욱 외, 《사회복지시설론》, 범륜사.
______, 2003, 《지역사회복지의 이해》, 현학사.
김성기, 2002, "1990년대 이후 지역복지운동단체의 성격연구", 성공회대학교 시민사회복지대학원 석사논문.
김성옥·문옥륜, 2000, "지역사회 정신보건사업기관의 효율성 평가: 비교분석과 자료포락분석 방법을 적용하여", 《보건경제연구》 6(2): 83~115.

김성이 외, 1997, "비교지역사회복지", 한국사회복지관협회.

김연명, 1998, "한국의 노동운동과 사회보장전략—정치적 '연대' 형성의 조건과 과제", 《한국사회복지학》 34권.

______, 2002a, "김대중정부의 사회복지 개혁과 불확실한 미래", 《경제와 사회》 55, 한울출판사.

______, 2002b, "사회복지개혁과 사회적 갈등의 구조", 《한국의 민주화와 사회갈등》, 서울대학교 사회발전연구소 세미나자료집.

______, 2005, "참여연대사회복지위원회 활동개관," 이영환 편, 《한국의 사회복지운동》, 인간과 복지.

김연명·남기곤·오건호, 1999, 《한국의 노동운동과 사회복지: 연대주의 사회복지 전략을 향하여》, 민주노총.

김 영·서익진·이필용, 2008, "마산시 도시재생사업 거버넌스의 특성과 평가에 관한 연구", 《한국지역개발학회지》 20(4).

김영종, 2005, "지방분권 정책과 지역복지의 과제", 부산지역 정책연찬회자료집, 한국보건복지인력개발원.

김영철, 2011, "사회적경제와 지역의 내발적 발전", 《지역사회연구》 19(2): 25~49.

김영호, 2005, "일본의 볼런티어 활동현황과 연구동향", 《자원봉사 연구의 세계적 동향》, 한국자원봉사학회 창립기념 2005년 춘계학술대회자료집.

김용웅, 2007, "우리나라 도시재생정책의 추진 현황과 방향", 《한국도시행정학회 학술대회자료집》.

김종덕, 2009, 《먹을거리 위기와 로컬푸드》, 이후.

김종일, 2004, 《지역사회복지론》, 현학사.

김지응, 2013, "로컬푸드에 대한 인식이 소비자 구매행동에 미치는 영향: 소비자 신뢰를 중심으로", 《관광연구》 28(2): 225~244.

김진학, 1999, "지역사회정신보건 전달체계", 한국정신보건사회복지학회 추계학술대회 및 수련교육 자료.

김철규, 2009, "로컬푸드의 현황과 과제", 한국사회학회 사회학대회 논문집: 159~169.

김태일·김재홍·현진권, 1999, “지방재정조정제도의 수평적 재정 형평화 효과”, 한국정책학회 동계학술대회 발표논문.

김형용, 1999, “한국 지역통화운동의 성격과 참여자의 공동체의식에 관한 연구”, 연세대학교 대학원 사회복지학과 석사학위논문.

김홍일, 2001, “한국사회 자활운동의 역사와 과제”, 자활정책연구회 발표문.

김홍관·강기철, 2008, “도시재생을 위한 부산시의 재생지역 분석에 관한 연구”, 《한국지리정보학회지》 11(1).

나병균, 1989, “향약과 사회보장”, 하상락 편저, 《한국사회복지사》, 박영사.

남기민·최성재, 1993, 《사회복지행정론》, 나남출판.

남세진·조홍식, 1995, 《한국사회복지론》, 나남출판.

네모토마사쯔구, 2014, “사회적경제 네트워크를 통한 로컬푸드운동의 활성화 방안: 한일비교를 중심으로”, 《지방정부연구》 18(1): 57~73.

대구사회연구소, 1995, 《대구·경북사회의 이해》, 한울아카데미.

류동민·최한주, 2003, “지역통화운동 활성화방안에 관한 연구: 한밭레츠의 사례를 중심으로”, 《경제발전연구》 9(1): 85~106.

류만희, 2005, “노동운동과 사회복지”, 이영환 편, 《한국의 사회복지운동》, 인간과 복지.

미내사클럽·한국불교환경교육원, 2000, 《지역통화운동(LETS)의 활성화를 위한 워크샵 자료》.

박재길 외, 2006, 《살고 싶은 도시 만들기와 도시계획의 역할에 관한 연구》, 국토연구원.

박태영, 2003, 《지역사회복지론》, 현학사.

백종규, 1996, “한국사회복지운동의 실천적 의미: 미국 진보적 사회사업의 개입전략을 중심으로”, 경북대학교 석사학위논문.

백종만, 2003, “시·군·구 사회복지협의회와 지방자치단체의 관계설정”, 《사회복지》 봄호.

______, 2004a, “서울시 사회복지정책의 탈중심화 역할재편에 대한 평가 및 과제”, 〈탈중심화시대 사회복지정책에서 중앙정부와 지방정부의 역할 재편〉, 제1회 서울시 사회복지정책포럼.

______, 2004b, 《지방분권화에 따른 지역복지관의 역할》, 2004년 광주광역시 사회복지관협회세미나자료집.

______, 2005, “지방분권의 의의와 사회복지과제”, 전북지역 정책연찬회자료

집, 한국보건복지인력개발원.
_____, 2008, "사회복지 재정분권의 쟁점과 정책과제", 지방이양 사회복지사업문제의 대안 모색을 위한 토론회, 《국회의원 정하균 정책자료집》.
변용찬 외, 1999, "사회복지시설 주거자의 건강증진 및 시설운영 개선방안 연구", 한국보건사회연구원.
변용찬, 2004, "조건부 신고시설에 대한 바람직한 지원방안", 《미신고시설 지원관련 공청회자료집》, 한국보건사회연구원.
변용찬·이상헌, 1998, "아동복지 수용시설 실태조사 결과보고", 한국보건사회연구원.
변재관 외, 1998, 《한국의 사회보장과 국민복지 기본선》, 한국보건사회연구원.
변재관, 1998, "사회복지시설 평가의 원칙과 방향", 참여연대 사회복지위원회, 《복지동향》 14.
보건과사회연구회, 1991, 《보건의료인과 보건의료운동》, 한울.
보건복지가족부, 2008, 《사회복지지방이양사업 개선방안 공청회 자료집》.
보건복지부, 2002, 《미신고복지시설 관리종합대책》.
_____, 2004, 《2004년 미신고 복지시설 실태조사 현황》.
_____, 2005a, 《2005년도 사회복지관 및 재가복지봉사센터 운영관련 업무처리요령 안내》.
_____, 2005b, 《2005년 주요업무 참고자료》.
_____, 2005c, 《조건부신고시설 등 지원사업 안내》.
_____, 2005d, 《지역사회복지협의체 구성·운영 안내》.
_____, 2005e, 《사회복지사무소 시범사업 안내》.
서동우, 2002, "지역사회정신보건의 현황과 전망", 《한국사회복지학회 2002년도 춘계학술대회자료집》.
서미경, 2006, "성인정신장애인의 평생계획모형: 뉴질랜드 정신보건서비스를 중심으로", 《한국사회복지학》 58(2): 33~56.
서희정, 2002, "과천시 보육조례 개정과정분석", 가톨릭대학교 사회복지대학원 석사논문 .
선남이·박능후, 2011, "사회적기업의 사회경제적 성과에 미치는 영향요인 분석", 《지방정부연구》 15(2): 141~164.
송원찬, 1999, "경기복지시민연대 깃발 꽂다", 참여연대 사회복지위원회,

《복지동향》 제5호, 나남출판.
______, 2003, "경기복지시민연대 사례," 한국지역사회복지학회 2003년 춘계 학술대회자료집.
송호근, 1997, "신사회운동의 사회학: 개념, 의의, 쟁점", 《한국사회과학》 19(2), 서울대학교 사회과학연구원.
신중진·김일영·배기택, 2013, "지역공동체 역량강화를 위한 마을만들기 추진방안 연구 : 2007~2009 살고 싶은 마을 만들기 시범사업을 중심으로", 《국토계획》 48(6) : 43~56.
신현방, 2007, "앤 파워: 도시재생 및 사회통합에서의 지역공동체 역할," 《국토》 309.
심재호·윤혜란, 2000, "충남 천안 '복지세상을 열어가는 시민모임'", 참여연대 사회복지위원회, 《복지동향》 16.
안전행정부, 2014, 《지원봉사센터 운영지침》.
양옥경, 2000, "공중정신보건을 위한 지역사회 정신건강 모형개발 연구", 《정신보건과 사회사업》 9.
______, 2006, 《정신보건과 사회복지》, 나남출판.
양재섭·김정원, 2006, 《도시재생정책의 국제비교 연구: 영국과 일본을 중심으로》, 서울시정개발연구원.
양재섭·장남종, 2007, "국내 도시재생사업의 추진동향과 과제", 《국토》 305.
오단이, 2013, "새로운 지역사회복지 제공조직으로서 사회적기업의 갈등경험 연구: 한국 사회적기업의 1세대를 중심으로", 《한국사회복지행정학》 15(3) : 161~188.
오정수, 1994, "영국에서의 커뮤니티 케어의 발전과 평가", 《한국사회복지학》 24.
오정수·류진석, 2004, 2006, 《지역사회복지론》, 학지사.
유팔무·김호기 외, 1992, 《시민사회와 시민운동》, 한울.
윤옥경, 2008, "도시지역 마을만들기의 사례와 시사점: 대구 삼덕동을 사례로", 《한국지역지리학회지》 14(5).
윤혜란, 2003, "복지세상을 열어가는 시민모임 사례", 《한국지역복지운동의 경험과 비전》, 한국지역사회복지학회 2003년 춘계학술대회 자료집.
윤혜영, 2013, "마을만들기 조례에 근거한 마을만들기 사업의 운용실태에 관

한 연구: 지자체의 인식을 중심으로",《대한건축학회 논문집-계획계》29(8): 113~121.

은재식, 1999, "우리복지연합을 소개합니다", 참여연대 사회복지위원회,《복지동향》11.

의료보험 통합일원화와 보험적용 확대를 위한 범국민연대회의, 2001,《의보연대회의 활동보고서》제1·2권.

이경아·유명이, 2003, "정신질환자 사회복귀시설의 행정업무상 어려움과 대처방법에 관한 연구,"《상황과 복지》15.

이관률·송주연·허남혁, 2013, "우리나라 로컬푸드 원칙의 인식구조와 준수실태",《한국지역지리학회지》19(4): 567~579.

이규인·이장욱, 2009, "지속가능한 도시재생의 주요과제와 계획목표 설정 및 단계적 추진모델 개발 연구",《대한건축학회논문집-계획계》25(4).

이동영·원태영, 2008, "도시재생과 민관 파트너십에 관한 연구,"《대한부동산학회지》26(1).

이문국·이인재 역, 2002,《지역복지 실천전략》, 나눔의 집;Si Kahn, *Organizing*, NASW, 1991.

이병록, 2004, "노인복지시설의 사회화에 영향을 미치는 요인에 관한 연구",《한국노년학》24(3): 111~130.

이봉주, 2005, "자원봉사연구의 동향분석—미국을 중심으로,"《자원봉사 연구의 세계적 동향》, 한국자원봉사학회 창립기념 2005년 춘계학술대회 자료집.

이 성·정지웅, 2002,《지역사회조직론》, 학지사.

이성록, 1998,《제4의 물결: 자원봉사활동》, 학문사.

______, 2005, "자원봉사센터의 역할 및 바람직한 운영모델: 질적 기능심화로서 자원봉사센터 재정비방안," 김해시 자원봉사센터 토론회발제자료(미간행).

이영환 편, 2005,《한국의 사회복지운동》, 인간과 복지.

______, 2005a, "사회복지운동의 전개과정,"《한국의 사회복지운동》, 인간과 복지.

______, 2005b, "시민운동과 사회복지,"《한국의 사회복지운동》, 인간과 복지.

이용표, 2003, "정신보건센터 법제화의 쟁점과 대안 모색: 2003년 정부의 정신보건법 개정안을 중심으로", 《상황과 복지》 15.
이원희, 2003, "참여적 지방재정 운영방향", 《한국지방재정논집》 8(2).
이인재, 1995, "사회복지운동의 주체로서 사회복지실천가의 사회적 위상에 관한 연구", 《한국사회복지학》 26.
_____, 1998a, "사회복지실무자의 현실인식과 전망에 관한 연구", 한국사회복지학연구회, 《상황과 복지》 3.
_____, 1998b, "지방화시대의 사회복지 주민참여 사례연구", 한국사회복지학연구회, 《상황과 복지》 4.
_____, 1999, "사회복지시설과 지역사회", 최영욱 외, 《사회복지시설론》, 범륜사.
_____, 2002, "지역복지실천의 의미와 주체", 비판과 대안을 위한 사회복지학회, 《상황과 복지》 11.
_____, 2004a, 《한국지역사회복지실천론》, 나눔의 집.
_____, 2004b, 《사회복지 재정분권 의미와 과제》, 한국사회복지연구회 2004년도 공동학술대회 자료집.
_____, 2005, "지역복지공동체 건설의 현황과 사례 그리고 과제", 미발표논문.
이재완, 2001, "지역사회복지협의체 신설, 무엇이 문제인가", 월간 《복지동향》 28.
이재원, 2004, "복지분야 보조금제도의 개선방안", 《복지와 재정분권화 이대로 가도 좋은가》, 참여연대사회복지위원회.
이종복, 1989, "사회복지시설의 사회화에 대한 고찰", 《평택대학교 논문집》 5.
이중섭, 2002, "광주 〈참여자치21〉 사회복지위원회 구성", 참여연대 사회복지위원회, 《복지동향》 48.
이태수, 2004, "참여정부의 재정분권정책과 청주시 복지예산요구안 편성의 의의", 복지재정 분권화에 따른 지역사회 대응 및 청주시 사회복지예산 분석에 따른 2005 사회복지예산 요구안마련토론회, 충북참여 자치시민연대.
이택룡·노무지, 2002, 《지역사회복지론》, 양서원.
임윤수·최완호, 2014, "도시재생사업의 활성화를 위한 법제 개선방안: 민관협력방식을 중심으로", 《법학연구》 54: 169~187.

임재만, 2002, "최소한의 인간다운 생활이 가능한 영구임대아파트 만들기" 참여연대 사회복지위원회, 《복지동향》 제43호, 나남출판.

장종익, 2012, "협동조합기본법 제정 이후 한국 협동조합의 역할과 과제", 《동향과 전망》 86: 269~320.

전상인 · 김미옥 · 김민영 · 최민정 · 김민희, 2010, "한국 도시재생의 연성적 잠재역량", 《한국도시지리학회지》 13(2).

전지훈, 2014, "지역기반 사회적 경제를 위한 공동체주의 사상의 정책적 함의" 《한국정책학회 동계학술발표논문집》.

정건화, 2012, "민주주의, 지역 그리고 사회적 경제", 《동향과 전망》 86: 7~43.

정민경, 1999, "부산 참여자치시민연대의 사회복지특별위원회를 소개합니다" 참여연대 사회복지위원회, 《복지동향》 12.

정부혁신지방분권위원회, 2004, "분권형 선진국가 건설을 위한 지방분권5개년 종합실행계획".

정수연, 2009, "도시재생디자인을 통해서 본 에코페미니즘: 난지도의 환경생태공원으로의 재생을 중심으로", 《한국디자인포럼》 25.

정윤수, 1999, "복지시설의 민간위탁과정에 대한 평가: 서울시 청소년시설 위탁운영기관 선정 사례", 《한국정책학회보》 8(3), 한국정책학회.

정철모 · 노형규, 2009, "도시재생을 통한 창조도시 만들기: 지방도시재생을 중심으로", 《한국지역개발학회지》 21(2).

조돈문 편저, 1995, 《노동운동과 신사회운동의 연대 I》, 한국노총중앙연구원.

조연상 · 조항석, 2004, "지역균형발전을 위한 재정지표 개발연구", 2004년 지방재정학회자료집.

조흥식, 2004, "지방분권화에 따른 사회복지계의 대처방안", 국민복지포럼 정책 세미나 〈지방분권화에 따른 사회복지계의 대처방안〉.

조희연, 1999, "한국의 민주주의 이행과 시민운동", 한국 NGO총람편찬위원회 편, 《한국NGO총람》, 시민의 신문사.

주관수, 2008, "도시정비에서 도시재생으로: 재개발의 패러다임 전환을 위하여", 《HURI FOCUS》 27.

지방의제21전국협의회, 2004, 《마을의제21 추진 안내서》.

지은구, 2003, 《지역복지론》, 청목출판사.

참여연대, 2004, "지속가능한 사회발전을 위한 6대 분야 22가지 분배구조 개혁과제", 2004년 6월.

참여연대 사회복지위원회, 1994, 참여복지사회를 향한 시민행동 기자회견자료집, 1994년 12월.

_____, 2003, 《참여연대 사회복지위원회 활동자료집: 1994~2002》 CD-ROM.

천경희·이기춘, 2005, "지역화폐운동의 소비문화적 의미 연구: '한밭레츠' 참여자의 소비행동을 중심으로", 《한국생활과학회지》 14(4).

초의수, 2004, 《복지재정분권의 의미와 과제》, 2005년 부산시 사회복지예산 확보 및 정책의 주요 방향설정을 위한 토론회자료집, 부산참여자치 시민연대.

최병두, 1994, "한국지역사회운동의 발달과정과 전망", 한국공간환경연구회 엮음, 《지역불균형연구》, 한울.

최석현·조창현·정무권, 2012, "사회적기업의 지속가능성을 위한 지역사회 자본 형성전략에 대한 이론적 고찰: 연결망 재구축과 지속가능성을 중심으로", 《한국거버넌스학회보》 19(1): 125~151.

최영선, 2002, "주민자치운동단체의 지역복지 실천사례 연구", 한신대학교 사회복지실천대학원 석사학위논문.

최옥채, 2001, 《지역사회실천론》, 아시아미디어리서치.

최일섭, 1985, 《지역사회복지론》, 서울대 출판부.

최일섭·류진석, 2001, 《지역사회복지론》, 서울대 출판부.

하승수, 2004, "시민자치실현을 위한 지역시민운동의 현황과 과제", 민주연구단체협의모임 2004년 학술심포지엄 자료집.

하승우, 2013, "협동조합운동의 흐름과 비판적 점검", 《문화과학》 73: 91~109.

한국사회복지관협회, 2004, 《사회복지관백서》.

한국사회복지시설협회, 2009, 홈페이지. http://www.kpr.or.kr/.

한국자원봉사학회, 2005, "자원봉사연구의 세계적 동향", 학술대회자료집.

한승욱, 2011, "마을기업, 지역공동체 회복의 희망", 《DBI 포커스》 105.

한영진, 2012, "도시재생에서의 사회적 기업의 역할", 《도시문제》 47(527): 25~30.

한재랑, 2002, "주민참여와 자치역량의 강화가 지방선거의 화두이다", 참여연대 사회복지위원회, 《복지동향》 43.

행정자치부, 2015, 《2015년 마을기업 육성사업 시행지침》.

행정자치부·보건복지부·기획예산처·빈부격차차별시정위원회, 2005, 《사회복지 전달체계 개선방안》.

행정자치부·한국자원봉사센터협회, 2005, 《자원봉사센터 제자리 찾기 및 활성화 방안》, 2005년도 전국자원봉사센터 관계관 워크숍자료.

홍 선, 2003, "관악사회복지 사례", 《한국지역복지운동의 경험과 비전》, 한국지역사회복지학회 2003년 춘계학술대회 자료집.

홍동식, 1985, 박대식 역, 《지역사회학》, 경문사.

홍인옥, 2003, "주거공동체와 재건축사업", 한국도시연구소 편, 《도시공동체론》, 한울.

吉田久一, 2004, 《新日本社會事業の歷史》, 東京: 勁草書房.

吉澤英子, 1978, "施設の社會化の課題と展望", 鐵道弘濟會, 《社會福祉研究》 第23號.

牧里每治, 1983, "施設社會化の到達點と課題", 大阪府立大學社會問題研究會, 《社會問題研究》 第33卷 第1號.

松原一郎, 1990, "コミュニティ施設と在宅福祉サービス", 右田紀久惠·小田兼三 共編, 《地域福祉講座 ⑤》, 中央法規出版.

新版 社會福祉學習叢書 編輯委員會 編, 2005, "地域福祉論", 全國社會福祉協議會.

永田幹夫, 2000, 김현훈 외 역, 《지역복지론》, 동인.

右田紀久惠·井岡勉 編著, 1996, 이영철·서화자 역, 《지역복지》, 홍익재.

秋山智久, 1978, "施設の社會化とは何か ―その概念·歷史·發展段階―", 鐵道弘濟會, 《社會福祉研究》 第23號: 39~44.

Aday, L. A., 1997, "Vulnerable Population: A Community-oriented Perspective", *Family & Community Health* 19(4): 1~18.

Ahmad, Waqar I. U. and Atkin, Karl(eds.), 1996, *'Race' and Community Care*, Philadelphia: Open University Press.

Alinsky, S., 1974, *Reveille for radicals*, New York: Vintage.

Anderson, E., 1990, *Streetwise: Race, Class, and Change in an Urban Community*, Chicago: University of Chicago Press.

Bailey, D. & Koney, K. M., 1996, "Interorganizational Community-Based Collaboratives: A Strategic Response to Shape the Social Work Agenda", *Social Work* 41(6).

Barker, R. L., 1999, *The Social Work Dictionary*(4th ed.), Washington, D. C.: NASW Press.

Barry, John & Proops, John, 2000, *Citizenship, Sustainability and Environmental Research: Q-Methodology and Local Exchange Trading Systems*, Cheltenham, UK: Edward Elgar.

Berg, B., 1998, *Qualitative Methods for the Social Sciences*(3rd ed.), Boston: Allyn & Bacon.

Blau, P., 1964, *Exchange and Power in Social Life*, New York: Wiley.

Boone, E. J., 1985, *Developing Programs in Adult Education, Englewood Cliffs*, NJ: Prentice-Hall.

Brager, G., Specht, H., and Torczyner, J., 1987, *Community Organizing*(2nd ed.), New York: Colombia University Press.

Burghardt, S., 1982, *The Other Side of Organizing*, Cambridge, MA: Schenkman.

Burch, H., 1996, *Basic Social Welfare Policy and Planning*, New York: Haworth.

Cahn, Edgar S., 2001, "On LETS and Time Dollars", *International Journal of Community Currency Research*(*IJCCR*) Vol. 5.

Calouste Gulbenkian Foundation, 1968, *Community Work and Social Change: A report on Training*, London: Longman.

Calwell, Caron, 2000, "Why Do People Join Local Exchange Trading Systems?", *IJCCR* Vol. 4.

Checkoway, B., 1997, "Core Concepts for Community Change", *Journal of Community Practice* 4(1): 11~29.

Chambers, D., Wedel, K. & Rodwell, M. (1992), *Evaluating Social Programs*, Boston: Allyn & Bacon.

Chambon, A., 1999, "Foucault's Approach: Making the Familiar Visible", In A. Chambon, A. irving, and L. Epstein(Eds.), *Reading Foucault for Social Work*, New York: Columbia University

Press.

Christensen, Karen & Levinson, David(eds.), 2003, *Encyclopedia of Community: from the Village to Virtual World*, London: Sage Publications.

Cox, F. M., Erlich, J. L., Rothman, J. & Tropman, J. (eds.), 1974, *Strategies of Community Organization*, 2nd ed. Itasca, IL: Peacock.

Delgado, M., 2000, *Community Social Work Practice in an Urban Context*, New York: Oxford University Press.

Decker, S. & Van Winkle, B., 1996, *Life in the Gang*, New York: Cambridge University Press.

DiNitto, D., 1991, *Social Welfare Politics and Public Policy*(3rd ed.) Englewood Cliffs, NJ: Prentice-Hall.

Dunham, A., 1970, *The New Community Organization*, New York: Thomas Y. Crowell Co.

Durst, D., MacDonald, J. & Parsons, D., 1999, "Finding Our Way: A Community Needs Assessment on Violence in Native Families in Canada", *Journal of Community Practice* 6(1): 45~59.

Dye, T., 1998, *Understanding Public Policy*(9th ed.), Saddle River, NJ: Prentice-Hall.

Eng, E. & Parker, E., 1994, "Measuring Community Competence in the Mississippi Delta: The Interface between Program evaluation and empowerment", *Health Education Quarterly* 21(2): 199~220.

Fellin, P., 1995, *The Community and Social Worker*(2nd ed), Itasca, IL: Peacock.

Freire, P., 1970, *Pedagogy of the Oppressed*, New York: Continuum.

French, J. & Craven, B., 1968, "The Bases of Social Power", In D. Cartwright and A. Zander(Eds.), *Group Dynamics: Research and Theory*, New York: Harper & Row.

Goodman, R. M., Speers, M. A., McLeroy, K., Fawcett, S., Kegler, M., Parker, E., Smith, S. R., Sterling, T. D. & Wallerstein, N., 1998, "Identifying and Defining the Dimensions of Community Capacity to Provide a Basis for Measurement", *Health*

Education & Behavior 25(3): 258~278.

Gran, Even, 1998, "Green Domination in Norwegian Letsystems: Catalyst for Growth or Constraint on Development?", *IJCCR*, Vol. 2.

Gutierrez, L. & Alvarez, A., 2002, "Educating Students for Multicultural Community", *Journal of Community Practice* 7(1): 39~56.

Gutierrez, L. & Lewis, E., 1994, "Community Organizing with Women of Color: A Feminist Approach", *Journal of Community Practice* 1(2): 23~44.

Halpern, J., 1980, *The Myth of Deinstitutionalization: Policies for The Mentally Disabled*, Colorado: Westview Press.

Hardcastle, A. Wenocur, S. & Powers, P.R., 1997, "Community Practice: Theories and Skills for Social Workers", New York: Oxford Press.

Hardina, D., 1994, "Social Action and the Canadian Social Worker: A Study in the Political Economy of the Profession", *Journal of Community Practice* 1(2): 113~130.

______(ed.), 2000, *Innovative Approaches for Teaching Community Organization Skills in the Classroom*, New York: The Haworth Press, Inc.

______, 2002, *Analytical Skills for Community Organization Practice*, New York: Columbia University Press.

Harris, Val(ed.), 2001, *Community Work Skills Manual*, Association of Community Workers.

Herffernan, J., 1979, *Introduction to Social Welfare Policy*, Itasca, IL: Peacock.

Hoffman, K.S. & Sallee, A.L., 1994, *Social Work Practice*, Needham Heights, MA: Allyn & Bacon.

Hrebenar, R.J., 1997, *Interest Group Politics in America*(3rd ed.), Armonk, NY: M.E. Sharpe.

Huff, Dan, 2002, "Progress & Reform: a Cyberhistory of Social Work's Formative Years", http://www.boisestate.edu/socwork/dhuff/history/central/core.htm

Inglehart, A. & Becerra, R., 1995, *Social Services and the Ethnic Community*, Boston: Allyn & Bacon.

Ingleby, Julie, 1998, "Local Economic Trading Systems: Potentials for New Communities of Meaning: A Brief Exploration of Eight LETSystems, with focus on decision making", *IJCCR*, Vol. 2.

Israle, B. A., Checkoway, B., Schulz, A. & Zimmerman, M., 1994, "Health Education and Community Empowerment: Conceptualizing and Measuring Perceptions of Individual, Organizational, and Community Control", *Health Education Quarterly* 21(2): 149~170.

Israel, B., Checkoway, B., Schulz, A. & Zimmermen, M., 1999, "Scale for Measuring Perceptions of Individual, Organizational, and Community Control", In M. Minker(Eds.), *Community Organizing and Community Building for Health*, New Brunswick: Rutgers University Press.

Ithacahours Homepage, http://www.ithacahours.org/allabouthours.html

Janis, Irving, 1982, *Groupthink: Psychological Studies of Policy Decisions and Fiascoes*(2nd ed.), Boston: Houghton Mifflin Company.

Johnson, A. K., 1994, "Linking Professionalism and Community Organization: A Scholar/Advocate Approach", *Journal of Community Practice* 1(2): 65~86.

Johnson, K., 1996, "Building Capacity through Collaborative Leadership", *International Journal of Health Planning and Management* 11: 339~344.

Kahn, M., 1994, "Organizing for Structural Reform: The Case of the New Jersey Tenants Organization", *Journal of Community Practice* 1(2): 87~111.

Karger, J. H. & Midgley, J. (ed.), 1994, *Controversial Issues in Social Policy*, Boston: Allyn & Bacon.

Kaufman, S. R., 1994, "The Social Construction of Frailty: An Anthropological Perspective", *Journal of Aging Studies* 8(1).

Kemp, S., 1995, "Practice with Communities", In C. Mayor and M.

Matttaini(Eds.), *The Foundation of Social Work Practice*, Washington, D.C.: NASW Press.

Kirby, S. & McKenna, K., 1989, *Methods from the margin*, Toronto: Garamond Press.

Kirst-Ashman, Karen K. & Hull Jr., Grafton H., 2001, *Generalist Practice with Organizations and Communities*(2nd ed.), CA: Brooks/Cole.

Kreztman, J. & McKinght, J., 1993, *Building Communities from the Inside Out*, Chicago: ACTA.

Labonte, R., 1990, "Empowerment: Notes on Professional and Community Dimensions", *Canadian Review of Social Policy* 26: 64~75.

Lauffer, A., 1984, *Strategic Marketing for Not-for-profit Organizations*, New York: Free Press.

Lee, M. & Green, G., 1999, "A Social Constructivist Framework for Integrating Cross-cultural Issues in Teaching Clinical Social Work", *Journal of Social Work Education* 35(1): 21~37.

LETSlink LONDON, http://www.oneworld.org/letslinklondon/definition.htm.

Lindblom, C., 1959, "The Science of Muddling through", *Public Administration Review* 19: 79~88.

Liesch, Peter W. & Birch, Dawn, 2000, "Community-based LETSystems in Australia: Localised Barter in a Sophisticated Western Economy", *IJCCR* Vol. 4.

MacNair, R., 1996, "A Research Methodology for Community Practice", *Journal of Community Practice* 3(2): 1~19.

Marti-Costa, S. & Serrano-Garcia, I., 1995, "Needs Assessment and Community Development: An Ideological Perspective", In J. Rothman, J. Erlich, and J. Tropman(Eds.), *Strategies of Community Intervention*(5th ed.), Itasca, IL: Peacock.

Martin, J., 1995, "Deinstitutionalization: What Will It Really Cost?", *Schizophrenia Digest*, April 1995, http://www.mentalhealth.com/mag1/p51-sc02.html

Meenaghan, T., Washington, R. & Ryan, R., 1982, *Macro Practice in the Human Service*, New York: Free Press.

Moffat, K., 1999, "Surveillance and Government of the Welfare Recipient", In A Chambon, A. irving, & L. Epstein(Eds.), *Reading Foucault for Social Work*, New York: Columbia University Press.

Mondros, J. & Wilson, S., 1994, *Organizing for Power and Empowerment*, New York: Colombia University Press.

Morris, Jenny, 1993, *Independent Lives: Community Care and Disabled People*, London: The Macmillan Press, Ltd.

Muller, C. M., 1992, "Building Social Movement Theory", In Morris, A.D., and Mueller, C.M., *Frontiers in Social Movement Theory*, New Haven, CT: Yale University.

Nagda, B., Chan-woo Kim & Trulove, Y., 2004, "Learning about Difference, Learning with Others, Learning to Transgress", *Journal of Social Issues* Vol.60: 195~214

Netting, E., Kettner, P. & McMurty, S., 1993, *Social Work Macro Practice*, New York: Longman.

Netting, F. Ellen et al., 1993, *Social Work Macro Practice*, Longman.

Parachini, Larry & Covington, Sally, 2001, "The Community Organizing Toolbox", http://www.nfg.org/cotb/09historyco.htm

Parsons, R., Gutierrez, L. & Cox, E.O., 1998, "Introduction", In L. Gutierrez, R. Parsons, & E.O. Cox(Eds.), *Empowerment in Social Work Practice: A Source Book*, Pacific Grove, CA: Brooks/Cole.

Parsons, T., 1971, *The System of Modern Societies*, Englewood Cliffs, NJ: Prentice-Hall.

Payne, Malcolm, 1995, *Social Work and Community Care*, Macmillan.

Piven, F. F. & Cloward, R., 1971, *Regulating the Poor*, New York: Pantheon.

Puddifoot, J. E., 1995, "Dimensions of Community Identity", *Journal of Community & Applied Social Psychology* 5(5): 357~370.

Reeser, L.C. & Epsteinm I., 1990, *Professionalism and Activitism in*

Social Work, New York: Columbia University Press.

Roberts-DeGennaro, M., 1997, "Conceptual Frameworks of Coalitions in an Organizational Context", *Journal of Community Practice* 4(1): 91~107.

Robinson, B. & Hanna, M.G., 1994, "Lesson for Academics from Grassroots Community Organizing: A Case Study—The Industrial Areas Foundation", *Journal of Community Practice* 1(4): 63~94.

Ross, M.G., 1967, *Community Organization: Theory, Principles, and Practice*, New York: Harper & Row.

Rothman, J., 2000, "Collaborative Self-Help Community Development: When Is the Strategy Warranted", *Journal of Community Practice* 7(2): 89~105.

Rothman, Erlich & Tropman, 2001, *Strategies of Community Intervention* (6th Eds.), IL: Peacock.

Rothman, Jack, 1956, "The Interweaving of Community Intervention Approaches", *Journal of Community Practice* 3(3/4): 69~99.

________, 1974, "Three Models of Community Organization Practice", Fred M. Cox et al. (Eds.), *Strategies of Community Organization: A Book of Readings*, Itasca, IL: Peacock.

________, 1995, "Approaches to Community Intervention", In F. Cox, J. Erlich, J. Rothman, and J. Tropman(Eds.), *Strategies of Community Organization*(5th ed.), Itasca, IL: Peacock.

Royse, D. & Thyer, 1996, *Program Evaluation*(2nd Eds.), Chicago: Nelson-Hall.

Royse, D., Thyer, B.A., Padgett, D.K. & Logan, T.K., 2001, *Program Evaluation*(3rd Eds.), Belmont, CA: Wadsworth.

Rubin, H.J. & Rubin, I., 1986, *Community Organizing and Development*, Merill Publishing Company.

Rubin, A. & Babbie, E., 1997, *Research Methods for Social Work: Pacific Grove*, CA: Brooks/Cole.

Saleebey, D., 1997, *The Strengths Perspective in Social Work Practice*, New York: Longman.

Schissel, B., 1997, "Psychiatric Expansionism and Social Control: The Intersection of Community Care and State Policy", *Social Science Research* 26: 399~418.

Schulz, A. J., Israel, B. A., Zimmerman, M. A. & Checkoway, B. N., 1995, "Empowerment as a Multi-level Construct: Perceived Control at the Individual, Organizational and Community Levels", *Health Education Research* 10(3): 309~327.

Seyfang, Gill, 1997, "Examining Local Currency Systems: A Social Audit Approach", *IJCCR* Vol. 1.

Sharkey, Peter, 2000, "Community work and community care: links in practice and in education", *Social Work Education*, 19(1).

Sohng, S. S. L., 1998, "Research as an Empowerment Strategy", In L. Guttierrez, R. Parsons, and E. O. Cox(Eds.), *Empowerment in Social Work Practice: A Source Book*, Pacific Grove, CA: Brooks/Cole.

Swank, E. & Clapp, J., 1999, "Some Methodological Concerns when Estimating the Size of Organization Activities", *Journal of community practice* 6(3): 49~69.

Tayler, S. H. P., 1985, *Theory and Practice of Community Social Worker*, New York: Columbia University Press.

Thane, Pat, 1996, *Foundations of the Welfare State*, 2nd ed., London: Longman.

The Q-Method Page, http://www.rz.unibw-muenchen.de/~p41bsmk/qmethod

Thomas, David N., 1983, *The Making of Community Work*, London: George Allen and Unwin.

Twelvetrees, A., 2002, *Community Work*(3rd Eds.), New York: Palgrave.

Valocchi, Steve, 2000, "A Way of Thinking About the History of Community Organizing", http://www.trincoll.edu/depts/tcn/valocchi.htm.

Venkatesh. S., 1997, "The Social Organization of Street Gang Activity in an Urban Ghetto", *Social Service Review* 103: 82~111.

Wagner, A., 1995, "Reassessing Welfare Capitalism: Community-Based Approaches to Social Policy in Switzerland and the United States", *Journal of Community Practice* 2(3): 45~63.

Wagner, D., 1994, "Beyond the Pathologizing of Nonwork: Alternative Activities in a Street Community", *Social Work* 39: 718~728.

Walker, P., 1993, "Coming Home: From Deinstitutionalization to Supporting People in Their Own People In Homes in Region VI, New Hampshire", http://web.syr.edu/~thechp/nhreport.htm.

Warren, R., 1978, *The Community in America*(3rd ed.), Chicago: Rand McNally.

Weil, M., 1996, "Model Development in Community Practice: An Historical Perspective—The Interweaving of Community Intervention Approaches", *Journal of Community Practice* 3(3/4): 5~67.

Weil, M. & Gamble, D., 1995, "Community Practice Models", In R. L. Edwards(Ed.), *Encyclopedia of Social Work*(19th ed.), Washington, D.C: National Association of Social Workers.

Williams, Colin C. et al., 2001, "The Role of the Third Sector in Paving a 'Third Way': Some Lessons from Local Exchange and Trading Schemes in the United Kingdom", *IJCCR* Vol. 5.

Williams, R. W., 1999, "The Contested Terrain of Environmental Justice Research: Community as a Unit of Analysis", *The Social Science Journal* 36(2): 313~328.

Womanshare Homepage, http://www.angelfire.com/ar2/womanshare

Zachary, E., 2000, "Grassroots Leadership Training: A Case Study of an Effort to Integrate Theory and Method", *Journal of Community Practice* 7(1): 71~93.

Zimmerman, M., 1990, "Taking aim on Empowerment Research: On the Distinction between Individual and Psychological Concepts", *American Journal of Community Psychology* 18(1): 169~177.

찾아보기
(일반)

ㅂ~ㅅ

ㅇ~ㅈ

ㅊ~ㅎ

기 타

찾아보기
(인명)

▪ 저자 약력 ▪

백종만

서울대학교 사회복지학과 졸업

서울대학교 행정대학원(행정학 석사)

서울대학교 대학원 사회복지학 박사

현재 전북대학교 사회과학대학 행정복지학부 교수

주요 저서 및 논문: 《사회와 복지》(공저), 《전북지역실업극복 민간네트워 연구》(공저), "민간비영리부문 활용의 이론적 근거", "남한의 민간복지", "분권교부세 일몰에 따른 정책과제"

감정기

서울대학교 사회복지학과 졸업

서울대학교 대학원 사회복지학 박사

현재 경남대학교 사회복지학과 교수

주요 저서 및 논문: 《사회복지의 역사》(공저), 《사회문제와 사회복지》(공저), "거주시설 장애인의 탈시설의식 및 지원욕구"(공저), "지속적 자원봉사 예측요인으로서 참여동기의 작용기제"(공저)

김찬우

서울대학교 사회복지학과 졸업

미국 미시간대학교 사회사업대학원 사회사업석사(MSW)

미국 워싱턴대학교 사회복지학 박사

현재 가톨릭대학교 사회복지 전공 교수

주요 논문: "지역거주 만성질환 노인들의 장기요양 위험수준에 따른 케어 매니지먼트 효과연구"(학위논문), "노인장기요양보험제도 사회적 성과에 대한 고찰"(2013), "노인장기요양보험제도 실행에서의 한국형 케어 매니지먼트 도입에 관한 고찰"(2013)